Seelsorge bei assistiertem Suizid
Ethik, Praktische Theologie und kirchliche Praxis

TVZ

Michael Coors,
Sebastian Farr (Hg.)

Seelsorge bei assistiertem Suizid

Ethik, Praktische Theologie
und kirchliche Praxis

TVZ
Theologischer Verlag Zürich

Der Theologische Verlag Zürich wird vom Bundesamt für Kultur
für die Jahre 2021–2025 unterstützt.

Bibliografische Informationen der Deutschen Nationalbibliothek
Die Deutsche Nationalbibliothek verzeichnet diese Publikation in der Deutschen
Nationalbibliografie; detaillierte bibliografische Daten sind im Internet über http://dnb.
dnb.de abrufbar.

Umschlaggestaltung
Layout: Simone Ackermann, Zürich
Abbildung: Kohle, Erde, Sand © Simone Ackermann

Satz und Layout
Claudia Wild, Konstanz

Druck
CPI books GmbH, Leck

ISBN 978-3-290-18457-5 (Print)
ISBN 978-3-290-18458-2 (E-Book: PDF)

DOI: https://doi.org/10.34313/978-3-290-18458-2

© 2022 Theologischer Verlag Zürich
www.tvz-verlag.ch

Alle Rechte, auch die des auszugsweisen Nachdrucks, der fotografischen und
audiovisuellen Wiedergabe, der elektronischen Erfassung sowie der Übersetzung,
bleiben vorbehalten.

Hersteller:
TVZ Theologischer Verlag Zürich AG, Schaffhauserstr. 316, CH-8050 Zürich
info@tvz-verlag.ch

Verantwortlicher in der EU gemäss GPSR:
Brockhaus Kommissionsgeschäft GmbH, Kreidlerstr. 9, DE-70806 Kornwestheim
info@brocom.de

Weitere Informationen bezüglich Produktsicherheit finden Sie unter:
www.tvz-verlag.ch/produktsicherheit

 Creative Commons 4.0 International

Inhaltsverzeichnis

Vorwort 9

Seelsorge bei assistiertem Suizid
Ethische Theorie und seelsorgliche Praxis
Michael Coors und Sebastian Farr 11

I. Ethische Perspektiven 27

Zur theologisch-ethischen Orientierung in der Suizidhilfe-Diskussion
Ein evangelisch-reformierter Blick aus der Schweiz
Frank Mathwig 29

Seelsorge vor der Seelsorge
Theologisch-anthropologische Reflexionen zum assistierten Suizid
Matthias Zeindler 51

Individuum und Institution
Die Debatte um den assistierten Suizid als Neuauflage
einer etablierten Kontroverse
Reiner Anselm 71

Assistierter Suizid im Spital
Klinisch-ethische Perspektiven
Tanja Krones und Settimio Monteverde 87

Der Freiwillige Verzicht auf Nahrung und Flüssigkeit (FVNF)
Eine Alternative zur Suizidhilfe?
Michael Coors 109

Einstellungen und Erfahrungen von Gemeindepfarrpersonen in Deutschland zur seelsorglichen Begleitung des assistierten Suizids
Dorothee Arnold-Krüger und Julia Inthorn 129

Internationale Studien zur Erfahrung von Seelsorgenden mit Suizidhilfe und Tötung auf Verlangen
Sebastian Farr 143

II. Perspektiven der Praktischen Theologie ... 157

Der assistierte Suizid – Herausforderungen für die Seelsorge
Isolde Karle ... 159

Seelsorge, Kirche und Suizidhilfe
Praktisch-theologische Perspektiven
Christoph Morgenthaler ... 173

Wie predigen, nachdem jemand selbstbestimmt aus dem Leben ging?
Zur Praxis von Traueransprachen im Zusammenhang von assistiertem Suizid
David Plüss ... 189

Vom Seufzen der Kreatur
Pastoraltheologische Perspektiven für das seelsorgliche Handeln
im suizidalen Feld
Florian-Sebastian Ehlert ... 205

Zur spirituellen Dimension des Wunsches nach assistiertem Suizid
Traugott Roser ... 223

III. Praxisfelder der Seelsorge ... 241

Angehörige und assistierter Suizid
Perspektiven der Spitalseelsorge
Susanna Meyer Kunz ... 243

Perspektiven der Seelsorge in der Altenhilfe
Matthias Fischer ... 251

Perspektiven der Gemeinde-Seelsorge
Jürg Spielmann ... 259

IV. Kirchenpolitische Perspektiven ... 269

Nicht im luftleeren Raum
Kirchliche Seelsorge im Gefüge der Institutionen und im ökonomischen Kontext
des Gesundheitswesens am Beispiel des Kantons Zürich
Esther Straub ... 271

Sterben zwischen Schicksal und Entscheidung
Perspektiven der Evangelisch-reformierten Kirche Schweiz (EKS)
Rita Famos ... 281

Suizidhilfe – Zur Diskussion in Kirche und Diakonie in Österreich
Ulrich H. J. Körtner 295

Begründet zwischen den Stühlen
Perspektiven der Diakonie in Deutschland anhand der Debatte
um den Assistierten Suizid
Ulrich Lilie 307

Am Leben orientiert
Kirchenpolitische Herausforderungen und Öffentliche Theologie angesichts des
Bundesverfassungsgerichtsurteils vom Februar 2020 zum assistierten Suizid –
Perspektiven aus der Evangelischen Kirche in Deutschland
Heinrich Bedford-Strohm 317

Verzeichnis der Autorinnen und Autoren 327

Vorwort

Dieser Band geht zurück auf die Tagung «Kirchliche Seelsorge und Suizidhilfe: Zur Ethik der Seelsorge am Lebensende», die am 21. Januar 2021 als Online-Tagung gemeinsam vom Institut für Sozialethik im Ethik-Zentrum der Universität Zürich und von der Reformierten Kirche des Kantons Zürich durchgeführt wurde. Die Beiträge von Frank Mathwig, Isolde Karle, Tanja Krones und Michael Coors sowie die drei Erfahrungsberichte von Susanna Meyer Kunz, Matthias Fischer und Jürg Spielmann gehen auf Vorträge zurück, die im Rahmen dieser Tagung gehalten wurden.

Das grosse Interesse an der Tagung und der intensive Austausch und Diskurs im Rahmen der Tagung haben uns dazu bewogen, nicht nur diese Beiträge zu publizieren, sondern darüber hinaus weitere Autorinnen und Autoren aus dem deutschsprachigen Raum um Beiträge für diesen Band zu bitten, um das Thema der Seelsorge bei assistiertem Suizid breit in (theologisch-)ethischer und praktisch-theologischer Perspektive zu diskutieren und diese Diskussion um Perspektiven aus der Praxis der Seelsorge und der Kirchenleitung zu ergänzen.

Allen Autorinnen und Autoren gilt unser herzlicher Dank für ihre Bereitschaft, zu diesem Band beizutragen. Dem Theologischen Verlag Zürich danken wir für die Aufnahme des Bandes in das Verlagsprogramm und der Universität Zürich für die finanzielle Förderung der Open Access Publikation durch den Publikationsfonds für Geistes- und Sozialwissenschaften. Ein besonderer Dank gilt Tabea Horvath für ihre tatkräftige und verlässliche Unterstützung in der editorischen Bearbeitung der Beiträge zu diesem Band.

Zürich, 2.11.2021   Michael Coors und Sebastian Farr

Seelsorge bei assistiertem Suizid
Ethische Theorie und seelsorgliche Praxis

Michael Coors und Sebastian Farr

1. Die neue kirchliche und theologische Diskussion über Suizidhilfe

Das Thema des assistierten Suizids wird im deutschsprachigen Raum, wieder einmal, kontrovers diskutiert. Die Diskussionskontexte sind allerdings unterschiedliche. Während sich die Diskussion in der Schweiz wesentlich auf die Frage nach der Rolle von Seelsorgerinnen und Seelsorgern bei der Begleitung eines assistierten Suizids konzentriert und vor allem innerhalb der reformierten Kirchen und der evangelischen Theologie geführt wird, steht das Thema der Suizidhilfe in Deutschland nach dem Urteil des Bundesverfassungsgerichts im Februar 2020[1] sehr viel breiter und in der Gesellschaft insgesamt zur Diskussion. Auch in Österreich ist das Thema nach einem Urteil des Verfassungsgerichtshofes im Dezember 2020 wieder grundsätzlich auf der Agenda.[2]

Die Beiträge dieses Bands fokussieren auf die theologische und kirchliche Diskussion in diesen drei Ländern und legen dabei den Schwerpunkt auf die Frage nach der Rolle von Seelsorgerinnen und Seelsorgern in der Begleitung assistierter Suizide. Damit geht dieser Band von der Schweizer Diskussionslage aus. Das liegt auch daran, dass er aus einer Online-Tagung hervorgegangen ist, die im Januar 2021 vom Institut für Sozialethik an der Theologischen Fakultät der Universität Zürich in Zusammenarbeit mit der Reformierten Kirche des Kantons Zürich stattfand. Diese Tagung war Teil eines Konsultations- und Reflexionsprozesses der Zürcher Kirche darüber, ob und wie sich Kirche zu Fragen der Seelsorge bei assistiertem Suizid positionieren soll.

In der Schweiz ist die Praxis des assistierten Suizids schon sehr viel länger etabliert als in Deutschland oder Österreich. Das Schweizer Strafgesetzbuch verbietet in Art. 115 lediglich Hilfe zur Selbsttötung «aus selbstsüchtigen Beweggrün-

---

1   Vgl. Bundesverfassungsgericht: Urteil des Zweiten Senats vom 26. Februar 2020 – 2 BvR 2347/15, http://www.bverfg.de/e/rs20200226_2bvr234715.html, Zugriff am 2.11.2021
2   Vgl. Verfassungsgerichtshof: Urteil vom 11.12.2020 – G 139/2019-71, https://www.vfgh.gv.at/downloads/VfGH-Erkenntnis_G_139_2019_vom_11.12.2020.pdf, Zugriff am 2.11.2021.

den» und lässt andere Formen der Hilfe zur Selbsttötung ungeregelt. In diesem offenen rechtlichen Raum haben sich im 20. Jahrhundert in der Schweiz die sogenannten Sterbehilfeorganisationen gebildet, die ihre Mitglieder unter anderem darin unterstützen, im Fall der Fälle für die Selbsttötung eine Unterstützung zu organisieren.[3] Die rechtliche Zulässigkeit des assistierten Suizids erfreut sich dabei einer hohen Akzeptanz in der Schweizer Bevölkerung.[4] Über die Arbeit der Suizidhilfeorganisationen kommt es indes immer wieder auch zu kontroversen Diskussionen.

Vor dem Hintergrund der breiten gesellschaftlichen Akzeptanz der Suizidhilfe in der Schweiz verwundert es nicht, dass auch Pfarrpersonen immer wieder mit Anfragen zur seelsorglichen Begleitung von Menschen beim assistierten Suizid konfrontiert sind.[5] Vor diesem Hintergrund haben sich einzelne Schweizer Kantonalkirchen in den letzten Jahren mit diesen Fragen auseinandergesetzt und sich dazu ethisch und pastoraltheologisch positioniert. Schon 2016 veröffentlichte die reformierte Kirche des frankofonen Kantons Waadt das Positionspapier «Assistance au suicide et accompagnement pastoral».[6] Der Synodalrat der Reformierten Kirchen Bern-Jura-Solothurn veröffentlichte dann im Jahr 2018 das Positionspapier «Solidarität bis zum Ende».[7] Dieses Positionspapier war unter anderem die Folge eines Forschungsprojektes, dessen Ergebnisse in dem Band «Assistierter Suizid und kirchliches Handeln»[8] dokumentiert sind. Auf das Papier gab es sehr unterschiedliche Reaktionen, die von Zustimmung bis zu fundamentaler Kritik

---

3 Vgl. zu Geschichte der Suizidhilfe in der Schweiz aus theologischer Perspektive Matthias Zeindler: Vier Jahrzehnte Erfahrung. Die Kirchen und der assistierte Suizid in der Schweiz, in: *Zeitzeichen Online*, https://zeitzeichen.net/node/8847, Zugriff am 16.10.2021 sowie den Beitrag von Rita Famos in diesem Band.

4 81,7 % der Schweizer Bevölkerung befürworten die rechtliche Zulässigkeit der Suizidhilfe (Vilpert Sarah, Bolliger Elio, Borrat-Besson Carmen, Borasio Gian Domenico, Maurer Jürgen: Social, cultural and experiential patterning of attitudes and behaviour towards assisted suicide in Switzerland: evidence from a national population-based study, in: *Swiss Medical Weekly*, 150:w20275, doi:10.4414/smw.2020.20275).

5 Empirisch valide Daten dazu, wie häufig Seelsorgerinnen und Seelsorger in die Begleitung assistierter Suizide involviert sind, liegen allerdings bisher nicht vor.

6 Eglise Evangélique Réformée du Canton de Vaud: *Assistance au suicide et accompagnement pastoral*. Lausanne: EERV 2016.

7 Synodalrat der Reformierten Kirchen Bern-Jura-Solothurn: *Solidarität bis zum Ende. Position des Synodalrats der Reformierten Kirchen Bern-Jura-Solothurn zu pastoralen Fragen rund um den assistierten Suizid*. Bern 2018, http://www.refbejuso.ch/fileadmin/user_upload/Downloads/Publikationen/Broschueren/SR_PUB_Assistierter-Suizid_180917.pdf, Zugriff am 16.10.2021.

8 Christoph Morgenthaler, David Plüss, Matthias Zeindler: *Assistierter Suizid und kirchliches Handeln. Fallbeispiele – Kommentare – Reflexionen*. Zürich: TVZ 2017.

reichten. Einen deutlich kritischeren Ton gegenüber der seelsorglichen Begleitung des assistierten Suizids schlug z. B. der von der evangelischen Kirche Thurgau herausgegebene Band «Den Weg zu Ende gehen» an,[9] der allerdings keine formelle Positionierung der Kirche darstellt. Auch die Reformierte Kirche des Kantons Zürich wird voraussichtlich bis zu dem Zeitpunkt, an dem dieser Band erschienen sein wird, ein Papier zur Frage der Seelsorge bei assistiertem Suizid vorgelegt haben.

Die kirchliche Diskussion rund um die Frage der ethischen Bewertung des assistierten Suizids in der Schweiz wird dabei durchgängig als Diskussion darüber geführt, ob und wie Kirche und insbesondere Pfarrpersonen, Seelsorgerinnen und Seelsorger, sich in Prozesse des assistierten Suizids involvieren lassen sollen und welche ethischen Fragen sich ihnen dabei stellen. Darin unterscheidet sich diese aktuelle Diskussion charakteristisch von früheren Debatten, in denen es eher allgemein um die Frage der Legitimität und der Regulierungsbedürftigkeit des assistierten Suizids ging. In diesen früheren Diskussionen traten die Kirchen als ein gesellschaftlicher Akteur neben anderen auf. Mit der Frage nach der seelsorglichen Begleitung von Menschen beim assistierten Suizid ist aber genuin der innere Bereich des kirchlichen Lebens betroffen: Hier kommt es ohne Zweifel auch darauf an, zu reflektieren, wie solches kirchliche Handeln theologisch zu verantworten ist.

Diese Fokussierung auf das kirchliche Handlungsfeld trifft zum Teil auch für die gegenwärtigen Diskussion in Deutschland zu, die sich zunächst einmal an der Frage festmacht, ob und gegebenenfalls wie Einrichtungen des Gesundheitswesens in kirchlicher Trägerschaft Suizidhilfe in ihren Einrichtungen zulassen sollen.[10] Im Vordergrund dieser Diskussion steht also nicht in erster Linie die Frage nach der

---

9 Evangelische Landeskirche des Kantons Thurgau (Hg.): *Den Weg zu Ende gehen. In der Begegnung mit dem Sterben Lebendigkeit erfahren. Fachbeiträge und Testimonials zu Fragen der Selbstbestimmung am Lebensende*. Frauenfeld: tecum 2019.

10 Angestossen wurde diese öffentliche theologische Debatte durch einen Artikel in der Frankfurter Allgemeinen Zeitung (FAZ): Reiner Anselm, Isolde Karle, Ulrich Lilie: Den professionellen assistierten Suizid ermöglich, in: *Frankfurter Allgemeine Zeitung* (11.1.2021). Vgl. die Replik: Peter Dabrock, Wolfgang Huber: Selbstbestimmt mit der Gabe des Lebens umgehen, in: *Frankfurter Allgemeine Zeitung* (25.1.2021). Die Diskussion wurde darüber hinaus in der Zeitschrift «Zeitzeichen Online» geführt. Vgl. dort z. B. Günter Thomas: Friendly Fire (18.1.2021), https://zeitzeichen.net/node/8775, Zugriff am 18.10.2021; Ralf Frisch: Mich fröstelt (14.1.2021), https://zeitzeichen.net/node/8773, Zugriff am 18.10.2021; Thomas Mäule: Suizidhilfe durch Palliative Care überflüssig machen (20.1.2021), https://zeitzeichen.net/node/8778, Zugriff am 18.10.2021; Michael Coors: Kirche und Suizidhilfe: Ein Verstehensversuch (21.1.2021), https://zeitzeichen.net/node/8781, Zugriff am 18.10.2021.

Aufgabe und der Funktion der Seelsorge, sondern die Frage nach Aufgabe und Funktion kirchlicher Einrichtungen des Gesundheitswesens.[11]

2. Seelsorge und assistierter Suizid

Allerdings spielt der Bezug auf die Seelsorge auch in diesem Kontext eine zentrale Rolle, wenn zum Beispiel darauf hingewiesen wird, dass die Möglichkeit der seelsorglichen Begleitung von Menschen im Entscheidungsprozess auch einen wichtigen Beitrag zu einem Schutzkonzept darstellen kann, das sicherstellen soll, dass die Entscheidung zur Inanspruchnahme professioneller Unterstützung bei der Selbsttötung auch eine wirklich selbstbestimmte Entscheidung ist.[12] Gerade diese Perspektive einer Einbindung der Seelsorge in derartige Entscheidungsprozesse macht aber auch deutlich, dass sich für die Seelsorge hier weiterreichende professionsethische Fragen stellen. Nicht nur sehen sich die Seelsorgenden herausgefordert, für sich zu klären, wie sie selbst zu der ethisch kontrovers diskutierten Frage des assistierten Suizids stehen, sondern sie müssen sich darüber hinaus auch fragen, wie die jeweils eigene moralische Bewertung des Geschehens ihre Tätigkeit der seelsorglichen Begleitung beeinflusst oder auch beeinflussen soll.

Werden sie zudem als Seelsorgende in einen strukturierten Entscheidungsprozess über die Hilfe zur Selbsttötung involviert, stellen sich darüber hinaus auch Fragen bezüglich ihres Selbstverständnisses als Seelsorgerinnen und Seelsorger: Kann und darf Seelsorge sich überhaupt als Seelsorge in derartige Prozesse mit einem Auftrag einbinden lassen?[13] Wie verhält sich die individuelle Gewissensentscheidung des Seelsorgers oder der Seelsorgerin zu ihrer institutionellen Einbindung? Als Pfarrpersonen repräsentieren sie auch öffentlich in ihrem Handeln die Position derjenigen Kirche, in deren Dienst sie stehen. Darum kann

---

11   Das zeigt sich auch deutlich an den Beiträgen der Kolleginnen und Kollegen aus Deutschland in diesem Band, in denen diese Diskussion bei einigen mehr, bei anderen weniger stark mitanklingt. Besonders im Fokus steht sie im Beitrag von Reiner Anselm.
12   So z. B. Anselm et al., Suizid.
13   Zu der in diesem Kontext ebenfalls relevanten Frage nach dem Umgang mit der seelsorglichen Verschwiegenheitspflicht vgl. Michael Coors: Seelsorgliche Verschwiegenheitspflicht und Dokumentation. Theologisch-ethische Annäherung an eine Professionsethik der Seelsorge, in: Simon Peng-Keller, David Neuhold, Ralph Kunz, Hanspeter Schmitt (Hg.): *Dokumentation als seelsorgliche Aufgabe. Elektronische Patientendossiers im Kontext von Spiritual Care*. Zürich: TVZ 2020, 153–176.

jede seelsorgliche Begleitung einer Person beim Suizid immer auch als ein Akt der öffentlichen Kommunikation der Kirche wahrgenommen werden. Seelsorgepersonen in Spitälern und Pflegeeinrichtungen stehen darüber hinaus noch in einer zweiten institutionellen Einbindung, die wiederum eigene Verantwortlichkeiten mit sich bringt: Sie repräsentieren möglicherweise nicht nur die Kirche, sondern auch die Institution, in der sie arbeiten – zumindest müssen sie damit rechnen, auch als deren Repräsentantin oder Repräsentant wahrgenommen zu werden. Insofern ist das jeweilige Gewissensurteil der Pfarrpersonen eingebunden in einen doppelten institutionellen Kontext, der im jeweiligen ethischen Urteil mitzureflektieren ist.

Die Seelsorgenden kommen in ihren Begleitungen zudem immer mit einem mehr oder weniger komplizierten Geflecht aus interpersonellen Beziehungen in Kontakt. Sie treten damit in einen sozialen Kontext ein, der Auswirkungen auf ihr Handeln und Urteilen hat. So können sie sich z. B. nicht nur der suizidwilligen Person gegenüber zur Begleitung verpflichtet fühlen, sondern auch deren Angehörigen, die gerade angesichts der herausfordernden Situation eines Suizids einen Bedarf an seelsorglichem Beistand haben können. Die Seelsorgeperson hat möglicherweise auch noch in der Folge des Suizids mit ihnen zu tun, wenn es um weitere Trauerbegleitung und/oder Bestattungen geht. Im institutionellen Setting kann es darüber hinaus auch dazu kommen, dass Mitarbeiterinnen und Mitarbeiter einen Bedarf an seelsorglicher Begleitung haben. Die Seelsorgeperson, die um seelsorgliche Begleitung eines assistierten Suizids gebeten wird, steht also mittendrin in einem komplexen Geflecht aus menschlichen Beziehungen und damit potenziell immer auch im Spannungsfeld unterschiedlicher Interessen und moralischer Bewertungen der Situation. Wie geht man als Seelsorgerin und Seelsorger damit verantwortlich um und was bedeutet dies für die seelsorgliche Begleitung eines Menschen beim assistierten Suizid?

3. Die ethische Diskussion über den assistierten Suizid

Die Frage, ob und wie sich Seelsorge in die Begleitung von Menschen bei einem assistierten Suizid einbringen soll, kann darüber hinaus natürlich nicht unabhängig von der allgemeinen Frage nach der ethischen Bewertung der Praxis des assistierten Suizids diskutiert werden. Darum geht es im ersten Teil dieses Bandes aus ethischer Perspektive immer um beides: um die ethische Diskussion über den assistierten Suizid allgemein wie auch um diejenigen ethischen Fragen, die sich für die Seelsorge mit Blick auf die Begleitung von Menschen beim assistierten Suizid stellen. Die Beiträge reflektieren dabei die unterschiedlichen Positionen der ethischen Bewertung des assistierten Suizids in der evangelisch-theologischen Ethik der Gegenwart. Ohne diese Debatte hier in der Einleitung umfassend aufarbeiten zu können, sollen im Folgenden einige der unseres Erachtens zentralen Diskussionspunkte hervorgehoben werden.

Zunächst scheint es für die Diskussion wesentlich, inwieweit zwischen der ethischen Bewertung des Suizids selbst und der ethischen Bewertung der Hilfe beim Suizid unterschieden wird. Diese Frage verschränkt sich unmittelbar mit der Frage nach den relevanten moralischen Pflichten und Gütern, die für zwischenmenschliche Beziehungen in der Situation einer Bitte um Hilfe beim Suizid Relevanz haben. So wird auf der einen Seite argumentiert, dass die Möglichkeit zum Suizid zum Horizont der geschöpflichen Freiheit des Menschen gehört, weil das *frei* zu führende Leben des Menschen als Schöpfungsgabe Gottes verstanden wird. Diese geschöpfliche Freiheit schliesst dann auch die Freiheit ein, sein eigenes Leben zu beenden, und kann in diesem Sinne als eine theologisch zu akzeptierende Option der menschlichen Lebensführung gelten. Wenn dies aber so ist, so die eine Linie der Argumentation, dann könne auch die Hilfe beim Suizid nicht moralisch verwerflich sein.

Auf der anderen Seite wird stärker zwischen der Bewertung des Suizids selbst und der Bewertung der Hilfe beim Suizid unterschieden: Es geht dann weniger um die Frage, ob es im Horizont des christlichen Glaubens an die Geschöpflichkeit des menschlichen Lebens vertretbar ist, das eigene Leben selbstbestimmt zu beenden, sondern es geht in erster Linie um die Frage, wie sich Christinnen und Christen gegenüber Menschen verhalten sollen, die sich selbst töten wollen: Was ist im Blick auf die Gestaltung der Beziehung zu diesem Menschen moralisch erstrebenswert? Welche moralischen Pflichten haben wir gegenüber dieser Person ausser der unbestrittenen Pflicht, ihre Selbstbestimmung zu respektieren? Hier wird argumentiert, dass aus dem Respekt vor der Selbstbestimmung noch nicht automatisch folge, dass es auch gut ist, dieser Person bei der Selbsttötung zu helfen. Es stellt sich hier vielmehr die Frage nach weiteren moralischen Gütern und Pflichten im Verhältnis zu Menschen, die sich selbst töten wollen. In den Blick kommen so die moralischen Güter oder auch Pflichten der Hilfeleistung, der Leidenslinderung, aber auch des Lebensschutzes, die man allesamt unter dem Oberbegriff von Fürsorgepflichten zusammenfassen kann.

Zur zentralen Frage wird dann, wie stark man die moralische Pflicht oder das Gut, das Leben anderer zu schützen, gegenüber dem moralischen Gut oder der Pflicht der Hilfeleistung gewichtet. Wenn man davon ausgeht, dass der Schutz des Lebens anderer Personen kein eigenständiges moralisches Gut ist bzw. dass es keine Pflicht gibt, das Leben anderer Personen unabhängig von ihrer selbstbestimmten Entscheidung zu schützen, dann gibt es auch keinen Grund, anderen nicht bei einer selbstbestimmten Selbsttötung zu helfen. Versteht man darüber hinaus die Hilfeleistung für einen leidenden Menschen als moralisches Gut oder gar als moralische Pflicht, dann ist es in diesem Fall gegebenenfalls sogar moralisch geboten oder zumindest moralisch vorzuziehen, der anderen Person beim Suizid zu helfen. Vertreter und Vertreterinnen dieser Position werden sich allerdings im Kontext gerade einer theologischen Ethik fragen lassen müssen, wie die Vorstellung, dass das Leben menschlicher Personen nicht wenigstens *prima facie* schützenswert sei, mit der Vorstellung vom Leben als guter schöpferischer Gabe Gottes zu vereinen ist. Ist es nicht bei aller Freiheit der Lebensführung so, dass das frei zu führende Leben theologisch als vorzugswürdiges Gut gegenüber dem Tod zu verstehen ist, weil ohne Leben eben auch keine Freiheit des Geschöpfes mehr ist?

Wenn man hingegen davon ausgeht, dass es eine eigenständige Pflicht gibt, das Leben anderer zu schützen, die zumindest *prima facie* gilt, so ergibt sich eine Pflichtenkollision: Auf der einen Seite steht die Pflicht, das Leiden der betroffenen Person zu lindern und ihrem selbstbestimmten Wunsch nach Hilfe bei der Selbsttötung nachzukommen, auf der anderen Seite die Pflicht, das Leben der anderen Person zu schützen. Vertreterinnen und Vertreter dieser Position müssen sich wiederum fragen lassen, wie sie verhindern, dass aus der Eigenständigkeit der Pflicht zum Lebensschutz ein Paternalismus folgt. Impliziert das Gut des Lebensschutzes auch, das Leben von Menschen gegen ihren Willen zu schützen? Wobei hier dann nochmal zu differenzieren ist zwischen einem Schutz, der per Zwang eingreift und einen Suizid verhindert – das fordert u. E. mit Blick auf selbstbestimmte Suizide niemand in der Debatte –, und einem Verständnis von Lebensschutz, aus dem lediglich folgt, dass man sich nicht an einer Selbsttötungshandlung ursächlich beteiligen will.

Wie auch immer man sich hier positioniert: Die Frage, ob es im Horizont des christlichen Glaubens eine Pflicht gibt, das Leben anderer zu schützen, bzw. ob der Schutz des Lebens anderer zumindest ein moralisches Gut ist, wird damit zur theologisch-ethischen Schlüsselfrage in der ethischen Bewertung des assistierten Suizids. Nur wenn es ein solches moralisches Gut oder eine solche moralische Pflicht gibt, stellt die Suizidhilfe überhaupt einen moralischen Konflikt dar. Es geht in dieser Perspektive dann nicht darum, ob diese Pflicht auch eine Pflicht gegen sich selbst ist, sondern darum, ob und in welchem Masse und unter welchen Bedingungen diese Pflicht gegenüber anderen besteht. Handelt es sich dabei um eine moralische Pflicht im starken oder schwachen Sinne? Oder geht es um ein moralisch erstrebenswertes Gut, das Leben anderer zu schützen?

Noch weitergehend kann man dann allerdings auch fragen, ob eine solche Vorstellung vom Gut des Lebens als Gabe Gottes auch auf die Perspektive der individuellen christlichen Lebensführung anwendbar wäre. Das führt dann zurück in die Perspektive der individuellen Güterabwägung: Ergibt sich aus dem Glauben an Gott als Schöpfer des eigenen Lebens nicht zumindest die Vorstellung, dass die Gabe des menschlichen Lebens ein besonders hoch zu achtendes Gut darstellt, das nicht leichtfertig aufzugeben ist? Auch wenn das Leben als frei zu führendes geschaffen und nicht «der Güter höchstes»[14] ist, ist es eben doch das fundamentale Gut, ohne das nichts anderes erstrebt werden kann. Das führt dann sicher nicht zu einer *Pflicht* gegen sich selbst, das eigene Leben um jeden Preis zu erhalten, aber es zeigt doch, dass es auch mit Blick auf den individuellen, selbstbestimmten Abwägungsprozess, der zum Suizidwunsch führt, ethisch relevante Fragen zu diskutieren gibt. Welche Güter und Übel sind es, die mit Blick auf die individuelle Entscheidung relevant sind bzw. was kann christlicher Glaube auch materialiter zu diesem Abwägungsprozess an Perspektiven beitragen? Nimmt man dabei ernst, dass auch solche individuellen Güterabwägungsprozesse nie bloss individuelle Prozesse sind, sondern auf einen sozialen Raum zurückverweisen, in dem eine Orientierung an moralischen Gütern zum einen zuallererst erlernt und zum anderen ständig kommuniziert wird, dann führt dies zur sozialethischen Frage danach, welche Güter und Ideale der Lebensführung – am Lebensende, in schwerer Krankheit oder Pflegebedürftigkeit – gesellschaftlich kommuniziert und protegiert werden, sei es durch mediale Kommunikation oder aber durch die Art und Weise, wie gesellschaftliche Institutionen organisiert sind.[15]

Zu diesen unterschiedlichen ethischen Abwägungen müssen sich auch Seelsorgerinnen und Seelsorger verhalten, die bereit sind, Menschen beim assistierten Suizid zu begleiten. Dabei bleibt die Fragestellung nicht nur auf die persönliche Meinungsbildung der Seelsorgepersonen bezogen, sondern sie müssen sich auch fragen, wie sie diese gegenüber möglichen suizidwilligen Personen vertreten. Darüber hinaus werden sie als Vertreter und Vertreterinnen ihrer jeweiligen Institutionen wahrgenommen, die sich öffentlich an der Debatte beteiligen. Weiterhin steht die Frage im Raum, ob ein wertfreies Dabeisein in der Seelsorge möglich ist oder ob eine Begleitung auch als Zustimmung zu einer Suizidhandlung verstanden werden kann. Darum werden diese und weitere Fragen im Folgenden aus (theologisch-)ethischer und praktisch-theologischer Perspektive diskutiert. Ergänzt

---

14 Karl Barth: *Kirchliche Dogmatik* III/4. Zollikon-Zürich: Evangelischer Verlag 1951, 457.
15 Vgl. zum vorausgesetzten Verständnis von Sozialethik Michael Coors: Sozialethische Perspektiven auf das Pflege- und Gesundheitswesen, in: Anette Riedel, Sonja Lehemeyer (Hg.): *Ethik im Gesundheitswesen* (Springer Reference Pflege – Therapie – Gesundheit). Berlin, Heidelberg: Springer, https://doi.org/10.1007/978-3-662-58685-3_15-1, Zugriff am 27.10.2021.

werden diese theoretischen Beiträge durch Perspektiven aus der Praxis der Seelsorge und durch Perspektiven der Kirchenleitung.

4. Zur Struktur und zu den Beiträgen des Bandes

4.1 Ethische Perspektiven

Der erste Teil des Bandes, der die ethischen Perspektiven auf das Thema versammelt, wird durch den Beitrag von *Frank Mathwig* eröffnet, der von der Schweizer Diskussionslage ausgehend exemplarisch die Stellungnahme der Gemeinschaft evangelischer Kirchen in Europa einer kritischen Analyse unterzieht und sie mit der Schweizer Stellungnahme «Das Sterben leben» konfrontiert. Anders als die Stellungnahme der GEKE zielt die Schweizer Stellungnahme nach Mathwig auf eine Entmoralisierung des individuellen Suizidwunsches und erlaubt es zugleich, das Phänomen des Suizids als gesellschaftliches Defizit zu diskutieren. Seelsorgliche Begleitung beim assistierten Suizid könne so der «Bewährungsraum theologischer Ethik» werden, weil hier die ethische Diskursperspektive und die seelsorgliche Beteiligungsperspektive zusammenkommen müssen. Das führt dazu, dass in der konkreten Seelsorgesituation moralische Ambivalenzkonflikte ausgehalten werden müssen, denen Mathwig in Auseinandersetzung u. a. mit Zygmunt Baumanns soziologischer Theorie der Ambivalenz nachgeht.

Matthias Zeindler thematisiert in seinem Beitrag den assistierten Suizid aus der Perspektive der theologischen Anthropologie. Er schlägt vor, die theologischen Deutungsbemühungen der Kirche als «Seelsorge vor der Seelsorge» zu begreifen, insofern es in ihnen darum geht, Deutungshorizonte zu formulieren, die in der Seelsorge zur Anwendung kommen können. Dafür greift er auf die reformierte Tradition der Bundestheologie zurück: Ein Leben im Bund mit Gott realisiert sich in einer freien Lebensführung, in Dankbarkeit gegenüber Gott für die Gabe des Lebens. Menschliches Leben wird so als freies Leben in sozialen Beziehungen verstanden, das aber auch Leiden, Begrenztheit und Abhängigkeiten mit einschliesst. Angesichts dieser spannungsvollen theologischen Anthropologie gibt es keine simple Ja-oder-Nein-Antwort auf die Frage nach dem assistierten Suizid, den Zeindler in Anlehnung an Karl Barth als Grenzfall denkt.

Der Beitrag von *Reiner Anselm* setzt sich ausgehend vom Urteil des deutschen Bundesverfassungsgerichts und der theologischen und kirchlichen Kritik an diesem Urteil mit der Frage nach dem Verhältnis von Autonomie und Lebensschutz auseinander. In der Argumentation derer, die von der Vorstellung einer Gabe des Lebens ausgehen, identifiziert Anselm die Vorstellung vom Leben als Institution, die der Selbstbestimmung vorgängig sei und diese darum begrenzen könne. Demgegenüber betont er, dass die moderne liberale Tradition Institutionen allein daran bemesse, dass sie Freiheit ermöglichen. Der ethische Streit um die Legitimität der Suizidhilfe stellt sich so für Anselm als paradigmatischer Konflikt um das Verhältnis von Protestantismus und Moderne dar. In diesem Konflikt plädiert er eindeutig für eine theologische Ethik, die sich der im Glauben begründeten Freiheit des Einzelnen verpflichtet weiss.

Der Beitrag von *Tanja Krones* und *Settimio Monteverde* nimmt sich der Fragestellung nicht aus der Perspektive der theologischen Ethik, sondern der klinischen Ethik an. Die Autorin und der Autor konzipieren klinische Ethik als situationsbezogenen Reflexionsprozess, der weder einfach top-down noch nur bottom-up funktioniert und betonen die Notwendigkeit der Wahrnehmung der konkreten Einzelsituationen, in denen der Wunsch nach Hilfe bei der Selbsttötung artikuliert wird. Sie stellen den Umgang mit dem Wunsch nach Suizidhilfe im Universitätsspital Zürich dar und zeigen anhand zweier Fallbeispiele auf, welche Fragen und Probleme in der Praxis der klinischen Ethik eine Rolle spielen. In ihrer Orientierung an konkreten Notlagen und an den relevanten Beziehungen können klinische Ethik und Seelsorge als «Schwestern im Geiste» gelten.

Weil in den aktuellen Diskussionen über Suizidhilfe mitunter auf den «Freiwilligen Verzicht auf Nahrung und Flüssigkeit» (FVNF) als moralisch unkompliziertere Alternative verwiesen wird, fragt *Michael Coors* in seinem Beitrag in normativer Perspektive nach dem Verhältnis des FVNF zum (assistierten) Suizid. Er plädiert dafür, den FVNF als eine Form des Suizids durch Unterlassen zu verstehen und mit Blick auf die Formen der Hilfe grundlegend zwischen der Begleitung um der Begleitung willen, der Hilfe *beim* und der Hilfe *zum* Suizid (durch FVNF) zu unterscheiden. In Fällen des FVNF scheint es faktisch meistens um eine Hilfe *beim* FVNF z. B. durch palliative Leidenslinderung zu gehen. Diese kann allerdings unter bestimmten Bedingungen auch fliessend übergehen in die ethisch strittige Form der Hilfe *zum* Suizid durch FVNF. Wird in Situationen, in denen ohnehin schon Hilfe zum Suizid erwogen wurde, die Alternative des FVNF diskutiert, so scheint offensichtlich, dass der FVNF eine Form des Suizids ist, sodass er hier in der Regel keine moralisch unkompliziertere Alternative darstellt.

Mit dem Beitrag von *Dorothee Arnold-Krüger* und *Julia Inthorn* wird ein methodischer Perspektivenwechsel vollzogen: Sie stellen erste Ergebnisse einer quantitativen empirischen Studie vor, die vom Zentrum für Gesundheitsethik (ZfG) in Hannover durchgeführt wurde. Zwischen November 2020 und Januar 2021 wurden Pfarrpersonen der Evangelisch-lutherischen Landeskirche Hannovers bezüglich ihrer Einstellungen und Erfahrungen zum assistierten Suizid befragt. Deutlich wird dabei, dass es auch in Deutschland schon Anfragen an Pfarrpersonen zur Begleitung assistierter Suizide gab und gibt und dass die allermeisten Pfarrpersonen ihre

Entscheidung über die Begleitung eines assistierten Suizids als Einzelfallentscheidung verstehen, für die sie einen klaren rechtlichen Rahmen wünschen. Die befragten Personen vertreten dabei aber sehr unterschiedliche moralische Einstellungen zum assistierten Suizid.

Sebastian Farr weitet mit seinem Beitrag den Horizont auf die internationale Diskussion aus, indem er einzelne internationale empirische Studien zu Seelsorge und Suizidhilfe bzw. Tötung auf Verlangen vorstellt. Auffällig ist dabei allerdings, dass die Anzahl der Studien zu diesem Thema auch international sehr begrenzt ist. Als einschlägig identifiziert er lediglich drei Studien. Der Vergleich der Studien zeigt, dass die Einstellung der Seelsorgerinnen und Seelsorger zum Thema jeweils stark variiert und dass die Frage der inhaltlichen Positionierung von der Art und Weise, wie das Verhältnis von Gott und Mensch durch die Seelsorgerinnen und Seelsorger konzeptioniert wird, abhängt. Gleichzeitig stellt für alle die wertungsfreie Begleitung der Klientinnen und Klienten ein hohes professionsethisches Gut dar.

4.2 Perspektiven der Praktischen Theologie

Der zweite Teil des Bandes widmet sich praktisch-theologischen Fragen rund um das Thema der seelsorglichen Begleitung des assistierten Suizids. *Isolde Karle* arbeitet in ihrem Beitrag heraus, wie in der seelsorglichen Begleitung von Menschen unmittelbar ethische Fragen aufbrechen, sodass Seelsorge immer auch auf ethische Reflexionskompetenz angewiesen ist. Dabei sieht sie – ähnlich wie Frank Mathwig in seinem Beitrag – das Spezifikum der Seelsorge darin, für Grauzonen und Ambivalenzen einzustehen. Zugleich spricht sie sich grundsätzlich für eine rechtliche Zulässigkeit der Suizidhilfe aus, wie sie in Deutschland durch das Bundesverfassungsgericht ermöglicht wurde. In Auseinandersetzung mit dem Positionspapier der Reformierten Kirchen Bern-Jura-Solothurn plädiert sie dafür, statt von einer bedingungslosen von einer kritischen Solidarität der Seelsorge in der Begleitung assistierter Suizide zu sprechen, auch wenn es unbestritten zu den Grundkompetenzen der Seelsorge gehört, auch Menschen zu begleiten, die moralische Entscheidungen treffen, die man selbst nicht mittragen kann.

Der Beitrag von *Christoph Morgenthaler* wirft einen detaillierteren, praktisch-theologischen Blick auf die unterschiedlichen Aspekte der seelsorglichen Begleitung von assistierten Suiziden, indem er unterschiedliche Stadien auf dem Weg von der Anbahnung der Entscheidung zum assistierten Suizid über den Vollzug des Suizids bis hin zur Verarbeitung durch Angehörige anhand eines Fallbeispiels bespricht. Im Durchgang durch den seelsorglich begleiteten Prozess wird deutlich, wie die Seelsorgerin in unterschiedlicher Art und Weise auch moralisch und ethisch herausgefordert ist. Dadurch wird deutlich, dass die persönliche wie auch professionelle Reflexion des Themas Suizidhilfe durch die Seelsorgenden eine wichtige

Voraussetzung ist. Zugleich verweist Morgenthaler darauf, dass es auch auf eine Konsistenz des kirchlichen Handelns ankommt, sodass sich die Frage stellt, wie die Bereitschaft, assistierte Suizide seelsorglich zu begleiten, sich zu kritischen Positionierungen der Kirche gegenüber der Praxis des assistierten Suizids verhält.

Die ethischen Fragen im Kontext der seelsorglichen Begleitung von Menschen beim assistierten Suizid reichen auch über den vollzogenen Suizid hinaus: *David Plüss* nimmt darum aus homiletischer Perspektive die Situation der Traueransprache nach einem vollzogenen assistierten Suizid in den Blick. Ausgehend von der zentralen Stellung, die der Lebensgeschichte des Verstorbenen in der Bestattungspredigt zukommt, bespricht Plüss eine Reihe von Themen, die für die Bestattungspredigt im Kontext eines assistierten Suizids von Relevanz sind: Selbstbestimmung, Einsamkeit der Entscheidung, Scham, Schuld(gefühle), Ambivalenzen der Hinterbliebenen und der Pfarrpersonen sowie Alter und Lebenssattheit. Vor diesem Hintergrund bespricht er dann unterschiedliche homiletische Vollzüge und nimmt dabei sowohl Kleinformate als auch die klassische Traueransprache im Gottesdienst und am Grab in den Blick, die er als Trost- und nicht als Lehrrede versteht.

Die Implikationen für das Selbstverständnis und die theologische Reflexion des Pfarrberufes, die sich aus der Anfrage nach seelsorglicher Begleitung beim assistierten Suizid ergeben, diskutiert *Florian-Sebastian Ehlert* in seinem pastoraltheologischen Beitrag. Dafür analysiert er zunächst das «suizidale Feld», in das die Pfarrperson im Falle einer Begleitung mit eintritt, als komplexes Beziehungsfeld, das von Ambivalenzen und Spannungen geprägt ist. Dabei ist für Ehlert klar, dass es aus Sicht der Pfarrperson nicht um moralische Urteile über diese Situation gehen kann, denn diese Urteile stehen Gott alleine zu. Die Ambivalenzen des suizidalen Feldes werden durch Ehlert ausgehend vom Begriff des «Seufzens der Kreatur» in Röm 8 theologisch gedeutet und münden ein in professionsethische Reflexionen zum Pfarrberuf.

Traugott Roser widmet sich in seinem Beitrag der spirituellen Dimension des Wunsches nach einem assistierten Suizid. Ausgehend von einem weiten Spiritualitätsbegriff kann Roser aufzeigen, dass diese Dimension nicht nur bei den Suizidwilligen selbst von Relevanz ist, sondern darüber hinaus alle Beteiligten – also einschliesslich An- und Zugehörigen, Behandlungsteams, Einrichtungsleitungen, Seelsorgende usw. – betrifft. In der Analyse der unterschiedlichen Bedürfnisse entwirft Roser ein Schema mit Mikro-, Meso- und Makroebene, das aufzeigt, dass den unterschiedlichen Ebenen mit verschiedenen seelsorglichen Angeboten und Interventionen zu begegnen ist.

4.3 Praxisfelder der Seelsorge

Im dritten Teil des Bandes kommen Seelsorgerinnen und Seelsorger mit ihren eigenen Erfahrungen zu Wort, die sie auch vor dem Hintergrund der fachlichen Diskussion reflektieren. Zunächst berichtet *Susanna Meyer Kunz* aus ihrer Praxis als Spitalseelsorgerin am Universitätsspital Zürich von einem konkreten Fall der Begleitung Angehöriger im Falle eines assistierten Suizids. Ihr Bericht und ihre Reflexion des eigenen professionellen seelsorglichen Handelns machen deutlich, welche komplexe Beziehungsarbeit von der Seelsorge gefragt sein kann und wie wichtig es ist, dass die Seelsorge die Situation der An- und Zugehörigen aufmerksam wahrnimmt.

Matthias Fischer berichtet von drei Fallbeispielen aus seiner Tätigkeit als Seelsorger in der Altenhilfe. Das erste Fallbeispiel verweist auf die ganz praktischen Konsequenzen der Ambiguität der Rede vom selbstbestimmten Sterben. Im zweiten Fall geht es um das Herbeiführen des Todes durch einen freiwilligen Verzicht auf Nahrung und Flüssigkeit, der dazu führte, dass eine Pflegefachfrau seelsorgliche Begleitung brauchte. Der dritte Fall handelt von der seelsorglichen Begleitung eines Angehörigen, der den FVNF seine Mutter eindeutig als Suizid erlebte.

Über die Rolle der seelsorglichen Begleitung im Kontext des assistierten Suizids in der Gemeinde denkt schliesslich *Jürg Spielmann* vor dem Hintergrund seiner Erfahrungen als Gemeindepfarrer nach. Selten erlebt er sich in der Rolle, Menschen beim Entscheidungsprozess zu begleiten – meist ist die Entscheidung schon gefallen, wenn er als Seelsorger hinzukommt. In zwei Fallbeispielen berichtet er von der Begleitung zweier Frauen, die ihren Suizid mithilfe der Organisation Exit realisieren. Er plädiert dafür, den Begriff des selbstbestimmten Sterbens nicht den Sterbehilfeorganisationen zu überlassen, sondern die Vielschichtigkeit der Optionen des selbstbestimmten Sterbens stärker in das öffentliche Bewusstsein zu heben – so sehr die Entscheidung zum assistierten Suizid zu respektieren ist.

4.4 Kirchenpolitische Perspektiven

Der letzte Teil des Bandes widmet sich unterschiedlichen kirchenpolitischen Perspektiven aus der Schweiz, Österreich und Deutschland.

Im ersten Beitrag zu diesem Teil diskutiert *Esther Straub* als Theologin und Mitglied der Kirchenleitung der Evangelisch-reformierten Landeskirche des Kantons Zürich die Frage, wie sich die kirchliche Seelsorge im institutionellen Gefüge des Gesundheitswesens positioniert und welche Implikationen sich daraus für ihre Rolle bei assistiertem Suizid ergeben. Sie verweist darauf, dass Seelsorgende in Gesundheitsinstitutionen, insbesondere Spitälern, als kirchliche Beauftragte nicht Teil der Institution sind und dadurch als unabhängige Dritte einen besonderen Schutzraum bieten können. Das drückt sich einerseits im Status der seelsorglichen Verschwiegenheitspflicht aus, zum anderen darin, dass kirchliche Seelsorge in einem zunehmend durch ökonomische Logiken bestimmten Gesundheitswesen keine abrechenbare Leistung ist.

Rita Famos geht als Präsidentin der Evangelisch-reformierten Kirche Schweiz (EKS) in ihrem Beitrag zunächst auf die Geschichte der Schweizer Rechtslage zum assistierten Suizid ein. Sie skizziert die Besonderheit der theologischen Positionierung des ehemaligen Schweizerischen Evangelischen Kirchenbundes (SEK) im Kontext der evangelischen Kirchen in Europa, die sie darin sieht, dass die selbstbestimmte Entscheidung zum Suizid einerseits respektiert wird und dass Menschen auch in dieser Lebenslage Begleitung durch die Kirche zugesagt wird, andererseits aber zugleich gesellschaftliche Tendenzen, den Suizid zu idealisieren, problematisiert werden. Vor dem Hintergrund dieser theologischen Positionierung des SEK sind dann auch die verschiedenen Positionierungen einzelner Kantonalkirchen zu Seelsorge bei assistiertem Suizid zu verstehen, die Famos in den Diskurskontext einordnet. Aufgrund dieser Diskussionen formuliert sie dann abschliessend vier zentrale Herausforderungen für die Kirchen in der Schweiz.

Die aktuelle Diskussion in Österreich nach dem Urteil des Verfassungsgerichtshofes im Dezember 2020 schildert *Ulrich Körtner* aus der Perspektive des akademischen Theologen. Die Frage, wie sich kirchlich und diakonisch getragene Einrichtungen des Gesundheitswesens zu der Möglichkeit des assistierten Suizids verhalten werden, wird angesichts des Urteils auch in Österreich kontrovers diskutiert. Körtner erwägt unterschiedliche theologische Perspektiven auf die Frage, wie sich Seelsorge in die Begleitung von Menschen beim assistierten Suizid involvieren lassen soll. Dabei betont er gleichermassen, dass der Suizid nicht per se als Sünde zu verwerfen sei, wie auch, dass Seelsorge nicht die kritische Stellungnahme zu dem ausschliesse, was Menschen sagen oder tun. Mit Karle plädiert er darum für das Konzept einer kritischen Solidarität, wendet sich aber gleichzeitig kritisch gegen organisierte Suizidhilfe wie auch gegen das organisierte Einbeziehen der Seelsorge in die Suizidhilfe.

Die aktuelle Diskussion in Deutschland wird in den letzten beiden Beiträgen aus unterschiedlichen Perspektiven kommentiert. *Ulrich Lilie* formuliert seine Überlegungen aus der Perspektive des Präsidenten der Diakonie Deutschland. Er plädiert angesichts des Urteils des deutschen Bundesverfassungsgerichts für einen Abschied vom Prinzipiellen (O. Marquart) und für die konstruktive Begleitung von Meinungsbildungsprozessen in den diakonischen Einrichtungen. Bei aller Betonung der Notwendigkeit einer Assistenz zum Leben, lässt Lilie keinen Zweifel daran, dass nach seinem Verständnis auch die Begleitung von Menschen beim assistierten Suizid in der Diakonie Raum haben muss, gerade weil hier ein hohes Mass an Sensibilität für die Schwierigkeiten dieser Entscheidung und für die Verletzlichkeit autonomer Entscheidungsprozesse besteht. Zu einem guten Beratungsprozess, der die Entscheidungen zur Suizidhilfe begleiten soll, kann dabei gerade die Seelsorge für Lilie einen wichtigen Beitrag leisten.

Den Abschluss bilden die theologischen Erwägungen von *Heinrich Bedford-Strohm*, der zum Zeitpunkt der Abfassung des Textes noch Ratsvorsitzender der Evangelischen Kirche in Deutschland ist. Vor dem Hintergrund des Bundesverfassungsgerichtsurteils, das er einer kritischen Würdigung unterzieht, fragt er nach einem evangelischen Verständnis des Verhältnisses von Selbstbestimmung und Lebensschutz. Auch wenn der Schutz des menschlichen Lebens dabei einen Vorrang hat vor der Selbstbestimmung, spricht sich Bedford-Strohm dafür aus, dass Menschen in der Grenzsituation des Suizids beraten und begleitet werden. Diese Beratung und Begleitung versteht er aber immer als Beratung zum Leben, die darum gegenüber der Suizidentscheidung nicht moralisch neutral sein kann. Vor diesem Hintergrund ist für ihn auch zu diskutieren, was genau seelsorgliche Begleitung beim assistierten Suizid alles umfasst. Die auch seelsorgliche Hauptaufgabe der Kirchen sieht er indes darin, angesichts des Urteils für ein gesellschaftliches Klima zu sorgen, in dem die Würde eines jeden einzelnen Menschen im Vordergrund steht.

5. Über- und Ausblick

Überblickt man die Beiträge zu diesem Band, so fallen einige durchgehende Konsense auf. Diese lassen sich am ehesten in negativen Aussagen bestimmen: Niemand spricht sich dafür aus, dass Suizide per se moralisch schlecht oder verwerflich sind, und ebenso wenig wird gefordert, Menschen durch Zwang von einem selbstbestimmten Suizid abzuhalten. Gleichermassen spricht sich niemand dafür aus, dass die Hilfe zum Suizid unter allen Umständen falsch ist, sondern der Minimalkonsens scheint darin zu bestehen, dass es zumindest im Grenzfall legitim sein kann, beim Suizid zu helfen. Ein positiver Konsens scheint auch dahingehend zu bestehen, dass die seelsorgliche Begleitung von Menschen in Krisensituationen – und die Situation des assistierten Suizids zählt ohne Zweifel dazu – ein moralisches Gut ist, das für die Professionsethik der Seelsorge zentral ist.

Jenseits dieser Konsense finden sich dann zahlreiche Differenzen, mit Blick auf die schon ihre Reichweite und Relevanz strittig sein dürfte. Die fundamentalste Differenz scheint in der Grundsatzfrage zu bestehen, ob man neben dem Selbstbestimmungsrecht noch weitere moralische Verpflichtungen oder Güter als moralisch eigenständige Grössen in den Prozess der ethischen Urteilsbildung mit einbeziehen muss und wie diese gegebenenfalls zu gewichten sind. Daraus lassen sich dann jeweils unterschiedliche Positionierungen zum Thema des assistierten Suizids ableiten. Jenseits dieser unterschiedlichen Positionierungen bleibt aber ein gemeinsamer Bezug auf die moralische Forderung einer seelsorglichen Solidarität bis zum Ende, die unterschiedlich nuanciert werden kann – sei es als «bedingungslos» oder «kritisch» –, die aber auf ein grundlegendes moralisches Gut einer Professionsethik der Seelsorge verweist, aus der sich wiederum für die Seelsorgerin oder den Seelsorger die Herausforderung zur ethischen Reflexion im Einzelfall ergibt.

Während die Diskussionen in Deutschland und in Österreich dazu gerade erst begonnen haben, zeigt sich in der Schweiz, dass die ethischen Fragen, die sich aus der Praxis der Suizidhilfe ergeben, auch nach vielen Jahrzehnten nicht zur Ruhe kommen. Die Schaffung eines rechtlichen Rahmens, in dem in Zukunft Suizidhilfe in Deutschland und in Österreich praktiziert werden wird, bedeutet, dass die ethischen Fragen des Umgangs mit dieser Praxis für Kirche und Theologie nun in allen drei deutschsprachigen Ländern zu einem Dauerthema werden.

I. Ethische Perspektiven

Zur theologisch-ethischen Orientierung in der Suizidhilfe-Diskussion
Ein evangelisch-reformierter Blick aus der Schweiz

Frank Mathwig

«Ich fühle mich zeitweilig wie in einem echolosen Raum»
(Kurt Marti)[1]

«Das Leben ist kein zweiter Gott»
(Karl Barth)[2]

1. Suizidhilfe als theologisch-ethische und kirchlich-seelsorgerliche Herausforderung

Aus internationaler kirchlicher Sicht präsentiert auch das Thema Suizidhilfe einen Schweizer «Sonderfall». Einerseits können die schweizerische Gesellschaft und ihre Kirchen auf eine 80-jährige Geschichte des der Suizidhilfe zugrunde liegenden Strafgesetzbucharticels 115 zurückblicken, andererseits waren Pfarrpersonen massgeblich am Aufbau der 1982 gegründeten Suizidhilfeorganisation Exit beteiligt. Das biblisch verheissene «Leben in Fülle» (Joh 10,10) und «ewige Leben» (Joh 5,24) auf der einen und die willentliche Selbsttötung auf der anderen Seite scheinen in der kirchlichen Praxis weitaus weniger zu konfligieren als in der theologischen Theorie.

Es gibt wenige Bereiche, in denen theologisch-ethische und seelsorgerliche Fragen so stark ineinandergreifen wie bei Entscheidungen am Lebensende. So intuitiv naheliegend das Verhältnis von Seelsorge und Ethik erscheint, so schwer fällt es, die wechselseitigen Bezüge methodisch und begründungstheoretisch festzumachen. Besonders in kirchlichen Äusserungen zum Thema Lebensende begegnen theologisch-ethische und seelsorgerliche Reflexionen in einer Art Arbeitsteilung. Die folgenden Überlegungen fokussieren auf die Übergänge zwischen theologischer Ethik und kirchlicher Seelsorge. Sie haben propädeutischen Charak-

---

1 Kurt Marti: Ich bin jetzt eigentlich fällig. Interview mit Res Strehle, in: *Der Bund* (28.3.2011).
2 Karl Barth: *Kirchliche Dogmatik. Die Lehre von der Schöpfung* III/4. Zürich: Evangelischer Verlag 1969, 388.

ter und zielen auf die sachlichen und methodischen Schnittstellen der theologischen Disziplinen in der kirchlichen Praxis.

Die Berner Theologen Christoph Morgenthaler, David Plüss und Matthias Zeindler haben fünf Argumentationsebenen unterschieden, die das komplexe Verhältnis von kirchlicher Seelsorge und Theologie/Ethik verdeutlichen:[3]

1. *Implizite Theologie in seelsorgerlicher und gottesdienstlicher Begleitung:* Die seelsorgerliche Suizidhilfebegleitung beruht auf bestimmten theologisch-ethisch reflektierten Überzeugungen (implizite Vorverständnisse oder Axiome), die sowohl begründungsfähig als auch begründungsbedürftig sind. Subjekt und Gegenstand der theologisch-ethischen Reflexion ist auf dieser Ebene die Seelsorgerin oder der Seelsorger in der konkreten Situation.

2. *Explizite Theologie in seelsorgerlicher und gottesdienstlicher Begleitung:* Die Seelsorgerin oder der Seelsorger thematisiert ihre bzw. seine theologisch-ethische Haltung gegenüber der suizidwilligen Person, den Angehörigen, sonstigen am assistierten Suizid Beteiligten, der Kirche oder der Öffentlichkeit. Damit soll die suizidwillige Person «zu einer selbstverantwortlichen Lebensführung, Entscheidungsfindung und Konfliktbewältigung»[4] befähigt werden. Morgenthaler u. a. resümieren: «Diese Hilfe zur selbständigen Entscheidung ist die Form, in welcher sich die bedingungslose seelsorgerliche Solidarität in der Phase des ethischen Fragens vollzieht.»[5]

3. *Öffentliche Thematisierung seelsorgerlich-pastoraler Erfahrungen:* Die seelsorgerlich-pastorale Praxis wird zum Gegenstand einer öffentlichen (kirchlichen und gesellschaftlichen) Diskussion über die Suizidhilfe. «Es geht im Rahmen dieser Aufgabe nicht darum, bestimmte Einstellungen zum assistierten Suizid zu verurteilen. Vielmehr nimmt die Kirche hier eines ihrer genuinen Ämter wahr, nämlich zu einer offenen, genauen Wahrnehmung dessen beizutragen, was ist.»[6]

4. *Beiträge zur ethischen Urteilsbildung:* Als Subjekte der ethischen Urteilsbildung werden die Kirchen resp. kirchlichen Institutionen angesprochen, die «ihre Position klar beziehen und in nachvollziehbarer Argumentation darstellen» sollen.[7]

---

[3] Zum Folgenden Christoph Morgenthaler, David Plüss, Matthias Zeindler: *Assistierter Suizid und kirchliches Handeln. Fallbeispiele – Kommentare – Reflexionen.* Zürich: TVZ 2017, 143–146.

[4] Schweizerischer Evangelischer Kirchenbund: *Das Sterben leben. Entscheidungen am Lebensende aus evangelischer Perspektive* (SEK-Position 9). Bern: SEK 2007, 28.

[5] Morgenthaler et al., Suizid, 148.

[6] Morgenthaler et al., Suizid, 144.

[7] A. a. O., 145.

5. *Beiträge zur öffentlichen Diskussion:* Die Kirchen und ihre Institutionen sind Subjekte einer öffentlichen Debatte, die den «aktuellen Orientierungsbedarf» widerspiegeln. «Es geht bei der Problematik des assistierten Suizids derart offensichtlich um eigenste Themen des christlichen Glaubens, dass ein Sich-Entziehen der Kirche an dieser Stelle einer Selbstaufgabe gleichkommen würde.»[8]

Seelsorge und Ethik stehen demnach in einem wechselseitigen, iterativ-prozeduralen Bedingungsverhältnis. Die Seelsorge – als «theoretisch fundierte […] Begleitung der Menschen in ihren als existenziell erfahrenen Bedrängnissen»[9] – liefert die empirische und erfahrungsgesättigte Basis für die ethische Reflexion von/über Kirche und Gesellschaft. Mit Arthur Rich stehen beide Perspektiven in einem Verhältnis von Sachgemässem und Menschengerechtem.[10] Umgekehrt wirkt die ethische Reflexion in dreifacher Weise auf die Seelsorge zurück. Sie hat Relevanz (1.) für die Selbstvergewisserung der Seelsorgenden, (2.) für die begründete Entscheidungsfindung der suizidwilligen Person und (3.) für die kirchliche Positionierung in der öffentlichen Diskussion um die Suizidhilfe. Differenziert wird somit zwischen drei Diskurssubjekten: (1.) Seelsorgende, (2.) suizidwillige Person sowie (3.) Kirche(n) und Öffentlichkeit. Die Unterscheidung der oben genannten fünf Diskurs- und Reflexionsebenen rekonstruiert ein Netz sich überschneidender und zugleich gegeneinander abgegrenzter Sprachspiele, Kommunikationssphären und -subjekte. Die Position der Seelsorgenden bildet dabei ein Art Schnittstelle oder Membran, an der bestimmte Aspekte des Seelsorgegesprächs nach aussen wirken und umgekehrt die kirchlichen, ethischen und gesellschaftlichen Debatten in das seelsorgerliche Setting eindringen.

Die *theologisch-ethische Beobachtungsperspektive auf* die Suizidhilfe und die *kirchlich-seelsorgerliche Beteiligungsperspektive mit* der suizidwilligen Person bilden das spannungsreiche Verhältnis zwischen *normativer Meta-* und *seelsorgerlicher Begegnungsebene*, das die meisten kirchlichen Äusserungen zur Suizidhilfe kennzeichnet. Exemplarisch formuliert die Gemeinschaft Evangelischer Kirchen in Europa (GEKE) in ihrer Orientierungshilfe «Leben hat seine Zeit, und Sterben hat seine Zeit»:

---

8 Ebd.
9 Peter Dabrock: Selbstbestimmungsalternativen zwischen ethischer Bewertung und rechtlicher Normierung. Ein Beitrag (nicht nur) zur Sterbehilfe-Diskussion, in: *Zeitschrift für Evangelische Ethik* 59 (2015), 123–132, 125.
10 Vgl. Arthur Rich: Wirtschaftsethik. Grundlagen in theologischer Perspektive. Gütersloh: Gütersloher Verlagshaus, ³1987, 76–82.

Auch wenn die Helfer selbst nicht den Tod verursachen, unterstützen sie aktiv die Intention der betreffenden Person, Selbstmord zu begehen, ihrem Leben ein Ende zu setzen, was im Prinzip im Widerspruch zur christlichen Einstellung steht, nach der Leben geschützt und erhalten werden muss. […] Patienten, die aus einer wohlüberlegten und dauerhaften Gewissensentscheidung heraus ihre Selbsttötung vorbereiten, […] sollten gewiss nicht von ihrer christlichen Gemeinschaft verlassen werden. Es ist ein wahrer Ausdruck der christlichen Berufung, Fürsorge und Mitgefühl zu zeigen für jene, die leiden, dass die Diakone, Seelsorger und Freiwilligen unserer Gemeinden einer schwerkranken und verzweifelten Person weiter beistehen und sie mit dem tröstenden Wort Gottes, Seelsorge und Gebeten begleiten und betreuen, auch wenn sie einen Pfad eingeschlagen hat, den Kirchen nicht als ethisch ideal und gut ansehen mögen.[11]

Die gegenläufigen Perspektiven springen sofort ins Auge. Die GEKE löst die in ihren Ausführungen angelegte Konfrontation, indem sie dem seelsorgerlichen Auftrag der Kirche Vorrang einräumt gegenüber dem theologisch-ethischen Urteil. Sie entkoppelt die konkrete seelsorgerliche Begleitung der Person vom ethischen Urteil über ihre Absichten und platziert sie – mit der ausdrücklichen Bezeichnung als «Schwester» bzw. «Bruder» – innerhalb der kirchliche Gemeinschaft: «Weiter bei dieser Person zu bleiben, sollte nicht ethisch als Beihilfe zur Selbsttötung verworfen werden, sondern stattdessen als Zeichen christlichen Mitgefühls für einen Bruder oder eine Schwester gesehen werden».[12] Hinter dieser ethisch-konfliktreichen und kirchlich-inklusiven Haltung steht die Unterscheidung zwischen einer *personal- und beziehungsethischen* Sicht auf die konkrete seelsorgerliche Situation und einem *sozial- und politisch ethischen* Fokus auf die sozialen, gesellschaftlichen, politischen und ökonomischen Hintergründe. Die Differenz steht im Zentrum der Position des Rates des Schweizerischen Evangelischen Kirchenbundes «Das Sterben leben»:

Es gibt keine menschliche Rechtfertigung, das eigene Leben zu beenden […]. Zugleich kann nur ich selbst mein Leben als das Geschenk des Schöpfers annehmen und begreifen. Niemand kann mich darin vertreten. Und niemand kann von einem anderen Menschen fordern, sein Leben als Gabe Gottes zu begreifen. Gerade deshalb besteht die Aufgabe von Christinnen und Christen darin, alles

---

11 Gemeinschaft Evangelischer Kirchen in Europa (GEKE): *Leben hat seine Zeit, Sterben hat seine Zeit. Eine Orientierungshilfe des Rates der GEKE zu lebensverkürzenden Massnahmen und zur Sorge um Sterbende*, Wien: GEKE 2011, 95 f.
12 GEKE, Leben, 96.

Menschenmögliche zu tun, damit Menschen sich als Geschöpfe Gottes erleben können und ihr Leben als Geschenk des Schöpfers wahrnehmen, annehmen, leben und manchmal auch aushalten und durchstehen können.[13]

Die 2007 im deutschsprachigen Protestantismus singuläre Position bildet inzwischen das weitgehend geteilte Fundament der kirchlichen Suizidhilfediskussion. Einigkeit besteht im Blick auf (1.) die Entmoralisierung des konkreten Suizidwunsches, d. h. die Unterscheidung zwischen dem konkreten Sterbewunsch einer Person (als Ausdruck ihrer aktuellen emotionalen Befindlichkeit und/oder rationalen Überlegung) und der ethischen Beurteilung des Suizids; (2.) die entindividualisierende Perspektive auf den assistierten Suizid und (3.) die Thematisierung des assistierten Suizids als gesellschaftliches Defizit bzw. als gesellschaftspolitische Herausforderung. Darüber hinaus geht es um eine doppelte Neufokussierung des Diskurses: (4.) Damit alte und kranke Menschen die Möglichkeit des assistierten Suizids nicht als Nötigung empfinden, ihr Leben zu beenden, müssen besonders für sie lebenswürdige und -werte gesellschaftliche Bedingungen geschaffen werden. Eine Gesellschaft, die keine Veranlassung zur Suizidhilfe gibt, obwohl sie möglich ist, ist eine freiere und solidarischere Gesellschaft als jene, in der die *Gründe* für einen Suizidwunsch nicht zählen, weil der assistierte Suizid verboten ist. Daraus folgt: (5.) Die Straffreiheit der Suizidhilfe stärkt nur dann die Freiheit der Person, wenn sie konstitutiv verbunden ist mit der gesamtgesellschaftlichen Anstrengung für ein *gutes* Leben.

2. Suizidhilfeseelsorge aus kirchlicher Sicht

Der kontinuierliche Anstieg der assistierten Suizide konfrontiert die Kirchen zunehmend mit der Frage der seelsorgerlichen Begleitung. Weitgehend Konsens besteht darüber, dass begleitende Seelsorge weder einen Suizidwunsch kirchlich legitimiert noch sich zur Komplizin der suizidwilligen Person macht. Der Synodalrat der Reformierten Kirchen Bern-Jura-Solothurn hat sich in seiner 2018 erschienenen Position für eine «bedingungslose Solidarität» ausgesprochen: «Es geht bei ihr um die orientierende und unterstützende Begleitung von Menschen, selbst dann, wenn man als Pfarrerin oder Pfarrer mit der von ihnen gefällten Entscheidung nicht einverstanden ist. [...] Der Synodalrat ist [...] der Auffassung, dass kirchliche Seel-

---

13 SEK, Sterben, 26.

sorge auch im Falle eines assistierten Suizids bis zum Sterben reicht.»[14] Allerdings dürfe «keine Begleitung gegen das Gewissen» erzwungen werden: «Kein Seelsorger und keine Seelsorgerin kann [...] zur Begleitung bis ins Sterbezimmer verpflichtet werden.»[15] Der Anspruch jeder Person auf kirchliche Seelsorge müsse aber gewährleistet sein.

Die im Anschluss daran geäusserte Kritik von Pfarrpersonen und Seelsorgenden verdeutlicht die Spannung zwischen der Akzeptanz des assistierten Suizids einerseits und der Beteiligung an der Suizidhilfe andererseits, die ganz ähnlich auch bei Hausärzten und Hausärztinnen begegnet: Die grosse Mehrheit von ihnen stimmt zwar der Suizidhilfe zu, aber ein signifikant kleinerer Teil möchte aktiv (Feststellung der Urteilsfähigkeit, Rezeptausstellung) daran mitwirken.[16] Das ethische Dilemma entsteht bei der Konfrontation dieser – unterschiedlich motivierten und begründeten – defensiven Haltung mit der suizidwilligen Person, besonders dann, wenn ihr krankheitsbedingtes Leiden den Suizidwunsch unmittelbar nachvollziehbar macht. Fest steht: Schmerzen und Leiden kennen keine Moral. Aber gilt auch umgekehrt, dass der Suizidwunsch als Reaktion auf (bestimmte) Schmerz- und Leidenszustände dem ethischen Urteil entzogen ist, sein muss oder werden sollte?

Die intuitiv naheliegende Antwort, dass nur die leidende Person selbst urteilen dürfe oder könne, trifft zu, führt aber in dem Zusammenhang nicht weiter. Denn bei der *Unterstützung* einer suizidwilligen Person steht nicht ihr Urteil zur Diskussion, sondern die Entscheidung Dritter, die entweder nur indirekt – durch Mitleid aus persönlicher Verbundenheit – oder gar nicht – aus organisatorischer Sicht und auf der ethischen Reflexionsebene – mit der Leidens- oder Krankheitssituation konfrontiert sind. Es ist nicht *ihre* Krankheit und es sind nicht *ihre* Leiden und Schmerzen. Gleichzeitig kann jemand den Schmerz und das Leiden einer anderen Person als unmittelbaren Appell oder als quasi-direktive (Handlungs-)Aufforderung verstehen. Die so geforderte Person könnte auf die damit aufgeworfenen ethischen Fragen in zweifacher Weise reagieren: Entweder gilt der Schmerz oder das Leiden der *anderen* Person als hinreichender Grund für das *eigene* Handeln. Oder die tragische Eindeutigkeit der Situation der *anderen* Person dispensiert vom *eige-*

---

14 Reformierte Kirchen Bern-Jura-Solothurn: *Solidarität bis zum Ende. Position des Synodalrats der Reformierten Kirchen Bern-Jura-Solothurn zu pastoralen Fragen rund um den assistierten Suizid*, Bern 2018, 5. Die Position bezieht sich auf die Studie von Morgenthaler et al., Suizid.

15 Reformierte Kirchen, Solidarität, 5; vgl. Eglise Evangélique Réformée du Canton de Vaud: *Assistance au suicide et accompagnement pastoral*. Lausanne: EERV 2016.

16 Vgl. Susanne Brauer, Christian Bolliger, Jean-Daniel Strub: *Haltung der Ärzteschaft zur Suizidhilfe*. Zürich: Schweizerische Akademie der Medizinischen Wissenschaften 2014.

nen ethischen Urteil (oder verbietet es in einem empathischen Sinn). In der ersten Begründung bilden die Schmerzen und Leiden der einen Person den normativen Massstab für das Handeln der anderen. In der zweiten Begründung gilt die Aktivität der angesprochenen Person nicht als eigentliches (selbstverantwortliches) Handeln, vielmehr wird die Entscheidung der leidenden Person als unbedingte Aufforderung erfahren. Das Handeln ist ein instrumentelles und nicht – wie etwa bei der Tötung auf Verlangen – ein stellvertretendes.

Beide Begründungsfiguren – die an dieser Stelle nicht weiterverfolgt werden – haben eine kontraintuitive Konsequenz: Sie nivellieren oder bestreiten die *ethische Dimension* der Beteiligung am assistierten Suizid und den Status der assistierenden Personen als ethische Subjekte. Der ethische Dispens wiegt umso schwerer, als die Suizidassistenz zwar das eigene Handeln betrifft, aber der Handlungszusammenhang nicht auf das eigene, sondern das Leben einer anderen Person zielt. Der ethischen Sicht auf das eigene Urteilen, Entscheiden und Handeln im Blick auf eine andere Person steht die seelsorgerliche Perspektive als ein genuines, symbolisches, begegnungs- oder beziehungsorientiertes Handeln gegenüber. Das seelsorgerliche Proprium auf der Handlungsebene besteht typologisch in der Bereitstellung und Gestaltung eines sozialen Anwesenheits-, Resonanz- und Reflexionsraums, der es der begleiteten Person ermöglicht, sich in allen symbolisier- und artikulierbaren Facetten und Formen selbst zu thematisieren. Zugespitzt geht es um *Selbstartikulation* im Rahmen begleitender Teilnahme und nicht – wie in der Ethik – um *Normierung* im Horizont von Orientierung und/oder Ordnung.[17]

Die funktionale Differenzierung erzeugt keine gegeneinander abgeschottete Sphären. Vielmehr kann die seelsorgerliche Begleitung einer suizidwilligen Person als ein Bewährungsraum theologischer Ethik bestimmt werden. Dieser Raum ist gekennzeichnet (1.) durch das Ziel der intrapersonalen Kohärenz zwischen Handlungsabsicht und handelnder Person, (2.) durch den Konflikt zwischen dem interpersonalen Respekt gegenüber der Autonomie der Person und dem transpersonalen Lebensschutz (Fürsorge, *beneficence*), der (3.) seine besondere Dringlichkeit durch die – ebenfalls moralisch konnotierte – seelsorgerliche «Solidarität» mit der suizidwilligen Person erhält. Der Urteilsverzicht in der *Beteiligungsperspektive* dispensiert nicht von dem ethischen Urteil in der *Beobachterperspektive*, aber

---

17 Zum erkenntniskritischen Potenzial dieser Gegenüberstellung im exemplarischen Kontext von Palliative Care vgl. Frank Mathwig: Worum sorgt sich Spiritual Care? Bemerkungen und Anfragen aus theologisch-ethischer Sicht, in: Isabelle Noth, Claudia Kohli-Reichenbach (Hg.): *Palliative und Spiritual Care. Aktuelle Perspektiven in Medizin und Theologie*. Zürich: TVZ 2014, 23–41; ders.: «Will you still need me, will you still feed me ...?» Bedeutung haben – auch in Krankheit und Sterben, in: Noth/Kohli-Reichenbach, Care, 85–101.

bestimmt seinen normativen Status. Faktisch gilt ein Urteilsinterim, das die Unabhängigkeit der Seelsorge von der Zustimmung oder Ablehnung des Handelns der begleiteten durch die begleitende Person begründet.

Das seelsorgerliche *agreement* – in der dezidierten Absetzung (nicht Abkopplung!) vom ethischen Diskurs – funktioniert auf den ersten Blick wie eine ethische Metanorm, die die Geltung ethischer Prinzipien oder Normen (situativ) aussetzt und die Rückfrage aufwirft: Wozu ethische Normen, wenn ihr die konkreten Anwendungssituationen abhandenkommen oder wenn davon in der konkreten Situation abgesehen wird? Tatsächlich wäre es ein gravierendes Missverständnis, aus der ethischen Zurückhaltung *in der* Situation auf die ethische Indifferenz *der* Situation *selbst* zu schliessen. Umgekehrt verschiebt sich damit die ethische Aufgabe. Sie besteht darin, die traditionelle Pro- und Contra-Diskussion über die Suizidhilfe im Horizont der konkreten seelsorgerlichen Begleitung der suizidwilligen Person zu verorten und kritisch zu reflektieren.

3. Ambivalenzen rund um die Suizidhilfe

3.1 Ambivalenzkonflikte

Dem methodischen Spannungsverhältnis zwischen der ethischen Diskurs- und der seelsorgerlichen Beteiligungsperspektive korrespondieren lebensweltlich normative Mehrdeutigkeiten, Ambiguitäten und Ambivalenzen, die von Menschen als *gleichzeitige* Konfrontation mit *gegensätzlichen* und *gleichwertigen* Normen, Verhaltenserwartungen und sozialen Rollenverständnissen erlebt werden.[18] Die Konfliktkonstellation betrifft nicht nur die interpersonalen Sozialverhältnisse, sondern auch das intrapersonale Selbstverhältnis. Eine differenzierte Konfliktbeschreibung im Blick auf die Suizidhilfe bietet die Taxonomie von Morgenthaler u. a. «Ambivalenzen rings um assistierten Suizid»:[19]

---

18 Vgl. Birgitta Nedelmann: Typen soziologischer Ambivalenz und Interaktionskonsequenz, in: Heinz Otto Luthel, Rainer E. Wiedenmann (Hg.): *Ambivalenz. Studien zum kulturtheoretischen und empirischen Gehalt einer Kategorie der Erschliessung des Unbestimmten.* Opladen: Leske + Budrich 1997, 149–163, 150.

19 Die folgenden Tabellen orientieren sich an Morgenthaler et al., Suizid, 245 f.

Ambivalenzen bei schwer kranken, hochaltrigen und sterbenden Menschen

Einerseits ...	Andererseits ...
... nicht mehr leben wollen	... sich nicht töten wollen
... leben wollen	... das Lebensende herbeisehnen
... würdig leben wollen	... würdig sterben wollen
... andere in die Entscheidung einbeziehen wollen	... sich nicht reinreden lassen wollen
... bewusst dem Tod entgegengehen zu wollen	... es schnell hinter sich bringen zu wollen
... vertrauen zu wollen	... die Kontrolle behalten zu wollen
... selbstständig und selbstsorgend leben wollen	... sich der Sorge anderer anvertrauen wollen
... glauben wollen	... zweifeln (wollen)

Ambivalenzen bei Angehörigen, Freunden und anderen Betroffenen (Ärzten, Ärztinnen, Pflegenden usw.)

Einerseits ...	Andererseits ...
... festhalten wollen	... loslassen wollen
... das Ende der Leiden wünschen	... die Beendigung des Leidens nicht erleben wollen
... Abscheu fühlen	... Erleichterung spüren
... retten wollen	... das Unvermeidliche akzeptieren wollen

Ambivalenzen bei Seelsorgenden

Einerseits ...	Andererseits ...
... an der Unantastbarkeit des Lebens festhalten	... bei der Bewältigung des Leidens helfen
... sich mächtig fühlen	... Ohnmacht erleben

Ambivalenzen bei Seelsorgenden	
Einerseits ...	*Andererseits ...*
... die kritische Haltung der Kirche gegenüber dem assistierten Suizid teilen	... die konkrete Person bei der Bewältigung ihres Konflikts/Dilemmas unterstützen
... Abscheu, Irritation, Überforderung angesichts der Konfrontation mit der suizidwilligen Person	... Faszination für das bewusste, gestaltete, zeitlich und situativ kontrollierte Sterben
... umstimmen wollen	... ein-/zustimmen wollen

Lediglich ein Aspekt der Taxonomie soll herausgegriffen werden: die grundsätzliche, aber nicht trennscharfe Unterscheidung zwischen *intersubjektiven Konfliktwahrnehmungen* und *intrasubjektivem Ambivalenzerleben*. Die Tabelle liefert erste Hinweise für die ins Auge gefasste Differenzierung. Typischerweise fokussiert Ethik auf moralische Konflikte resp. Situationen, die sich in solche Sprachspiele übersetzen lassen. Sie entstehen in der Konfrontation zwischen moralischen Normen (etwa Pflichten des Lebensschutzes, gegenüber sich selbst oder Solidaritätspflichten) und konkreten Wünschen (etwa nicht mehr leben, das Leiden abkürzen zu wollen oder Abscheu gegenüber der Person oder Situation zu verspüren). Moralische Konflikte werden in der Tabelle auf der vertikalen Ebene abgebildet. Sie entstehen sozusagen zwischen den Zeilen der einzelnen Spalte. Intrapersonales Ambivalenzerleben wird in der Tabelle dagegen horizontal in den einzelnen Zeilen zwischen den Spalten abgebildet. Zugespitzt kann normative Ethik die Tabelle nur vertikal und jede Spalte für sich lesen. Die horizontalen Ambivalenzkonflikte werden in vertikale Normenkollisionen transformiert und einer diskursiv-rationalen Bearbeitung zugänglich gemacht. Aus normenethischer Sicht erscheint die Tatsache, dass sich eine Person töten kann, obwohl sie leben will, nur als ethisch inkonsequentes oder inkohärentes Verhalten bzw. als Willensschwäche, insofern die Person ihrem erklärten Willen zuwiderhandelt. Die umgekehrte Situation, in der eine Person ihrem Wunsch, sterben zu wollen, nicht nachgibt, stellt dagegen aus ethischer Sicht ein pflichtgemässes oder moralkonformes Handeln dar.

In traditionellen Suiziddeutungen – die, wie Bonhoeffer und Barth gezeigt haben, höchst aporieanfällig sind[20] – begegnet menschliches Leben als ein (konditionales) Gut, gegenüber dem Menschen in unbedingter oder zumindest besonde-

---

20 Vgl. Dietrich Bonhoeffer: *Ethik* (DBW 6). Gütersloh: Gütersloher Verlagshaus 1992, 192–199; Barth, KD III/4, Zürich 1969, 453–473; dazu Frank Mathwig: *Zwischen Leben und*

rer Weise verpflichtet sind. Gestützt wird die Auffassung häufig durch den Hinweis auf die Menschenwürde – theologisch die Geschöpflichkeit und Gottebenbildlichkeit jedes Menschen –, aus der Pflichten gegenüber Dritten und – mittelbar oder unmittelbar – gegenüber der eigenen Person abgeleitet werden. Ungeachtet der Geltung der anthropologischen Grundeinsichten und der Verbindlichkeit der daraus abgeleiteten ethischen Prinzipien stellt sich die Frage, ob die begrifflichen Kategorien ausreichen, menschliches (Selbst-)Erleben in all seinen Facetten auf den Begriff zu bringen. Existenzielle Situationen sind durch (Er-)Lebensaspekte gekennzeichnet, die sich begrifflicher Einordnungen – und damit definierbarer Eindeutigkeit, Ordnung und Orientierung – entziehen (können). Grundsätzlich bemerkt der Soziologe Zygmunt Baumann:

> Die Situation wird ambivalent, wenn die sprachlichen Werkzeuge der Strukturierung sich als inadäquat erweisen; entweder gehört die Situation zu keiner der sprachlich unterschiedenen Klassen oder sie fällt in verschiedene Klassen zugleich. Es könnte sich erweisen, dass keines der erlernten Muster in einer ambivalenten Situation richtig ist – oder mehr als eines der erlernten Muster angewendet werden kann; was immer der Fall ist, das Ergebnis ist das Gefühl der Unentschiedenheit, Unentscheidbarkeit und infolgedessen des Verlustes an Kontrolle. [...] Ambivalenz ist ein Nebenprodukt der Arbeit der Klassifikation; und sie verlangt nach immer mehr Bemühung um Klassifikation. Obgleich sie dem Drang zu benennen/klassifizieren entstammt, kann Ambivalenz nur durch ein Benennen bekämpft werden, das noch genauer ist, und durch Klassen, die noch präziser definiert sind: d. h. durch Eingriffe, die noch härtere (kontrafaktische) Anforderungen an die Diskretheit und Transparenz der Welt stellen und so noch mehr Gelegenheit für Mehrdeutigkeit schaffen. Der Kampf gegen Ambivalenz ist daher selbstzerstörerisch und selbsterzeugend. Er ist unaufhaltsam, weil er seine eigenen Probleme erzeugt, während er sie zu lösen sucht.[21]

3.2 Seelsorge und Ambivalenzkonflikte

Zweifellos bildet die Suizidhilfe einen Anwendungsfall der ethischen Normen im Anschluss an das apodiktische biblische Tötungsverbot und die kulturellen Traditionen des Lebensschutzes. Allerdings hatten die kategorischen Formulierungen stets den Status einer regulativen Idee, sodass mit dem Verweis darauf noch nicht

---

Tod. Die Suizidhilfediskussion in der Schweiz aus theologisch-ethischer Sicht. Zürich: TVZ 2010, 101–142.

21 Zygmunt Baumann: *Moderne und Ambivalenz. Das Ende der Eindeutigkeit.* Hamburg: Hamburger Edition ²2012, 12, 14.

alles gesagt ist. Das gilt für die Fälle, in denen das Tötungsverbot – aus welchen Gründen auch immer – eingeschränkt wird oder für die Personen, denen das biblische Gebot als kategorische und ausnahmslos gültige Antwort für ihr eigenes Leben nicht ausreicht. Davon zu unterscheiden ist die Begleitung von suizidwilligen Personen, die über den Fokus auf das Tötungsverbot und den Lebensschutz hinausgeht, und Fragen der Fürsorge und Solidarität in Bezug auf den Sterbewunsch einer dritten Person betreffen.

Für die Situation von begleitenden Personen gilt grundsätzlich: Wenn Suizidassistenz nicht auf ein instrumentelles Verhalten im moralfreien Raum reduziert und der moralische Status von assistierenden oder begleitenden Personen nicht bestritten wird, muss das Handeln ethisch begründet werden können. Auch seelsorgerliche Begleitung, die weder moralische Haltungsnoten vergibt noch als Legitimationsinstanz für die Absichten der begleiteten Person auftritt, unterliegt den Begründungszumutungen ethischer Subjekte, denen ihr Tun und Lassen zugerechnet werden kann. Zugleich bildet die Seelsorgesituation nicht nur einen Anwendungsfall für die moralische Haltung der seelsorgenden Person. Vielmehr wird die Seelsorgerin oder der Seelsorger als ethisches Subjekt in der Begegnung mit der anderen Person in einem kirchlich-theologisch qualifizierten Seelsorgekontext konstituiert, im Sinn der Verantwortungsrelation, wie sie Georg Picht bestimmt hat:

> Die Struktur der Aufgabe, nicht die Struktur des Subjektes, zeichnet die Bahnen vor, in denen der Träger der Zuständigkeit sich darum bemühen muss, in seine Aufgabe, wie man zu sagen pflegt, ‹hineinzuwachsen›. Nicht das Subjekt setzt sich die Aufgabe, sondern die Aufgabe konstituiert das Subjekt.[22]

Die Aufgabenbestimmung muss angesichts des in jüngster Zeit häufiger attestierten oder angemahnten Gewissensvorbehalts von Pfarrpersonen (etwa bei der Suizidhilfebegleitung oder der Trauung von gleichgeschlechtlichen Paaren) nachdrücklich hervorgehoben werden. Ein theologisch gehaltvoller und belastbarer Gewissensbegriff verlangt weit mehr als eine in Amtsvokabular verpackte Garantie für liberale Meinungsfreiheit.

Wenn die seelsorgerliche Begleitung einer suizidwilligen Person einen spezifischen ethischen Beteiligungshorizont hervorbringt, muss die geläufige Rede von der Suizidhilfe als ethischer «Grenzfall» überdacht werden. Denn die Behauptung einer Ausnahme, die die Regel bestätigt, setzt eine generalisierende Sichtweise voraus, die von der – als einzigartig vorgestellten – Begegnungsperspektive abstra-

---

[22] Georg Picht: Begriff der Verantwortung, in: Ders.: *Wahrheit, Vernunft, Verantwortung. Philosophische Studien.* Stuttgart: Klett-Cotta 1969, 318–342, 336 f.

hiert. Für die seelsorgerliche Begegnung und Begleitung sind die von Baumann beschriebenen Ambivalenzwahrnehmungen spezifisch, in denen moralische Überzeugungen diffus, etablierte normative Kategorien irritiert werden, also die je eigenen moralischen Einstellungen und Orientierungen zum Anlass oder Gegenstand der Seelsorge bzw. ihrer Reflexion/Supervision werden. Folgerichtig kann der Grenzfall in der Ethik als der eigentliche Normalfall in der seelsorgerlichen Begegnung angesehen werden.[23]

Trifft diese grobe Verhältnisbestimmung zu, dann erscheint es aussichtsreich, die Ambivalenzkategorie als verbindendes Scharnier zwischen der ethischen und seelsorgerlichen Perspektive fruchtbar zu machen. Der Ambivalenzbegriff taucht erst Anfang des 20. Jahrhunderts als Wortschöpfung des Psychiaters Eugen Bleuler auf und wandert in den 1960er-Jahren aus der Psychoanalyse in die Soziologie ein. Dort begegnet er zunächst in der Rollentheorie und anschliessend vor allem in den gesellschaftswissenschaftlichen Diskursen über die individuellen und sozialen Folgen der funktionalen Ausdifferenzierung von Gesellschaft.[24] Ambivalenz ist wesentlich verbunden mit einer dynamischen Sicht auf die offenen oder pluralen Entwicklungs- und Manifestationsmöglichkeiten von Person und Gesellschaft. Kurt Lüscher definiert:

> Von Ambivalenzen kann man sprechen, wenn Menschen auf der Suche nach der Bedeutung von Personen, sozialen Beziehungen und Tatsachen, die für Facetten ihrer Identität und dementsprechend für ihre Handlungsbefähigung wichtig sind, zwischen polaren Widersprüchen des Fühlens, Denkens, Wollens oder sozialer Strukturen oszillieren, die zeitweilig oder dauernd unlösbar scheinen. Dabei können persönliche Beeinflussung, Macht und Herrschaft von Belang sein.[25]

Ambivalenzen kennzeichnen alltägliche Erfahrungen, etwa «dass wir in einer dynamischen Gleichzeitigkeit anderen Menschen sowohl nahe als auch fern sein können, uns selbst mit dem eigenen Handeln [...] identifizieren und uns davon [...]

---

23 Zum ethischen Normalfall wird eine Begegnungssituation nur durch ihre abstrahierende Deutung als Anwendungsfall einer Norm.
24 Vgl. Luthel/Wiedenmann (Hg.), Ambivalenz; Baumann, Moderne; Kurt Lüscher: Menschen als «homines ambivalentes», in: Dieter Korczak (Hg.): *Ambivalenzerfahrungen*. Kröning: Asanger 2012, 11–32; Walter Dietrich, Kurt Lüscher, Christoph Müller: *Ambivalenzen erkennen, aushalten und gestalten. Eine neue interdisziplinäre Perspektive für theologisches und kirchliches Arbeiten*. Zürich: TVZ 2009; Holger Baumann: *Autonomie und Ambivalenz*. Zürich: Universität Zürich 2012.
25 Lüscher, Menschen, 20.

distanzieren» können.²⁶ Ambivalenzdynamiken spielen auch für die spätmodernen Verständnisse der autonomen und selbstbestimmten Person eine wichtige Rolle. Gegensätzliche Wünsche, Überzeugungen und Gefühle, die nicht in ein kohärentes Verhältnis gesetzt werden können, gelten nicht mehr in jedem Fall als pathologische Phänomene eines zerfallenden Selbst. Vielmehr wird «die Fähigkeit zur Ambivalenztoleranz [...] als zentrale Fähigkeit im Zusammenhang mit Entwicklungs- und Veränderungsprozessen angesehen».²⁷

> Wenn in einer Gesellschaft bestimmte Voraussetzungen für das Führen eines autonomen Lebens gegeben sind, treten Ambivalenzkonflikte zumindest sehr viel häufiger auf als in Gesellschaften, in denen das nicht der Fall ist. Und es scheint sogar ein untrügliches Zeichen dafür zu sein, dass in einer Gesellschaft Autonomie nicht respektiert oder als zentraler Wert anerkannt wird, wenn in ihr niemals Ambivalenzkonflikte auftreten. Man könnte also sagen, dass Ambivalenzkonflikte eine Errungenschaft des «Kampfes um Autonomie» sind und sie zunächst einmal als etwas Positives deuten.²⁸

Das Verhältnis zur eigenen Ambivalenz bleibt dabei selbst ambivalent. «Menschen können sich als ambivalent erfahren, als ‹homines ambivalentes› und [...] können gegenüber diesen Erfahrungen von Ambivalenzen wiederum ambivalent sein.»²⁹ Ins Zentrum rückt damit die Frage, wie Ambivalenzerfahrungen und -konflikte in das Selbstverständnis und die Biografie einer Person integriert und verarbeitet werden können. Aus analytischer Perspektive unterscheidet Holger Baumann drei Typen des autonomen Selbst:
1. «*das eindeutige, beständige und ängstliche Selbst*»,³⁰ das Ambivalenzkonflikte unterdrückt, weil sie als Angriff auf die eigene Souveränität und als Bedrohung für die Kontrolle über sich und seine Umwelt erlebt werden;
2. «*das beliebige, ungebundene und tollkühne Selbst*»,³¹ das Unordnung und Unbeständigkeit als Voraussetzung für Veränderung versteht und das weniger darauf zielt, selbst zu bestimmen, als negativ darauf, sich nicht von anderen und anderem bestimmen zu lassen, und

---

26 A.a.O., 21.
27 Baumann, Autonomie, 2.
28 Baumann, Autonomie, 4.
29 Lüscher, Menschen, 30.
30 Baumann, Autonomie, 6–8.
31 A.a.O., 8–10.

3. «*das verstehende, lebendige und mutige Selbst*»,³² das Ambivalenzkonflikte weder fürchtet noch sucht, sondern sich von ihnen in doppelter Weise herausfordern lässt im Blick darauf, ob das Selbst und die Welt nicht auch anders sein könnten.

Das dritte integrative Ambivalenzverständnis konfrontiert die Ethik mit der Dialektik von Selbstbestimmung und Bestimmt-Werden resp. Sich-bestimmen-Lassen. Wir können bestimmen, *wie* wir uns sorgen, aber haben keine Kontrolle darüber, *wofür* wir uns sorgen. Wir sorgen uns nicht um Menschen oder Dinge, weil sie uns wichtig sind, sondern Menschen und Dinge sind uns wichtig, weil wir uns um sie sorgen.³³ Dieses Bedingungsverhältnis gilt auch im Blick auf die eigene Person:

> Durch Ambivalenzkonflikte sind Personen in einer anderen – persönlicheren und drängenderen – Weise als durch Wertkonflikte herausgefordert. Während man sich bei der Wahl zwischen inkompatiblen wertvollen Optionen am Ende etwa dafür entscheiden könnte, keine der Optionen zu wählen, ist dies mit Blick auf Dinge, die Teil der praktischen Identität sind, keine Option. Ambivalenzkonflikte und Wertkonflikte unterscheiden sich also in ihrem Charakter und ihrer Dringlichkeit, und darin liegt die besondere Bedeutung von Ambivalenzkonflikten.³⁴

Strukturell bilden Ambivalenzkonflikte die Nebenprodukte normativer Ordnungen und Orientierungen. Moral und Ethik sind also selbst ambivalent, als sie Eindeutigkeit herstellen und damit zugleich (an anderer Stelle oder in anderer Hinsicht) Ambivalenz generieren. Letztere entsteht genau dort, wo die internalisierten oder selbstgewählten normativen Ordnungen und Orientierungen mit dem kollidieren, was sich der Person aufdrängt und ihr sowohl unverfügbar ist als auch ihr Selbstbild subversiv unterlaufen kann. Dasjenige, wodurch die Person neben aller Selbstbestimmung *auch noch* oder *zuallererst* bestimmt wird, lässt sich weder ethisch einholen und legitimieren noch kohärent in die bestehenden normativen Ordnungen integrieren. Darin besteht das unhintergehbare ethische Risiko kirchlicher Seelsorge, das um der Begegnung mit der anderen Person willen eingegangen werden muss. Dahinter steht eine doppelte Entmoralisierung: Dem Verzicht auf

---

32 A. a. O., 10–12.
33 Vgl. Harry Frankfurt: *Sich selbst ernst nehmen,* hg. von Debra Satz, Frankfurt a. M.: Suhrkamp 2007, 35; ders.: On Caring, in: ders.: *Necessity, Volition, and Love.* Cambridge: Cambridge University Press 1999, 155–180.
34 Baumann, Autonomie, 154.

das moralische Urteil über die Person, die begleitet wird, korrespondiert der Verzicht auf die ethische Legitimation der Motive und des Handelns der begleitenden Person. Dietmar Mieth hat die daraus resultierende Spannung im Blick auf das Tötungsverbot und die Sterbehilfe konkretisiert:

> Denn die Grammatik unserer Moral reicht nicht, um den Gebrauch ihrer «Sprache» bis ins Letzte hinein zu bestimmen. So lässt sich unsere Sehnsucht nach moralischer Klarheit nicht erfüllen, ohne dass wir mit moralischen Impulsen wie dem Mitleid und der Liebe in Widerstreit geraten. Das ändert nichts daran, dass wir diese Impulse reinigen müssen: vom Selbstmitleid, von der tödlichen Mitleidsfalle und einer Liebe, die dem anderen weder das Leben noch die Freiheit zur eigenen Entscheidung lässt.[35]

4. Kirchliche Suizidhilfeseelsorge im Spannungsfeld von Autonomie und Ambivalenz

4.1 Suizid und Ambivalenz

In der Praxis der Suizidhilfe korreliert der Wunsch nach assistiertem Suizid mit Befürchtungen vor einem Verlust der eigenen (physischen und/oder mental-psychischen) Entscheidungs- und Handlungssouveränität. Hinter der Selbstbestimmungsforderung im Blick auf den eigenen Tod stehen häufig Ängste vor Abhängigkeit und Hilfsbedürftigkeit, ein Befremden gegenüber der Brüchigkeit des eigenen Selbstbildes und/oder ein fehlendes Vertrauen in die sozialen und gesellschaftlichen Solidaritätsressourcen. Insofern reagiert die Suizidhilfe auf typische Symptome individualisierter und fragmentierter spätliberaler Gesellschaften.[36] Suizidhilfeorganisationen stellen in den Augen ihrer Mitglieder eine Art Versicherungsschutz für ultimative Lebensrisiken dar, die nicht mehr solidarisch geteilt werden, sondern selbstständig bewältigt werden müssen.

---

35 Dietmar Mieth: Töten gegen Leiden?, in: Klaus Biesenbach (Hg.): *Die Zehn Gebote. Eine Kunstausstellung 19. Juni – 5. Dezember 2004 im Deutschen Hygiene-Museum.* Ostfildern: Hatje Cantz 2004, 162–166, 166.
36 Im Blick auf die fundamentale Bedeutung eines selbstbestimmungsideologisch verkürzten Autonomieverständnisses vgl. die schon klassische Studie von Alain Ehrenberg: *Das erschöpfte Selbst. Depression und Gesellschaft in der Gegenwart.* Frankfurt a. M.: Campus 2004 und Andreas Reckwitz: Erschöpfte Selbstverwirklichung. Das spätmoderne Individuum und die Paradoxien seiner Emotionskultur, in: ders.: *Das Ende der Illusion. Politik, Ökonomie und Kultur in der Spätmoderne.* Berlin: Suhrkamp 2019, 203–238.

> Der Suizid ist in der Moderne zu einer «Selbsttechnik» [...] avanciert, in enger Verbindung mit anderen Selbsttechniken wie Schreiben, Lesen oder Bildermachen. Die Idee, dass ich und mein Leben mir gehören, verkörpert sich heute vor allem in der paradoxen Forderung, mein Tod solle mir gehören. [...] Selbsttechniken operieren zumeist mit einer Art von ‹Subjektspaltung›: das Subjekt erscheint als Autor und zugleich als Werk, als Zeuge und Beobachter, als Spieler und Spieleinsatz, als Besitzender und Besitz, als Wächter und Bewachter, als Täter und Opfer, als Befreier und Befreiter.[37]

Die Perfektionierung oder Verabsolutierung des Autonomiepostulats stösst auf eine doppelte Kritik. Einerseits wird eingewandt: «Soziale Tugenden wie Solidarität und Barmherzigkeit werden oft vorschnell als *Stützen* des Autonomieprinzips betrachtet und kaum als dessen *Ergänzung* oder gar als dessen *Begrenzung* zugunsten einer auf die Gemeinschaft bezogenen Perspektive.»[38] Andererseits wird diese Kritik selbst – wie die öffentlichen Debatten in der Schweiz zeigen – als Ausdruck einer bevormundenden, freiheitseinschränkenden Moral, die häufig den Kirchen unterstellt wird, scharf angegriffen. Erscheint das Autonomieverständnis auf der einen Seite als Grabgesang auf die sozialen Tugenden der Sorge und Solidarität, wird diese Warnung auf der anderen Seite als Angriff auf die personale Autonomie zurückgewiesen. Die Kirchen und ihre Seelsorge befinden sich mitten in dem Konflikt und werden intern und extern mit äusserst heterogenen Erwartungen konfrontiert.

Unübersehbar sind die gesellschaftlichen und kirchlichen Tendenzen, solche Spannungen und Ambivalenzkonflikte entweder autonomie- oder fürsorge- und solidaritätsethisch einzuebnen. Beide Seiten behaupten eine Hierarchie ethischer Prinzipien, die sich durch ihre gegenläufigen Anordnungen unterscheiden. Der Wunsch nach Klarheit (als Bedingung für Kontrolle und Sanktion) ist verständlich, widerspricht aber einem Ambivalenzerleben, das für Entscheidungen am Lebensende typisch ist. Es geht um Urteile und Entscheidungen im Leben, über das Leben, die nicht mehr – bzw. nur eingeschränkt oder kontrafaktisch – im Blick auf zukünftige Lebensperspektiven getroffen werden. Die Herausforderung besteht weniger darin, dass ein Leben nicht mehr oder nur noch eingeschränkt perspektivisch gedacht werden kann, als darin, dass sich mit dem allmählichen Verschwinden der Perspektivität das gesamte Leben auf den nächsten Augenblick verdichtet. In

---

37 Thomas Macho: *Das Leben nehmen. Suizid in der Moderne.* Berlin: Suhrkamp 2017, 447.
38 Jean-Pierre Wils: *Sich den Tod geben. Suizid als letzte Emanzipation?* Stuttgart: Hirzel 2021, 105.

gewisser Hinsicht ist das menschliche Leben (nur) im Angesicht des Todes (und bei seiner Geburt) total.[39]

Eine theologisch-ethische und kirchlich-seelsorgerliche Perspektive hat die Aufmerksamkeit und Sensibilität für das Ambivalenzerleben (nicht nur am Lebensende) zu schärfen und wachzuhalten. Der Anspruch kann nicht proaktiv strategisch eingelöst werden,[40] sondern verlangt eine Einstellung, die als teilnehmende (Selbst-)Zurücknahme beschrieben werden kann.[41] Ambivalenzen wahrzunehmen bedeutet, die normativen Ordnungen nicht zu bestreiten oder auszusetzen, sondern durch die andere Person infrage stellen zu lassen. Die Porosität der (Geltung der) normativen Ordnungen in der Begegnung mit der oder dem anderen bildet die unabweisbare Zumutung für die Personen, die sich in der Begegnung selbst aufs Spiel setzen.[42] Die Radikalität der Anfrage besteht im Verzicht auf eine (diskursive) Legitimation der Antwort, die auf einen starken ethischen Anspruch reagiert.[43] Zugespitzt formuliert: Die seelsorgerliche Begleitung tut not, aber erhebt (gerade deshalb) nicht den Anspruch auf ethische Richtigkeit.

---

39 Darin besteht die Versuchsanordnung der antiken *meléte thanátou* und der mittelalterlichen *ars moriendi*: die Übung, «bei der es darauf ankam, sich in ein transzendentales Selbst – einen Begleiter, Zeugen, Beobachter – und ein empirisches Ich aufzuspalten. [… Es ging um einen Perspektivenwechsel], der dabei helfen sollte, sich aus der Blickrichtung eines ‹höheren Selbst›, eines ‹grossen Anderen› zu betrachten, der mit dem Allgemeinen – dem Gesetz der Polis, dem Kosmos, dem Göttlichen verschmilzt» (Macho, Leben, 92 f.); vgl. Frank Mathwig: Lächeln bitte! Dem Tod ins Gesicht sehen, in: Jared Muralt, Balts Nill: *Totentanz?* Bern, Berlin: vatter&vatter 2016, 7–13.
40 Vgl. in diesem Zusammenhang die fulminante Kritik an einer Operationalisierung des Lebensendes in der Palliative Care von Nina Streeck: *Jedem seinen eigenen Tod. Authentizität als ethisches Ideal am Lebensende*. Frankfurt a. M., New York: Campus 2020.
41 Vgl. die methodischen Überlegungen von Mathias Wirth: Von Anaximander bis Zimzum. Raumgabe als ethischer und religiöser Respons auf Verkörperung, in: Julia Gruevska (Hg.): *Körper und Räume*. Wiesbaden: Springer 2019, 153–177.
42 Vgl. Heinz Eduard Tödt: Versuch einer ethischen Theorie sittlicher Urteilsfindung, in: ders.: *Perspektiven theologischer Ethik*. München: Kaiser 1988, 21–48, 28: «Im Handeln wie im Erleiden steht jeweils die Bestimmtheit des Selbstseins, die Identität, auf dem Spiel. Es geht jedem Menschen darum, ein Selbst zu sein, Identität zu gewinnen. Im Verhaltensakt des sittlichen Urteils macht es gerade das Sittliche aus, dass die Vielheit der Beziehungen im Verhältnis zu dem, was den Menschen ‹unbedingt angeht› und ihm selbst als das Wichtigste erscheint, zusammengebracht wird.»
43 Zum Begriff des Anspruchs vgl. Emmanuel Lévinas: *Totalität und Unendlichkeit. Versuch über die Exteriorität*. Freiburg i. Br., München: Alber [4]2008; ders.: *Jenseits des Seins oder anders als Sein geschieht*. Freiburg i. Br., München: Alber [2]1998.

4.2 Ambivalenzblockaden

Es muss nicht weit zurückgegangen werden, um auf traditionelle, kirchliche Stereotype im Blick auf Entscheidungen am Lebensende zu treffen. Die Betroffenen werden dort als verzweifelt, hoffnungslos in ihrem Leiden, ausweglos der Agonie verfallen, kurz: als in einem mitleiderweckenden und erbarmungswürdigen Zustand dargestellt. Diese Defizitperspektive zielt auf eine dreifache ethische Immunisierung:

1. Die Pathologisierung der suizidwilligen Person blockt die Fragen ab, die die Suizidhilfe im Blick auf die eigenen moralisch-rationalen Menschenbilder provoziert.
2. Die Mitleidsmoral überspielt die bohrende Unvereinbarkeit zwischen dem Suizidwunsch und einem traditionellen, moralischen Lebensverständnis.
3. Die Personalisierung der Motive und Gründe für den Suizidwunsch entlastet von Rückfragen an die anderen, an Kirche und Gesellschaft.

Zugespitzt geht es bei der kirchlichen Diskussion über Suizidhilfe um die drei Risiken einer theologischen Pathologisierung und Bagatellisierung von Entscheidungen am Lebensende.

Eine theologische *Pathologisierung* liegt vor, wenn (1.) die suizidwillige Person vollständig auf ihre – moralisch konnotierten – mitleidserregenden Lebensumstände reduziert wird. Der Mensch und sein Suizidwunsch erscheinen dann nur noch als Symptome einer ausweglosen Lebenssituation. Die eine Form der *Bagatellisierung* besteht darin, (2.) den Suizidwunsch lediglich als Ausdruck der Selbstbestimmung einer Person zur Kenntnis zu nehmen. Dagegen hat Johannes Fischer die Frage aufgeworfen:

> Ist das alles, was in ethischer Hinsicht dazu zu sagen ist? Bleibt nicht auch bei einem freiverantwortlichen Suizid ein Gefühl der Verstörung oder der Trauer darüber, dass ein Mensch diesen Weg gewählt oder in einer Notlage keinen anderen Ausweg gehabt hat? Ist es nicht dieses Spannungsverhältnis zwischen der Bedeutung, die ein Suizid in der gesellschaftlichen Wahrnehmung hat [...] und der Bedeutung, die wir der Selbstbestimmung eines urteilsfähigen Menschen zumessen, das den Suizid so konfliktreich macht und aus dem dessen ethische Problematik resultiert?[44]

---

44 Johannes Fischer: Warum überhaupt ist Suizid ein ethisches Problem? Über Suizid und Suizidbeihilfe, in: *Zeitschrift für Medizinische Ethik* 55 (2009), 243–253, hier 245.

Die andere Form der *Bagatellisierung* erklärt (3.) alle möglichen Zustände des Leidens, der Sorge, Einsamkeit, Isolation oder Hoffnungslosigkeit als medizinische Diagnosen und Zustände, die mit palliativmedizinischen Fachkompetenzen bearbeitet und bewältigt werden können. Peter Dabrock bemerkt in dem Zusammenhang:

> Als unerträglich wird vor allem das Dahinvegetieren in unwürdigen Pflege- und Krankenanstalten, aber auch die Befürchtung eines Kontrollverlusts über den eigenen Körper, das Fehlen von Beziehungserfahrungen und das Wegbrechen von Lebenssinn eingeschätzt. Solche Befürchtungen und Ängste nicht ernst zu nehmen, sondern mit Vertröstungen oder allein den Hinweis auf den Ausbau palliativer Massnahmen abzuspeisen, wäre zynischer Paternalismus.[45]

Die Strategien der Pathologisierung und Bagatellisierung verteidigen einerseits das eigene Menschenbild und kanalisieren andererseits die Widersprüche angesichts kontrastierender lebensweltlicher Erfahrungen und Erwartungen. Die Sicherungsstrategien gegenüber dem Leben geben Anlass zu der Vermutung, dass die Kirchen ihren eigenen biblisch-theologischen Selbst- und Weltverständnissen die harten Bretter der Wirklichkeit nicht (mehr) zutrauen. Problematisch sind nicht biblisch-theologische Menschenbilder und ihre ethischen Implikationen. Falsch wäre vielmehr, die kirchlichen Einsichten nur noch moralkonform dosiert der Lebenswirklichkeit zuzumuten. Eine realistische und kohärente kirchliche Position zum assistierten Suizid muss zwei normative Bedingungen akzeptieren: Ein Suizidwunsch darf erstens nicht als selbstbestimmte Präferenzwahl einer sterbewilligen Person *legalistisch* abgehakt und *ethisch neutralisiert* werden. Und eine suizidwillige Person darf zweitens nicht als Opfer unzumutbarer Lebensumstände *autonomieethisch entmündigt* werden.

Beide Bedingungen stehen in einem Spannungsverhältnis, das nicht nach einer Seite hin aufgelöst werden darf, wie die Forderung des Berner Synodalrats für eine «bedingungslose Solidarität» der Seelsorge mit suizidwilligen Personen zeigt. Einmal abgesehen von der unpassenden politischen Kategorie der Solidarität, die auf die Durchsetzung verweigerter Rechte für die Menschen und Gruppen zielt, denen die Solidarität gilt, und die nicht erzwungen werden kann,[46] beruht die Forderung auf einem kategorischen Fehlschluss. Einerseits wird die seelsorgerliche Begleitung von einer ethischen Beurteilung der begleiteten Person entkoppelt: «Wenn Pfarrpersonen Menschen begleiten, die auf diesem Weg aus dem Leben zu

---

45 Dabrock, Selbstbestimmungsalternativen, 125.
46 Vgl. grundlegend Kurt Bayertz: *Solidarität. Begriff und Problem*. Frankfurt a. M.: Suhrkamp 1998.

scheiden planen, dann ist dies keine ethische Beurteilung dieser Absicht.»[47] Andererseits resultiert daraus die kirchlich verbindliche Verpflichtung: «Für die Seelsorge gilt das Prinzip der bedingungslosen Solidarität.»[48] Als Erfüllung eines ethischen «Prinzips» wird die seelsorgerliche Begleitung – wie oben beschrieben – auf ein instrumentelles Handeln reduziert, das der begleitenden Person ihren Status als ethisches Subjekt abspricht. Die formale (Solidaritäts-)Verpflichtung positiviert das negative Prinzip des Respekts gegenüber der Autonomie, indem es *de facto* ein positives Unterstützungsrecht der suizidwilligen Person bei der Wahrnehmung und Umsetzung ihrer Selbstbestimmung behauptet. Der Versuch, die Spannung ethisch aufzulösen, gelingt nicht, vielmehr besteht die Herausforderung der Seelsorge darin, diese auszuhalten und nicht einzuebnen.[49]

4.3 Mut zur Ambivalenz
In den einschlägigen Diskussionen über den assistierten Suizid taucht eine Frage – wenn überhaupt – nur am Rand auf: Welchem Leben will eine Person ein Ende setzen, wenn sie ihr Leben beenden will? Die Formulierung klingt ungewöhnlich, weil wir uns – auch kirchlich und theologisch-ethisch – daran gewöhnt haben, von Leben-in-der-dritten-Person (griech. *zoe*, hebr. *hajjim*) der Biologie, die Leben *beobachtet*, und/oder vom Leben-in-der-ersten-Person (griech. *bios*, hebr. *jamim*) des konkreten Menschen, der sein Leben *führt*, zu sprechen. In der Bibel steht dagegen ein drittes Verständnis im Zentrum: das Leben-in-der-zweiten-Person (griech. *psyche*; hebr. *naephaesch*), an dem Menschen in einem sozialen und transzendenten Sinn *teilhaben*.[50] Judentum und Christentum verstehen die konstitutive Relationalität von Leben als Teilhabe und Teilgabe des einen göttlichen Lebens. Das Sein Gottes ist ungeschaffen, das Lebendige und ewig Lebende selbst

---

47 Reformierte Kirchen, Solidarität, 4.
48 A.a.O., 5.
49 Eine eigenständige Untersuchung verdiente die Frage, ob der mit dem Solidaritätsbegriff missverständlich markierte Sachverhalt angemessen im Horizont des biblisch-theologischen Treueverständnisses entfaltet werden muss, nicht nur im Blick auf die Bundestreue Gottes, sondern auch auf die persönliche Verbundenheit Ruts mit Noomi: «Dränge mich nicht, dich zu verlassen und zurückzugehen, von dir weg. Denn wohin du gehst, dahin werde auch ich gehen, und wo du übernachtest, da werde auch ich übernachten; dein Volk ist mein Volk, und dein Gott ist mein Gott. Wo du stirbst, da werde auch ich sterben, und dort will ich begraben werden. Der HERR soll mir antun, was immer er will! Nur der Tod soll uns trennen.» (Rut 1,16f)
50 Vgl. Johannes Fischer: Das christliche Lebensverständnis als Motiv und Kriterium für den Umgang mit Leben, in: Eilert Herms (Hg.): *Leben. Verständnis. Wissenschaft. Technik. Kongressband des XI. Europäischen Kongresses für Theologie, 15.–19. September 2002 in Zürich*. Gütersloh: Gütersloher Verlagshaus 2005, 135–149, 135 ff.

(Dtn 5,23; Ps 42,3; Dtn 32,40 u. ö.). Gott handelt, indem er «seinen Geschöpfen an seinem Leben teilgibt. Alles, was lebt, lebt eben dadurch, dass es an Gottes Lebensfülle teilhat. So begriffen ist *das Leben* als das Eine und Selbige, das in der Vielfalt des Lebendigen gegenwärtig ist, Gottes verborgene Präsenz im Leben seiner Geschöpfe».[51] Leben kommt nicht nur als (subjektiv) *mein*, (intersubjektiv) *dein* oder (objektiv) *ihr* oder *sein* Leben in den Blick, sondern zuerst und zugleich als umfassender Beziehungs- und Lebensraum – als *Biotop Gottes*: «ich bin […] das Leben» (Joh 14,6). Das Leben-im-Singular ist in allen Gestalten und Erfahrungen der Leben-im-Plural präsent.

Leben im biblischen Verständnis ist intrinsisch ambivalentes Leben, das nicht auf intrapersonale Kohärenz, sondern auf interpersonale Begegnung zielt und sich einem extrinsischen Schöpfungs-, Erhaltungs- und Erlösungshandeln verdankt. Die radikalste Vorstellung von Ambivalenz bietet die bekannte erste Frage/Antwort des Heidelberger Katechismus: «*Was ist dein einziger Trost im Leben und im Sterben?* Dass ich mit Leib und Seele im Leben und im Sterben […] nicht mir […] sondern meinem getreuen Heiland Jesus Christus gehöre.»[52] Die Antwort klingt ungewöhnlich, weil anstelle des erwarteten «Du» ein «Ich» folgt. Der so simulierte Dialog enthält eine seelsorgerliche Pointe: Die Antwort kann weder von der anderen Person kommen, noch kann ich sie mir selbst geben. Sie artikuliert die Worte desjenigen, dem ich gehöre. Der reformierte Katechismus war sich sicher, dass es zum Sterben weniger eine gute Moral braucht als eine tröstliche Gewissheit – oder in der Sprache der Reformatoren: ein Bekenntnis.

---

51 A. a. O., 139.
52 Heidelberger Katechismus: Frage/Antwort 1, zit. n. Georg Plasger, Matthias Freudenberg (Hg.): *Reformierte Bekenntnisschriften. Eine Auswahl von den Anfängen bis zur Gegenwart*. Göttingen: Vandenhoeck & Ruprecht 2005, 154.

Seelsorge vor der Seelsorge
Theologisch-anthropologische Reflexionen
zum assistierten Suizid

Matthias Zeindler

1. Heisse Diskussionen, grosse Themen

«Über kaum ein Thema», so der Palliativmediziner Gian Domenico Borasio, «wird in Deutschland emotionaler, kontroverser und bisweilen ideologischer diskutiert als über die sogenannte ‹Sterbehilfe›».[1] Die Diagnose trifft natürlich weit über Deutschland hinaus zu. Borasio liegt sicher richtig, wenn er als Grund für die aufgeheizte Debattenlage die Angst vor dem eigenen Tod, aber auch vor einem qualvollen Sterbeprozess bestimmt.[2] Die Emotionalität, mit der die Diskussionen geführt werden, haben häufig zur Folge, dass elementare Standards sinnvoller Kommunikation aus dem Blick geraten:

> Da werden Fakten missachtet oder verdreht, wissenschaftliche Erkenntnisse ignoriert, selbst der gesunde Menschenverstand wird teilweise ausser Kraft gesetzt.[3]

Freilich hat man mit dem Verweis auf eine angstbedingte Verzerrung des Realitätsbezugs die Hitze mancher Gefechte noch nicht hinreichend erfasst, andernfalls würde es reichen, zur Beruhigung der Gemüter regelmässig die Rückbesinnung auf die wissenschaftlich gesicherte Faktenlage sowie den nüchternen Gebrauch der Verstandeskräfte anzumahnen. Die Erfahrung zeigt, dass dies nicht genügt.

Die Suizidhilfeorganisation «Exit» titelt auf ihrer Homepage: «Selbstbestimmt bis ans Lebensende», und hält gleich zu Beginn ihres Leitbildes fest: «Selbstbestimmung als Ausdruck der Menschenwürde ist ein Grundrecht des Menschen.»[4] Die Arbeit von «Dignitas» steht gemäss Homepage unter dem Motto: «Menschenwürdig leben – Menschenwürdig sterben»; konkretisiert wird, was unter Menschenwürde zu verstehen ist, unter anderem als «Selbstbestimmung des Einzelnen im Sinne

---

1 Gian Domenico Borasio: *Selbst bestimmt sterben. Was es bedeutet. Was uns daran hindert. Wie wir es erreichen können.* München: C. H. Beck ³2019, 14.
2 Vgl. a. a. O., 15.
3 Ebd.
4 www.exit.ch, Zugriff am 2.9.2021.

eines aufgeklärten Citoyens».[5] Nicht nur bei Sterbehilfeorganisationen, sondern allgemein gehören Begriffe wie «Selbstbestimmung», «Autonomie» oder «Würde» zentral ins Argumentarium zugunsten des assistierten Suizids.[6] Daran wird deutlich, dass es bei Fragen um die Legitimität der begleiteten Selbsttötung um weit mehr geht als um die Vermeidung von schwerem Leiden am Lebensende. Wo diese Legitimität diskutiert wird, sind sofort eine Reihe von «grossen» Themen von hoher gesellschaftlicher, aber auch philosophischer und theologischer Relevanz involviert: Fragen nach der Beschaffenheit des guten Lebens, nach dem Tod und einem guten Sterben, aber auch dessen, was das Menschsein ausmacht.

Diese mehrstufige Diskussionslage kann die Kirchen nicht überraschen, und sie wird auch ihr eigenes Reden und Handeln im Zusammenhang mit dem assistierten Suizid beeinflussen. Menschen, die ihnen im Kontext der Seelsorge begegnen, werden die Kirchen immer auch als solche wahrnehmen, die sich – implizit oder explizit – in den mit der begleiteten Selbsttötung verbundenen Fragen bereits lokalisiert haben, die aber unter Umständen auch Zweifel und Ungeklärtes mitbringen. Seelsorgerinnen und Seelsorger werden sich nicht zuletzt als Gegenüber ins Spiel bringen, mit dem solches besprochen werden kann. Und vor allem werden die Kirchen sich als Akteurinnen im gesellschaftlichen Diskurs verstehen, die ihre anthropologische Sicht in der Überzeugung einbringen, dass darin Aspekte des Menschseins zur Geltung kommen, die in der gegenwärtigen Diskussion gehört zu werden verdienen.[7]

Mit all dem üben die Kirchen das, was man als «Seelsorge vor der Seelsorge» bezeichnen kann: Ihre Aufgabe, Menschen bei der Klärung, Stabilisierung und Orientierung ihrer Situation zu unterstützen, schliesst auch ein, ihnen auf verschiedenen Ebenen eine Deutung von Leben und Sterben, von Menschsein und In-der-Welt-Sein aus der Perspektive des christlichen Glaubens zugänglich zu machen. Und dies nicht in einer «missionarischen» Absicht, sondern in der Meinung, dass bei Fragen rund um Leben und Sterben gerade eine biblisch-theologische Tradition mit ihrer historischen Tiefe und ihrer reichen Erfahrung auf Dimensionen aufmerksam zu machen vermag, zu denen einer säkularen Gesellschaft der Zugang zunehmend

---

5 www.dignitas.ch, Zugriff am 2.9.2021.
6 Vgl. die SNF-Studie von Eva Birkenstock: Wann genug ist, entscheide ich. Entscheidungsfreiheit und Entscheidungsfindung am Lebensende mit der Option Assistierter Suizid, Bern: Berner Fachhochschule 2021, 34–39 (SPARK_Wann_genug_ist_entscheide_ich_Abschlussbericht_Birkenstock_29.pdf (bfh.ch), Zugriff am 2.9.2021).
7 Vgl. zu Ebenen der Auseinandersetzung Christoph Morgenthaler, David Plüss, Matthias Zeindler: *Assistierter Suizid und kirchliches Handeln. Fallbeispiele – Kommentare – Reflexionen*. Zürich: TVZ 2017, 143–149.

fehlt. Diese Aufgabe wird dort dringlich, wo bestimmte Sichtweisen darauf, was gutes Menschsein zu heissen verdient, in dieser Gesellschaft dominant werden.

2. Kampfbegriff Autonomie

Die Debatte um die begleitete Selbsttötung wird heute – das zeigen exemplarisch die zitierten Stellungnahmen der Suizidhilfeorganisationen – weitgehend von den Begriffen «Selbstbestimmung» und «Autonomie» beherrscht, die man dabei häufig direkt mit dem Würdebegriff verbindet. Die Diskussion zur Suizidhilfe wird unter anderem deshalb so hart geführt, weil für manche Befürworter und Befürworterinnen dabei die individuelle Autonomie auf dem Spiel steht. Der Streit für den möglichst uneingeschränkten Zugang zur Möglichkeit, sich mithilfe anderer den Tod zu geben, hat deshalb stets auch den Charakter des Streites für die Emanzipation von der «Bevormundung» durch Instanzen, deren Berechtigung, dies zu tun, infrage gestellt wird. Richtete sich der Kampf anfangs gegen die Kirchen,[8] so nach dem Schwinden von deren gesellschaftlicher Bedeutung zunehmend gegen den Staat und – vor allem – gegen eine angeblich unmenschliche «Apparatemedizin».[9] Nicht zu vernachlässigen ist daneben, dass in den liberalen Gesellschaften der Industrienationen die individuelle Autonomie in den vergangenen Jahrzehnten zunehmend zum ethischen Wert schlechthin, ja zu einem eigentlichen «Sakralwert»[10] erhoben worden ist, der – sofern nicht die Autonomie anderer tangiert wird – im Grunde keine Einschränkung duldet.

Die Problematik dieser Verengung der Diskussion soll unten thematisiert werden, an dieser Stelle geht es zunächst darum, vor theologischen Kurzschlüssen zu warnen. Die Versuchung liegt nahe, die Akzentuierung der Autonomie im Diskurs um den assistierten Suizid *in globo* zu kritisieren oder gar zum Inbegriff eines «sündigen» Menschenbildes zu stilisieren. Dieser Versuchung nachzugeben würde aber bedeuten, das Interesse des christlichen Glaubens an dieser Dimension menschlicher Freiheit sträflich zu unterschätzen. Wenn der Mensch im ersten Schöpfungsbericht den Auftrag erhält, über das Geschaffene zu «herrschen» (Gen 1,28), dann wird ihm damit seine Eigenverantwortung nicht genommen, sondern erst von Gott in Kraft gesetzt. Mit der Herausführung des Volkes Israel aus der Sklaverei in Ägyp-

---

8   Vgl. Walter Jens, Hans Küng: *Menschenwürdig sterben. Ein Plädoyer für Selbstverantwortung.* München: Piper 2009 (erweiterte Neuausgabe von 1995).
9   Birkenstock, Entscheidungsfreiheit, 37–39.
10 Jean-Pierre Wils: *Sich den Tod geben. Suizid – Eine letzte Emanzipation?* Stuttgart: Hirzel 2021, 29.

ten erweist Gott die Freiheit, ausserhalb von Unterdrückung und Zwangsherrschaft zu leben, als wesentliches Ziel seines Heilshandelns. Und wenn Jesus Menschen heilt oder mit Randständigen Gemeinschaft hält, stellt er sich gegen die Ausschliessung von gesellschaftlicher Teilhabe. Es waren und sind vor allem Befreiungstheologien und postkoloniale Theologien des Weltsüdens, die diese Aspekte der biblischen Botschaft wieder vermehrt in den Fokus gerückt haben.[11]

Nicht Ablehnung, nicht grundsätzliche Problematisierung moderner Autonomie kann deshalb die angemessene theologische Antwort sein, sondern die Verortung menschlicher Selbsttätigkeit im freien Handeln Gottes. In der Terminologie Paul Tillichs: Die Aufgabe der Theologie besteht nicht darin, der Autonomie eine abstrakte Heteronomie (oder umgekehrt) entgegenzustellen, sondern die gemeinsame Wurzel beider in der Theonomie aufzuweisen: menschliche Freiheit als gründend in Gottes Freiheit.[12]

3. Der Gott des Bundes

«Wie es um den Menschen steht, zeigt sich an dem Gott, an den er glaubt.»[13] Und an der Weise, wie dieser Mensch sein Leben und Sterben gestaltet, wird sichtbar, wie der Gott beschaffen ist, an den er glaubt. Gottesverständnis und menschliches Selbstverständnis hängen, wie Calvin in klassischer Weise gezeigt hat, aufs Engste zusammen.[14]

In welchem Masse das Gottesverständnis auf das Verhältnis zur Frage des assistierten Suizids einwirkt, unterstreicht bereits Hans Küng in seinem in den 1990er-Jahren mit Walter Jens verfassten Buch «Menschenwürdig sterben». Der Tübinger Theologe referiert dort die traditionellen Argumente seiner römisch-katholischen Kirche gegen die Selbsttötung: das Leben als Geschenk des liebenden Schöpfergottes, Suizid als Zurückweisung von Gottes Herrschaft über Leben und

---

11   Für einen Überblick vgl. Juan José Tamayo: *Theologien des Südens. Dekolonisierung als neues Paradigma* (Theologie der Welt 1). Freiburg i. Br., Basel, Wien: Herder 2020.
12   Vgl. Paul Tillich: *Systematische Theologie* Bd. I. Stuttgart: Evangelisches Verlagswerk 1956, 101–105, 175–178.
13   Michael Moxter: Anthropologie in systematisch-theologischer Perspektive, in: Jürgen van Oorschot (Hg.): *Mensch* (Themen der Theologie Bd. 11). Tübingen: Mohr Siebeck 2018, 140–186, 183.
14   Johannes Calvin: *Institutio christianae religionis / Unterricht in der christlichen Religion* (1553). Neukirchen-Vluyn: Neukirchener 1955, 1f. Vgl. dazu auch Gerhard Sauter: *Das verborgene Leben. Eine theologische Anthropologie*. Gütersloh: Gütersloher 2011, 115–151 (Selbstwahrnehmung als Glaubenserfahrung).

Tod. Küng kritisiert an dieser Argumentationslinie ein «schiefes Gottesbild», die einseitige Vorstellung Gottes als souverän verfügendem Herrscher und das Fehlen des ebenfalls biblischen Bildes von Gott als einem sorgenden, solidarischen und partnerschaftlichen Vater.[15]

Christlicher Glaube orientiert sich am Gott Jesu Christi. In Jesu Weg zu den Marginalisierten zeigt dieser Gott sich als einer, der das Verlorene sucht und der sich bedingungslos solidarisiert mit dem Leiden des Geschaffenen, bis hin zum qualvollen Tod. Jesu Leben und Sterben ist geprägt von radikaler Selbsthingabe, ist «der Weg des Sohnes in die Fremde»[16], abgelehnt von einer Welt, die sich entfremdet hat von ihrem Schöpfergott. Gott lässt die Entfremdung der Welt von ihm aber nicht das letzte Wort haben: Indem er Jesus von den Toten auferweckt, setzt er dem menschlichen Nein sein umso grösseres Ja entgegen – «wo aber die Sünde grösser wurde, da strömte die Gnade umso reichlicher» (Röm 5,21). Anders ausgedrückt: Gegen die todesförmige Verweigerung der Gemeinschaft der Menschen mit Gott setzt dieser seinen immer noch grösseren Willen, dass der Mensch in seinem Bund mit allem Geschaffenen lebe. In der Auferweckung Jesu bestätigt Gott sein fundamentales Ja zum Leben der Schöpfung und sich selbst als Gott des Lebens.

Einer konsequent am Leben, Sterben und Auferstehen Jesu ausgerichteten Theologie verbietet es sich, das Verhältnis Gottes zu seiner Schöpfung und besonders zu den Menschen im Modell des undurchschaubaren, passiv hinzunehmenden Verfügens zu denken. Die Form, in welcher Gott in der Bibel Alten und Neuen Testaments sich auf die Menschen bezieht, ist diejenige des Bundes, einer Gemeinschaft, die von Gegenseitigkeit bis hin zur Partnerschaft geprägt ist. Jesus Christus ist *vere homo* nicht als der, der sich einem Herrscher blind unterwirft, sondern als der Sohn, der mit seinem Vater im lebendigen Austausch steht und aus diesem Umgang heraus dessen Willen tut. In diese Bundesgemeinschaft sind mit Jesu Auferweckung alle Menschen gerufen, auf dass sie in seiner Nachfolge ihrerseits als Kinder und Partner Gottes leben.

Leben in der Bundesgemeinschaft mit Gott kann unter diesen Voraussetzungen nur heissen, die göttliche Gabe des Lebens dankbar entgegenzunehmen und in Verantwortung vor dem Schöpfer zu gestalten. Diese Gestaltungsaufgabe erstreckt sich von der Geburt bis zum Tod – auch das Sterben ist Teil des göttlichen Auftrags an den Menschen, sein Leben in selbsttätiger Aktivität zu voll-

---

15 Küng/Jens, Plädoyer, 55f.
16 So der Titel eines Absatzes in Karl Barths umfangreicher Versöhnungslehre. Vgl. Karl Barth: *Kirchliche Dogmatik* IV/1. Zürich: TVZ 1953, 171–231.

ziehen. Inwiefern dazu auch die Empfänglichkeit, die Passivität gehört, wird unten erläutert.

In Kreuz und Auferstehung Jesu Christi spricht Gott sein bedingungsloses Ja zum Geschaffenen, von dem «weder Tod noch Leben, weder Engel noch Mächte, weder Gegenwärtiges noch Zukünftiges […] noch irgendein anderes Geschöpf» uns zu scheiden vermag (Röm 8,38f).[17] Es ist für ein Leben im Glauben entscheidend, was mit Bekenntnissätzen wie diesen gesagt wird – und was nicht. Es wird nicht gesagt, dass Glaubenden kein Leiden widerfährt, und es wird nicht gesagt, dass ihr Lebensweg ihnen stets auf Gottes wohlwollendes Wirken hin durchsichtig sein wird. Glaube hat – dies hingegen *wird* gesagt – die Gewissheit, dass auch dort, wo ich «im finstern Tal» wandere (Ps 23,4), Gott mich solidarisch begleitet. Selbst wo Gottes solidarische Präsenz sich mir nicht erschliesst, bleibt mir die göttliche Liebe verbürgt durch den Weg, den Christus *pro nobis* und damit auch *pro me* durch das Kreuz zur Auferstehung gegangen ist.

4. Der Mensch im Bund

Die Frage des christlichen Glaubens nach dem Menschen beginnt mit einem Staunen: «Was ist der Mensch, dass du seiner gedenkst?» (Ps 8,5). Über den Menschen nachzudenken, heisst, sich als Erstes mit der durchaus erstaunlichen Tatsache auseinanderzusetzen, dass da ein Gott ist, in dessen Wollen und Handeln dieses Wesen einen Platz hat, und diesen Gott dafür zu loben. Und es liegt auf der Hand, dass diese Tatsache nicht ein Aspekt unter anderen sein kann, der in eine theologische Anthropologie eingeht, sondern dass sie den Ausgangspunkt und die Grundlage für alle weitere Reflexion über den Menschen bildet. Der Mensch ist theologisch-anthropologisch formuliert zuerst und zuletzt der Mensch Gottes.[18] Und da der Gott, auf den christlicher Glaube sich bezieht, der Gott Jesu Christi ist, bedeutet dies: Der Mensch ist bestimmt für den Bund, den Gott in Christus begründet hat. Einige Aspekte dieses Glaubens werden im Folgenden entfaltet.

---

17 Bibelzitate nach der Zürcher Bibel.
18 «Nur innerhalb dieses Lobpreises, also in der Anrede an Gott, ist für den Psalmisten die Frage nach dem Menschen stimmig zu beantworten.» (Wolfgang Schoberth: *Einführung in die theologische Anthropologie*. Darmstadt: Wissenschaftliche Buchgesellschaft 2006, 33)

4.1 Der freie Mensch

«Zur Freiheit hat uns Christus befreit!» (Gal 5,1): Der Mensch Gottes ist zunächst einmal der freie, genauer: der befreite Mensch. Denn die Freiheit des Menschen ist stets gefährdete Freiheit, die sich selbst verfehlen kann. Grundsätzlich gilt aber, dass der in Gott lebende Mensch kein anderer denn ein freier Mensch sein kann, sodass «der Begriff eines unfreien Menschen ein Widerspruch in sich ist».[19]

Wie dem Menschen sein Leben von Gott gegeben ist, so ist es auch seine Freiheit. Und wie sein Leben durch dessen Gewährtsein seine Kontur erhält, so auch seine Freiheit. Gott, so haben wir gesehen, ist nicht frei im Sinne eines ungebundenen, willkürlichen Disponierens, sondern darin, dass er von nichts daran gehindert wird, gemäss seinem Wesen zu sein und zu handeln. Konkret: Gott hat die Freiheit, der Gott des Bundes zu sein, zu dem er sich bestimmt hat. So auch die Freiheit des Menschen: «Frei wird er, indem er sich in Übereinstimmung mit der Freiheit Gottes wählt, entscheidet und entschliesst.»[20] Oder wiederum konkret: Der Mensch wird insofern frei, als er im Bund mit Gott, in dessen liebender Gemeinschaft, lebt. Sich anders zu entwerfen und anders denn als Gottes Bundesgenosse oder -genossin leben zu wollen, wäre demgegenüber nicht ein Zeichen der Freiheit, sondern Ausdruck grösster Unfreiheit, verfehlt der Mensch doch auf diese Weise seine Bestimmung und damit das, worauf menschliche Freiheit zielt.

Frei lebt der Mensch nicht dort, wo er seine Freiheit bloss als zurückliegende ursprüngliche Gabe begreift, sondern dann, wenn er sie versteht als fortwährendes Entdecken und Wahrnehmen von durch Gott gewährten Gelegenheiten zum Freiheitsvollzug. Ingolf U. Dalferth umschreibt die Form gelebter menschlicher Freiheit so:

> Geschöpfsein heisst, von Gott begabt und beschenkt werden, und der Mensch ist Gottes Ebenbild nicht primär als freier und kreativer Akteur, sondern zuerst und vor allem in seiner *kreativen Passivität*: Er ist der, dem Gott sich als Gott vergegenwärtigt, indem er ihm Möglichkeiten zuspielt, durch die er zu dem wird, der er im Rahmen der ihm zufallenden Möglichkeiten werden kann.[21]

---

19   Karl Barth: *Das Geschenk der Freiheit. Grundlegung evangelischer Ethik* (Theologische Studien 39). Zollikon-Zürich: Evangelischer Verlag 1953, 8.
20   A. a. O., 9.
21   Ingolf U. Dalferth: *Umsonst. Eine Erinnerung an die kreative Passivität des Menschen*. Tübingen: Mohr Siebeck 2011, 233. Vgl. ausführlicher ders.: *God first. Die reformatorische Revolution der christlichen Denkungsart*. Leipzig: Evangelische Verlagsanstalt 2018, 83–110.

Ein freies Geschöpf zu sein bedeutet, das Leben in der unablässigen Offenheit für die Gaben zu vollziehen, die Gott fortwährend gibt, und von da aus seine Aufgaben den Nächsten gegenüber in Angriff zu nehmen.

In der Suizidhilfedebatte ist, es wurde erwähnt, die persönliche Freiheit unter den Titeln der Autonomie oder der Selbstbestimmung von überragender Bedeutung.[22] Argumentationsstrategisch erlaubt dies den Befürworterinnen und Befürwortern – und in der Schweiz vornehmlich den Suizidhilfeorganisationen –, sich immer wieder als Streitkräfte im Kampf um die Emanzipation von überholten Einschränkungen zu inszenieren. Das dabei operative Freiheitsverständnis muss theologisch freilich als unzureichend taxiert werden. Dies nur zum kleineren Teil deshalb, weil es so offenkundig von einer individualisierenden Sicht der Person ausgeht und den sozialen Zusammenhang lediglich als – selbstverständlich zu achtende – Grenze der eigenen Freiheit in Rechnung stellt. Aus theologischer Sicht gravierender ist, dass im Rahmen eines derartigen Verständnisses von Freiheit jene göttliche Freiheit, die nicht Konkurrenz der menschlichen sein will, sondern diese erst ermöglicht und lebendig erhält, nicht denkbar ist. Wo das Individuum sich aber unter Absehung seiner Bestimmung zum Bund mit Gott sieht, wird es blind für die «kreative Passivität», kraft welcher es von seinem Schöpfer sowohl bedingt ist als auch zur selbsttätigen Aktivität begabt wird. Stattdessen droht ihm Gott zur abstrakten Autorität zu werden, die das eigene Wollen beschränkt und von der man sich deshalb, möchte man ein freies Wesen sein, nur distanzieren kann. Freiheit muss gegen Gott verteidigt, kann nicht dankbar von ihm empfangen werden.

Gerade im Verhältnis zum eigenen Sterben ist es essenziell, dass der Mensch dieses aus der von Gott gewährten Freiheit gestalten kann – findet er sich doch dort wie kaum anderswo sonst angewiesen auf die Gegenwart Gottes, des Schöpfers seines Lebens. Dies sei gesagt angesichts der scheinbar unausweichlichen Alternative, dass man sich im Angesicht des Todes entweder in ein gegebenes Schicksal zu «fügen» – also auf jegliche Freiheit zu verzichten – habe oder aber den Lauf der Dinge entschieden in die eigenen Hände nehmen müsse, bis hin zur assistieren Selbsttötung. Gegen diese Alternative erweist sich der Begriff der kreativen Passivität als weiterführend. Der Mensch, der sich als Wesen im Bund mit Gott begreift, wird Gott nicht als einen Herrscher sehen können, der seinen Geschöpfen unbegreiflicherweise unerträgliches Leiden auferlegt. Er wird aber die Aufgabe, sein Leben und damit auch sein Sterben zu gestalten, auch nicht als Gegensatz zur grundsätzlichen geschöpflichen Passivität verstehen,[23] sondern als Implikat der

---

22 Die Autonomie ist laut Jean-Pierre Wils «die Königskategorie der ganzen Diskussion» (Wils, Tod, 102).
23 Dalferth spricht auch von «Tiefenpassivität»: Ders.: God first, 48–52.

partnerschaftlichen Existenz im Bund mit Gott. Dazu kommt ein wichtiges Drittes: Gerade auf dem Weg zum Sterben wird der Mensch des Bundes immer neu danach fragen, welche Gelegenheiten und Möglichkeiten zu leben ihm oder ihr von Gott gewährt sind. Denn der Mensch hört nie auf, von Gott beschenkt zu werden.

Mit all dem sind im Blick auf die Gestaltung des Lebensendes noch keine Entscheidungen präjudiziert. Entscheidungen werden aber anders ausfallen, wenn dies im Angesicht eines Gottes erfolgt, auf dessen «Gnad und grosse Treu» ein Mensch sich verlässt, als dort, wo er sich als einsamer Architekt seiner nur ihm allein gehörenden Existenz sieht.

4.2 Der Mensch in Beziehung

«Es ist nicht gut, dass der Mensch allein ist» (Gen 2,18): Den Menschen gibt es nur im Plural, und dabei nicht bloss als Menge, sondern im Miteinander von aufeinander bezogenen Menschen. Bei Karl Barth ist die Humanität des Menschen die «totale Bestimmtheit als Sein in der Begegnung mit dem Sein des Du, als Sein mit dem Mitmenschen, als Mitmenschlichkeit».[24] Barth spricht hier eine Einsicht aus, die von der neueren theologischen Anthropologie weitgehend geteilt wird.[25] Menschsein ist anders nicht denkbar denn als Sein in der Beziehung, in vielfältigen direkten und indirekten Relationen.[26]

Anders als in einem liberalen Freiheitsverständnis ist nun der andere Mensch theologisch nicht als Begrenzung der Freiheit zu verstehen, sondern als deren Ermöglichung. Dies gilt nicht nur für Gottes eigene Freiheit, in der dieser in der Gegenseitigkeit der trinitarischen Personen lebt, es gilt ebenso für menschliches Leben. Der Mensch existiert nicht anders denn als einer, der hört und antwortet, der spricht und gehört wird. Als Wesen des Bundes wird der Mensch den Menschen

---

24   Karl Barth: *Kirchliche Dogmatik* III/2. Zürich: TVZ 1948, 296.
25   Eine Auswahl: Emil Brunner: *Der Mensch im Widerspruch. Die christliche Lehre vom wahren und vom wirklichen Menschen.* Zürich: Zwingli 1941, 96–98, 282–305; Hendrikus Berkhof: *Der Mensch unterwegs. Die christliche Sicht des Menschen.* Neukirchen-Vluyn 1967; Albrecht Peters: *Der Mensch* (HST Bd. 8). Gütersloh: Gütersloher 1979; Wolfhart Pannenberg: *Anthropologie in theologischer Perspektive.* Göttingen: Vandenhoeck & Ruprecht 1983, 151–184; Jürgen Moltmann: *Gott in der Schöpfung. Ökologische Schöpfungslehre.* München: Christian Kaiser 1985, 239–247; Jörg Splett: *Leben als Mit-Sein. Vom trinitarisch Menschlichen.* Frankfurt a. M.: Josef Knecht 1990; Johannes von Lüpke: *Gottesgedanke Mensch. Anthropologie in theologischer Perspektive.* Leipzig: Evangelische Verlagsanstalt 2018, 243–267.
26   Die von Michael Welker seit Langem vorgebrachte Kritik an einer einseitigen Orientierung der Theologie am Modell der zweistelligen Ich-Du-Kommunikation ist ernstzunehmen: *Gottes Geist. Theologie des Heiligen Geistes.* Neukirchen-Vluyn: Neukirchener 1992, 52 f.

neben sich deshalb primär als Gabe wahrnehmen, die ihm sein Leben erst eigentlich eröffnet, dann aber auch als Aufgabe, als Gegenüber, für den er oder sie Verantwortung trägt. Wenn der Mensch das Wesen ist, dem Gott immer wieder neue Möglichkeiten zu leben zuspielt, ist der Mitmensch der erste und hervorgehobene Ort, wo er dies zu gewärtigen hat.

Dieses «Verheissungspotenzial» haben die anderen auf herausgehobene Weise, wo es ums Sterben geht. Es wurde bereits angedeutet, eine am Begriff der Autonomie orientierte Debatte um die begleitete Selbsttötung hat eine deutliche Tendenz zu einer individualisierenden Sicht des Menschen. Zwar wird das persönliche Umfeld in den Diskussionen durchaus thematisiert, die Gewichte sind dabei aber oft ungleich verteilt. Während der oder die Sterbewillige in der Regel mit uneingeschränktem Verständnis rechnen kann, werden Widerstände von Angehörigen natürlich registriert, aber nicht selten als Unfähigkeit apostrophiert, den Sterbewunsch zu akzeptieren. In der Logik des Autonomieparadigmas gibt es zur bedingungslosen Zustimmung zu einem Sterbewunsch im Grunde keine Alternative.

Geht man theologisch von der «wesentlichen Sozialität des Menschseins»[27] aus, erweist sich diese Form der Einseitigkeit als problematisch. Auch unter Menschen, die sich als Gemeinschaft vor Gott verstehen, wird die Situation eintreten, dass Angehörige ihr Ja zum Wunsch eines Menschen sagen, durch assistierten Suizid aus dem Leben zu scheiden. Es wird dies aber ein Ja sein, mit dem sie nicht einer alternativlosen Schuldigkeit nachkommen, sondern eines, das sie in eigener Verantwortung und Freiheit sprechen. Und dieses Ja wird am Ende eines Gesprächsprozesses stehen, in welchem – im Vollzug der wesentlichen Sozialität aller Beteiligten – aufeinander gehört, einander geantwortet, allenfalls auch Kritik geäussert wurde. Und in dem auch das Gebet seinen Ort hatte.

Damit ist freilich noch nicht alles gesagt über den Stellenwert menschlicher Sozialität: Unterwegs zum Sterben, vielleicht schon um manche frühere Lebensmöglichkeit ärmer, kann sich Bezogenheit auf die anderen nochmals in neuer Weise erschliessen.

4.3 Der begrenzte und leidende Mensch

Es mag als riskant erscheinen, im Kontext der Suizidhilfedebatte das Thema Leiden aufzurufen – geniesst doch der assistierte Suizid nicht zuletzt darum derart viel Sympathie, weil er als willkommene Möglichkeit gesehen wird, unnötiges Leiden zu vermeiden. Und wer könnte etwas gegen die Vermeidung von Leiden haben?

---

27   Wolfgang Schoberth: *Die Erfahrung der Welt als Schöpfung. Studien zur Schöpfungstheologie und Anthropologie*. Leipzig: Evangelische Verlagsanstalt 2017, 274.

Weil hier eine so fraglose Plausibilität zu bestehen scheint, empfiehlt sich freilich eine anthropologische Reflexion umso mehr.

Der koreanisch-deutsche Philosoph Byung-Chul Han widmet eine seiner letzten Schriften dem Umgang unserer Gesellschaft mit dem Schmerz. Er diagnostiziert dieser Gesellschaft «eine *Algophobie*, eine generalisierte Angst vor Schmerzen», was die Vermeidung jeglichen schmerzhaften Zustandes und damit eine «Daueranästhesierung» zur Folge habe.[28] Hinter der Furcht vor dem Schmerz meldet sich, so Han, eine umfassende Ablehnung des Erleidens, der Widerfahrnis, durch eine vollkommen auf Aktivität eingestellte Gesellschaft: «Die Passivität des Leidens hat keinen Platz in der vom Können beherrschten Aktivgesellschaft.»[29] Schmerz wird als sinnlos wahrgenommen.

Die Konsequenzen dieser Tendenz zur Eliminierung von Leiden sind erheblich. So verliert der Schmerz seine öffentliche Funktion, er wird «privatisiert und psychologisiert»[30] und die Gesellschaft entsolidarisiert und entpolitisiert. Dabei wäre «der gemeinsam empfundene Schmerz» das «Ferment der Revolution».[31] Der Philosoph geht noch weiter, wenn er vermutet, dass sich eine Gesellschaft mit der Ausschliessung des Schmerzes nichts weniger als den Zugang zur Wahrheit verbaut, denn «alles, was wahr ist, ist schmerzlich».[32] Im Wahren begegnet die widerständige, irritierende, nicht ohne Weiteres in zuhandene Verstehenszusammenhänge integrierbare Wirklichkeit, das Andere des in der Gesellschaft selbstverständlich Funktionierenden.[33] Auch die Kunst bezieht ihre Kraft aus der Fähigkeit, zu befremden und zu verstören.[34] Kurz: «Der Schmerz ist der Riss, durch den das ganz Andere Einzug hält.»[35]

Zuletzt werden in einer Gesellschaft, die den Schmerz zu vermeiden sucht, auch echte menschliche Beziehungen verunmöglicht: «Schmerz ist Bindung. Wer jeden schmerzhaften Zustand ablehnt, ist bindungsunfähig.»[36] Im Schmerz artikulieren sich jene Differenzen, die Leben erst ermöglichen. Vor allem aber schliesst sich, wer den Schmerz zu meiden versucht, von der Faszination des Anderen ab,

---

28 Byung-Chul Han: *Palliativgesellschaft. Schmerz heute* (Fröhliche Wissenschaft 169). Berlin: Matthes & Seitz 2020, 7.
29 A. a. O., 10.
30 A. a. O., 19.
31 A. a. O., 21.
32 A. a. O., 43.
33 Vgl. auch Byung-Chul Han: *Die Austreibung des Anderen. Gesellschaft, Wahrnehmung und Kommunikation heute*. Frankfurt a. M.: Fischer 2016.
34 Dazu auch Byung-Chul Han: *Die Errettung des Schönen*. Frankfurt a. M.: Fischer 2015.
35 Han, Palliativgesellschaft, 13.
36 A. a. O., 44.

die gerade in deren oder dessen Unverfügbarkeit besteht: «Der Eros ist das Begehren des Anderen, der sich meinem Zugriff entzieht.»[37]

Byung-Chul Hans weit ausgreifende Thesen brauchen hier nicht diskutiert zu werden, und schon gar nicht soll aus ihnen eine Mystifizierung von Leiden und Schmerz abgeleitet werden. Sehr wohl möchte ich aber seinen zentralen Impuls aufnehmen, dass sich im Schmerz und genereller im Leiden Dimensionen des Lebens äussern, ohne die dieses Entscheidendes von seiner Lebendigkeit verliert. Dieser Impuls ist theologisch nach mehreren Richtungen belangvoll und anschlussfähig. Das gilt zunächst für Hans Insistieren auf der Unvermeidlichkeit des Schmerzes, gegen alle Tendenzen von dessen Medikalisierung und Therapierung. So begrüssenswert die modernen Möglichkeiten sind, Menschen von Schmerzen zu befreien oder diese mindestens zu mildern, so problematisch ist der Versuch von deren endgültiger Eliminierung. Eindrücklich zeigt Han, in welchem Masse Schmerz verbunden ist mit dem Kontakt zu Neuem, Unbekanntem und Widerständigem, zu vielem von dem also, was zum In-der-Welt-Sein unausweichlich dazu gehört. Wenn der Mensch als «das noch nicht festgestellte Tier»[38] auch das Wesen ist, das sich unablässig selbst transzendiert und seine Grenzen überschreitet, dann ist solches nur denkbar, wenn dieser Mensch auch dazu bereit ist, die bei solcher Transzendierung sich einstellenden Schmerzen in Kauf zu nehmen.[39]

Erst recht theologisch belangvoll ist Hans Hinweis darauf, dass der Schmerz zur Beziehung zum andern Menschen hinzugehört. Kein Eros ohne Leiden![40] Man würde hinter der Tragweite dieses Zusammenhangs zurückbleiben, dächte man hier bloss an den Schmerz der Zurückweisung oder des Nicht-verstanden-Werdens. Der Kern des «erotischen» Schmerzes liegt darin, dass der andere mir unverfügbar und im Letzten auch immer fremd bleibt. In diesem Schmerz verbirgt sich aber gleichzeitig das Glück der realen Beziehung, nämlich die Erfahrung eines echten Gegenübers, das mich über die Grenze meiner selbst und meiner Sicht auf die Welt hinausführt. Ist der Mensch in der Perspektive theologischer Anthropologie ein unaufhebbar auf den andern bezogenes Wesen, so ist diese Relationalität

---

37 Han, Palliativgesellschaft, 62.
38 Friedrich Nietzsche: *Jenseits von Gut und Böse* (KSA Bd. 5). München, Berlin, New York: De Gruyter 1988, 81.
39 Es sei an dieser Stelle die homiletische Bemerkung erlaubt, dass in der verbreiteten Emphase des Neuen gegenwärtiger Predigten («Neues wagen», «sich auf Neues einlassen», «neu werden») diese unangenehme, nicht selten bedrohliche Seite des «Aufbrechens» oft unterschlagen oder paränetisch an die Hörenden weitergegeben wird.
40 Vgl. Byung-Chul Han: *Agonie des Eros*. Berlin: Matthes & Seitz 2012, mit zahlreichen Bezügen auf Eva Illouz: *Warum Liebe weh tut. Eine soziologische Erklärung*. Berlin: Suhrkamp 2011.

konkret nur lebbar in der Bereitschaft, sich auch dem Schmerz wirklicher Beziehung auszusetzen.[41]

Eine Dimension der Beziehung ist dabei noch nicht erwähnt: die Abhängigkeit. Der Ernstfall des Bezogenseins liegt dort vor, wo ich den andern Menschen wahrhaft brauche, wo ich ohne seine Unterstützung nicht sein kann und von seinem Da-Sein für mich abhänge. Mag die Dependenz vom anderen dem modernen Autonomieparadigma zutiefst entgegenstehen, theologisch gehört sie in die Mitte anthropologischen Denkens. In Bezug auf Gott lässt sich dies sowohl schöpfungs- wie rechtfertigungstheologisch ausdrücken: Wie der Mensch seine Existenz exklusiv der Schöpfungstat Gottes verdankt, so sein Angenommensein ebenso exklusiv dessen rechtfertigendem Handeln. Die Beziehung zwischen Geschöpfen ist zu unterscheiden von der Schöpfer-Geschöpf-Relation, und doch gilt auch hier *per analogiam* die Unhintergehbarkeit des Angewiesenseins auf das Geschöpf neben mir. Der Mensch im Bund kann sich nur als nicht-autark verstehen! Und in dem Masse, da seine Abhängigkeit von anderen Menschen Ausdruck seines Seins-in-Beziehung ist, wird er diesen andern Menschen nicht als Last, sondern primär als gute Gabe Gottes sehen wollen. So, wie er sein Abhängigsein von Gott selbst nur als grösstmögliche Wohltat verstehen kann.

Abhängigkeit als Wohltat: für ein modernes, an den Maximen der Selbstbestimmung, der Aktivität und der Genussfähigkeit orientiertes Bewusstsein eine schwer nachvollziehbare Feststellung. Und dies selbst dann, wenn man einräumt, dass dabei alle Formen ausbeuterischer, unterdrückender Dependenz ausgeschlossen sind. Für einen christlichen Glauben, dessen Gottesverhältnis als «schlechthinnige Abhängigkeit» (Schleiermacher) beschrieben wurde, stellen sich die Dinge hier anders dar.[42] Ein solcher Glaube wird deshalb auch ein anderes Verhältnis zu Dimensionen geschöpflichen Lebens haben, in welchen das Abhängigsein in den Vordergrund rückt: zum Altern, zum körperlichen und geistigen Abbau, zur Verletzlichkeit und zum Vergessen. Kann eine moderne Gesellschaft Alterungsprozesse fast nur in einer Verlustrechnung gelten lassen,[43] so wird christlicher

---

41 Dieser Schmerz wird besonders intensiv erlebbar, wo eine Beziehung durch den Tod endgültig zu Ende geht. Im Nachdenken über den Tod seines Sohnes schreibt der Theologe Nicholas Wolterstorff: «Leiden ist ganz im Zentrum der Dinge, dort wo der Sinn ist. Leiden ist der Sinn unserer Welt. Weil Liebe der Sinn ist. Und Liebe leidet.» (Nicholas Wolterstorff: *Lament for a Son*. Grand Rapids: Eerdmans 1987, 90. Übersetzung MZ)

42 Exemplarisch auch Sören Kierkegaards «erbauliche Rede» unter dem Titel: «Gottes bedürfen ist des Menschen höchste Vollkommenheit», vgl. Sören Kierkegaard: *Vier erbauliche Reden 1844. Drei Reden bei gedachten Gelegenheiten 1845* (Gesammelte Werke 13. und 14. Abteilung). Gütersloh: Gütersloher 1981, 5–34.

43 Vgl. das zweifelhafte Kompliment an alte Menschen, sie seien «jung geblieben».

Glaube die schmerzlichen Seiten nicht bestreiten, aber den Weg des Alterns als Ganzen als «Testfall christlicher Existenz» interpretieren: weil sich dort «konkretisiert und auch radikalisiert, wozu sich der Glaube immer zu bekennen befleissigt: auf Gott ganz und gar angewiesen zu sein».[44]

Es soll hier nichts idealisiert werden: Abbauprozesse, besonders im hohen Alter, können beschwerlich und schmerzvoll, sie können sogar hässlich und unwürdig sein – sodass Philipp Roth im Roman «Jedermann» seinen Protagonisten sagen lässt: «Das Alter ist kein Kampf; das Alter ist ein Massaker.»[45] Wieder kann hier aber eine theologische Anthropologie eine alternative Perspektive auf das eröffnen, was gewöhnlich ausschliesslich als Reduktion gesehen wird. Zunehmende Abhängigkeit muss dann nicht nur Verzicht auf eigene Fähigkeiten der aktiven Gestaltung bedeuten, sondern kann dazu führen, sich neu und intensiver als jemanden zu entdecken, der sich die anderen Menschen und ihre Zuwendung dankbar gefallen lassen kann.

4.4 Der sterbliche und der kommende Mensch

Nach dem oben zum Tod Gesagten soll hier nicht noch eine ausführliche Theologie des Todes nachgereicht werden. Mit der Auferweckung des gekreuzigten Jesus hat Gott sich ein für alle Mal darauf festgelegt, er «ist nicht ein Gott von Toten, sondern von Lebenden» (Lk 20,38). So gewaltig und umfassend die Macht des Todes ist, die letzte Macht gehört dem Schöpfer, der an der Gemeinschaft mit dem Geschaffenen festhält, auch über das physische Sterben hinaus. Auch die Auferweckung der Toten wurzelt im ewigen Bundeswillen Gottes.

Nach der Erschaffung zu einem Leben, das Gott als «sehr gut» ansieht (Gen 1,31), ist die durch die Auferweckung Jesu begründete Auferstehung alles Verstorbenen der endgültige Erweis dafür, dass die Abhängigkeit des Geschöpfs, sein erstes und letztes Angewiesensein auf seinen Schöpfer, vorbehaltlos zu seinem Besten besteht. In seiner Selbsthingabe im Sohn Jesus Christus wird sichtbar, wie weit der Vater zugunsten des Geschaffenen zu gehen bereit ist; Gott nimmt damit allen Vorbehalten, allen Zweifeln an seiner Vertrauenswürdigkeit den Grund. Die Solidarität Gottes mit seinem Geschöpf kennt keine Grenze.

Vom sterblichen Menschen spricht man theologisch deshalb nur angemessen, wenn man ihn immer auch als den zur Auferweckung, als den in Herrlichkeit aufstehenden «kommenden» Menschen anspricht. Zum Weg des Menschen gehört,

---

44 Hans-Martin Rieger: *Altern anerkennen und gestalten. Ein Beitrag zur gerontologischen Ethik* (Forum Theologische Literaturzeitung 22). Leipzig: Evangelische Verlagsanstalt 2008, 118.

45 Philipp Roth: *Jedermann*. München, Wien: Hanser 2006, 148.

dass er auch der «Mensch auf dem Heimweg» ist,[46] dorthin, wo Gott diesen Weg verherrlicht und vollendet. Damit ist angesichts aktueller Sterbediskurse eine wichtige anthropologische Präzisierung angebracht, denn *ex negativo* impliziert die eschatische Vollendung des Menschen, dass das Leben diesseits der Auferstehung nicht der Ort ist, wo diese Vollendung erwartbar wäre. Diese Perspektive ist *good news* für alle, deren Leben offenkundig Fragment geblieben ist, weil ihnen ihre Lebensmöglichkeiten gestohlen, ihre Zukunft verbaut, das Geniessen der guten Gaben Gottes verunmöglicht wurde. Sie ist aber auch *good news* für jene, die auch noch ihr Sterben als «Projekt», ja als «Erfolgsmodell» gar, meinen realisieren zu müssen. In einer Gesellschaft, in welcher die Einzelnen unter dem Imperativ stehen, ihr Leben als «gutes Leben» selbsttätig zu *designen*, besteht die starke Tendenz, selbst das Sterben diesem Gebot zu unterwerfen und vom Subjekt zu erwarten, dass es auch dieses aktiv als «gutes Sterben» gestalte. Wobei der Massstab für das gute Sterben, wenig überraschend, weitgehend demjenigen des guten Lebens gleicht – also ein «authentisches», ein «autonomes» Sterben.[47] Es ist damit zu rechnen, dass der assistierte Suizid nicht zuletzt dank eines solchen Verständnisses des Sterbeprozesses in den letzten Jahren an Attraktivität gewonnen hat.

In einem starken Gegensatz dazu sieht sich christlicher Glaube seines eigenen Todes *enteignet*. Paulus beschreibt im Römerbrief die Taufe als ein Mitsterben, aber auch ein Mitauferstehen mit Christus:

> Wir wurden also mit ihm begraben durch die Taufe auf den Tod, damit, wie Christus durch die Herrlichkeit des Vaters von den Toten auferweckt worden ist, auch wir in der Wirklichkeit eines neuen Lebens unseren Weg gehen (Röm 6,4).

Den Tod als schrecklicher Abgrund, als Trennung von Gott und letzte Katastrophe ist Jesus bereits gestorben und hat ihn damit als solchen Tod für alle anderen endgültig erledigt. Im Sterben wird der Mensch damit «in eine letzte Passivität» geführt,[48] es ist dies aber die Passivität eines unzerstörbaren Gehaltenseins in Gottes Zuwendung. Der Mensch ist dazu befreit, sich im Sterben ganz Gott zu übergeben.[49]

---

46 Berkhof, Mensch, 134f.
47 Dazu Nina Streeck: *Jedem seinen eigenen Tod. Authentizität als ethisches Ideal am Lebensende*. Frankfurt a. M., New York: Campus 2020.
48 Eberhard Jüngel: *Tod*. Gütersloh: Gütersloher Verlagshaus ⁴1989, 116.
49 So auch Ursula Schumacher: Selbstübergabe an Gott im Leben und Sterben. Zu einer Anthropologie beziehungskonstituierter Ganzheit, in: Oliver Dürr, Ralph Kunz, Andreas Steingruber (Hg.): *Wachet und betet. Mystik, Spiritualität und Gebet in Zeiten politischer und gesellschaftlicher Unruhe*. Münster: Aschendorf 2021, 253–270. Für ein Verständnis des selbstbestimmten Todes in Verantwortung vor Gott und im intensiven Gespräch

5. Christliche Anthropologie im öffentlichen Diskurs

5.1 Assistierter Suizid?

Die Frage, ob man als Mensch, der sich zum christlichen Glauben bekennt, mithilfe begleiteter Selbsttötung aus dem Leben scheiden könne, entzieht sich einem simplen «Ja» oder «Nein». Auch die vorstehenden Überlegungen wollen nicht den Eindruck erwecken, als solle ein theologischer «Schutzwall» gegen den assistierten Suizid aufgeworfen werden. Nochmals: Wie in vielen ethischen Fragen, so erfolgt auch hier jede Positionierung im Rahmen einer umfassenden Perspektive auf das Menschsein, auf das Leben und auf den Tod, und eine Stellungnahme lässt sich deshalb nur erreichen, wo die dabei in Anspruch genommene umfassende Perspektive mit thematisiert wird. Keine Ethik ohne Anthropologie.

Wie bereits erwähnt, impliziert das Erschaffensein der Welt durch einen ihr zugewandten Schöpfergott und erst recht die Auferweckung Jesu Christi als göttliche Antwort auf die mächtige Gegenwart des Todes in der Schöpfung für den christlichen Glauben eine unbedingte Bejahung des Lebens.[50] Wenn Gott ein Gott der Lebenden und nicht der Toten ist, dann folgt daraus auch für jene, die in Verantwortung vor diesem Gott zu existieren versuchen, ein unbedingter Einsatz für das Leben und alles Lebendige. Dabei ist wichtig: Die Bejahung des Lebens durch den christlichen Glauben ist der *Nachvollzug* der Bejahung des Lebens durch Gott – Gottes «Ja» ist dem menschlichen immer voraus. Damit wird nicht gesagt, dass es dem Menschen unmöglich sei, das Ja zum Leben in Zweifel zu ziehen oder gar zu verweigern. Gesagt wird, dass das von Gott gegebene Leben grundsätzlich als ein für die Kreatur gutes, wohltuendes, erfreuliches Leben geschaffen ist und dass das Urteil über die Güte eines konkreten Lebens primär bei Gott liegt. Zum Glauben an einen seiner Schöpfung zugewandten Gott gehört deshalb auch das Vertrauen, dass dieser Gott in einem Leben immer noch mehr Gutes und Lebenswertes erkennt, als sich dies einem Menschen erschliesst.

Das Vertrauen auf den Vorsprung von Gottes Bejahung meines Lebens ist einer der Aspekte einer christlichen Perspektive auf das Menschsein, eine Reihe von weiteren wurde in den vorstehenden Reflexionen erörtert. Leben im Glauben an den Gott Jesu Christi meint demnach ein Leben, das unter der Zusage vollzogen wird, dass es in seiner Freiheit und Relationalität, aber auch in seiner Begrenztheit und Abhängigkeit als wohltuendes und gutes und damit als lebenswertes Leben erfahren werden kann.

---

mit dem geliebten Menschen vgl. Dietmar Mieth, Irene Mieth: *Sterben und Lieben. Selbstbestimmung bis zuletzt*. Freiburg i. Br., Basel, Wien: Herder 2019.
50   Dazu Morgenthaler et al., Suizid, 150–161.

Kann ein Mensch sein Leben im Vertrauen auf seine unbedingte Bejahung durch Gott leben, im Glauben auf dessen uneingeschränkte Solidarität und in der Hoffnung, dass ihm immer wieder neue Lebensmöglichkeiten eröffnet werden, sollte er auch den Prozess seines Sterbens annehmen können, wie dieser sich einstellt. Selbstverständlich wird auch für ihn dieser Prozess einer sein, den er verantwortlich zu gestalten und in dem er Entscheidungen zu treffen hat. Und nicht auszuschliessen ist, dass der Weg zum Tod ihm als Zumutung, wenn nicht gar als unzumutbar erscheint.

In Situationen, wo ein Mensch von unerträglichen Schmerzen, einer aussichtslosen medizinischen Prognose oder grösster Angst heimgesucht wird, kann auch jemandem, der sich zum Gott Jesu Christi bekennt, der Tod durch assistierten Suizid als die am wenigsten schlimme Möglichkeit erscheinen, sein Sterben zu gestalten. Kann und soll diese Möglichkeit ergriffen werden? Wieder: Eindeutige Antworten verbieten sich, aber ein Ja zur begleiteten Selbsttötung muss aus Sicht einer evangelischen Anthropologie möglich sein. Dabei ist wichtig: Wo ein Mensch sich für den Weg des assistierten Suizids entscheidet, soll auch diese Entscheidung im *Glauben* an den Gott Jesu Christi gefällt werden. Und dies bedeutet: Im Vertrauen darauf, dass die Hilfe zur Selbsttötung für mich in meiner spezifischen Situation die Form ist, in welcher dieser Gott mir seine Zuwendung erweisen will.

Dieses bedingte Ja zum assistierten Suizid kann unter Voraussetzung der göttlichen Bejahung des von ihm geschenkten Lebens immer nur ein Grenzfall sein.[51] Nun ist die Kategorie des Grenzfalls alles andere als ein sauber handhabbares Kriterium. Was als unerträgliches Leiden oder als nicht mehr zumutbar reduziertes Existieren empfunden wird, lässt sich nur subjektiv beurteilen, und entsprechend schwierig ist es, von aussen darüber zu entscheiden, ob bei einem Suizidwunsch bereits ein Grenzfall vorliegt oder nicht. Es kann bei der Unterscheidung von Option und Grenzfall aber auch nicht darum gehen, ein Instrument in die Hand zu bekommen, mit dessen Hilfe sich extern über die Legitimität eines Wunsches nach Suizidbegleitung befinden lässt. Solches kann nicht die Aufgabe christlicher Ethik oder Seelsorge sein. Beiden ist es stattdessen aufgegeben, situationsgerecht jenen Zuspruch des Lebens zur Sprache zu bringen, aus dem sich der Glaube an den Gott Jesu Christi speist.[52]

---

51 Vgl. Morgenthaler et al., Suizid, 178 f.
52 Die vorliegende Skizze differiert fundamental von der römisch-katholischen Position, wie sie zuletzt im Juli 2020 von der Glaubenskongregation in ihrem Dokument *Samaritanus bonus* vorgetragen worden ist. Euthanasie und assistierter Suizid – beides wird kaum unterschieden – werden dort kategorisch als verboten bezeichnet, als «Verbrechen gegen das menschliche Leben» und als «in sich schlechte Handlung, bei jeder Gelegenheit und unter allen Umständen». Die Euthanasie (und damit der assistierte Suizid) ist «eine mör-

5.2 Eine realitätsnähere Anthropologie

Überlegungen wie diese dienen primär der internen Kommunikation, sie sind Teil der kirchlichen Selbstverständigung über eine akute Thematik. Christlicher Glaube ist daneben aber auch verpflichtet, seine Haltungen öffentlich geltend zu machen, zumal bei Themen von allgemeinem Interesse: «Seid stets bereit, Rede und Antwort zu stehen, wenn jemand von euch Rechenschaft fordert über die Hoffnung, die in euch ist» (1Petr 3,15). Die Hoffnung der göttlichen Verheissung ist nicht für die Kirche reserviert, sie gehört deshalb auch in die externe Kommunikation.

Nun sieht es so aus, als würden die Kirchen in Bezug auf den assistierten Suizid eine schwache Position vertreten, unabhängig davon, ob sie diesen prinzipiell ablehnen oder ihn bloss unter Vorbehalte stellen. Umfragen zur Suizidhilfe ergeben seit Jahren hohe Zustimmungswerte, unabhängig von der jeweiligen Gesetzeslage. Das Stichwort der Autonomie oder Selbstbestimmung, unter dem die Diskussionen von Befürworterinnen und Befürwortern in der Regel geführt werden, scheint fast unbegrenzte Plausibilität zu geniessen. Und das Autonomieparadigma ist es auch, in dessen Namen immer neue Ausweitungen der Grenzen des Erlaubten eingefordert werden. Die Normalisierung der begleiteten Sterbehilfe, vor der regelmässig gewarnt wird, scheint unaufhaltsam zu sein.

Der christliche Glaube wird seine Perspektive auf die Welt nicht nur dort ins Spiel bringen wollen, wo er dabei auf Zustimmung zählen kann, getreu dem 2. Timotheusbrief: «Verkündige das Wort, tritt dafür ein, zur Zeit oder Unzeit» (2Tim 4,2). Aber auch unabhängig davon gibt es Gründe für die Annahme, dass selbst im aktuellen Umfeld eine theologische Anthropologie überzeugend wirken kann, und dies unabhängig von ihren Glaubensvoraussetzungen. Heike Springhart bezeichnet den christlichen Glauben in einer geglückten Formulierung als «Wagnis der Vulnerabilität», und sie ist der Überzeugung, dass ein Reden vom Menschen im Zeichen seiner Verletzlichkeit durchaus für eine «realistische Anthropologie»

---

derische Handlung, die von keinem Zweck legitimiert werden kann und die keine Form von Mittäterschaft oder Mitwirkung toleriert, weder aktiv noch passiv». Diejenigen, die Gesetze billigen, die Euthanasie oder assistierten Suizid ermöglichen, «sind deswegen Mittäter der schweren Sünde, die andere begehen werden» (Kongregation für die Glaubenslehre: *Samaritanus Bonus. Schreiben über die Sorge an Personen in kritischen Phasen und in der Endphase des Lebens*, https://www.vatican.va/roman_curia/congregations/cfaith/documents/rc_con_cfaith_doc_20200714_samaritanus-bonus_ge.html#1._Das_Verbot_der_Euthanasie_und_des_assistierten_Suizids, Zugriff am 2.2.2022). Rhetorisch ähnlich drastisch Robert Spaemann, Bernd Wannenwetsch: *Guter schneller Tod? Von der Kunst, menschenwürdig zu sterben*. Basel, Giessen: Brunnen 2013.

steht.[53] In dem Masse, da die christliche Sicht des Menschseins realitäts- und damit lebensnäher als andere anthropologische Entwürfe ausfällt, kann sie auch auf Zustimmung ausserhalb der Gemeinschaft der Glaubenden zählen.

So sehr ein die Autonomie, die Unabhängigkeit, die Auktorialität in den Mittelpunkt stellendes Menschenbild den öffentlichen Diskurs zu beherrschen scheint, so deutlich liegen doch seine Einseitigkeiten zu Tage.[54] Trotz aller anderslautenden postulatorischen Rhetorik erfahren sich Menschen neben ihrer Individualität auch als soziale Wesen, neben ihrer Souveränität auch als begrenzt und abhängig, neben ihrer Aktivität auch als passiv und leidend, gesund wie auch krank. Damit wird auch fraglich, ob die Autonomie als vorrangige Zielbestimmung des Menschseins tatsächlich erstrebenswert ist; der Preis dafür scheint hoch zu sein: Vereinzelung, Druck zur Selbstoptimierung, Sinnleere. Es bedarf deshalb keiner religiösen Einstellung, um zu ahnen, dass «eine andere Fassung des Menschseins» an der Zeit ist, die nicht «über Selbstbestimmung, Selbsterkenntnis und Selbstproduktion bestimmt» ist, sondern auch Elemente wie «Fraglichkeit, Fragmentarität und Fehlbarkeit» berücksichtigt.[55] In dieser Gewissheit schreibt Wolfgang Schoberth:

> Welches ist das bessere Leben: Ein Leben, das sich auf Gottes Verheissungen verlässt, ihre Spuren in der Welt zu lesen versucht und sich an ihnen ausrichtet, oder ein Leben, das sich damit begnügt, was beherrschbar ist und sich ansonsten

---

53 Heike Springhart: *Der verwundbare Mensch. Sterben, Tod und Endlichkeit im Horizont einer realistischen Anthropologie*. Tübingen: Mohr Siebeck 2016, 211. Für interdisziplinäre Zugänge zur Vulnerabilität: Dies., Günter Thomas (Hg.): *Exploring Vulnerability*. Göttingen: Vandenhoeck & Ruprecht 2017; Hildegund Keul, Thomas Müller (Hg.): *Verwundbarkeit. Theologische und humanwissenschaftliche Perspektiven zur menschlichen Vulnerabilität*. Würzburg: Echter 2020.

54 Philosophische Korrekturen kommen etwa von Alasdair Macintyre: *Die Anerkennung der Abhängigkeit. Über menschliche Tugenden*. Hamburg: Rotbuch 2001; Martin Seel: *Sich bestimmen lassen. Studien zur theoretischen und praktischen Philosophie*. Frankfurt a. M.: Suhrkamp 2002; Hartmut Rosa: *Unverfügbarkeit*. Wien, Salzburg: Residenz 2018, sowie von Jürgen Habermas und Bernhard Waldenfels mit ihren Programmen einer kommunikativen bzw. responsorischen Rationalität.

55 Christian Kern: Fragiles Menschsein. Sensibilisierung durch eine Theologie des Scheiterns, in: Sonja Angelika Strube (Hg.): *Das Fremde akzeptieren. Gruppenbezogener Menschenfeindlichkeit entgegenwirken. Theologische Ansätze*. Freiburg i. Br., Basel, Wien: Herder 2017, 138–152, 147 f. Rowan Williams macht geltend, dass die Marginalisierung älterer Menschen, die in einer Welt der Produktion und des Konsums nicht mehr mitzuspielen vermögen, «ein sicheres Zeichen für eine geschrumpfte Sicht des Menschlichen ist» (Rowan Willams: The gifts reserved for age: perceptions of the elderly, in: Ders.: *Faith in the Public Square*. London, New York: Bloomsbury 2012, 243–251, 246. Übersetzung MZ).

einem ungewissen Schicksal anvertrauen muss? Biblischer Realismus behauptet, dass ein Handeln nach den Weisungen Gottes sich auch in dieser Wirklichkeit bewährt, dass es zu einem verträglicheren Umgang mit der Welt und den Menschen führt, weil es eben der Wirklichkeit des Lebens entspricht.[56]

---

56 Schoberth, Erfahrung, 123.

Individuum und Institution
Die Debatte um den assistierten Suizid als Neuauflage einer etablierten Kontroverse

Reiner Anselm

1. Die Institution des Lebens als Widerlager zur modernen Ausweitung des Selbstbestimmungsgedankens. Zur Rekonstruktion der kirchlich-theologischen Kritik am Urteil des deutschen Verfassungsgerichts

Die Fokussierung des BVerfG auf die «autonome Selbstbestimmung» des Sterbewilligen in der Entscheidung zum § 217 StGB ist bei beiden grossen Kirchen auf scharfe Kritik gestossen. In deren Zentrum steht der Vorwurf, hier werde der Schutz des Lebens, gerade auch der Schwächsten, einem Götzen namens Selbstbestimmung geopfert. Mit seiner eindeutigen, noch dazu im allgemeinen Persönlichkeitsrecht verankerten und damit auch aus der unantastbaren Leitnorm der Menschenwürde abgeleiteten Akzentsetzung markiere das Urteil nicht weniger als den Bruch mit der überkommenen christlichen Kultur, die den Schutz des Lebens in den Vordergrund gestellt habe.

Als exemplarisch und zugleich stilbildend für weitere Verlautbarungen kann dabei die Presseerklärung der beiden Vorsitzenden des Rates der EKD und der Deutschen Bischofskonferenz vom 26.2.2020, dem Tag der Urteilsverkündung, gelten. Dort heisst es:

> Mit großer Sorge haben wir zur Kenntnis genommen, dass das Bundesverfassungsgericht am heutigen Tag (26. Februar 2020) das Verbot der geschäftsmäßigen Förderung der Selbsttötung (§ 217 StGB) aufgehoben hat. Dieses Urteil stellt einen Einschnitt in unsere auf Bejahung und Förderung des Lebens ausgerichtete Kultur dar. Wir befürchten, dass die Zulassung organisierter Angebote der Selbsttötung alte oder kranke Menschen auf subtile Weise unter Druck setzen kann, von derartigen Angeboten Gebrauch zu machen. Je selbstverständlicher und zugänglicher Optionen der Hilfe zur Selbsttötung nämlich werden, desto größer ist die Gefahr, dass sich Menschen in einer extrem belastenden Lebenssituation innerlich oder äußerlich unter Druck gesetzt sehen, von einer derartigen Option Gebrauch zu machen und ihrem Leben selbst ein Ende zu bereiten.[1]

---

[1] https://www.ekd.de/gemeinsame-erklaerung-dbk-und-ekd-zum-urteil-selbsttotung-53539.htm, Zugriff am 12.8.2021.

Auffällig an diesem Text ist der weite Horizont, in den diese scharfe Kritik gestellt wird. Denn schon die ersten Worte der Erklärung geben den Interpretationsrahmen vor, in dem sie unübersehbar den Bezug zum berühmtesten Widerstandstext der römischen Kirche gegenüber dem Nationalsozialismus herstellen, der am 14.3.1937 veröffentlichten Enzyklika «Mit brennender Sorge»: Der damit eröffnete Assoziationsraum ist eindeutig und offenkundig auch beabsichtigt. Hier geht es nicht nur um eine Einzelfrage des Strafrechts und der medizinischen Ethik. Es geht um nichts weniger als um die Frage, ob die so möglich gewordenen gesellschaftlichen Entwicklungen mit dem christlichen Glauben vereinbar sind. Natürlich gibt es hier eine Abstufung, natürlich wird die Situation von 2020 nicht direkt mit der von 1937 verglichen: Es ist nur von grosser, nicht von brennender Sorge, von einem Einschnitt und nicht von einer Unvereinbarkeit die Rede. Dennoch aber lassen die semantischen Anklänge keinen Zweifel aufkommen: Diese Rechtsprechung ist ein Bruch mit der überkommenen humanitären Ordnung, gegen die zu opponieren ist. Das Urteil entspricht nicht der von den Kirchen – oder zumindest von ihren höchsten Repräsentantinnen und Repräsentanten – vertretenen Überzeugung von den moralischen Eckpfeilern einer gemeinsamen Kultur. Es droht eine lebensfeindliche Gesellschaft, in der das Lebensrecht gerade der Schwachen ausgehöhlt zu werden droht.

In der weiteren Debatte wurde diese scharfe Zurückweisung zum Teil differenziert,[2] in ihrem Kern bleibt die Kritik an der Vorordnung der Selbstbestimmung vor dem Lebensschutz aber bestehen. Diese Vorordnung ist es auch, die das eigentliche Zentrum der Auseinandersetzung bildet, gar nicht einmal so sehr die viel konkretere und abgegrenztere Frage nach dem assistierten Suizid. Dem entspricht es und ist durchaus notierenswert, dass auf der Seite der evangelischen Kritikerinnen und Kritiker – und nur von ihnen soll im Folgenden die Rede sein – durchgehend die Möglichkeit eines Suizids, zumeist auch eines assistierten Suizids in Grenzfällen akzeptiert wird, etwa bei schwerem, nicht linderbarem und als untragbar empfundenem Leid bei infauster Prognose. Positionen, die den Suizid vollumfänglich ablehnen, bleiben zumindest evangelischerseits in der Minderheit. Stattdessen fügen sich die Stellungnahmen ein in die lange Tradition der Ethik in den christlichen Mehrheitskirchen, die stets daran festgehalten haben, dass der Schutz des Lebens nicht absolut gelten könnte.

Dieses Zugeständnis relativiert jedoch keinesfalls die Kritik am Urteil und den dieses unterstützenden Stimmen, sondern lässt die Frage nach der Reichweite der

---

2 So z. B. in der Stellungnahme zu einer Anfrage des Bundesgesundheitsministers zur Regulierung der Suizidassistenz im Anschluss an das Urteil des Bundesverfassungsgerichts zu § 217 StGB, https://www.ekd.de/evangelische-perspektiven-fuer-ein-legislatives-schutzkonzept-56633.htm, Zugriff am 12.8.2021.

Selbstbestimmung als Fokus nur noch deutlicher hervortreten. Zugleich verbindet dies die Debatte um den assistierten Suizid mit anderen grossen Auseinandersetzungen im Bereich der biomedizinischen Ethik, der Diskussion um pränatale Diagnostik und den Schwangerschaftsabbruch, die Bedeutung und Reichweite von Patientenverfügungen sowie auch um die Kontroversen um Hirntod und Organtransplantation.

Die Frage nach der Reichweite der Selbstbestimmung, nach dem Verhältnis von Individualität und Sozialität, von Freiheit und ihrer Ermöglichung, aber auch ihren Grenzen, ist im Protestantismus traditionell mit dem Thema der Ordnungen oder, moderner formuliert, der Institutionen verbunden worden. Institutionen bringen Strukturen und Verbindlichkeiten zum Ausdruck, die jede Person bereits vorfindet und die nicht Gegenstand einer eigenen, selbstbestimmten Entscheidung sind. Klassische Institutionen wie der Staat, die Ehe oder auch die Kirche finden die Einzelnen bereits vor, sie begrenzen und strukturieren die Handlungsmöglichkeiten. Ihr Verhältnis zum Individuum ist jedoch stets prekär: Sie können so konzipiert werden, dass sie dem Individuum erst die Spielräume für die eigene Entfaltung verschaffen und so freiheitseröffnend sind, sie können aber auch als Widerlager gegen die Anmassungen und vor allem die destruktiven Potenziale der Einzelnen konzipiert werden.

Erst mit diesem Blickwinkel wird auch vollumfänglich deutlich, welchen Sinngehalt die immer wieder anzutreffende Rede vom Leben als Gabe mitführt. Denn im Einklang mit der Schwerpunktsetzung materialer Ethik seit den frühen 1980er-Jahren[3], allerdings als Ergänzung des klassischen Portfolios, wird nun das Leben selbst als eine Institution konzipiert: Im deutschen Begriff der Gabe schwingt neben dem *donum* auch das *datum* und in diesem das *institutum* mit. Dabei ist der normative Gehalt, der mit der Figur von der Gabe des Lebens verbunden wird, eindeutig: An dem Faktum, dass niemand sich das eigene Leben geben kann, soll die Selbstbestimmung ihre Grenze finden. Nur über diesen Konnex, das sei am Rande bemerkt, wird auch die neben dem Gabe-Begriff häufig verwendete Formel vom Geschenk des Lebens normativ eindeutig. Denn während ein Geschenk natürlich in den freien Verfügungsbereich des Beschenkten übergeht – ein Geschenk ist keine Verpflichtung – begrenzt das *datum* als *institutum* gerade dessen Handlungsoptionen. Der Gabe-Charakter und damit das Leben sind der Selbstbestimmung

---

3   Vgl. dazu die instruktive Rekonstruktion bei Ole Großjohann: *Kirchen als Freunde des Lebens. Die ökumenische Entwicklung von Bioethik* (edition ethik 17). Göttingen: Edition Ruprecht 2015. Zur theologisch-ethischen Tiefengrammatik des Lebensbegriffs siehe umfassend Petra Bahr, Stephan Schaede (Hg.): *Das Leben. Historisch-systematische Studien zur Geschichte eines Begriffs* (3 Bde.). Tübingen: Mohr Siebeck 2009, 2012, 2016.

vorgängig, und deshalb ist der argumentative Duktus des Verfassungsgerichtsurteils zum § 217 abzulehnen. Denn hier wird ja der Lebensschutz vom Selbstbestimmungsrecht her konzipiert und nicht umgekehrt die Selbstbestimmung als der Gabe des Lebens nachgängig und damit auch durch sie begrenzt.

Besonders prominent wurde diese Argumentation von evangelischer Seite aus in der jüngsten Debatte um die Neuregelung des assistierten Suizids von Peter Dabrock und Wolfgang Huber vorgetragen: Das Liebesgebot, ohne Zweifel der Kern der biblischen Ethik, wird hier so ausgelegt, «dass die Selbstbestimmung des Menschen nicht nur an der Verantwortung für das eigene Leben, sondern auch an der Fürsorge für das Leben anderer seine Grenze hat».[4] Im Sinne der von Wolfgang Huber immer wieder gebrauchten und akzentuierten Formel vom «Dreifachgebot der Liebe»[5] sind diese Grenzziehungen offenbar als Folge der Liebe zu Gott und somit des Glaubens zu verstehen.

Diese Zusammenstellung lässt aufhorchen. Denn zunächst ist auffallend, dass das Gebot der Nächstenliebe nicht mit dem Primat der Fürsorge für das Leben anderer verbunden wird, sondern die Verantwortung für das eigene Leben als Konsequenz der Gottesliebe an erster Stelle steht. Zumindest im Blick auf Jesu Handeln erscheint diese Abfolge doch als notierenswert, insbesondere mit Blick auf Joh 15,13: «Niemand hat grössere Liebe als die, dass er sein Leben lässt für seine Freunde». Zudem bleibt unklar, warum die Selbstliebe nicht auf die Selbstbestimmung, sondern auf die Verantwortung für das eigene Leben zielen sollte, gerade dann, wenn das nach evangelischer Überzeugung den Menschen konstituierende Gottesverhältnis nicht schon in dem blossen Leben, sondern im Glauben besteht, verstanden als die Kombination von Zuspruch und reflexiver, selbstbestimmter Annahme. Schliesslich werden durch eine solche Interpretation Glaube und Sorge um das eigene Leben gegen die Selbstbestimmung ausgespielt, sodass die gegen das Leben gerichteten Praktiken dann zugleich gegen Gott gerichtet werden. Wird die Thematik so modelliert, dann wird jedoch zugleich – und sehr wahrscheinlich gegen die eigene Intention und in erstaunlicher Spannung zu der sonst durch die Autoren vertretenen Überzeugung – eine Tradition weitergeführt, die Gott als Grenze und nicht als Grund der Freiheit bezeichnet und so den Gottesgedanken

---

4   Peter Dabrock, Wolfgang Huber: Selbstbestimmt mit der Gabe des Lebens umgehen, in: *Frankfurter Allgemeine Zeitung*, Nr. 20 (25.1.2021), 6. Etwas anders und deutlich skeptischer im Blick auf eine Absolutsetzung des Lebensschutzes argumentiert Peter Dabrock allerdings noch im Kontext der Patientenverfügung: Ders.: Formen der Selbstbestimmung. Theologisch-ethische Perspektiven zu Patientenverfügungen bei Demenzerkrankungen, in: *Zeitschrift für medizinische Ethik* 53 (2007), 127–144, bes. 129.

5   Vgl. etwa Wolfgang Huber: *Glaubensfragen. Eine evangelische Orientierung*. München: C. H. Beck 2017, 226–232.

primär mit dem Gesetz, nicht mit dem Evangelium verbindet. Über diese Formel wird jedoch das produktive Potenzial, das die Profilierung des Lebens als Institution in sich birgt, nicht nur nicht ausgeschöpft, sondern droht gerade verspielt zu werden, wenn man sie zu nahe an die lutherische Tradition des Umgangs mit den Ordnungen rückt. Denn dann kommt der begrenzende, nicht der ermöglichende Charakter der Institution zu stark zum Vorschein, wird die notwendige Symmetrie zwischen dem Sich-Einfinden in die vorgefundene Wirklichkeit und deren notwendige eigene Gestaltung nicht eingehalten, wie sie für die moderne Institution typisch ist.[6]

Modelliert man die Gegenüberstellung so, dann werden die Konturen der Kritik präzise deutlich. Anders als in der modernen liberalen Tradition werden Institutionen nicht in ihrer Freiheit ermöglichenden Dienlichkeit für das Individuum thematisch, sondern mit der lutherischen Tradition in ihrer Freiheit begrenzenden Funktion, deren Grundlage ein skeptischer Blick auf die Ambivalenzen der Selbstbestimmung ist. Auch die Art, wie diese Grenze bestimmt wird, unterscheidet sich von der liberalen Zugangsweise, wie sie stilbildend durch Immanuel Kant in der Rechtslehre der Metaphysik der Sitten formuliert worden war. Selbstbestimmung findet hier nicht ihre Grenze durch die Selbstbestimmung der anderen,[7] sondern am Leben, das als der Selbstbestimmung übergeordnet verstanden wird. Die Autorität dieser Grenzziehung ergibt sich in dieser Argumentationsform dann dadurch, dass Gott als Geber des Lebens beschrieben und die Selbstbestimmung als etwas Konditioniertes dieser Gabe untergeordnet wird: Nur auf der Grundlage des Lebens ist Selbstbestimmung möglich, daher ergibt sich zunächst der vorgeordnete Lebensschutz, ehe die Selbstbestimmung hier eingezeichnet werden kann.

Der Gewinn, den theologische Autoren wie Dabrock und Huber aus dieser Figur ziehen können, ist offenkundig: Sie können auf diesem Weg das Problem umgehen, in das Kant selbst mit seiner Ablehnung des Suizids als selbstwidersprüchlich geraten war. Kant hatte argumentiert, dass es kein Akt der Freiheit sein könne, sich das Leben zu nehmen, da das Ergebnis der Handlung deren eigene Grundlage, nämlich die Existenz der Person, deren Handlung als frei betrachtet werden soll, vernichten würde. Kant unterläuft dabei allerdings ein Kategorien-

---

6   Vgl. dazu insbes. Trutz Rendtorff: *Ethik. Grundlegung, Methodologie und Konkretionen einer ethischen Theologie*. Tübingen: Mohr Siebeck ³2011, 149: «In der Tat ist der Begriff der Institution geeignet, den Zusammenhang von tatsächlicher Lebenswirklichkeit und aktualer Lebensführung auszudrücken.»

7   «Das Recht ist also der Inbegriff der Bedingungen, unter denen die Willkür des einen mit der Willkür des anderen nach einem allgemeinen Gesetz der Freiheit zusammen vereinigt werden kann.» (Immanuel Kant: *Metaphysik der Sitten* [Akademie Ausgabe Bd. VI], 230).

fehler, auf den immer wieder hingewiesen worden ist. Denn Frei bzw. selbstbestimmt können in der Tat nur lebende Entitäten sein, allerdings führt es nur zu einer sprachlich-logischen Inkonsistenz, nicht aber zu einem belastbaren Widerspruch, von einem Leichnam als frei oder unfrei zu sprechen. Es stellt das Überschreiten des jeweiligen Kontextes dar, den Prädiktor «frei» für einen Leichnam anzuwenden, aber es markiert keinen Selbstwiderspruch.[8]

Über die Autorisierung des Lebens als Gabe Gottes, die die Selbstbestimmung des Menschen beschränkt, fällt die Notwendigkeit weg, den (assistierten) Suizid über den Verweis auf seine Selbstwidersprüchlichkeit zurückweisen zu müssen. Gott als Geber des Lebens möchte das Leben des Menschen, nicht dessen Tod. Wer also Gott als den Herrn über sein Leben anerkennt, dessen Selbstbestimmung muss ihre Grenze an dem Willen Gottes finden. Das bedeutet aber auch, dass ein Verhalten, das sich unter Berufung auf die Selbstbestimmung gegen den Schutz des Lebens oder gar gegen das Leben selbst richten würde, theologisch nur als Sünde, als ein Sich-an-die-Stelle-Gottes-Setzen aufgefasst werden kann.

2. Der Streit um die Legitimität der Moderne als Kern der Kontroverse

Rekonstruiert man die Struktur des Widerspruchs gegen das Urteil des BVerfG in dieser Weise, dann wird unmittelbar deutlich, dass am Beispiel der Suizidbeihilfe im Spannungsverhältnis von Individuum und Institution zugleich auch die Frage nach dem Verhältnis von Protestantismus und Moderne verhandelt wird. Beides zusammen erklärt den gereizten Ton, erklärt auch die grosse Diskussionsdynamik, die angesichts der Herausforderungen und vor allem auch der nach wie vor vorhandenen Mängel der Versorgung am Lebensende insgesamt ein doch eher kleines Problem betrifft.[9] Aber hier gilt in der Tat die 2012 von Peter Dabrock getroffene

---

8   Vgl. zur Argumentation Carl Friedrich Gethmann: Ethische Fragen der Selbsttötung angesichts der aktuellen deutschen Diskussion um ärztliche Sterbehilfe und um Sterbehilfevereine, in: Jan Christoph Bublitz, Jochen Bung, Anette Grünewald, Dorothea Magnus, Holm Putzke, Jörg Scheinfeld (Hg.): *Recht – Philosophie – Literatur. Festschrift für Reinhard Merkel zum 70. Geburtstag*. Berlin: Duncker & Humblot 2020, Bd. 2, 1045–1061, 1051 ff.
9   Selbst bei sehr expansiver Schätzung dürften angesichts der Tatsache, dass es in Deutschland seit einiger Zeit jährlich ca. 10 000 Todesfälle durch Suizid gibt – eine Zahl, die sich in den vergangenen 30 Jahren im Übrigen fast halbiert hat – assistierte Suizide nur einen geringen Anteil der Sterbefälle insgesamt ausmachen. Sie dürften, auch wenn man eine anderen Ländern vergleichbare Steigerung annimmt, nach wie vor im niedrigen einstelligen Prozentbereich verbleiben, im Unterschied zu den häufig pallia-

Feststellung, bei bioethischen Fragen handle es sich um Alles-und-Nichts-Fragen, bei denen es auf der einen Seite um wenig, auf der anderen Seite eben um alles gehe[10]: Hier steht die grundlegende Architektur des evangelischen Christentums in ihrem Verhältnis zur modernen Gesellschaft zur Debatte. Während nämlich das BVerfG mit der Tradition des neuzeitlichen Denkens die Selbstbestimmung als rechtlich-moralische Fundamentalnorm begreift, hält insbesondere der offizielle Protestantismus daran fest, dass es die Aufgabe einer gesellschaftlichen Ordnung sein müsse, der eben als Widerspruch gegen den Willen Gottes verstandenen Selbstbestimmung entgegenzutreten – und sich so als Garant des göttlichen Auftrags zu verstehen.

Dies vor Augen, gewinnt die Auseinandersetzung plötzlich an Tiefenschärfe. In der Auseinandersetzung um die Suizidbeihilfe im Frühjahr 2021 steht innertheologisch immer auch zur Debatte, ob sich die theologische Ethik an der liberalen Tradition der Moderne orientieren oder in kritischer Distanz dazu eine eigene Theorie des Zusammenlebens präsentieren sollte.

Den Ausgangspunkt bilden die reformatorische Depotenzierung der Institution Kirche und die Betonung des heilsstiftenden individuellen Glaubens. Klassisch hat Friedrich Schleiermacher diesen Neuaufbruch gegenüber der Tradition der römischen Kirche auf den Punkt gebracht. Der Gegensatz zwischen Protestantismus und Katholizismus sei, so Schleiermacher, vorläufig auf die Formel zu bringen, dass «ersterer das Verhältnis des Einzelnen zur Kirche abhängig macht von seinem Verhältnis zu Christo, der letztere aber umgekehrt das Verhältnis des Einzelnen zu Christo abhängig von seinem Verhältnis zur Kirche».[11] Mit dieser Rückstufung der Kirche verbindet sich zugleich die Aufwertung anderer Institutionen, die nicht mehr einheitlich von der Kirche als der die letzte Autorität besitzenden Instanz kontrolliert werden. Wie die Kirche dürfen allerdings auch alle anderen Institutionen keinen Zugriff auf die innersten Überzeugungen der Glaubenden haben.

Schon in den Problemkonstellationen der späten 1520er-Jahre wurde deutlich, dass diese neue Verhältnisbestimmung zwischen dem Einzelnen und den Institutionen gewichtige theologische Folgefragen aufwarf. Im Zentrum der Suchbewegungen stand die Herausforderung, die neu gewonnene Selbstständigkeit der Institutionen gegenüber dem individuellen Glauben theologisch zu interpretieren.

---

tive Begleitung benötigten Todesfällen in der Folge einer Krebserkrankung, die ca. für 25 % aller Sterbefälle in Deutschland verantwortlich sind.
10 Peter Dabrock: «… nur in wenigen Fragen Eindeutigkeit oder gar Einstimmigkeit»: Zur Genealogie jüngerer bioethischer Stellungnahmen der EKD, in: Zeitschrift für Theologie und Kirche 109 (2012), 360–396, 361.
11 Friedrich Schleiermacher: *Der christliche Glaube (1830/31)*, hg. von Martin Redecker, Berlin/New York: de Gruyter ^{5}1995, § 24, Leitsatz.

Die Wittenberger Reformatoren lösten diese Schwierigkeit, indem sie die Vorstellung ausarbeiteten, dass es sich bei den Institutionen um eigene Formen von Gottes Wirken in der von ihm geschaffenen Welt handle. In dieser Konzeption beziehen die Institutionen ihre Legitimation daraus, das Zusammenleben in einer noch nicht erlösten Welt, in der nach wie vor mit der Macht der Sünde zu rechnen ist, sicherzustellen. Mit dieser Weichenstellung entwickelten sie ein Denkmodell, das die Institutionen weitgehend einer innerweltlichen Kritik entzog, da der Widerstand gegen die Institution zugleich als ein Widerstand gegen den Willen Gottes aufgefasst werden konnte.

Es ist vielfach darauf hingewiesen worden, dass eine solche Position zu einer problematischen Überlegitimierung von Institutionen geführt hat. Gerade für den Staat ist das vielfach herausgearbeitet worden,[12] aber auch in der Diskussion um das Ehe- und Familienverständnis gehört es zu den Lernerfahrungen des Protestantismus, solche Überlegitimationen abzubauen.[13] Denn von der Überlegitimierung der Institutionen nimmt in der Tat die antimoderne Grundstimmung des Protestantismus ihren Ausgang. Sie ist auch verantwortlich für die bestimmte Form lutherischer Staatsfrömmigkeit, die zu dem bis ins letzte Drittel des 20. Jahrhunderts hinein ausgesprochen schwierigen Verhältnis des deutschen Protestantismus zur Demokratie führte. Und in der Tat ist die Vorstellung, nach der Institutionen menschlichen Konventionen entspringen, bei denen sich die freien Subjekte in gegenseitiger Anerkennung als freie und gleiche Bürger den Gesetzen unterstellen, dass Institutionen mithin ein Äquivalent zur Autonomie darstellen, dieser Auffassung entgegengesetzt.

Nun wäre es vollkommen unzutreffend, die Debatte um die Suizidbeihilfe in eine solche Traditionslinie zu stellen. Alle innerprotestantischen Kritikerinnen und Kritiker des Urteils zum § 217 sind über jeden Zweifel erhaben, einem antidemokratischen oder gar einem autoritären Staatswesen das Wort reden zu wollen. Gerade Wolfgang Huber hat diesen Zug des lutherischen Staatsdenkens immer wieder kritisiert. Dennoch birgt die von Roderich Barth diagnostizierte Gegenüberstellung von Paternalismus und Selbstbestimmung in dieser Debatte insofern

---

12 Vgl. dazu ausführlich Reiner Anselm: Ethik des Politischen, in: Wolfgang Huber, Torsten Meireis, Hans-Richard Reuter (Hg.): *Handbuch Evangelische Ethik*. München: C. H. Beck 2015, 195–263.
13 Darin liegt, trotz mancher Überzeichnung, die Bedeutung des sog. Familienpapiers der EKD: *Zwischen Autonomie und Angewiesenheit. Familie als verlässliche Gemeinschaft stärken. Eine Orientierungshilfe des Rates der Evangelischen Kirche in Deutschland (EKD)*. Gütersloh: Gütersloher Verlagshaus 2013. Es ist interessant, dass nun in der Suizidbeihilfe die in dieser Orientierungshilfe zu kritische Sicht der Institution zugunsten einer Überbetonung abgelöst wird.

etwas Wahres, als die Vorordnung der Gabe des Lebens vor die Selbstbestimmung dazu dient, individuelle Freiheitsrechte zu beschneiden.[14] Allerdings wird damit nicht einer abstrakten Ordnung das Wort geredet, in die sich die Einzelnen einzuordnen hätten. Denn es ist ja das als Institution verstandene *eigene* Leben, dem gegenüber die individuelle Verpflichtung bzw. Verantwortung besteht. Dennoch wird die Aufgabe der Ethik darin gesehen, diesen Verpflichtungscharakter des Lebens unabhängig von der Zustimmung der Person, deren Leben es ist, deutlich zu machen. Dies wird jedoch nicht als Begrenzung der Freiheit, sondern, wie bereits angesprochen, im Anschluss an Kant, als Bedingung der Möglichkeit von Freiheit charakterisiert.

Dieselbe maskierende Struktur findet sich auch in dem zweiten Argumentationsgang, der sich wie der eben angesprochene ebenfalls exemplarisch in der bereits zitierten Passage aus dem Beitrag von Wolfgang Huber und Peter Dabrock findet: Hier ergibt sich die Einschränkung der Freiheit aus dem Argument, dass die Selbstbestimmung am Lebensende eine Verschiebung des gesellschaftlichen Klimas zur Folge haben könnte. Würde der assistierte Suizid bei infauster Prognose die Regel, könnte dies dazu führen, dass das Weiterleben trotz schwerer Beeinträchtigungen und nicht der Wunsch, das eigene Leben mit der Hilfe Dritter zu beenden, rechtfertigungspflichtig würde. Gerade weil Schwerstkranke und Hochbetagte viel Zuwendung und auch viele Ressourcen benötigen, könnte eine Situation entstehen, in der solche vulnerablen Personen sich genötigt fühlen, Suizid zu begehen. Besonders problematisch sind solche Entwicklungen dann, wenn sie dazu führen, dass die Betroffenen auch noch meinen, dass sie sich frei entschieden haben – und doch nur auf die ihnen das Lebensrecht absprechenden Interessen anderer reagieren. Dann aber seien es die Schwächsten, deren Freiheit gefährdet wäre. Einer Position, die auf eine solche Konsequenz hinauslaufe, müsse mit allen Mitteln entgegengetreten werden.

Auch hier sollen nicht die spezifischen Probleme dieser Argumentation im Vordergrund stehen, die aus der Anwendung des Slippery-Slope-Arguments entstehen. Problematisch ist, dass hier nicht – wie es im Übrigen das BVerfG selbst angedeutet hat – die notwenige Balance zwischen verschiedenen Selbstbestimmungsrechten eingefordert wird, sondern mit der Weiterführung einer problematischen reformatorischen Tradition die kirchlich vertretene Ethik mit der Aufgabe betraut wird, über die Legitimität von Freiheitsansprüchen und auch über den Grad ihrer Bedrohung zu entscheiden. Dabei wird von vornherein angenommen,

---

14 Siehe etwa in explizit polemischer Zuspitzung den Beitrag von Roderich Barth: Paternalismus vs. Selbstbestimmung. Eine Polemik zur aktuellen Debatte um Suizidbeihilfe, https://zeitzeichen.net/node/8831, Zugriff am 20.8.2021.

dass Menschen nicht selbst ihren Willen artikulieren können, sondern dass es der advokatorischen Fürsprache oder der Artikulation ihres wahren Willens durch die Kirche bedürfe. Statt die Selbstbestimmung zu stärken und zu schützen, wird diese so als Ursprung des Problems und als eine zu begrenzende profiliert.

Daher kann alle Freiheitsrhetorik nicht darüber hinwegtäuschen, dass hier eine Position legitimiert wird, die für andere und mit der selbst in Anspruch genommenen Autorität des Glaubens festlegt, welche Freiheitseinschränkungen schwerer wiegen. Doch könnten nicht auch jene die Verletzlichsten sein, die ihr Leid trotz aller Zuwendung als unerträglich empfinden, deren wohlabgewogener Wunsch nach Beendigung des Lebens jedoch als unzulässig oder fremdbestimmt dargestellt wird? Vor diesem Hintergrund tritt aber der bereits angesprochene Punkt noch deutlicher hervor: In der Debatte geht es nicht nur um das Gegenüber zwischen den Freiheitsrechten des Individuums und der Institution des Lebens, auch nicht um das Balancieren von gleichen Freiheitsrechten, sondern in der Diskussion um den assistierten Suizid geht es auch und vielleicht sogar an erster Stelle um eine Institutionenhierarchie, bei der die Kirche und die ihr zugeordnete theologische Ethik über die Legitimität und die Qualität von Freiheitsansprüchen entscheiden. Genau dieser Punkt ist es, der für die gereizte Diskussionsatmosphäre verantwortlich ist.

Führt man die Rekonstruktion an diesen Punkt, dann lässt sich abschliessend noch ein Blick auf die Debatte darum werfen, ob sich kirchliche Einrichtungen an Regelungen bzw. Praktiken des assistierten Suizids beteiligen sollten. Erkennbar ist diese Fragestellung bereits so etwas wie eine Rückfallposition, nachdem sich die EKD zunächst für den § 217 und damit für das Ziel eingesetzt hatte, den assistierten Suizid auf ganz wenige Fälle zu beschränken oder ihn sogar faktisch unmöglich zu machen. Durch das Urteil des BVerfG ist diese Strategie, über die Institution der Rechtsordnung als übergeordneter Instanz den assistierten Suizid zu begrenzen oder gar zu verhindern, deutlich schwerer, wenn nicht sogar hinfällig geworden. Darum zielt diese Debatte darauf, nun die kirchlichen Einrichtungen als institutionelles Widerlager gegen die Inanspruchnahme von Möglichkeiten des assistierten Suizids zu profilieren.

Erneut muss hier eine ausführliche Erörterung dazu unterbleiben, ob der assistierte Suizid mit den Überzeugungen des evangelischen Glaubens vereinbar ist und daher ein Verbot der Suizidbeihilfe in kirchlichen Häusern trotz der Rechtsprechung des BVerfG durch das Selbstbestimmungsrecht der Kirchen gedeckt sein könnte.[15] Entscheidend ist für diese Rekonstruktion lediglich die Prominenz des

---

15 Vgl. als Einstieg in die kontrovers diskutierte Frage die Beiträge in dem Sonderheft «Suizidbeihilfe» der *Zeitschrift für Evangelische Ethik* 59 (2015), Heft 2.

ursprünglich auf Augustin zurückgehenden Arguments, mit einem Suizid komme die suizidwillige Person dem Urteil Gottes zuvor, betreibe daher die Selbstrechtfertigung, statt sich unter das Urteil Gottes zu stellen. Dieser Gedankengang, der sich etwa auch bei Dietrich Bonhoeffer und den sich auf ihn berufenden Theologinnen und Theologen findet,[16] lässt erneut den Gegensatz zwischen dem sündhaften Menschen und der dieser Sündhaftigkeit entgegentretenden Institution, in diesem Fall der Kirche, hervortreten.

3. Institutionen als Garanten der Freiheit – eine liberale Alternative

Es sollte deutlich geworden sein, dass die kritischen Positionen gegenüber dem assistierten Suizid in dem Interesse konvergieren, die Reichweite der Selbstbestimmung zu regulieren und darin die Skepsis der Reformatoren gegenüber der Freiheit des Einzelnen fortschreiben. Dabei wird die interessante und perspektivenreiche Vorstellung vom Leben als Institution zu sehr mit der Tradition der Ordnungstheologie verbunden, sodass der Fokus vorrangig auf der Begrenzung von Freiheitsrechten statt auf deren umfassender, für alle adäquaten Realisierung liegt.[17] Es ist allerdings interessant, dass die zugrunde liegende Anthropologie, nämlich die bleibende Macht der Sünde, nicht mehr auf die Einzelnen bezogen wird, sondern lediglich als strukturelle Sünde in Gestalt einer Verschiebung des gesellschaftlichen Klimas, einer Kritik an einer vorrangig ökonomischen Betrachtung des Wertes menschlichen Lebens oder einer Entsolidarisierung thematisiert wird. Dem entspricht es, dass auch die Kritikerinnen und Kritiker des Urteils beteuern, es dürfe keine moralische Verurteilung derer geben, die (assistierten) Suizid begehen. Stattdessen verbirgt sich die Kritik hinter einer Figur, die – ebenfalls ganz auf der Linie der etablierten lutherischen Soziallehre – darauf verweist, dass die wahre Freiheit

---

16 Vgl. Dietrich Bonhoeffer: *Ethik* (DBW 6). Gütersloh: Gütersloher Verlagshaus 1992, 192. Zur Rezeption siehe insbes. Heinrich Bedford-Strohm: *Leben dürfen – Leben müssen. Argumente gegen die Sterbehilfe*. München: Kösel 2015.
17 Das von Wolfgang Huber im Anschluss an die Barmer Theologische Erklärung ausgearbeitete Konzept der kommunikativen Freiheit, das in seiner Verschränkung von horizontaler und vertikaler Dimension die Gottesrelation als Grund der Freiheit der Person geltend machte, wird nun so umgebaut, dass die Gottesbeziehung in Gestalt der von der Kirche vertretenen Ethik nun als Grenze der menschlichen Freiheit zu stehen kommt, vgl. zum ursprünglichen Konzept, auch zu der dort erfolgten Modellierung der Institution als Freiheitsgarantin, Wolfgang Huber: *Von der Freiheit. Perspektiven für eine solidarische Welt*, hg. von Helga Kuhlmann und Tobias Reitmeier. München: C. H. Beck 2012, 57–73, bes. und unter Anschluss an Kant 67 f.

sich nicht als Autonomie verstehen lasse. Vielmehr könne eine solche Freiheit nur dann vorliegen, wenn der Mensch «die Unmittelbarkeit eines egozentrischen Solipsismus transzendiere, sich an die Objektivität der Ordnungen entäussere und in solcher Hingabe zu wahrer sittlicher Persönlichkeit reife»[18] – wobei diese Objektivität der Ordnungen durch die Kirche – und sei es in Gestalt der Handlungsanweisungen für die kirchlichen Einrichtungen – repräsentiert wird.

Es liegt auf der Hand, dass diese Sichtweise inkompatibel ist mit einer liberalen Auffassung der Institution und zudem eine einseitige Rezeption der reformatorischen Tradition darstellt. Wolfgang Huber selbst hat daher in seinen früheren Erwägungen zur Korrelation zwischen Institutionalität und Freiheit eine solche an den Figuren der Ordnungstheologie ausgerichtete Lesart der Institutionentheorie problematisiert und die Freiheit als Geltungsgrund der Institution, nicht die Institution als Grundlage der Freiheit dargestellt.[19] Für die hier zu verhandelnde Frage des (assistierten) Suizids ergibt sich daraus die Konsequenz, die Institution des Lebens zwar als Ermöglichungsgrund von Freiheit zu konzipieren, allerdings auch zu konstatieren, dass sich eben dieses Leben, etwa beim Vorliegen einer schweren, nicht heilbaren Krankheit, gegen die Freiheit als seinen Geltungsgrund richten kann. Daher ist es legitim, die Institution des Lebens an ihrer Dienlichkeit für die Freiheit zu messen. Die Unverfügbarkeit der Person darf nicht so mit der Unverfügbarkeit des Lebens gleichgesetzt werden, dass dieses Leben auch der Person unverfügbar bleibt. Sondern zur Personalität gehört eben auch die Freiheit, die sich gegen das eigene Leben richten kann. Wohlgemerkt: Gegen das *eigene* Leben, nicht gegen das Leben eines anderen. Aus diesem Grund erscheint der assistierte Suizid ebenso möglich wie alle Formen aktiver Sterbehilfe wie die Tötung auf Verlangen abzulehnen sind. Dies gilt unbeschadet des Sachverhalts, dass diese idealtypisch-normative Unterscheidung sich in der Regel nicht mit der Wahrnehmung von Patientinnen und Patienten deckt und auch in der Rechtspraxis grosse Abgrenzungsprobleme aufwirft.[20] Darauf wird gleich noch einmal zurückzukommen sein.

Dies vor Augen geht es letztlich um die Frage, ob sich eine theologische Ethik primär der Stabilisierung von Ordnungen verpflichtet weiss oder ob sie konsequent von der im Glauben begründeten Freiheit des Einzelnen denkt und diese

---

18   Friedrich Wilhelm Graf, Klaus Tanner: Protestantische Staatsgesinnung. Zwischen Innerlichkeitsanarchie und Obrigkeitshörigkeit, in: *Evangelische Kommentare* 20 (1987), 699–704, 701.
19   Huber, Freiheit, 68: «Wir können die Institutionen nicht einfach als vorgegebene Gestalten und Verwirklichungen der Freiheit betrachten. Sondern die Freiheit ist der Geltungsgrund der Institutionen.»
20   Siehe Münchner Kommentar zum StGB, München: C.H. Beck ⁴2021, Bd. 4, § 216, Rn. 31–36.

über die Figur des Lebens als Institution unterstützen möchte. Dieser Weg, der in meinen Augen die deutlich adäquatere Interpretation des neutestamentlichen und auch des reformatorischen Erbes darstellt, bedeutet dann, sich auf die Seite der Einzelnen, ihrer Freiheit und Personalität zu stellen und diese zu unterstützen. Das kann durchaus einschliessen, diesen die Berücksichtigung auch der Perspektiven anderer dringend nahezulegen, die durch eigene Entscheidungen betroffen werden. Ebenso schliesst es den Hinweis darauf ein, dass grundsätzlich die Gabe des Lebens unserer Personalität vorausgeht – ohne aber deren Gestaltung zu enge Grenzen aufzuerlegen. Eine intensive Beratung, auch eine Begleitung vor der Inanspruchnahme des assistierten Suizids könnte hier die Folge sein. Problematisch scheint es mir dagegen zu sein, denen, die sich in die Obhut eines kirchlichen Hauses begeben, von vornherein die Verpflichtung abzunehmen, keine Suizidassistenz in Anspruch zu nehmen.

Eine solche Orientierung an den Einzelnen bedeutet zudem eine erhöhte Sensibilität für die konkreten Kontexte und eine detaillierte Analyse konkreter Problemlagen. Dazu gehört das Eingeständnis, dass das Erleben, dem eigenen Leben in Gestalt der Physiologie des Körpers und seiner Erkrankung passiv ausgeliefert zu sein, dass gerade der paternalistische Habitus der Medizin, die dieser viel zu oft auch im Palliative-Care-Bereich eignet,[21] den assistierten Suizid als einzige Handlungsform erscheinen lassen können, in denen die Betroffenen noch Selbstbestimmung, Freiheit und Selbstwirksamkeit äussern können. Dazu gehört, dass allein der assistierte Suizid eine Handlungspraktik beschreibt, deren klassifizierende Logik sich der Perspektive der sterbewilligen Person verdankt: Die Unterscheidungen in der normativen Bewertung der Sterbehilfe – aktive, indirekte und passive Sterbehilfe – zielen jeweils auf unterschiedliche Handlungsformen und Intentionen der Behandelnden. Sie erfahren daher differenzierte ethische Klassifikation gerade nicht aus der Perspektive der Patientinnen und Patienten. Aus deren Blickwinkel, mithin aus der Perspektive der Behandelten, sind diese Unterschiede jedoch weitgehend gegenstandslos. Behandelte unterscheiden danach, ob sie die Gestaltung der letzten Lebensphase an die Medizin delegieren oder ob sie, entweder durch Behandlungsabbruch oder eben auch die Inanspruchnahme von Suizidassistenz selbst das Heft des Handelns in der Hand behalten möchten.[22] Eine

---

21 Siehe dazu ausführlich Lea Chilian: *Moralische Dimensionen von Spiritualität im Gesundheitswesen. Eine theologisch-ethische Reflexion der Praxis von Spiritual Care*. Dissertation München 2021, 153–221.

22 Siehe dazu ausführlicher die Ergebnisse einer Studie mit 272 Tumorpatienten in: Birgitt van Oorschot, Reiner Anselm (Hg.): *Mitgestalten am Lebensende. Handeln und Behandeln Sterbenskranker*. Göttingen: Vandenhoeck & Ruprecht 2007. Zum Zusammenhang vgl. auch Reiner Anselm: Menschenwürdig sterben auch auf der Intensivstation? Orien-

Kultur, die aus guten ethischen Gründen auf den Freiheitsrechten des Einzelnen aufbaut, tut gut daran, das Bedürfnis nach Selbstwirksamkeit, das sich hier ausdrückt, zu respektieren und daher Möglichkeiten für den assistierten Suizid zu schaffen. Dies gilt auch insbesondere darum, weil, wie bereits angesprochen, einiges dafürspricht, die Tötung auf Verlangen aufgrund des damit verbundenen Eingriffs Dritter in das eigene Leben mit dem § 216 des deutschen Strafgesetzbuches zu untersagen.

Ein solcher Respekt fordert keineswegs, dass sich jede kirchliche Einrichtung für eine Mitwirkung an einer Suizidbeihilfe entscheiden müsste. Es kann durchaus Gründe, die etwa in der Geschichte der Einrichtung liegen, geben, sich dem zu verschliessen, ebenso sind natürlich individuelle Überzeugungen zu respektieren. Diese aber sollten dann auch als solche Überzeugungen dargestellt und nicht als Fürsorge verschleiert werden. Problematisch scheint mir das nur dann zu werden, wenn solche Entscheidungen dazu führen, dass aufgrund mangelnder Trägerpluralität die Möglichkeit der Inanspruchnahme von Suizidbeihilfe faktisch unmöglich wird.

Wohl aber erfordert der Respekt, ohne Vorbehalte das offene und vertrauensvolle Gespräch auf Augenhöhe mit den Anvertrauten zu suchen. In diesem Gespräch sollten alle Handlungsmöglichkeiten einschliesslich ihrer Auswirkungen auf Zu- und Angehörige sowie auf die Einrichtung thematisiert werden können. Dies stellt die beste Möglichkeit dar, die Selbstbestimmung am Lebensende zu wahren und dabei eben auch die unterschiedlichsten Perspektiven zur Geltung zu bringen. Im Sinne einer «Bewahrpädagogik» das Thema des assistierten Suizids auszusparen, mag für die beteiligten Institutionen als Vorteil erscheinen, für die Beteiligten gilt dies nicht. Denn natürlich ist diese Möglichkeit ja nicht deswegen aus der Welt, weil ich mich in der Obhut einer Einrichtung befinde, die dies für sich ablehnt. Es kann nicht im Interesse von Behandelnden und Angehörigen sein, dass Sterbewünsche im Verborgenen bleiben und möglicherweise in einer einsamen Entscheidung exekutiert werden – unter Umständen sogar auf einen tatsächlichen oder empfundenen Druck von aussen, der aber nicht thematisiert werden konnte.

Für ein solches offenes Gespräch bedarf es eines unterstützenden institutionellen Rahmens. Diese Form von Institutionalität ist aber eben nicht der Individualität und der Selbstbestimmung entgegengesetzt, sondern ist daran interessiert, den Einzelnen die Form der Gestaltung des Sterbeprozesses zu ermöglichen, die

---

tierungsmarken aus Sicht einer evangelisch-theologischen Ethik, in: Theodor Junginger, Axel Perneczky, Christian-Friedrich Vahl, Christian Werner (Hg.): *Grenzsituationen in der Intensivmedizin. Entscheidungsgrundlagen*. Heidelberg: Springer 2008, 59–69.

ihren Bedürfnissen und Überzeugungen entspricht. Sie ist eine Ermöglichungs-, keine Verhinderungs- oder Bewahrinstitution.

Das eigene Tun ist für evangelische Christinnen und Christen vor Gott zu verantworten, im Wissen darum, dass wir alle auf Gemeinschaft angewiesen sind, im Wissen aber auch, dass wir in den letzten, existenziellen Fragen vor Gott unvertretbar sind. Zu unserer Existenz als Christinnen und Christen gehört es, dem Leben als Gabe Gottes einen besonderen Wert zuzumessen. Es gehört aber auch dazu, zu respektieren, wenn jemand sich bewusst dafür entscheidet, das eigene Leben wieder in die Hände Gottes zu legen.

Assistierter Suizid im Spital
Klinisch-ethische Perspektiven

Tanja Krones und Settimio Monteverde

1. Einleitung

Dieser Beitrag widmet sich dem assistierten Suizid aus der Perspektive der klinischen Ethik. Das Attribut «klinisch» bezeichnet dabei weniger den Ort der Ethik, hier die die Klinik, als vielmehr die Materialität der Kontexte, in denen das ethische Reflektieren im Umgang mit Gesund- und Kranksein oft direkte Zukunftsfolgen für die Betroffenen hat. Diese Differenzierung hat weitreichende normative Implikationen bezüglich der «Verortung» der Debatte innerhalb des ethischen Diskurses: Erstens wird über die moralische Legitimität der Suizidhandlung per se diskutiert (individual- *und* sozialethische Ebene), zweitens über die Tragweite des Konzeptes der Assistenz durch Fachpersonen, wie sie vor allem die ärztliche und pflegerische Profession prägen (professionsethische Ebene), und drittens über den Ort der Suizidhandlung angesichts der Tatsache, dass Menschen mit Sterbewunsch mittels Suizid diesen in Kontexten stationärer Versorgung, z. B. Spital, Alters- und Pflegeheim oder andere Einrichtung erwägen, aushandeln oder ausführen möchten (organisationsethische Ebene).

Die Klinische Ethik zeichnet sich durch eine direkte Involvierung in existenzielle Situationen und die damit unausweichlich verbundene Verantwortungsübernahme aus. Sie wurzelt daher – was aus unserer Sicht zu wenig explizit gemacht wird – in Denktraditionen, welche der direkten Verortung im *Klinischen* (d. h. in der Praxis) eine normative Bedeutung zumessen, in welcher der unmittelbare Kontext zum zentralen Text wird, der gelesen und verstanden werden muss. Die Disziplin hat dadurch einen etwas anderen Blick als die im öffentlichen Diskurs und der Akademie meist vertretenen Ansätze im Umgang mit ethischen Problemen und Dilemmata. Daher beginnt dieser Beitrag mit einem kleinen metaethischen Exkurs. Darin gehen wir auch auf die eng verbundenen Disziplinen der klinischen Ethik und der Klinikseelsorge ein. Hier sehen wir aufgrund des Berufsfeldes ein vergleichbares Spannungsfeld zur theologischen Ethik, wie dies die klinische Ethik in Bezug auf die Moralphilosophie kennzeichnet.

Im zweiten Abschnitt werden anhand der klinischen Fallkonstellationen, die im Spital auftreten können, die Vielschichtigkeit und Vieldeutigkeit der Fragestellungen in der Praxis verdeutlicht und der assistierte Suizid in den Kontext individueller Entscheidungen am Lebensende gestellt. Wie letztlich im Einzelfall gehandelt wird, hängt auch von den Rahmen- und Kontextbedingungen auf verschiedenen Ebenen ab. Diese unterscheiden sich zwar in einigen Punkten in Bezug auf die deutschsprachigen Länder, sind jedoch zwischen der Schweiz und Deutschland erstaunlich weniger different, als häufig dargestellt wird. Abschliessend formulieren wir mit den Worten einer Krankenhausseelsorgerin den Wunsch nach einer Debatte, die die Situation der Betroffenen stärker ins Zentrum rückt, Moralisierungen vermeidet und in diesem Sinne Demut übt auf der Suche nach einem sensiblen, hilfreichen Umgang mit menschlichem Leben und Leiden.

2. Ist Klinische Ethik angewandte Moralphilosophie?

«Ethik», so schreibt Dieter Birnbacher als ersten Satz der Einleitung zu einem seiner Grundlagenbücher zur Bioethik, «ist nach üblichem Verständnis die Gesamtheit der theoretischen Beschäftigungen mit den Phänomenen der Moral und der moralischen Normen, soweit diese nicht den Charakter empirischer Theorien haben».[1]

«Ethics», so meinen dagegen John C. Fletcher, Edward M. Spencer und Paul A. Lombardo in ihrer Einleitung zur Klinischen Ethik, «is a practical discipline that deals with ‹real world› problems and practices».[2]

In diesen beiden Zitaten kommen nicht nur verschiedene Denktraditionen der anglo-amerikanischen und der deutschsprachigen kontinentaleuropäischen Philosophie zum Ausdruck, sondern auch unterschiedliche Perspektiven. Diese betreffen sowohl die theoretische Beschäftigung mit Ethik als auch die direkte Involvierung und Mitverantwortung von Akteurinnen und Akteuren in komplexen Problem- und Dilemmasituationen.

Was passiert, wenn man sich als philosophische Ethikerin oder, wie John C. Fletcher, als Theologe, aus dem universitären Seminarraum tatsächlich in ein Besprechungszimmer eines Krankenhauses begibt, hat Jonathan Moreno treffend beschrieben:

> The social character of bioethics is closely associated with its institutional functions. To see this it is necessary to distinguish bioethics from the traditional humanistic disciplines in another way. Humanistic professors may – and argua-

---

[1] Dieter Birnbacher: *Bioethik. Zwischen Natur und Interesse*. Frankfurt a. M.: Suhrkamp 2006, 29.
[2] John C. Fletcher, Edward M. Spencer, Paul. A. Lombardo: *Introduction to Clinical Ethics*. Hagerstown: University Publishing Group ³2005, 3.

bly should – leave their students in a state of doubt about some great human issues [...]. The Socratic tradition renders this view of humanistic pedagogy more than respectable. Bioethicists, too, may adopt the posture of the perpetual critic, but only insofar as they occupy the role of professor. Put bluntly, those who leave the seminar room for the hospital conference room either drastically change their professional role or soon find themselves unwelcome or ineffective in the latter setting. Raising hard questions is important work, as is challenging prejudices and preconceptions and ‹speaking truth to power› but when action is required, as it is in virtually all the contexts in which medicine functions, the critical posture is simply not enough. Perhaps the most striking personal effect of bioethics on those who, like me, have undergone the transformation from humanities professor to bioethicist, is the way it forces those who might otherwise remain perpetual critics to ‹cash out› their views and take a position.[3]

Tatsächlich wird nicht nur der Akteur durch den Wechsel des Kontextes, sondern auch – und dies seit wir Wissenschafts- und Philosophiegeschichte schreiben – die theoretische Ebene durch die Erfahrungen mit der Praxis nicht nur erklärt oder ausgelegt, sondern regelrecht affiziert. Es gehört aus sozialwissenschaftlicher Sicht nicht zu einer guten normativen Praxis, sondern zu den Mechanismen von Macht und Geltung, zur Wissenschaftspolitik und zum Herrschaftsanspruch, eine Theorie als von den jeweiligen sozial-historischen Kontexten unabhängig, für alle Zeiten und an allen Orten allgemeingültig und im genuinen Sinne wahr zu beschreiben, in der Regel mit Verweis auf «die Tradition», «die Natur» oder einen «grossen Denker»[4], und sich als deren Vertreter oder Vertreterin zu installieren. Dies gilt nicht nur, aber insbesondere für den Bereich des Sozialen.[5]

---

3   Vgl. Jonathan D. Moreno: Bioethics is a Naturalism, in: Glenn McGee (Hg.): *Pragmatic Bioethics*. Nashville, London: Vanderbilt University Press 1999, 14.
4   In der deutschsprachigen Philosophie und Theologie kommt man dabei nicht an Immanuel Kant vorbei, denn «wenn man uns Deutsche nach der Eintrittskarte ins demokratische Zeitalter fragt, haben wir zwar keine Französische, keine Amerikanische und auch keine Englische Revolution vorzuweisen, aber – Kant sei Dank! – Immanuel Kant» (Ulrich Beck, Anthony Giddens, Scott Lash: *Reflexive Modernisierung*. Frankfurt a. M.: Suhrkamp [4]2003, 77).
5   «[P]hilosophisch betrachtet, mögen die Dinge anders liegen, vom Standpunkte der Gesellschaftswissenschaften ist jedes historische, weltanschauliche, soziologische Wissen – auch wenn es die absolute Richtigkeit und Wahrheit selbst sein sollte – eingebettet und getragen vom Macht- und Geltungstrieb bestimmter Gruppen, die ihre Weltauslegung zur öffentlichen Weltauslegung machen wollen» (Karl Mannheim: Die Bedeutung der Konkurrenz im Gebiete des Geistigen, in: Deutsche Gesellschaft für Soziologie (DGS) (Hg.): *Verhandlungen des 6. Deutschen Soziologentages vom 17.–*

Seit dem Positivismusstreit Anfang des letzten Jahrhunderts haben wir uns in den sogenannten harten Wissenschaften wie der Physik von der Vorstellung verabschiedet, die Wissenschaft beruhe auf einem festen Grund.[6] In Teilen der akademischen Ethik ist das Bewusstsein dafür, dass auch ethische Theorien und Prinzipien einen sozial-historischen Anker haben und von prinzipiell falliblen Menschen erdacht wurden, um den Bereich des Guten und Richtigen zu beschreiben, nicht immer hinreichend hervorgehoben.[7]

Die Standard-Moral-Architektonik der angewandten Ethik, dass moralische Theorien, durch Fakten informiert, die Praxis direkt und zuverlässig ethisch beurteilen, hierbei zwar Passungen zwischen den unteren Ebenen (auf Fallebene und den Prinzipien der mittleren Ebene) in der Abwägung zulassen, die untere Ebene die jeweils obere Ebene (Fälle die Prinzipien, Prinzipien die Moraltheorien) jedoch nicht beeinflusst, hat James Lindemann Nelson als «lineares Modell der Ethik» beschrieben, welches er dem pragmatistischen Modell der Ethik gegenüber stellt.[8] Aus Sicht einer pragmatistischen Philosophie sind Moraltheorien wertvolle

19. September 1928 in Zürich. Vorträge und Diskussionen in der Hauptversammlung und in den Sitzungen der Untergruppen. Tübingen: Mohr Siebeck 1929, 35–83).

6   «So ist die empirische Basis der objektiven Wissenschaft nichts ‹Absolutes›: Die Wissenschaft baut nicht auf Felsengrund. Es ist eher ein Sumpfland, über dem sich die kühne Konstruktion ihrer Theorien erhebt; sie ist ein Pfeilerbau, dessen Pfeiler sich von oben her in den Sumpf senken, aber nicht bis zu einem natürlichen ‹gegebenen› Grund. Denn nicht deshalb hört man auf, die Pfeiler tiefer hineinzutreiben, weil man auf eine feste Schicht gestossen ist: Wenn man hofft, daß sie das Gebäude tragen werden, beschließt man, sich vorläufig mit der Festigkeit der Pfeiler zu begnügen.» (Karl Popper: *Logik der Forschung*. Tübingen: Mohr Siebeck 1994, 75f)

7   Dies gilt nicht nur für die theoretische, sondern auch für die angewandte Ethik, wenn sie der hier beschriebenen Moralarchitektonik von Birnbacher folgt. Ein pragmatistisches, oder, mit Richard Rorty gesprochen, liberal ironisches Ethikverständnis (vgl. Richard Rortys Auseinandersetzung mit seinem Freund Jürgen Habermas, in Richard Rorty: *Kontingenz, Ironie und Solidarität*. Frankfurt a. M.: Suhrkamp 2018, zuerst: *Contingency, irony, and solidarity*, Cambridge University Press 1989) versteht normative Theorien als sozial-geschichtlich verortete Hypothesen, die sich in der Praxis immer wieder neu bewähren müssen. So haben sich der Philosoph Tom Beauchamp und der Theologe James Childress, wie beispielsweise auch der Ökumeniker Joseph Houldthworth Oldham, mit «mittleren Axiomen» zwar von ihrem obersten «unbegründeten Glauben» – Beauchamp vom Utilitarismus, Childress von der Deontologie – gelöst. Die Prinzipien der mittleren Ebene, auf welche sie die Prinzipienethik gründen, beruhen jedoch auf einer dann doch als allgemeingültig postulierten «common morality», als einer nicht von der Praxis direkt affizierte normative Basis. Aus Sicht von Rosi Braidotti unterliegt dem Humanismus insgesamt diese fehlerhafte Denkfigur. Vgl. Rosi Braidotti: *The Posthuman*. Cambridge/UK und Malden, Mass./USA 2013: Polity Press.

8   Vgl. James Lindemann Nelson: Moral teachings from Unexpected Quarters. Lessons from the Social Sciences and Managed Care, in: *The Hastings Center Report* 30 (2000), 4–5.

Ansätze, Instrumente, die helfen können, in schwierigen Problem- und Dilemmasituationen Lösungen zu finden.⁹ Hierbei ist es auch die Motivation, bestmögliche Abwägungen in Dilemmasituationen zu ermöglichen und bei ethischen Problemen das Richtige zu tun. Es geht aber vor allem darum, Hypothesen zu generieren, die hilfreich sind, die menschlichen Widersprüche und Tragödien, die wir als ethische Fragestellungen klassifizieren, sensibel ein Stück weit besser zu verstehen, für die direkt Betroffenen verstehbar, erträglich und dadurch besser handhabbar zu machen und angesichts drohender Handlungsunfähigkeit das moralische Handlungsvermögen (moral agency) wiederherzustellen. Hierbei hilft auch das platonische Konzept der *episteme*, Logik und Erkenntnis, aber vor allem die aristotelische *phronesis*, die praktische Klugheit in der Interaktion mit den Betroffenen. Darin verbinden sich theoriegestützte Hypothesen, lebenspraktische Erfahrung und rationaler Nachvollzug, was unter anderem exzellente kommunikative Fertigkeiten verlangt. Die ethische Reflexion und Beurteilung wurzelt im philosophischen Pragmatismus nicht in der Theorie, sondern in der Praxis. Die Vorannahmen werden nicht zuvor gewählt und angewendet, sondern entwickeln sich in der Praxis des Experimentierens in einem Forschungs- und Handlungsprozess, der dazu führen kann, dass auch Theorien reflexiv modifiziert werden. Anders gesagt: Die Theorie wird nicht zuvor (wie bei vielen Moralphilosophen und Moralphilosophinnen als «unbegründeter Glaube»),¹⁰ als ein nicht weiter hinterfragtes Vorgegebenes gewählt und in der Anwendung die Praxis auf die Theorietauglichkeit geprüft, indem die theoretischen Annahmen verteidigt werden, und man sich über das Vollzugsdefizit wundert, wenn die Akteure die gut erarbeiteten Vorschläge partout nicht umsetzen. Theorien werden vielmehr, in Kenntnis ihrer hohen Relevanz, als Hypothesen auf den Handlungsvollzug angewandt. In der gemäss einer pragmatischen Ethik und Logik bestehenden Wechselwirkung (nicht: linearen Kausalkette in der einen [top-down] oder anderen [bottom-up] Richtung) zwischen Theorie und Praxis) geht es nicht um die Interpretation der Praxis aus einer bestimmten Sichtweise (den apriorischen Voraussetzungen des jeweiligen Wissenschaftlers oder der jeweiligen Wissenschaftlerin) heraus, sondern um die offene Prüfung der Stringenz und Nützlichkeit der Theorie für die Interpretation von Handlungselementen und die Generierung von Lösungsvorschlägen und auch neuen Theorien in konfliktären neuen Situationen. In dieser Perspektive beschreibt beispielsweise

---

9   Verbunden mit den Überlegungen von William James, Charles Sanders Peirce, John Dewey, Rosemary Tong und Richard Rorty in der Klinischen Ethik siehe zum Beispiel Franklin G. Miller, Joseph J. Fins, Matthew D. Bacchetta: *Clinical Pragmatism: John Dewey and Clinical Ethics*, in: *Journal of Contemporary Health Law & Policy* 13 (1996), 27–51.
10 Vgl. dazu Anm. 7–9.

Steven Fesmire, in Anlehnung an John Dewey,[11] das Aktionsfeld der Ethik als «moral imagination» und die darin handelnde Person als «moral artist».[12] Vor diesem Hintergrund misst sich die Brauchbarkeit von Theoriegebäuden im Wesentlichen auch am Handlungsvollzug und nicht einzig an der logischen Passung in ein bestimmtes, immer auch ideengeschichtlich-historisch verortbares, moralphilosophisches Konstrukt. Zudem können im Sinne einer pragmatistischen Logik auch neue Hintergrundtheorien induktiv und abduktiv generiert werden, wodurch auch die Prinzipien der obersten Ebene einer prominenten, lange Zeit hilfreichen Theorie durch die Praxis des Experimentierens auf lange Sicht modifiziert werden. Ansätze, die einer pragmatistischen Auffassung von Ethik nahestehen, sind beispielsweise die narrative Ethik und die Kasuistik, beides Ansätze, die auch in der theologischen Ethik auf fruchtbaren Boden gestossen sind.

Dass aber der Nexus von Theorie, Hypothesenbildung und Erfahrung im Verständnis klinisch-ethischer Fragen auch anders gesehen werden kann, belegt der Ethiker Axel W. Bauer im Rückgriff auf Giovanni Maio:

> Nur dann können moralische Urteile überhaupt überparteilich und universalisierbar sein, wenn sie eben nicht nur von den sich selbst als «betroffen» Bezeichneten gefällt werden. So sehr eine individualistische Sichtweise psychologisch nachvollziehbar sein mag, den Begriff von Ethik als einer normativen Disziplin verfehlt sie gänzlich. In Bezug auf die klinische Ethikberatung hat Giovanni Maio mit Recht darauf hingewiesen, dass Ethikberatung nicht mit Psychotherapie verwechselt werden dürfe. Moralische Konflikte lassen sich nicht auf Kommunikationsprobleme oder interpersonelle Konflikte reduzieren, denn sonst resultiert die von Paulus Liening so bezeichnete «Wohlfühlethik», bei der die meist unbequeme rationale Argumentation durch eine Art therapeutische Balint-Gruppe der sich selbst für betroffen Erklärenden ersetzt wird.[13]

Angesichts dieser als notwendig postulierten starken Abgrenzung der normativen Ebene von derjenigen des Erlebens und des kommunikativen Umgangs unter dem Begriff der Wohlfühl-Kommunikation stellt sich die Frage, ob zum angemessenen Verständnis ethischer Probleme und Dilemmata im klinischen Alltag normative

---

11 Vgl. Anm. 9.
12 Steven Fesmire: *John Dewey and moral imagination. Pragmatism in ethics.* Bloomington: Indiana University Press 2003.
13 Vgl. Axel W. Bauer: Wissenschaftliche Ethik als Demoskopie der Alltagsmoral? Kritische Anmerkungen zur Begründungsfrage in der Medizinischen Ethik, in: Marcus Düwell, Josef N. Neumann (Hg.): *Wie viel Ethik verträgt die Medizin?* Paderborn: Mentis 2005, 140.

Theorien tatsächlich direkt handlungsleitend sein sollten, um so reale Konflikte der tatsächlich unmittelbar Betroffenen, der Patientinnen und Patienten sowie der direkt verantwortlichen Ärzte und Ärztinnen und Pflegefachpersonen durch «unbequeme rationale Argumentation» unabhängig von der Komplexität der Situation und den Gefühlen und Beziehungen der Beteiligten autoritativ zu regeln.

Diese Auffassung beruht aus (gesellschafts-)philosophischer, pragmatistischer Sicht auch auf der Sehnsucht nach einem sicheren Boden in ambivalenten, komplexen Situationen:

> [I]n morals, a hankering for certainty, born of timidity and nourished by love of authoritarian prestige, has led to the idea that absence of immutably fixed and universally applicable ready-made principles is equivalent to moral chaos.[14]

Nach unserer Erfahrung ist die Vorstellung, auf die direkte Interaktion und den Perspektivenwechsel zur Nahbeziehung im klinischen Alltag verzichten zu können und zu fordern, das ethisch Richtige einzig auf der allgemeinen Ebene der «zwischen uns geltenden» normativen Erwägungen zu lokalisieren, von Grund auf verfehlt und fügt, mit Judith Butler gesprochen, im schlimmsten Fall den betroffenen Subjekten «ethische Gewalt»[15] zu. Die Probleme sind zudem sehr häufig tatsächlich auch Kommunikationsprobleme. Wer klinische Ethikberatung in einer Form der distanzierten «Ethik des Fremden» betreiben möchte, muss sich die Frage stellen, wie er oder sie deren Wirksamkeit im Alltag der Betroffenen messen möchte. Auch in der Klinischen Ethik gilt: Rationale Argumente, Gerechtigkeitsperspektiven und Rechts- und Pflichtenethik sind wichtig, gelten aber beileibe in klinischen Situationen nicht absolut und sind auch nicht primär handlungsleitend. Entscheidungen werden in der Praxis nicht zu einem bestimmten Zeitpunkt durch Behandlungsteams aufgrund rationaler Erwägungen gefällt. Entscheidungen werden vielmehr in einem gemeinsamen, manchmal konfliktären Prozess auf der Basis verschiedener Argumente, Emotionen und wechselnder situativer Umstände von verschiedenen Beteiligten errungen – darunter auch Entscheidungen über und zwischen Leben und Tod. Ziel in realen, lebensweltlichen klinischen Konfliktsituationen ist es, diese tatsächlich in Wohlgefallen, weitestgehend im Sinn- und Interessenshorizont der direkt betroffenen Person aufzulösen und nicht durch unbequeme rationale (d. h. in der realen hochemotionalen Situation des Krankseins oder Sterbens wenig hilfreiche oder gar konfliktträchtige) Argumentationen zu verschärfen. Die Gefühle, Hilflosigkeiten, den manchmal vorhandenen Zeitdruck, die persönliche

---

14 Vgl. John Dewey: *A Common Faith*. New Haven: Yale University Press 1934, 27.
15 Vgl. Judith Butler: *Kritik der Ethischen Gewalt*. Frankfurt a. M.: Suhrkamp 2007.

Lebensgeschichte der Patienten und Patientinnen sowie des Behandlungsteams, die menschlichen Unzulänglichkeiten und Fehler müssen zentral berücksichtigt werden, um den direkt betroffenen Menschen gerecht zu werden.[16] Es gibt auch in der Theologie die Spannung zwischen theologischer Ethik und Sozialethik, resp. zwischen Moral- und Pastoraltheologie. Diejenigen, die eher zur Auseinandersetzung mit abstrakteren fundamentalen Fragen neigen, mögen eher ersterer zugewandt sein. Diejenigen, denen es um den Auftrag der Kirchen in der je individuellen Lebenswelt der Menschen geht, zur zweiten. Und, die Bemerkung erlauben wir uns, dies sind eher Frauen, dort, wo es ihnen denn erlaubt ist. Diese werden dann vielleicht eher Klinikseelsorgerinnen als Trägerinnen eines höheren geistlichen Amts oder Lehramts wie etwa Bischöfinnen oder Universitätsprofessorinnen.

Die Spannung zwischen diesen zwei Ebenen der Auseinandersetzung scheint uns auch für die in diesem Sammelband beschriebene, in Fachkreisen und teils auch medial ausgetragenen aktuellen Debatte um den assistierten Suizid von Bedeutung zu sein, wenn beispielsweise Peter Dabrock und Wolfgang Huber[17] in ihrer Replik auf den «Stein des Anstosses», den Artikel von Reiner Anselm, Isolde Karle und Ulrich Lilie für assistierten professionellen Suizid in der FAZ, Fronten beschreiben, die aus ihrer Sicht nicht «falsch» in einem von ihnen als gemeinsam definierten Innen, im «sicheren Ort der Diakonie», sondern gegen das nicht-kirchliche (hier auch gemeint ökumenisch-christliche) Aussen, die «eigenwillige Auffassung des (Bundesverfassungs-)Gerichts von Selbstbestimmung» mit einem «unhintergehbaren Horizont» gesetzt werden müssen. Hält man diese Front nicht aufrecht, so drohe gemäss Dabrock und Huber eine «Erschütterung des Berufsethos» nicht nur der Seelsorgenden, sondern auch aller Gesundheitsberufe.

---

16 Zu den philosophischen und wissenschaftstheoretischen Grundlagen der pragmatistischen, kontextsensitiven und klinischen Ethik siehe z. B. den Sammelband Markus Christen, Carel van Schaik, Johannes Fischer, Markus Huppenbauer, Carmen Tanner (Hg.): *Empirically Informed Ethics: Morality between Facts and Norms*. Cham: Springer 2014. Zu den Grundlagen der Klinischen Ethik vgl. Tanja Krones: *Kontextsensitive Bioethik-Wissenschaftstheorie und Medizin als Praxis*. Frankfurt a. M., New York: Campus 2008.

17 Wolfgang Huber, Peter Dabrock: Selbstbestimmt mit der Gabe des Lebens umgehen, in: *Frankfurter Allgemeine Zeitung* (24.1.2021), 6.

3. Assistierter Suizid als Sterbewunsch und Sterbepraxis: Die Vorder- und die Hinterbühne

Die Sterbehilfe im Allgemeinen und der assistierte Suizid im Besonderen gehörten in vielen Ländern sowohl auf nationaler wie auch auf institutioneller Ebene zu den ersten Themen, die in der sich nach dem Zweiten Weltkrieg neu als Disziplin etablierenden Medizinethik innerhalb und ausserhalb der Ärzteschaft in Form von Leit- und Richtlinien aufgegriffen wurden.

Die Schweizer Akademie der Medizinischen Wissenschaften (SAMW) hatte sich 1976 erstmals aus ethischer Sicht mit dem Thema Lebensende befasst und hierzu eine Richtlinie erarbeitet, die auch das Thema des assistierten Suizids umfasste.[18] Bis zur ersten Revision 2004 wurde darin die Auffassung vertreten, dass die «Beihilfe zum Suizid keine ärztliche Aufgabe» sei. Die Inklusion des assistierten Suizids als eine nach dem ärztlichen Standesethos in Einzelfällen vertretbare Handlung in der neu gefassten Richtlinie «Betreuung von Patientinnen und Patienten am Lebensende» wurde nach Veröffentlichung intensiv diskutiert, 2005 jedoch von der Assoziation der Schweizer Ärztinnen und Ärzte, der FMH (Foederatio Medicorum Helveticorum), in die ärztliche Standesordnung aufgenommen.

Auch die deutsche Bundesärztekammer hat sich seit Ende der 1970er-Jahre in Richtlinien, später Grundsätze genannt, zur ärztlichen Sterbebegleitung geäussert. Die Formulierung in der ersten Fassung, nach welcher die «Mitwirkung des Arztes dem ärztlichen Ethos widerspreche», wurde erst in der Revision 2011 durch die Formulierung, die die SAMW bis 2004 verwandt hatte, ersetzt, nach welcher die «Mitwirkung des Arztes bei der Selbsttötung keine ärztliche Aufgabe» sei. Damit, so der damalige Präsident der Bundesärztekammer Jörg-Dietrich Hoppe in der Präambel zur Neufassung, würden die «verschiedenen und differenzierten individuellen Moralvorstellungen von Ärzten in einer pluralistischen Gesellschaft anerkannt, ohne die Grundausrichtung und die grundlegenden Aussagen zur ärztlichen Sterbebegleitung infrage zu stellen».[19] Jedoch täuscht diese Formulierung darüber hinweg, dass die rechtswirksamen Berufsordnungen und das Standesrecht in Deutschland nicht durch die Bundesärztekammer, sondern durch die Landesärztekammern der Bundesländer erlassen werden. Diese haben in Bezug auf den assistierten Suizid nicht alle dieselbe Haltung. Einige sahen bereits seit vielen Jahren

---

18   Vgl. SAMW-Studie «Haltung der Ärzteschaft zur Suizidhilfe», online unter https://saez.ch/journalfile/view/article/ezm_saez/de/saez.2014.03112/e9a5e461eabc97155b74291e811ab81b054cf30e/saez_2014_03112.pdf/rsrc/jf, Zugriff am 10.9.2021.

19   Bundesärztekammer: Grundsätze der Bundesärztekammer zur ärztlichen Sterbebegleitung, in: *Deutsches Ärzteblatt* 108 (2011), A346–348.

die Suizidassistenz, analog zu den neueren SAMW-Richtlinien, als eine auch durch Ärzte und Ärztinnen ethisch gerechtfertigte Handlung im Einzelfall an. Nach unserem Wissen wurde letztlich keine ärztliche Fachperson aufgrund der Beihilfe zum Suizid in Deutschland berufsrechtlich die Approbation entzogen. Die deutsche Rechtsordnung sah, anders als diejenige der Schweiz (Art. 115 StGB im Schweizer Strafrecht), bis 2015 die Beihilfe zum Suizid insgesamt nicht als strafbare Handlung an. Es existierte kein Gesetzesartikel im Strafgesetzbuch, sodass die deutsche Rechtslage faktisch liberaler war als diejenige in der Schweiz. Paradoxerweise wird die Schweiz jedoch international oft als das Land genannt, welches *rechtlich* in Bezug auf die Beihilfe zum Suizid extrem liberal sei. Durch die Subsumption des assistierten Suizids als Form des *assisted dying* wird zudem immer wieder die Mutmassung geschürt, in der Schweiz sei auch aktive Sterbehilfe möglich, obwohl diese ja gesetzlich explizit unter Strafe gestellt ist. Ausserhalb der Schweiz ist auch wenig über das Phänomen des «Röstigrabens» bekannt: die französischsprachige Schweiz vertritt in vielen gesellschaftspolitischen Fragen eine etwas liberalere Haltung und bildet andere Praxen aus als die Deutschschweiz, so etwa in der Zulassung von assistiertem Suizid durch die sogenannten Sterbehilfeorganisationen auch in Heimen und Spitälern. Die Durchführung eines assistierten Suizids wird so an den Universitätsspitälern von Genf und Lausanne in den Räumlichkeiten explizit ermöglicht, während in den Universitätsspitälern der Deutschschweiz bis heute Patientinnen und Patienten verlegt werden, wenn sie assistierten Suizid in Anspruch nehmen möchten.

Was sich tatsächlich stärker als in Deutschland und anderen Ländern gesellschaftlich etabliert hat bzw. prominenter wahrgenommen wird, ist die sogenannte organisierte Sterbehilfe, d. h. die vor allem in der Deutschschweiz tätigen Vereine und Organisationen, die ihren Mitgliedern im Falle der Bitte um Suizidassistenz diese nach den geltenden rechtlichen Rahmenbedingungen und den Richtlinien der SAMW gewähren. Warum dies so ist, ist unseres Erachtens eine soziologisch spannende Frage.

Auch am Universitätsspital Zürich (USZ) war die erste USZ-weit geltende ethische Richtlinie, die die 2006 neu am Universitätsspital und der Universität Zürich etablierte Klinische Ethik[20] erarbeitet hatte, diejenige zur «Suizidbeihilfe im Spital». Die am 8. März 2007 herausgegebene Medienmitteilung trug den Titel «Suizidbeihilfe im Spital – Universitätsspital Zürich lehnt Suizidbeihilfe in eigenen Räum-

---

20   Zuvor gab es mehrere Modellprojekte einer Zusammenarbeit des USZ mit dem Institut Dialog Ethik auf der neonatologischen Intensivstation und zwei weiteren Intensivstationen, die bis 2011 weitergeführt wurden.

lichkeiten grundsätzlich ab».[21] Die wesentlichen Aspekte der dort publizierten Weisung waren die Folgenden:

1) In den Räumlichkeiten des USZ soll *grundsätzlich keine Suizidbeihilfe* geleistet werden, weder durch Angestellte des USZ noch durch andere sich in den Räumlichkeiten des USZ aufhaltende Personen.

2) Der *Besuch* von Patienten durch *Mitarbeiter von Sterbehilfeorganisationen* ist im Rahmen des allgemeinen Besuchsrechts *erlaubt*.

3) Patienten, die sich mithilfe einer Sterbehilfeorganisation das Leben nehmen möchten, haben wie andere Patienten auch das *Anrecht* auf einen Bericht, der über die medizinischen Fakten wie Diagnose, Prognose und vorgenommene Abklärungen Auskunft gibt. Das Ausstellen eines solchen Berichtes bedeutet in keiner Weise Beteiligung am Suizid.

4) Dem *allfälligen Anliegen* eines Patienten bei Austritt, eine bereits liegende *Verweilkanüle nicht zu entfernen*, soll entsprochen werden.

5) Bei entsprechender Hilfe wird eine Verlegung praktisch immer möglich sein. Sollte es sich herausstellen, dass jemand längerfristig nicht in Lage ist, das Spital zu verlassen, bemüht sich das USZ, mit dem Betroffenen eine *Lösung auf individueller Basis* zu suchen.

6) Auch wenn sich ein Patient ausserhalb des Spitals das Leben nimmt, kann das *für diejenigen, die den Patienten im USZ betreut haben*, mit erheblichen Belastungen verbunden sein. Diesen Mitarbeitern sollen Möglichkeiten zur Aussprache und *Verarbeitung des Geschehen* angeboten werden.

7) Im USZ sollen ab jetzt die *Erfahrungen* in diesem Bereich unter Einschaltung des oder Bericht an den klinischen Ethiker systematisch *gesammelt und ausgewertet* werden.

Im Fliesstext der Weisung wird weiter ausgeführt, dass in besonderen Einzelfällen, in welchen es unzumutbar ist, Patientinnen und Patienten mit Suizidwunsch aufgrund einer zu grossen klinischen Instabilität zu verlegen, menschlich individuelle Lösungen gefunden werden müssen. Dies kann (und soll) so ausgelegt werden, dass das «grundsätzlich» in der obigen Formulierung zwar gilt, die Möglichkeit der Suizidbeihilfe in den eigenen Räumen aber doch in einer Ausnahmesituation ermöglicht werden kann. Hierdurch kann jedoch eine grosse Spannung entstehen, welche die Nationale Ethikkommission der Schweiz (NEK) 2005 in ihrer Stellungnahme Nr. 9 «Beihilfe zum assistierten Suizid» offen adressierte, ohne hierfür eine

---

21 Medienmitteilung des USZ, Hervorhebungen im Original. Archiv USZ Unternehmenskommunikation.

wirkliche Lösung anzubieten. In der NEK-Stellungnahme von 2005 finden sich folgende beiden Zitate:

> Akutspitäler: Jede Institution soll klar festlegen, ob sie für ihre Patienten die Möglichkeit des assistierten Suizids zulassen will oder nicht.
> Der wohl erwogene persönliche Entschluss zum Suizid soll nicht an den Regeln einer Institution, dem persönlichen Gewissensentscheid eines einzelnen Arztes oder einer einzelnen Betreuungsgruppe scheitern müssen. Es sollte die Möglichkeit gewährt werden, auf Wunsch einem anderen Arzt zugewiesen oder in eine andere Institution verlegt zu werden.

2009 hatte wir, Tanja Krones zunächst allein, ab 2015 dann in Co-Leitung mit Settimio Monteverde und seit 2020 zusätzlich mit Isabelle Karzig, die Kernaufgaben der Klinischen Ethik am USZ – assoziiert am Institut für Biomedizinische Ethik und Medizingeschichte der Universität Zürich – von Georg Bosshard übernommen. Gemeinsam mit dem Klinischen Ethikkomitee und den Ethikverantwortlichen der Kliniken sind wir für die Unterstützung von Patientinnen und Patienten, Angehörigen, Behandlungsteams und Spitalleitung im Bereich ethischer Fragen auf Einzelfall- und organisationsethischer Ebene zuständig und haben seitdem auch das Monitoring der Fallsituationen durchgeführt. Seit einigen Jahren ist die Klinische Ethik in etwas über 1000 Fallsituationen involviert, die wir für die Jahresberichte nach Fallkonstellationen aufschlüsseln. Fragen zum assistierten Suizid werden hierbei auf Basis der Weisung von 2007 gesondert aufgeführt (siehe Abbildung 1).

Wie die Abbildung zeigt, ist die Palette der Fragestellungen, die an die Klinische Ethik herangetragen werden, recht divers und reicht von den häufigsten Fragestellungen «Umgang mit Patientenverfügungen / Advance Care Planning» und Problematiken im Umgang mit vulnerablen Patientengruppen bis zu den selteneren Fragen nach Schweigepflicht und Übertherapien. Die Konstellationen, die unter «assistiertem Suizid» codiert werden, machen ca. 3% aller Fallsituationen aus, umfassen jedoch nicht allein die Anfrage von Patientinnen und Patienten an das Behandlungsteam, Suizidassistenz zu leisten.

Fragestellungen, die wir in diesem Rahmen sehen, sind zum Beispiel:
1. Verwechslung einer Mitgliedschaft in einer Sterbehilfeorganisation wie Exit und Vorliegen einer Exit-Patientenverfügung mit einem Sterbewunsch mittels assistiertem Suizid
2. Interpretation von Sterbewünschen bei schwerstkranken Menschen mit Wunsch z. B. nach Beendigung lebenserhaltender Therapien mit Suizidalität inkl. mehrfachem Einbezug von Psychiatern und Psychiaterinnen

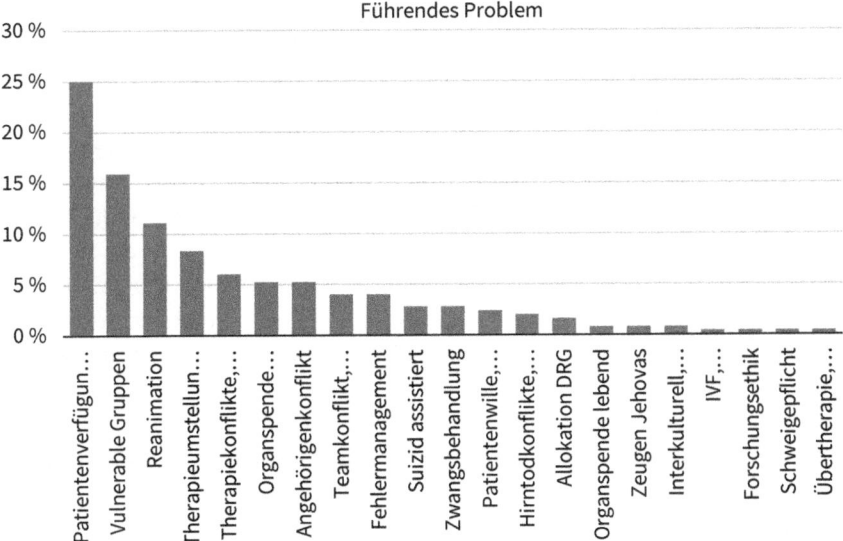

Abbildung 1: Fallkonstellationen der Klinischen Ethik, Auszug aus dem Jahresbericht 2018

3. Anfragen von Menschen – nicht nur aus der Schweiz – zur Möglichkeit von assistiertem Suizid und nachfolgender Organspende
4. Wunsch von stationären Patientinnen und Patienten nach Information und Kontaktaufnahme zu Exit und die Frage, ob die Vermittlung von Kontaktdaten schon eine Form der Assistenz sei
5. «Fit für Exit»: Dialysebehandlung schwerkranker Patienten und Patientinnen mit Sterbewunsch mittels assistierten Suizids zur Wiederherstellung der Urteilsfähigkeit als Voraussetzung für dessen Durchführung, meist ohne dass im Rahmen einer Vorausplanung darauf hingewiesen wurde, dass das Sistieren der Dialyse zu einem Versterben innerhalb weniger Tage führt, was palliativ gut begleitet werden kann
6. Möglichkeiten und Grenzen der Unterstützung von Behandlungsteams bei urteilsfähigen Patientinnen und Patienten mit Wunsch nach Sterben mithilfe einer Sterbehilfeorganisation
7. Mangelnde Informationen von Patienten und Patientinnen über Möglichkeiten der Inanspruchnahme von Sterbehilfeorganisationen «auf die Schnelle» und bei Urteilsunfähigkeit, so etwa im Falle rapider Verschlechterung des klinischen Zustands

Direkte Anfragen von Patienten, Patientinnen oder Behandlungsteams, eine Suizidbegleitung durch Exit in Anspruch zu nehmen, die bis zu uns gelangen, liegen bei 2 bis 5 Fällen pro Jahr.

Die ethische Fragestellung der Suizidassistenz, die wir auf der Vorderbühne des öffentlichen und des akademischen Diskurses seit Jahrzehnten intensiv aushandeln, ist also im Vergleich zu anderen Fragestellungen auf der Hinterbühne der Praxis sehr selten. Was aus ethischer Perspektive selbstverständlich nicht heisst, dass die Fragestellung nicht relevant ist. Dennoch stellt sich die Frage, ob die Vehemenz des Diskurses über die Suizidassistenz der Bedeutung des Themas wirklich gerecht wird, und inwiefern sich deren moralische Komponente der ethischen Problemstellung stark von den ethischen Problemen unterscheidet, die mit anderen Formen der Sterbebegleitung verbunden sein können. Möglicherweise geht es bei diesem Diskurs auch um etwas anderes, das aber selten explizit deklariert wird: nämlich um den Rekurs auf genuin religiöse, typischerweise christlich geprägte Glaubensvorstellungen, mit der Forderung nach Deutungshoheit einer vermeintlich eindeutigen Hermeneutik des «absoluten Textes» (oder um die Geltungsansprüche vorherrschender Lehrmeinungen und ihrer Vertreter und Vertreterinnen)[22].

Im Kern geht es bei diesen und anderen existenziellen Fragestellungen, so scheint es uns, *inhaltlich* um das Ringen darum, ob man, wenn «Gott das Leben gegeben hat, man es auch zurückgeben kann», was nach Ansicht einiger Positionen «aus christlicher Perspektive gesehen eindeutig mit nein» beantwortet werden muss, ohne dass eine andere ethisch vertretbare Auslegung christlich wie nicht christlich geprägten Menschen zugestanden wird.[23]

---

22 Einige der wunderbarsten Formulierungen zum Kampf um Geltungsmacht und Deutungshoheit in philosophischer und theologischer Ethik und Moral findet sich bei Odo Marquard: «Hermeneutik antwortet auf die Tödlichkeitserfahrung des hermeneutischen Bürgerkrieges um den absoluten Text. […] Die Rechthaberei des Wahrheitsanspruchs der eindeutigen Auslegung des absoluten Textes kann tödlich sein: das ist die Erfahrung der konfessionellen Bürgerkriege des 17. Jahrhunderts – um den tödlichen Streit um das absolute Verständnis der heiligen Schrift. […] Jede Philosophie ist eine traurige Wissenschaft, die es nicht vermag, über dieselbe Sache mal dies, mal das zu denken und jenen dieses und diesen jenes denken zu lassen. In diesem Sinne ist selbst der Einfall suspekt. Es lebe der Vielfalt. […] Die Philosophie muss wieder erzählen dürfen und dafür – natürlich – den Preis zahlen: das Anerkennen und Erkennen der eigenen Kontingenz.» (Odo Marquard: *Abschied vom Prinzipiellen*. Stuttgart: Reclam 1981, 130) Siehe auch Anm. 5 zur Bedeutung der Konkurrenz und die Begründung der Wissenssoziologie durch Karl Mannheim.

23 Entgegen dem, was Wolfgang Huber und Peter Dabrock im Rückgriff auf Trutz Rendtorff im oben zitierten FAZ-Artikel als falsch verstandene Selbstbestimmung jenseits des

Praktisch geht es im klinisch-ethischen Umgang mit dem assistierten Suizid tatsächlich um die Vielfalt von Sterbewünschen in verschiedenen klinischen Situationen und Kontexten, um die genuin individuelle Situation der betroffenen Patientinnen, des betroffenen Patienten, der involvierten Angehörigen und des Behandlungsteams. Mit Fins und Bacchetta[24] kann dieser Kontext so zusammengefasst werden: Der Wunsch nach assistiertem Suizid kann eine Fantasie, ein Ausdruck der Aushandlung von Autonomie in schweren Leidenssituationen sein, oder tatsächlich einen wohlüberlegten, gereiften und konkreten Entschluss beinhalten. Vom pragmatistischen Standpunkt aus muss die Beihilfe zum Suizid aber nicht ethisch problematischer sein als andere Formen des Sterbens mit oder ohne Hilfe. In der Klinischen Praxis ist die Hauptentscheidung meist diejenige, von Lebensverlängerung auf Symptomkontrolle umzuschalten. In der intimen Situation mit sterbenden Patientinnen und Patienten liegt es an den Gegebenheiten, welche Möglichkeiten die besten im Kontext der individuellen medizinischen Situation und der biografischen Geschichte der betroffenen Person sind. In diesem Sinne kann Suizidbeihilfe, wenn sie optimal medizinisch, pflegerisch, psychologisch und spirituell begleitet ist, eine valide Palliative Care-Option sein.

Was mit den medizinischen Gegebenheiten und der individuellen Situation des betroffenen Menschen gemeint ist, die manchmal den assistierten Suizid als Option nahelegen, möchten wir anhand zweier Fälle schilden. Im ersten Fall war Tanja Krones als eine der Autor:innen nicht als Ethikerin, sondern als junge Ärztin involviert, und es war die erste Situation, in welcher sie mit dieser Fragestellung konfrontiert war. Beide Fälle sind aus Anonymisierungsgründen verfremdet.

Fall 1: Existenzielles Leiden am eigenen Geruch
Eine Frau Anfang 40 mit zwei Kindern, eines unter, eines über 10 Jahre alt, litt an einem metastasierten Tumor im Hals-Nasen-Ohrenbereich, der, so das Wort, welches wir für diese Situation im Medizinstudium lernten, «jauchig zerfiel». Der

---

christlichen Horizonts beschreiben, kommt die Legitimität der Zurückgabe des Lebens auch in christlicher Auslegung zum Beispiel in der Formulierung eines Pfarrers in dem 2000 erschienenen, sehr empfehlenswerten Film «Sterben auf Wunsch – Erfahrungen in Holland» von Rob Hof, welcher die Sterbehilfepraxis in den Niederlanden anhand drei verschiedener Fallsituationen schildert, vor, als auch in der These von Markus Huppenbauers Probevorlesung *Die Gabe Gottes zurückgeben. Überlegungen zum Problem der Sterbehilfe aus der Perspektive der evangelischen Ethik*. Probevorlesung an der Theologischen Fakultät der Universität Zürich vom 25.6.1999.

24 Vgl. Joseph J. Fins, Matthew D. Bacchetta: Framing the Physician-Assisted Suicide and Voluntary Active Euthanasia Debate: The Role of Deontology, Consequentialism, and Clinical Pragmatism, in: *Journal of the American Geriatrics Society* 43 (1995), 563–568.

Geruch, der von dem Tumor ausging, war für die Frau selbst unerträglich. Wir versuchten, dies mit Duft, Verbänden und Lüften zu verbessern, es war jedoch für die Familie kaum möglich, die Patientin in geschlossenen Räumen zu sehen, sodass wir ein Zimmer mit Balkon und Heizmöglichkeiten besorgten, damit sich die Familie draussen besuchen konnte. In der zweiten Woche ihres Aufenthaltes bat mich die Patientin, ihr zu helfen, Informationen über die Sterbehilfeorganisationen in der Schweiz zu besorgen, sie wolle nach ihrem Austritt in die Schweiz reisen und mit einer der Organisationen Kontakt aufnehmen. Sie bat mich auch, sie bei der Kommunikation ihres Wunsches mit dem Ehemann zu unterstützen.

Fall 2: «Tot oder lebendig zu Exit»
Der zweite Fall trug sich vor einigen Jahren bei uns am Universitätsspital zu und wird, inklusive Reflexion und Prozedere, im Duktus der klinisch-ethischen Dokumentation zusammengefasst.

Der Lebenspartner eines Patienten auf der Intensivstation rief die Klinische Ethik mit Bitte um Hilfe bei Gesprächen mit dem Behandlungsteam an.

Zwei Wochen nach Diagnose eines B-Cell Lymphoms (Lymphdrüsenkrebs) und vor Beginn der ersten Chemotherapie bat der Patient seinen Partner, Exit zu kontaktieren. Sechs Stunden, bevor der Patient mit einer Blutvergiftung septisch einbrach und intubiert werden musste, sagte ersterer seinem Partner, er solle «vorwärts machen». Gefragt, was dies genau bedeute, antwortete er seinem Lebenspartner, man solle ihn «tot oder lebend von der IPS (Intensivstation) zu Exit bringen». Im ersten Gespräch auf der IPS mit der zuständigen Assistenzärztin schilderte sie, dass dies aus ihrer Sicht wirklich der falsche Zeitpunkt sei, so etwas zu entscheiden und dass sie nicht wisse, wo eigentlich die ethische Frage sei.

Die weitere Recherche der Klinischen Ethik (Aktendurchsicht, Telefonat mit den behandelnden hämatologisch-onkologischen Ärzten) ergab, dass der Patient des Weiteren an einer Hepatitis C litt und sehr abgemagert war. Das B-Cell-Lymphom weist eine Chance auf eine komplette Remission von 87 % und eine 5 Jahres-Überlebensrate von 73 % auf. Die erste Chemotherapie auf Station wurde gut vertragen. Die akute gesundheitliche Verschlechterung resultierte aus einer Blutung aus dem Darm aus bislang ungeklärter Ursache eine Woche vor Konsultation der Klinischen Ethik. Der Patient war zu dem Zeitpunkt weiter an der Beatmungsmaschine, es ging ihm aber klinisch etwas besser.

Der Partner des Patienten berichtete im Gespräch mit der Klinischen Ethik, dass dieser in einer recht hohen Position beim Schweizer Fernsehen gearbeitet und dort die Arbeit vor sechs Jahren verloren hatte nach Diagnose der Hepatitis C. Seitdem beziehe sein Partner Invalidenrente. Er habe, so führte er weiter aus, grosse Sorge, dies mitzuteilen, ohne dass es dem Patienten zum Nachteil gereiche, aber er habe das Gefühl, sein Lebenspartner sei etwas depressiv in den letzten zwei Jahren.

Es folgte ein weiteres gemeinsames einstündiges Ethikgespräch auf Station, in welchem folgende weitere relevante Informationen eruiert werden konnten:

1. Der Patient war seit elf Jahren mit seinem Lebenspartner zusammen.
2. Es bestanden familiäre Probleme: Der Patient wollte nicht, dass seine Eltern auf Station kommen, die ihn nicht so akzeptierten, wie er war. Der Kontakt mit dem Bruder war etwas besser.
3. Er hatte seine Briefe (Betreibungen) nicht geöffnet, sondern versteckt. Sein Partner hatte sie gefunden.
4. Er hatte seinem Partner kurz vor der Intubation (Beginn der Beatmung) einen Heiratsantrag gemacht.
5. Als Mensch sei seinem Lebenspartner Selbstbestimmung extrem wichtig. Der Patient habe ein spezielles Wertesystem, welches davon ausginge, dass Tieren wie Menschen derselbe Respekt zukomme. Auch möge er sehr ungern berührt werden.
6. Aus ärztlicher Sicht konnte der Patient in wachen Phasen sehr genau äussern, was er wollte und was nicht.
7. Der Patient habe sich aber bezüglich der Ernährungssonde umentschieden: auf der Normalstation dagegen, auf der Intensivstation dafür. Dort habe er gesagt, dass er doch kämpfen wolle, um von der Intensivstation wieder wegzukommen.

Die gemeinsame Diskussion und Reflexion ergab, dass der Patient aus Sicht aller Involvierten, inklusive der Bezugspflege, tatsächlich eine Ambivalenz in der Haltung zeigte. Auf Nachfrage bestätigte der Partner, dass der Patient über seine insgesamt nicht wirklich aussichtslose Prognose informiert war, eine Fehlinformation also nicht Grund für die Aussagen in Bezug auf den Suizidwunsch sein konnte. Es wurde im Gespräch zunehmend deutlich, dass sich der vertretungsberechtigte Lebenspartner vom Behandlungsteam nicht sehr gut einbezogen fühlte (der erste Anruf ging an den Bruder des Patienten), vor allem war er nicht über die notwendige Intubation des Patienten auf der Intensivstation informiert worden, was ihn sehr traurig gemacht habe.

Die Situation konnte auf dieser Ebene akut geklärt werden. Es wurde vereinbart, den Patienten sobald als möglich auf Normalstation zu verlegen und bei Wiedererlangung der Urteilsfähigkeit gemeinsam mit dem Lebenspartner nochmals das Gespräch zu suchen.

Ein weiteres Follow-up durch die Klinische Ethik ist nicht erfolgt, der Patient ist drei Wochen später ausgetreten.

Beide Situationen verdeutlichen häufigere Fragestellungen und Konstellationen zum assistierten Suizid in der Klinischen Ethik:
1. Die Frage nach dem subjektiven Leiden
2. Die rein klinisch bestehenden/begrenzten Möglichkeiten der Sterbebegleitung aufgrund der individuellen gesundheitlichen Situation
3. Die Problematik des spät oder in Situationen der drohenden oder bereits bestehenden (Teil-)Urteilsunfähigkeit geäusserten Wunsches nach assistiertem Suizid
4. Die Unkenntnis der Betroffenen über die Möglichkeiten der Sterbebegleitung ohne assistierten Suizid je nach medizinischer Situation, meist ohne erfolgte gesundheitliche Vorausplanung (Advance Care Planning) durch die Behandlungsteams oder Teams der Organisationen, die Suizidassistenz anbieten
5. Die Wichtigkeit des Verständnisses der individuellen Biografie und der Kommunikation(sdefizite) in der Bearbeitung der klinisch-ethischen Konfliktsituationen, um diese zu «lösen»

Die ersten beiden Aspekte, die sich in den beschriebenen Situationen der Patientinnen und Patienten widerspiegeln, greifen die auch von Fins und Bacchetta genannten Erwägungen auf, dass es häufig um die Frage geht, welches Therapieziel grundsätzlich gemeinsam verfolgt wird, ob und wenn ja zu welchem Zeitpunkt sich das Therapieziel ändert und welche Möglichkeiten der Sterbebegleitung medizinisch bestehen.

Nehmen wir an, die Patientin, die die Erstautorin als junge Ärztin betreut hatte, hätte nicht nur den Tumor, dessen Geruch für sie unerträglich ist, sondern wäre auch dialysepflichtig. Rechtlich kann eine dialysepflichtige Patientin jederzeit – in fast jedem Land der Welt – bei gegebener Urteilsfähigkeit verlangen, dass die Dialyse sistiert wird. Eine Weiterführung der medizinischen Massnahme wäre juristisch eine Körperverletzung. Wird die Dialyse abgebrochen, so tritt bei einem voll dialysepflichtigen Menschen der Tod in der Regel innerhalb weniger Tage ein und kann palliativ gut begleitet werden. Moralisch erscheint der Umstand, dass zusätzlich zum Tumor eine Niereninsuffizienz vorliegt, arbiträr. Diese somatische Situation ermöglicht es aber, das von der Patientin geäusserte Therapieziel umzusetzen, «passive Sterbehilfe» durch Sistieren der Dialyse einzuleiten und je nach entstehender Symptomlast vor Eintreten des Todes mögliche Atemnot oder Krämpfe medikamentös zu bekämpfen. Letzteres wird juristisch und in verschiedenen Klassifikationen immer noch als «indirekte» – in der Schweiz «indirekte aktive» – Sterbehilfe bezeichnet. Diese wird in der allgemeinen Debatte – selten in der Klinik, dort gilt dies als palliativ notwendige «best practice» – auf Basis des auf Thomas von Aquin zurückgehenden Prinzips der möglichen Doppelwirkung interpretiert, bei der eine gute Absicht («Symptomlinderung») eine als ethisch problematisch klassifizierte Handlungskonsequenz («Lebensverkürzung») rechtfertigen kann. Abgesehen davon, dass das Konstrukt der «indirekten Sterbehilfe» – was hier nicht diskutiert werden soll – aus verschiedenen Gründen in der internationalen ethischen, juristischen und medizinischen Debatte problematisiert wird, kann konstatiert werden, dass die Patientin ohne Niereninsuffizienz, die subjektiv unerträglich unter einem Symptom leidet, welches nicht medikamentös in Form einer «indirekten Sterbehilfe» behandelt werden kann, nicht innerhalb der folgenden Tage bis Wochen versterben kann. Es gibt kein Medikament mit Doppelwirkung bei unerträglichem Geruch, und wenn es ein solches gäbe, wäre der Tod in der beschriebenen Konstellation prognostisch nicht in wenigen Stunden bis Tagen zu erwarten, was – durchaus kontrovers diskutiert – eine Voraussetzung für die palliative Sedierung darstellt.

Was konnte die Patientin mit jauchig zerfallendem Tumor ohne Niereninsuffizienz also tun? Was konnte die Erstautorin damals als Ärztin anbieten? Neben dem Versuch, die Situation so erträglich wie möglich zu gestalten, blieb das Warten auf eine akute medizinische Komplikation (Blutung, Entzündung), die aber erst in Wochen oder sogar Monaten oder gar nicht eintreten könnte. Diese kann dann als Ausgang aus der Situation klinisch palliativ statt lebensverlängernd betreut werden, ohne dass sicher ist, dass die Patientin diese klinische Verschlechterung nicht überlebt und schliesslich an den systemischen Folgen des metastasierenden Tumors mit über Wochen und Monaten zunehmender Symptomlast verstirbt.

Oder aber es bliebe
1. der selbst ohne medizinische Assistenz durchgeführte Suizid,
2. in Ländern, die dies prinzipiell zulassen (z.B. Schweiz, Deutschland), der medizinisch assistierte Suizid, der in (Universitäts-)Spitälern der Westschweiz auch innerhalb des Spitals offiziell möglich ist,
3. in der Deutschschweiz mit institutionellen Richtlinien, die die Suizidassistenz innerhalb der Institution nicht gestatten, die Verlegung nach Hause oder in eine Institution (oder ein «Sterbezimmer») und Durchführung des assistierten Suizids nach Austritt, wenn sich Ärztinnen und Ärzte unter Einhaltung der rechtlichen und standesrechtlichen Sorgfaltspflichten dazu bereit sehen,
4. in Ländern, die dies prinzipiell zulassen (z.B. Belgien, Niederlande, Luxemburg), die aktive Sterbehilfe auf Verlangen, wenn sich Ärzte und Ärztinnen unter Einhaltung der rechtlichen und standesrechtlichen Sorgfaltspflichten dazu bereit sehen.

4. Klinische Ethik und Klinikseelsorge als Schwestern im Geiste: Vom Elend des Menschen berührt

Vor Jahren schon stolperte die Erstautorin über einen Leserbrief der Hannoveraner Krankenhausseelsorgerin Monika Rudolph zu dem zuvor in der deutschen Wochenzeitung «Die Zeit» erschienen Artikel «Entscheidung an der Wiege» von Achim Wüsthof.[25] Der Artikel befasste sich mit dem kurz zuvor in der Zeitschrift «New England Journal of Medicine» publizierten «Groningen Protokoll» der niederländischen Neonatologen Eduard Verhagen und Pieter Sauer mit Erwägungen, unter welchen Umständen eine aktive Sterbehilfe bei Neugeborenen in Fällen schweren, nicht suffizient behandelbaren Leidens zulässig sein könnte.[26] Der Artikel hatte weltweit intensive Diskussionen ausgelöst, der Zeit-Artikel über das Groningen Protokoll in Deutschland ebenso – dabei waren viele Kommentare im Tenor hochgradiger moralischer Entrüstung.

Der Duktus dieses Leserbriefs war ganz anders. «Schon das Lesen des Artikels», schrieb Monika Rudolph, wecke in ihr «tiefe Betroffenheit und Mitgefühl mit den kleinen Menschen, die diese Qualen ertragen müssen, mit den hilflosen, verzweifelten Eltern und auch mit dem Arzt Dr. Eduard Verhagen». Sie habe weniger Mitgefühl «mit dem italienischen Journalisten, der ihn als arisches Monster» abstemple. Auch machten sie «die Äusserungen des Bischofs Elio Sgreccia traurig: ‹Man beginne bei dem missgebildeten Embryo ohne Gehirn und ende schliesslich bei dem Kind, dessen Geburt die Urlaubspläne stören würde›». Dies empfände sie als polemisch und ihr seien solche Eltern auch noch nicht begegnet. Sie, die seit 19 Jahren als Krankenhausseelsorgerin arbeite, dabei Schwerkranke und Sterbende begleite, soweit es ihre Kraft zuliesse, teile die Auffassung, dass geduldete Tötung nicht als Gesetzesentwurf im Parlament eingebracht werden solle. Doch habe sie «den Anstand zuzugeben, dass es auch aus Feigheit» geschähe, sich festlegen zu können. Zu gross seien «Ohnmacht und Ratlosigkeit angesichts solcher uns überfordernder Situationen». Sie erlebe sich als Seelsorgerin immer wieder «vom Elend des Menschen berührt, besonders in ausweglosen Situationen». Trost klinge dort hohl, Worte schmeckten fade, nach einem Hoffnungsfunken rufe man vergeblich und bete mit den Patienten, rechte aus tiefer Not mit seinem Gott und empfände, ähnlich wie der Leidende, unendliche Gottesferne, die schmerze und kaum auszuhalten sei. Und sie gebe zu: In einer solchen Situation kenne sie in ihrer Kleinheit als Geschöpf die Lösung nicht. Aber sie sei «weit davon entfernt, zu

---

25 Leserbrief zu Achim Wüsthof: Entscheidung an der Wiege, in: *Die Zeit* (6/2005).
26 Vgl. Eduard Verhagen, Pieter J. J. Sauer: The Groningen Protocol – Euthanasia in Severely Ill Newborns, in: *The New England Journal of Medicine* 352 (2005), 959–962.

schnell auf Menschen mit dem Finger zu zeigen, die nach ehrlicher Prüfung ihres Gewissens» handelten. Dieses Handeln möge falsch sein, doch wie stünde es mit denjenigen, die gar nicht handelten, sondern nur klug daherredeten?

Der Leserbrief endet mit dem Gedicht von Else Lasker-Schüler:

> Um meine Augen zieht die Nacht
> Sich wie ein Ring zusammen.
> Mein Puls verwandelt das Blut in
> Flammen
> O Gott und bei lebendigem Tage,
> Träum ich vom Tod.
> Im Wasser trink ich ihn und würge ihn im Brot.
> Für meine Traurigkeit fehlt jedes
> Mass auf deiner Waage.

Als die Erstautorin diese Worte las, musste sie sofort an die Einleitung zu einer Neuauflage des bahnbrechenden Buchs von Carol Gilligan «In a different voice» denken, welches die moderne Care-Ethik mitbegründet hatte, die, wie auch die narrative Ethik, sehr wichtige Instrumente in der klinischen Ethik bereitstellen.[27] Die Fragestellungen, die Carol Gilligan in ihren moralpsychologisch ausgerichteten Studien untersuchte, war nicht die Sterbehilfe, sondern der Schwangerschaftsabbruch. Wie Gilligan feststellte, schnitten Mädchen und Frauen auf dem von ihrem Mentor, dem amerikanischen Psychologen Laurence Kohlberg, primär an Jungen und Männern empirisch durch standardisierte deduktive Verfahren konstruierten Stufenschema der Moral im Schnitt schlechter ab als Jungen. Dieses Stufenschema basiert auf den Vorstellungen von Piaget, Kant und Rawls über eine universell gleich vorkommende, sich in Stufen vollziehende kognitive und moralische Entwicklung hin zur Vernunft und zu abstrakten Vorstellungen von Gerechtigkeit. Ist es nun so, dass Mädchen und Frauen unmoralischer sind? Die Unterlegenheit von Mädchen im Kohlberg'schen Moral-Stufenschema wollte die junge Assistentin nicht wirklich glauben. Sie hatte die Idee, dass diese Unterlegenheit nicht wahrhaft gegeben, sondern ein systematischer Fehler der Messung aufgrund des falschen Paradigmas einer universell gleich gegebenen, sich hin zur abstrakten Gerechtigkeit entwickelnden höchsten Stufe der Moralentwicklung ist. Dies untersuchte Gilligan primär durch qualitative Studien vor allem an jungen Frauen, die einen

---

27 Vgl. Carol Gilligan: *In a different voice.* Cambridge: Harvard University Press 1982/1993: xi-xii; Martha Montello: Narrative Ethics: The Role of Stories in Bioethics, in: *The Hastings Center Report* 44 (2014), 2–6.

Schwangerschaftsabbruch durchgeführt hatten, und veröffentliche die Ergebnisse 1982 als die «andere Stimme» der Moral. In der Einleitung («Letter to readers») der durch dieses Vorwort ergänzten Auflage von 1993 schreibt sie:

> Heute findet sich meine damalige Verwunderung bezüglich der Differenz bei vielen anderen Philosophen und Autoren, wie Ronald Dworkin – Die Differenz über die Stimme der Frauen in den Interviews zu Schwangerschaftsabbrüchen und die Begriffe und der Duktus der öffentlichen Debatte (Die schreiende Rhetorik über Rechte und Mord). Aufmerksam den Stimmen der heranwachsenden und erwachsenen Frauen zuhörend, findet Dworkin sie zutiefst erhellend, so dass er zu derselben Schlussfolgerung kommt wie ich, was damals als eine radikale und schwer zu unterstützende Position erschien: «Über einen Schwangerschaftsabbruch zu entscheiden ist kein einzigartiges Problem, abgetrennt von allen anderen Entscheidungen, sondern eher ein dramatisches und Klarheit bringendes Beispiel für Entscheidungen, die Menschen während ihres gesamten Lebens treffen müsse (Übers. der Autor:innen).

Wenn wir Menschen, die in existenziellen Situationen sind, wirklich aktiv und achtsam zuhören, uns vom Elend der Menschen berühren lassen, und auch im öffentlichen Diskurs denjenigen, die in ethischen Problem- und Dilemmasituationen andere Moralvorstellungen haben als wir selbst, ebenso ernsthaft zuhören – wie dies auch Elif Shafak so wunderbar in ihrem in Coronazeiten entstandenen Essayband «Hört einander zu!» formuliert –, werden die Stimmen, die «richtiges moralischen Handeln» in menschlichen, medizinischen Grenzsituationen einfordern, ohne den von existenziellem Leid Betroffenen auf Augenhöhe begegnet zu sein, vielleicht leiser und demütiger. Dadurch widerstehen wir auch eher der Versuchung der oben von Odo Marquart beschriebenen «Rechthaberei des absoluten Wahrheitsanspruchs»,[28] was Gefahren des, so auch Elif Shafak, moralischen Bürgerkriegs mindert.[29]

Auf der Tagung zu den Kontroversen des assistierten Suizids in der Seelsorge, auf welcher dieses Buch beruht, haben wir einander zugehört. Und darum sind wir für die Gelegenheit, hierzu einen Beitrag haben leisten zu dürfen, sehr dankbar.

---

28 Vgl. Anm. 22.
29 Vgl. Elif Shafak: *Hört einander zu!*, Zürich: Kein und Aber 2021.

Der Freiwillige Verzicht auf Nahrung und Flüssigkeit (FVNF)
Eine Alternative zur Suizidhilfe?

Michael Coors

In den aktuellen Diskussionen über die Rolle von Seelsorgenden im Kontext des assistierten Suizids in der Schweiz wie auch in der Diskussion darüber, wie kirchlich getragene Einrichtungen des Gesundheitswesens in Deutschland mit dem Ansinnen nach Suizidhilfe umgehen sollen, wird gelegentlich auf das sogenannte «Sterbefasten», auf den Freiwilligen Verzicht auf Nahrung und Flüssigkeit (FVNF), als Alternative zum assistierten Suizid verwiesen. In diesem Sinne formuliert z. B. das Positionspapier des Synodalrats der Reformierten Kirchen Bern-Jura-Solothurn «Solidarität bis zum Ende» unter der Zwischenüberschrift «Miteinander Alternativen suchen»:

> Ebenfalls entlastend kann wirken, wenn jemand über andere Möglichkeiten, das Sterben zu beschleunigen, orientiert wird, etwa das Sterbefasten.[1]

Der FVNF mit dem Ziel, den eigenen Tod herbeizuführen, wird hier exemplarisch als Alternative zur Inanspruchnahme von Suizidassistenz angeführt. Dabei wird offenbar nahegelegt, dass diese Alternative moralisch weniger problematisch sein könnte. Ähnlich äussern sich auch Peter Dabrock und Wolfgang Huber in ihrem Artikel in der FAZ vom 25.1.2021 im Rahmen der deutschen Diskussion:

> Die Diakonie sollte ihr Profil statt durch ein geschäftsmäßiges Angebot im Bereich der Suizidassistenz durch Formen der Begleitung in der letzten Lebensphase stärken, die ihr Gewicht auf mögliche Alternativen legen. [...] Dazu gehören ferner der freiwillige Behandlungsverzicht, die palliative Sedierung [...] und der begleitete freiwillige Verzicht auf Nahrung und Flüssigkeit.[2]

---

[1] Synodalrat der reformierten Kirchen Bern-Jura-Solothurn: *Solidarität bis zum Ende. Position des Synodalrats der Reformierten Kirchen Bern-Jura-Solothurn zu pastoralen Fragen rund um den assistierten Suizid.* Bern 2017, 5.

[2] Peter Dabrock, Wolfgang Huber: Selbstbestimmt mit der Gabe des Lebens umgehen, in: *Frankfurter Allgemeine Zeitung*, Nr. 20 (25.1.2021), 6.

Der Freiwillige Verzicht auf Nahrung und Flüssigkeit wird hier also in einer Reihe mit dem rechtlich gegebenenfalls sogar gebotenen Therapieverzicht und der weitgehend unstrittigen Praxis der palliativen Sedierung[3] als Alternative zum assistierten Suizid angeführt. Damit wird nahegelegt, dass es sich beim FVNF, ähnlich wie bei diesen anderen Praktiken, um eine moralisch unstrittige Praxis handelt.

Das steht allerdings in Spannung dazu, dass sich im deutschsprachigen Raum rund um das Thema des FVNF in den letzten Jahren eine durchaus kontroverse ethische Diskussion entwickelt hat,[4] die für sich genommen bereits deutlich macht, dass auch der FVNF für ethischen Diskussionsbedarf sorgt. Daher sollen im Folgenden nach einer definitorischen Einordnung die unterschiedlichen Konfliktlinien in der moralischen Bewertung der Praxis des FVNF herausgearbeitet werden, um vor diesem Hintergrund deutlich zu machen, warum der schlichte Verweis auf den FVNF als Alternative zum assistierten Suizid zu kurz greift. Vor diesem Hintergrund ist dann auch danach zu fragen, was dies für die Rolle der Seelsorge beim FVNF bedeutet.

1. Begriff, Abgrenzung, Häufigkeit

In der Diskussion begegnen eine Reihe unterschiedlicher Begriffe für das, was ich im Folgenden als «Freiwilligen Verzicht auf Nahrung und Flüssigkeit» (FVNF) bezeichne. Verbreitet ist der Begriff «Sterbefasten», den auch Boudewijn Chabot

---

3   Zum ethischen Klärungsbedarf bezüglich der Rahmenbedingungen der palliativen Sedierung vgl. aber z. B. Gerald Neitzke, Frank Oehmichen, Hans-Joachim Schliep, Dietrich Wördehoff: Sedierung am Lebensende. Empfehlungen der AG Ethik am Lebensende in der Akademie für Ethik in der Medizin (AEM), in: *Ethik in der Medizin* 22 (2010), 139–147; Bernd Alt-Epping, Eva Schildmann, Dietmar Weixler: Palliative Sedierung und ihre ethischen Implikationen, in: *Der Onkologe* 22 (2016), 852–859; Claudia Bozzaro: Der Leidensbegriff im medizinischen Kontext. Ein Problemaufriss am Beispiel der tiefen palliativen Sedierung am Lebensende, in: *Ethik in der Medizin* 27 (2015), 93–106.

4   Vgl. dazu im Überblick z. B. Michael Coors, Alfred Simon, Bernd Alt-Epping (Hg.): *Freiwilliger Verzicht auf Nahrung und Flüssigkeit. Medizinische und pflegerische Grundlagen – ethische und rechtliche Bewertungen* (Münchner Reihe Palliative Care 14), Stuttgart: Kohlhammer 2019. International wird das Thema schon seit den 1990er-Jahren diskutiert. Vgl. z. B. James L. Bernat, Bernard Gert, R. Peter Mogielnicki: Patient Refusal of Hydration and Nutrition. An alternative to physician-assisted suicide or voluntary euthanasia, in: *Archives of Internal Medicine* 153 (1993), 2723–2731. Zur theologischen Diskussion vgl. auch Mirjam Zimmermann, Ruben Zimmermann: Lebenssatt! Theologisch-ethische Überlegungen zum «Sterbefasten»/Freiwilligen Verzicht auf Nahrung und Flüssigkeit (FVNF), in: *Zeitschrift für Evangelische Ethik* 64 (2020), 37–52, und dies., Passiver Suizid oder Einwilligung ins Sterben? Ein Beitrag zum Freiwilligen Verzicht auf Nahrung und Flüssigkeit (FVNF), in: *Zeitschrift für medizinische Ethik* 65 (2019), 299–313.

und Christian Walther in ihrem Buch «Ausweg am Lebensende» verwenden,[5] dessen Publikation wesentlich dazu beigetragen hat, das Thema im deutschsprachigen Raum bekannt zu machen.[6] Der Begriff prägt auch zahlreiche Erfahrungsberichte zum Thema.[7] Chabot und Walther verweisen für die Herkunft des Begriffs einerseits auf antike römische Quellen[8] und andererseits auf die Praxis des Fastens bis zum Tod (*Sallekhanā*) in der dem Hinduismus nahestehenden religiösen Bewegung der Jaina.[9] Dabei handelt es sich um eine religiöse Fastenpraxis, bei der der Tod der fastenden Person durch das Fasten in besonderen Fällen als eine Form der religiösen Vollendung des Lebensweges gelten kann, weil sich darin die völlige Aufgabe des Selbst realisiert. Dabei wird diese gewaltfreie Praxis des Herbeiführens des eigenen Todes deutlich gegenüber dem Suizid abgegrenzt, der bei den Jaina moralisch negativ bewertet wird.[10] Es geht also bei dieser Form des Fastens um eine religiöse Praxis, die gerade nicht in erster Linie auf die Durchsetzung der Selbstbestimmung einer Person zielt. Vielmehr geht es um die vollständige Selbstaufgabe mit dem Ziel des Durchbrechens des Kreislaufes der Reinkarnation.

In der durch das Christentum geprägten Kultur unserer Gesellschaften verbindet sich mit dem Begriff des Fastens vor allem die Vorstellung eines Nahrungsverzichts aus religiösen oder auch kultischen Gründen, der z. B. auf eine Intensivierung der Gottesbeziehung zielt oder ein Akt der Sühne für begangene Sünden darstellen kann.[11] Von daher wird das Fasten überwiegend als eine Praxis wahrgenommen, mit der sich eher positive Wertzuschreibungen verbinden, die durch die Verwendung

---

5 Boudewijn Chabot, Christian Walther: *Ausweg am Lebensende. Sterbefasten – Selbstbestimmtes Sterben durch freiwilligen Verzicht auf Essen und Trinken*. München, Basel: Ernst Reinhardt ⁶2021.
6 Das Buch wurde in 1. Auflage 2010 publiziert. 2021 erschien bereits die 6. Auflage.
7 Vgl. z. B. Christiane zur Nieden: *Sterbefasten. Freiwilliger Verzicht auf Nahrung und Flüssigkeit – Eine Fallbeschreibung*, Frankfurt a. M.: Mabuse 2016; Frauke Luckwaldt: *Ich will selbstbestimmt sterben! Die mutige Entscheidung meines Vaters zum Sterbefasten*. München, Basel: Ernst Reinhardt 2018; Peter Kaufmann, Manuel Trachsel, Christian Walther: *Sterbefasten. Fallbeispiele zur Diskussion über den Freiwilligen Verzicht auf Nahrung und Flüssigkeit*. Stuttgart: Kohlhammer 2020.
8 Vgl. dazu auch Zimmermann/Zimmermann, Passiver Suizid?, 301 f.
9 Vgl. Chabot/Walther, *Ausweg*, 14. Vgl. dazu Purushottama Bilimoria: The Jaina Ethic of Voluntary Death, in: *Bioethics* 6 (1992), 331–355; Birgit Heller: Leben bewahren – Sterben zulassen. Weltreligionen und Euthanasie, in: *Zeitschrift für Religionswissenschaft* 9 (2001), 105–134, 110; Shirely Firth: End-of-life. A Hindu view, in: *The Lancet* 366 (2005), 682–686, 684.
10 Vgl. Bilimoria, The Jaina Ethic, 342.
11 Vgl. Peter Gerlitz: Art. Fasten/Fasttage. I. Religionsgeschichtlich, in: *Theologische Realenzyklopädie* Bd. 11, 42–45.

des Begriffs Sterbefasten auch auf die Praxis des Freiwilligen Verzichts auf Nahrung und Flüssigkeit übertragen werden. Darum ist der zwar aufgrund seiner Kürze praktische Begriff für eine Diskussion der ethischen Ambivalenzen des Phänomens ungeeignet, weil er von vornherein zu einer positiven moralischen Wertung des Phänomens tendiert, das erst einmal ethisch reflektiert werden soll – darin ähnelt er dem Begriff des Freitodes für das Phänomen des Suizids.[12]

Alternativ kann im Deutschen in Analogie zum englischen Begriff des «Voluntary Stopping of Eating and Drinking»[13] vom «Freiwilligen Verzicht auf Essen und Trinken» (FVET) gesprochen werden.[14] Deutlich gemacht werden soll damit, dass Essen und Trinken «mehr umfasst als nur die Zufuhr von Flüssigkeit und Nährstoffen. Dazu gehört auch der Genuss beim Essen und Trinken».[15] Der Vorteil der Bezeichnung FVET gegenüber der Bezeichnung FVNF liegt darin, dass damit schon begrifflich eine deutliche Abgrenzung gegenüber der *künstlichen* Zufuhr von Nahrung und Flüssigkeit erfolgt, um die es in diesen Fällen nicht geht.[16] Denn bei künstlicher Ernährung handelt es sich immer um eine medizinische Therapie, die ohnehin nicht ohne die Einwilligung des Patienten oder der Patientin vorgenommen werden darf. Insofern es aber beim FVNF gerade nicht um den Verzicht auf weitere Aspekte des Essens und Trinkens wie z. B. den des Genusses geht, sondern in erster Linie um die Unterbindung der Zufuhr von Nahrung und Flüssigkeit, durch die der Tod herbeigeführt werden soll, scheint mir der Begriff des Freiwilligen Verzichts *auf Nahrung und Flüssigkeit* (FVNF) nach wie vor angemessener.

Durchaus zu Recht weisen Andreas Heller und Susanne Krenzle darauf hin, dass sowohl die Bezeichnung FVNF als auch FVET das eigentliche Ziel des Unterlassens verschweigen, nämlich das Herbeiführen des eigenen Todes, und sprechen

---

12 Zur Kritik an diesem Begriff vgl. auch Frank Kittelberger: Der Skandal liegt in der Verharmlosung des Begriffs «Fasten»!, in: *Praxis Palliative Care* 41 (2018), 21–24 und Zimmermann/Zimmermann, Passiver Suizid?, 301 f.
13 Vgl. z. B. Natasa Ivanovic, Daniel Büche, André Fringer: Voluntary stopping of eating and drinking at the end of life – a «systematic search and review» giving insight into an option of hastening death in capacitated adults at the end of life, in: *BMC Palliative Care* 13/1 (2014), https://doi.org/10.1186/1472-684X-13-1; Julie Christenson: An Ethical Discussion on Voluntarily Stopping Eating and Drinking by Proxy Decision Maker or by Advance Directive, in: *Journal of Hospice & Palliative Nursing* 21/3 (2019), 188–192.
14 So z. B. Deutsche Gesellschaft für Palliativmedizin (DGP), *Positionspapier der Deutschen Gesellschaft für Palliativmedizin zum freiwilligen Verzicht auf Essen und Trinken*, 2019, https://www.dgpalliativmedizin.de/phocadownload/stellungnahmen/DGP_Positionspapier_Freiwilliger_Verzicht_auf_Essen_und_Trinken%20.pdf, Zugriff am 6.7.2021.
15 DGP, Positionspapier, 4.
16 Vgl. Philipp Starke: Freiwilliger Verzicht auf Essen und Trinken – zur ethischen Lagebestimmung eines ambivalenten Begriffs, in: *Ethik in der Medizin* 32 (2020), 171–187, 173.

darum vom «Tod durch freiwilligen Verzicht auf Essen und Trinken» (ToFVET).[17] So richtig diese Beobachtung inhaltlich ist, wird sich diese Wendung vermutlich schon allein wegen ihrer Kompliziertheit nicht durchsetzen.

Im Durchgang durch die verschiedenen Bezeichnungen wurden damit bereits alle Aspekte benannt, die für die Praxis des FVNF konstitutiv sind. Alfred Simon und Nina Luisa Hoekstra definieren m. E. präzise:

> Der freiwillige Verzicht auf Nahrung und Flüssigkeit (FVNF) ist die freie Entscheidung einer einwilligungsfähigen Person, Essen und Trinken einzustellen, um damit absichtlich den eigenen Tod herbeizuführen.[18]

Diese Definition macht auch klar, welche Formen des Verzichts auf Nahrung und Flüssigkeit hier nicht im Blick sind. Ausgeschlossen sind alle Situationen, in denen die Reduktion oder Beendigung der Nahrungs- und Flüssigkeitsaufnahme nicht auf einen freien, willentlichen Entschluss der betroffenen Person zurückgeht, sei es, weil sie nicht mehr einwilligungsfähig ist (z. B. aufgrund einer fortgeschrittenen Demenz) oder weil sie aus anderen Gründen (z. B. aufgrund schwerer Erkrankung) ein reduziertes Nahrungs- und/oder Flüssigkeitsbedürfnis hat. Damit sind insbesondere die vielen Patientinnen und Patienten ausgeschlossen, bei denen sich z. B. im Zuge des Sterbeprozesses ein reduzierter Nahrungs- und Flüssigkeitsbedarf einstellt: Für diese Personen gilt, dass sie nicht sterben, weil sie zu wenig essen oder trinken, sondern dass sie weniger essen oder trinken, weil sie sterben.

In der Praxis der medizinischen und pflegerischen Versorgung wird es hier immer wieder fliessende Übergänge geben. Nicht immer ist klar, ob z. B. eine pflegebedürftige Person nicht mehr isst und trinkt, weil sie dies selbstbestimmt so entschieden oder weil sie keinen Bedarf an Nahrung und Flüssigkeit mehr hat. Zudem ist auch denkbar, dass die reduzierte Nahrungs- und Flüssigkeitsaufnahme Folge einer pathologischen Veränderung ist, die behandlungsbedürftig ist. Diese unterschiedlichen Faktoren werden sich in der Praxis häufig überlagern und nicht klar trennen lassen. Das rechtfertigt allerdings nicht, in der Definition des FVNF auf das Moment der selbstbestimmten Entscheidung zu verzichten,[19] denn es geht hier

---

17 Andreas Heller, Susanne Kränzle: Tod durch freiwilligen Verzicht auf Essen und Trinken (ToFVET). Sterben des homo faber und seine organisationsethischen Implikationen, in: *Zeitschrift für medizinische Ethik* 65 (2019), 281–297, insb. 283 f.
18 Alfred Simon, Nina Luisa Hoekstra: Sterbefasten – Hilfe im oder Hilfe zum Sterben?, in: *Deutsche Medizinische Wochenschrift* 140/14 (2015), 1100–1102, 1100.
19 So Zimmermann/Zimmermann, Lebenssatt!, 39 f. Vgl. auch dies., Passiver Suizid?, 302.

um die normativ relevante Unterscheidung zwischen einem willentlichen Handeln oder Unterlassen im Gegenüber zum nicht-willentlichen Verhalten. Für Erstes ist eine Person verantwortlich, für Letztes nicht.[20]

Darauf, dass Situationen der künstlichen Ernährung ausgeschlossen sind, wurde bereits hingewiesen. Ebenfalls ausgeschlossen sind alle Situationen, in denen der Verzicht auf Nahrung und Flüssigkeit einem anderen Zweck dient als der Herbeiführung des eigenen Todes, also z. B. der sogenannte Hungerstreik zur Durchsetzung politischer Ziele, bei dem der mögliche Tod durch den Verzicht nur in Kauf genommen wird, aber nicht das Ziel darstellt.

Wie häufig der FVNF durchgeführt wird, ist strittig.[21] Studien aus den Niederlanden beziffern die Anzahl der Fälle von FVNF auf zwischen 0,4 % und 2,1 % der jährlichen Todesfälle.[22] Für Schweizer Pflegeeinrichtungen ergab eine Studie für das Jahr 2016, dass 1,7 % aller Todesfälle in Pflegeeinrichtungen Resultat eines FVNF waren.[23] Viele Studien zum Thema leiden allerdings daran, dass nicht klar ist, ob den befragten Personen die Abgrenzung des FVNF z. B. zu denjenigen Fällen klar ist, in denen die Nahrungs- und Flüssigkeitsaufnahme aufgrund eines schwindenden Bedarfs an Nahrung und Flüssigkeit eingestellt wird.[24] Deutlich ist aber, dass

---

20 Die Frage nach der normativen Relevanz der Unterscheidung von Handeln und Unterlassen, auf die sich Zimmermann/Zimmermann, Passiver Suizid?, 302–305, konzentrieren, ist gegenüber der Unterscheidung von Handeln und Verhalten mit Blick auf die Frage, ob der FVNF notwendig eine willentliche Entscheidung erfordert, sekundär.
21 Zur Empirie vgl. Nina Luisa Hoekstra, Alfred Simon: Empirische Daten zum Freiwilligen Verzicht auf Nahrung und Flüssigkeit, in: Coors et al., Freiwilliger Verzicht, 94–105, und Jane Lowers, Sean Hughes, Nancy J. Preston: Overview of voluntary stopping eating and drinking to hasten death, in: *Annals of Palliative Medicine* 10/3 (2021), 3611–3616, 3612.
22 Bregje D. Onwuteaka-Philipsen, Arianne Brinkmann-Stoppelenburg, Corine Penning, Gwen J. F. de Jong-Krul, Johannes J. M. van Delden, Agnes van der Heide: Trends in end-of-life-practices before and after the enactment of the euthanasia law in the Netherlands from 1990 to 2010. A repeated cross-sectional survey, in: *The Lancet* 380 (2012), 908–915, 914. Nach dieser Studie waren im Jahr 2010 0,4 % der Todesfälle in den Niederlanden Fälle eines FVNF. Eine ältere Studie kommt zu dem Ergebnis, dass 2,1 % der Todesfälle in den Niederlanden Fälle von FVNF sind. Vgl. Boudewijn Chabot, Arnold Goedehart: A survey of self-directed dying attended by proxies in the Dutch population, in: *Social Science & Medicine* 68 (2009), 1745–1751.
23 Vgl. Sabrina Stängle, Wilfried Schnepp, Daniel Büche, André Fringer: Long-term care nurse' attitude and the incidence of voluntary stopping eating and drinking. A cross-sectional study, in: *Journal of Advanced Nursing* 76 (2020), 526–534.
24 Diese Problematik deutet m. E. zu Recht Bernd Alt-Epping an. Vgl. ders.: Der Freiwillige Verzicht auf Nahrung und Flüssigkeit in Abgrenzung zum Suizid. Kasuistiken und Analogien, in: Coors et al., Freiwilliger Verzicht, 157–167, 158.

Ärztinnen und Ärzte wie auch Pflegekräfte immer wieder mit Patienten und Patientinnen in Kontakt kommen, die einen FVNF in Betracht ziehen oder erwägen, ihn durchzuführen.[25]

2. Zur Diskussion über die Verhältnisbestimmung von FVNF und Suizid

Bezüglich der Frage, wie der FVNF sich zum Suizid verhält, werden mindestens drei unterschiedliche Positionen vertreten. Der FVNF selbst ist dadurch definiert, dass er auf die Herbeiführung des eigenen Todes zielt. Darum liegt es nahe, den FVNF als eine Form der Selbsttötung zu verstehen, die von anderen Formen z. B. dadurch abgesetzt wird, dass man von einem «passiven Suizid»[26] oder einem «Suizid durch Unterlassen»[27] spricht. Anders als bei gewöhnlichen Suiziden findet die Selbsttötung beim FVNF allerdings ohne äussere Gewalteinwirkung und ausschliesslich durch Unterlassen statt. Darum unterscheiden andere das Herbeiführen des Todes durch den FVNF deutlich vom Suizid[28] und rücken ihn z. B. in die Nähe eines Unterlassens von lebenserhaltenden Behandlungen, von dem er sich allerdings dadurch unterscheidet, dass keine medizinische Behandlung, sondern die Befriedigung eines basalen menschlichen Bedürfnisses unterlassen wird. Charakteristisch ist für den FVNF, dass er grundsätzlich vollständig ohne Unterstützung anderer durchgeführt werden kann: Es braucht ausser dem Willen der betroffenen Person keine äusseren Mittel (z. B. ein tödliches Medikament), um das Herbeiführen des Todes umzusetzen. Schliesslich kann man – in Nähe zu der eben skizzierten zweiten Position – den FVNF für eine Form der selbstbestimmten Lebensbeendigung *sui generis*

---

25   Vgl. Hoekstra/Simon, Empirische Daten, 100f; Lowers et al., Overview, 3612; Eva E. Bolt, Martijn Hagens, Dick Willems, Bregje D. Onwuteak-Philipsen: Primary Care Patients Hastening Death by Voluntarily Stopping Eating and Drinking, in: *Annals of Family Medicine* 13 (2015), 421–428.
26   So z. B. Dieter Birnbacher, Freiwilliger Verzicht auf Nahrung und Flüssigkeit = «passiver Suizid» – was folgt?, in: Coors et al., Freiwilliger Verzicht, 106–119, und ders., Ist Sterbefasten eine Form von Suizid?, in: *Ethik in der Medizin* 27 (2015), 315–324.
27   So z. B. Michael Coors, Zur theologisch-ethischen Bewertung des Freiwilligen Verzichts auf Nahrung und Flüssigkeit. Eine evangelische Perspektive, in: Coors et al., Freiwilliger Verzicht, 120–132.
28   Vgl. Alt-Epping, Der Freiwillige Verzicht, und Oliver Tolmein, Warum der Freiwillige Verzicht auf Nahrung und Flüssigkeit nicht als Selbsttötung im Sinne des § 217 StGB zu sehen ist – und welche rechtlichen Konsequenzen sich daraus ergeben, in: Coors et al., Freiwilliger Verzicht, 133–147.

halten, die sowohl vom Suizid als auch vom Tod durch Beendigung lebenserhaltender Therapien zu unterscheiden ist.[29]

Ob man den FVNF für eine Form des Suizids hält, wird in der Diskussion oft von der vorausgesetzten Suiziddefinition abhängig gemacht. Birnbacher und Simon z. B. orientieren sich an der Suiziddefinition der WHO,[30] andere beziehen sich auf die in der Suizidpräventionsforschung verbreiteten Definition von Manfred Wolfersdorf, nach der

> Suizidalität […] die Summe aller Denk- und Verhaltensweisen von Menschen oder Gruppen von Menschen [ist], die in Gedanken, durch aktives Handeln, Handelnlassen oder passives Unterlassen den eigenen Tod anstreben bzw. als mögliches Ergebnis einer Handlung in Kauf nehmen.[31]

Zu Recht wird aber kritisch angemerkt, dass unter dieser sehr weit gefassten Definition von Suizidalität auch der Wunsch nach der Beendigung lebenserhaltender Therapien als Ausdruck von Suizidalität gelten kann. Darum diskutieren z. B. Barbara Schneider und Uwe Sperling aus psychiatrischer Perspektive in Anlehnung an die Arbeitsgruppe von Reinhard Lindner eine enger gefasste Suiziddefinition.[32]

Die grundlegende Frage allerdings ist, ob der Versuch, die Frage nach der moralischen Bewertung über eine psychologische oder psychiatrische Definition des Suizidbegriffs zu lösen, in normativer Hinsicht überhaupt weiterführen kann. Denn von der Begriffsdefinition ausgehend klären sich noch nicht die mit dem Thema verbundenen moralischen Wertungsfragen. Vielmehr scheint es angemessen, zunächst danach zu fragen, welche Unterscheidungen überhaupt in moralischer Perspektive relevant sind. Die Frage der Systematik relevanter Unterscheidungen kann nicht unabhängig von der normativen Frage behandelt werden.

---

29   So z. B. Gerald Neitzke, Grenzziehungen zwischen Suizid und freiwilligem Nahrungsverzicht (FVNF), in: Coors et al., Freiwilliger Verzicht, 148–156, und Karola Selge, Marghit Haas, Freiwilliger Verzicht auf Nahrung und Flüssigkeit – ethische Herausforderung aus Sicht der professionellen Pflege, in: *Der Onkologe* 26 (2020), 43–442, 441.

30   Vgl. Birnbacher, Sterbefasten, 320; Alfred Simon: Pro: Freiwilliger Verzicht auf Nahrung und Flüssigkeit als Suizid?, in: *Zeitschrift für Palliativmedizin* 19 (2018), 10 f.

31   Manfred Wolfersdorf, *Der suizidale Patient in Klinik und Praxis. Suizidalität und Suizidprävention*, Stuttgart: WBG 2000, 18. Vgl. zur Diskussion: Barbara Schneider, Uwe Sperling: Der freiwillige Verzicht auf Nahrung und Flüssigkeit – aus der Sicht der Suizidologie, in: *Zeitschrift für medizinische Ethik* 65 (2019), 227–236.

32   Vgl. Schneider/Sperling, Der freiwillige Verzicht, 229 f, unter Bezug auf: Reinhard Lindner, Georg Fiedler, Paul Götze, Diagnostik der Suizidalität, in: *Deutsches Ärzteblatt* 100/15 (2003), A1004–A1009.

Darum werde ich im Folgenden, ausgehend von den moralischen Wertungsfragen, eine Systematik der relevanten Fragestellungen entwerfen, in deren Kontext die Frage nach der definitorischen Unterscheidung dann erst ihren Ort erhält.

3. Eine normative Systematik der Fragestellungen

Hinsichtlich der Kontroverse, ob es sich beim FVNF selbst um eine Form des Suizids handelt oder nicht, ist m. E. zunächst wesentlich zwischen dem FVNF selbst und der Begleitung eines Menschen beim FVNF zu unterscheiden, ebenso wie zwischen der Suizidhandlung und der Hilfe beim Suizid zu unterscheiden ist.[33] Denn mit Blick auf den Suizid bzw. den FVNF selbst stellen sich andere ethische Fragen als mit Blick auf die Frage, ob und unter welchen Bedingungen man beim Suizid oder beim FVNF helfen darf.

Ethische Fragen der Bewertung des Suizids oder des FNVF betreffen in erster Linie güterethische Fragen der Lebensführung. Es geht darum, ob die selbstbestimmt gewählte Beendigung des eigenen Lebens vereinbar ist mit moralischen Vorstellungen guten Lebens. Die Beantwortung solcher Fragen nach dem Guten bleibt in liberalen Gesellschaften weitgehend den betroffenen Individuen überlassen,[34] die sich aber in der Beantwortung dieser Frage dann wiederum auch an

---

33   Vgl. zum Folgenden auch Michael Coors: Die ethische Diskussion über Suizid, Suizidhilfe und Suizidprävention in Kirche und Theologie. Perspektiven evangelischer Theologie, in: *Suizidprophylaxe* 44 (2017), 129–138.

34   Dafür steht exemplarisch die von John Rawls formulierte Regel des Vorrangs der Fragen nach dem richtigen Handeln vor Fragen nach dem guten Leben. Vgl. John Rawls: *Political Liberalism. Expanded Edition.* New York: Columbia University Press 2005, 173–176, 223–225. In diesem Sinn argumentiert auch Jürgen Habermas: *Erläuterungen zur Diskursethik,* Frankfurt a. M.: Suhrkamp 1991, 105–108. Ich merke hier nur an, dass ich den kategorischen Vorrang der Fragen nach dem richtigen Handeln vor Fragen nach der Lebensführung nicht teile, sondern mit z. B. Paul Ricœur, Martha Nussbaum oder Charles Taylor davon ausgehe, dass eine Moral des richtigen Handelns immer auch auf geteilten Vorstellungen guten Lebens beruht. Allein die Unterscheidung bleibt damit aber trotzdem relevant. Vgl. zu meiner Position Michael Coors: *Altern und Lebenszeit. Phänomenologische und theologische Studien zu Anthropologie und Ethik des Alterns* (HuTh 78). Tübingen: Mohr Siebeck 2020, 8–16. Zur Diskussion vgl. z. B. Paul Ricœur: *Das Selbst als ein Anderer.* München: Wilhelm Fink 2005; Martha Nussbaum: *Gerechtigkeit oder das gute Leben.* Hg. von Herlinde Pauer-Studer. Frankfurt a. M.: Suhrkamp 1999; dies.: *Die Grenzen der Gerechtigkeit. Behinderung, Nationalität und Spezieszugehörigkeit.* Frankfurt a. M.: Suhrkamp 2014; Charles Taylor: *Quellen des Selbst. Die Entstehung der neuzeitlichen Identität.* Frankfurt a. M.: Suhrkamp 1996.

sozial und kulturell tradierten Vorstellungen guten Lebens orientieren. Dazu gehören auch religiöse Vorstellungen wie diejenigen des Christentums, die in der Theologie systematisch reflektiert werden.[35]

Geht es aber um die Frage, ob und gegebenenfalls unter welchen Bedingungen man anderen dabei helfen darf, sich selbst zu töten oder einen FVNF durchzuführen, dann geht es auch um die Frage, welche moralischen Verpflichtungen man gegenüber diesen anderen Personen hat und ob diese Verpflichtungen mit der Unterstützung einer Tötungshandlung kollidieren oder diese sogar gebieten können. Dass eine anerkannte moralische Pflicht besteht, die selbstbestimmte Entscheidung anderer zu respektieren, dürfte heute weitgehend unbestritten sein. Das impliziert aber zunächst nur, dass man die andere Person nicht daran hindern darf, ihre selbstbestimmte Handlung durchzuführen, solange sie damit anderen nicht schadet.[36] Das gilt entsprechend auch für die selbstbestimmte Entscheidung zum Suizid oder zum FVNF: Jemanden daran zu hindern, wäre ein moralisch nicht zu rechtfertigender Eingriff in die Freiheitsrechte dieser Person.

Daraus folgt aber noch nicht, dass man auch unter allen Umständen bei der Umsetzung der Handlung helfen darf.[37] Denn ob die Hilfe ein moralisches Gut oder gar eine moralische Pflicht ist und ob es dem entgegenstehende moralische Güter und Pflichten gibt, muss nochmal eigens begründet werden. Darum berufen sich die meisten, die die Hilfe zur Selbsttötung unter bestimmten Bedingungen für moralisch zulässig halten, auf eine Pflicht zur Leidenslinderung, die im äussersten Fall dadurch zu realisieren ist, dass man anderen bei der Selbsttötung hilft.[38]

Wenn man danach fragt, ob es weitere moralisch relevante Verpflichtungen gegenüber Menschen mit einem Suizidwunsch gibt, die gegen eine Hilfe zum Suizid sprechen, dann scheint häufig eine zumindest *prima facie* geltende Pflicht vorausgesetzt zu werden, das Leben anderer Menschen zu schützen. Anders liesse sich z. B. nicht erklären, warum die Option zum assistierten Suizid eine letzte Option sein sollte, der immer die Frage nach der Suizidprävention vorgelagert werden

---

35   Ich verstehe Theologie in diesem Sinne in Anlehnung und Fortführung der Arbeiten von Johannes Fischer als kritische Reflexion christlicher Moralvorstellungen. Vgl. ders.: *Theologische Ethik. Grundwissen und Orientierung*. Stuttgart: Kohlhammer 2002.
36   Dass das Schädigen anderer Personen die Grenze der Selbstbestimmung des Individuums in einer liberalen Gesellschaft darstellt, ist schon bei John Stuart Mill klar formuliert. Vgl. ders.: *On liberty – Über die Freiheit*. Englisch/Deutsch. Stuttgart: Reclam, 40–42.
37   Vgl. mit Blick auf die Suizidhilfediskussion Peter Schaber: Selbstbestimmter Wille und das Recht auf assistierten Suizid, in: *Ethik in der Medizin* 29 (2017), 97–107.
38   Auf die Probleme der Unschärfe des Leidensbegriffs nicht nur in diesem Kontext verweist allerdings zu Recht Bozzaro, Leidensbegriff, 93–106.

muss.³⁹ Geht man aber davon aus, dass eine Pflicht zur Leidenslinderung besteht und gleichzeitig eine Pflicht, das Leben anderer Menschen zu schützen, dann muss in jedem Einzelfall angesichts der selbstbestimmten Bitte einer Person um Hilfe bei der Selbsttötung konkret abgewogen werden, welche moralische Verpflichtung gegenüber der anderen Person grösseres Gewicht hat.⁴⁰

Dabei geht es an dieser Stelle nicht um die Diskussion und gegebenenfalls um die Begründung dieser Pflichten. Vielmehr soll deutlich gemacht werden, dass sich im Blick auf die Suizidhandlung selbst und die Hilfe bei der Suizidhandlung unterschiedliche ethische Fragen stellen. Darum darf sich die ethische Diskussion über den FVNF nicht darin erschöpfen, den FVNF mit dem Suizid zu vergleichen. Es muss vielmehr um die Frage gehen, ob die Hilfe beim Suizid sich mit der Hilfe beim FVNF vergleichen lässt.

Folglich sind in ethischer Perspektive zwei Fragen zu unterscheiden:
1. Ist der FVNF eine Form des Suizids?
2. Ist bzw. unter welchen Bedingungen ist die Begleitung eines Menschen beim FVNF eine Form der Hilfe beim Suizid?

Die zweite Frage stellt sich dabei nur, wenn man die erste Frage positiv beantwortet und den FVNF für eine Form des Suizids hält. Ist der FVNF kein Suizid, dann ist logischerweise auch die Hilfe beim FVNF keine Hilfe beim Suizid. Gleichzeitig folgt aber aus der Annahme, dass der FVNF eine Form des Suizids ist, nicht automatisch, dass eine Begleitung des FVNF mit der Hilfe beim Suizid gleichzusetzen ist. Wenn man das allerdings so sehen sollte, dann wäre die Hilfe beim FVNF moralisch der Hilfe zur Selbsttötung gleichgestellt, sodass sie in dieser Hinsicht keine Alternative darstellt.

---

39 In diesem Sinne z.B. Gerald Neitzke, Michael Coors, Wolf Diemer, Peter Holtappels, Johann Friedrich Spittler, Dietrich Wördehoff: Empfehlungen zum Umgang mit dem Wunsch nach Suizidhilfe der Arbeitsgruppe «Ethik am Lebensende» in der Akademie für Ethik in der Medizin e.V. (AEM), in: *Ethik in der Medizin* 25 (2013), 349–365, 359: «Suizidhilfe ist nicht zu rechtfertigen, solange nicht alle sinnvollen Möglichkeiten der Suizidprävention ausgeschöpft sind.»

40 Diese Überlegungen habe ich mit Blick auf den assistierten Suizid aus evangelisch-theologischer Perspektive ausgeführt in Coors, Die ethische Diskussion. Vgl. auch Frank Mathwig: *Zwischen Leben und Tod. Die Suizidhilfediskussion in der Schweiz aus theologisch-ethischer Sicht.* Zürich: TVZ 2010, 221f, sowie in diesem Band die Beiträge von Frank Mathwig und Matthias Zeindler.

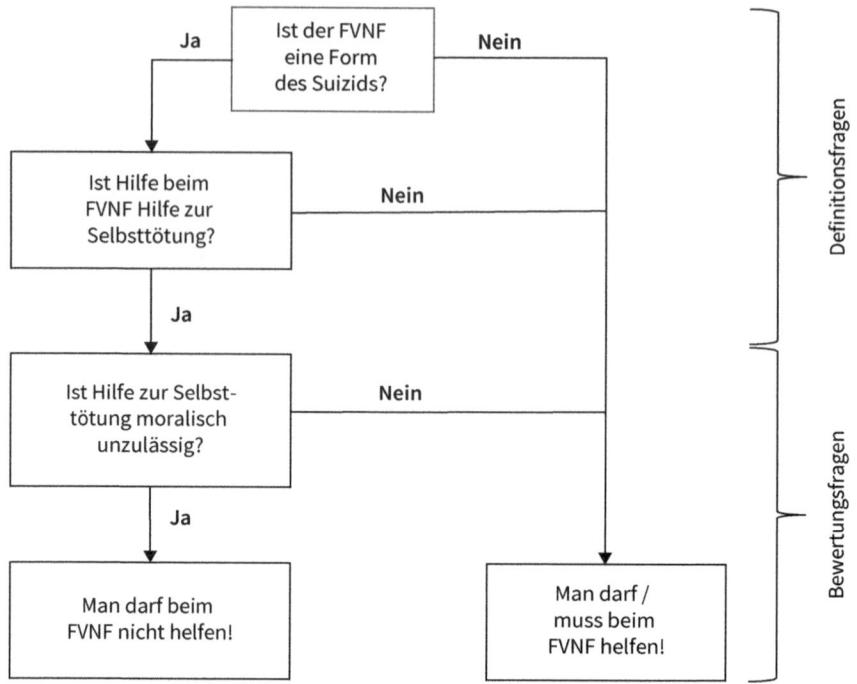

Abb. 1: Systematik der Fragestellungen

4. Zur ethischen Diskussion der Hilfe beim FVNF

Die sich aus diesen normativen Überlegungen ergebende Systematik der Fragestellungen ist in Abbildung 1 dargestellt. Im Folgenden wende ich mich nun der inhaltlichen Diskussion dieser Fragen zu.

4.1 Ist der FVNF eine Form des Suizids?

Die Beantwortung der ersten Frage in diesem Schema soll hier nicht auf der Grundlage psychologischer oder psychiatrischer Definitionen des Suizids erfolgen,[41] sondern ausgehend von der moralischen Fragestellung, um die es in der Beurteilung der Entscheidung zum Suizid geht. Wenn denn der Suizid überhaupt als moralisches Problem wahrgenommen wird, dann geht es dabei in aller Regel um die Problematik des Herbeiführens des eigenen Todes und die darin sich vollziehende

---

41 Vgl. dazu Abschnitt 2 in diesem Beitrag.

negative Bewertung des eigenen Lebens. Der Tod kann z. B. im Horizont der religiösen Überzeugung, dass das Leben des Menschen ein von Gott geschaffenes Gut ist, als nicht erstrebenswertes moralisches Übel gelten, weil er immer die Vernichtung des Gutes des menschlichen Lebens bedeutet.[42] In dieser Perspektive kann der eigene Tod kein moralisch erstrebenswertes, gutes Ziel des eigenen Handelns darstellen. Sehr wohl aber kann es vor diesem Hintergrund im Glauben an eine von Gott verfügte Endlichkeit des menschlichen Lebens als gut gelten, sich den Tod widerfahren zu lassen und damit das Sterben zuzulassen, solange man den Tod nicht selbst herbeiführt.[43] Man kann es zudem immer noch für moralisch vertretbar halten, dass das Übel des selbst herbeigeführten Todes abzuwägen ist gegen andere moralische Übel wie z. B. schwere Leidenszustände und dass in dieser Gewichtung das Übel des eigenen Todes relativ zum Kontext als das moralisch geringere Übel oder gar als Gut erscheinen kann. Man kann aber auch, in die gegenteilige Richtung argumentierend, im Horizont einer Lehre von moralischen Pflichten gegen sich selbst davon ausgehen, dass der Schutz des eigenen Lebens eine Pflicht gegen sich selbst darstellt, die dann nicht mit anderen Gütern abzuwägen wäre.[44]

Wiederum ist hier nicht relevant, ob man den unterschiedlichen, hier nur sehr knapp skizzierten moralischen Bewertungen zustimmt, sondern entscheidend ist,

---

42 Klassisch bei Thomas von Aquin: *Summa Theologiae*. Madrid: B.A.C. 1963, II-II, q. 64, art. 5. Vgl. auch Nigel Biggar: *Aiming to Kill. The Ethics of Suicide and Euthanasia*. London: Darton Longman & Todd 2014, 47, 55f; Christoph Morgenthaler, David Plüss, Matthias Zeindler: *Assistierter Suizid und kirchliches Handeln. Fallbeispiele – Kommentare – Reflexionen*. Zürich: TVZ 2017, 159–161. Vgl. auch die Beiträge von Frank Mathwig und Matthias Zeindler in diesem Band. Bei Zimmermann/Zimmermann, Lebenssatt!, 46, begegnet das Argument in der sonst eher in der katholischen Theologie verbreiteten Fassung des Hinweises auf die «Heiligkeit des Lebens». In einer säkularisierten Form liegt diese Vorstellung der Argumentation von Ronald Dworkin: *Life's Dominion. An Argument about Abortion, Euthanasia, and Individual Freedom*. New York: Alfred A. Knopf 1993, insb. 68–101 zu Grunde. Vgl. zu Darstellung und Kritik u. a. Margaret Papst Battin: *Ethical Issues in Suicide*. Englewood Cliffs: Prentice Hall 1995, 114–130.

43 Dass die Unterscheidung zwischen dem Zulassen und dem Herbeiführen des Todes für die christliche Deutung zentral ist, vertritt z. B. auch Johannes Fischer: Sterben hat seine Zeit. Zur deutschen Debatte über die Reichweite von Patientenverfügungen, in: *Zeitschrift für Theologie und Kirche* 102 (2005), 352–370. Zur Kritik an der Einebnung dieser Unterscheidung im Utilitarismus vgl. Zimmermann/Zimmermann, Passiver Suizid?, 302–304. Für einen interreligiösen Vergleich aus theologischer Perspektive vgl. Michael Coors: Ethische Positionen zur Sterbehilfe in den Weltreligionen. Ein Vergleich aus evangelisch-theologischer Perspektive, in: *Handbuch der Religionen* XIII-14.6, und Heller, Leben, 105–134.

44 So sah es bekannterweise Immanuel Kant: *Die Metaphysik der Sitten* (Immanuel Kant Werkausgabe Bd. VIII). Frankfurt a. M.: Suhrkamp, 554f (II, A71–73).

dass in ethischer Perspektive die zentrale Unterscheidung diejenige zwischen dem Zulassen des Sterbens und dem Herbeiführen des eigenen Todes ist. Wenn dies aber das wesentliche Kriterium für die unterschiedlichen Bewertungen z. B. des Suizids im Unterschied zum Zulassen des Sterbens im Rahmen einer Beendigung lebenserhaltender medizinischer Therapien ist, dann ist offensichtlich, dass der FVNF als eine Form des Suizids zu bewerten ist – unabhängig davon, wie man den Suizid selbst bewertet. Der FVNF zielt wie andere Formen des Suizids auf das Herbeiführen des eigenen Todes. Das macht ihn moralisch umstritten. Bei der Einstellung einer lebenserhaltenden Therapie hingegen wird das Sterben an einer tödlich verlaufenden Erkrankung zugelassen und nicht mehr durch eine medizinische Therapie verhindert. Beim Suizid und beim FVNF tritt der Tod unabhängig von einer Erkrankung ein, allein aufgrund des Handelns oder Unterlassens, das darauf gerichtet ist, diesen Tod herbeizuführen.

4.2 Ist Hilfe beim FVNF Hilfe zur Selbsttötung?

Damit steht aber noch nicht fest, dass auch die Begleitung eines Menschen beim FVNF eine Form der Hilfe zur Selbsttötung ist. Das ist schon deswegen nicht notwendigerweise der Fall, weil der Begriff der Begleitung sich auf unterschiedliche Handlungen beziehen kann. Man kann m. E. sowohl mit Blick auf den Suizid wie auch den FVNF als einer speziellen Form des Suizids unterscheiden zwischen
1. dem Begleiten eines Menschen um der Begleitung selbst willen,
2. der palliativen Begleitung unter Einbeziehung von Ärztinnen, Ärzten und Pflegekräften, die sich ausschliesslich auf die Linderung von Leidenssymptomen konzentriert,
3. und einer Begleitung, die unmittelbar das intendierte Ziel der Herbeiführung des eigenen Todes unterstützt.

(1.) Ich gehe davon aus, dass es sich bei der seelsorglichen Begleitung von Menschen beim Suizid (durch FVNF) in den allermeisten Fällen um eine *Begleitung um der Begleitung selbst willen* handelt. Die Begleitung hat nicht zum Ziel, die begleitete Person in ihrer Handlungsabsicht des Suizids zu unterstützen, sondern erschöpft sich im Angebot einer zu gestaltenden zwischenmenschlichen Beziehung für diese letzte Lebensphase. Das Begleiten geschieht also nicht im Interesse der Realisierung eines bestimmten Ziels, sondern um des begleiteten Menschens selbst willen. In diesem Sinne kann man eine Person beim Suizid (durch FVNF) auch in der Überzeugung begleiten, dass das durch sie verfolgte Ziel, den eigenen Tod herbeizuführen, moralisch nicht akzeptabel ist. Vielmehr ist davon auszugehen, dass diese Art der Begleitung – gerade im Horizont einer Professionsethik der Seelsorge – ein moralisches Gut an sich ist, und zwar insbesondere in Situationen existenzieller Not. Dieses Gut wird in der Regel schwerer wiegen als moralische Zweifel mit Blick auf das Ziel der Suizidhandlung.

Denkbar sind allerdings auch Situationen, in denen für eine Person mit Suizidwunsch die seelsorgliche Begleitung eine notwendige Unterstützung darstellt, damit er oder sie den Suizid (durch FVNF) vollziehen kann. Die Bitte der betroffenen Person könnte dann z. B. die Form annehmen: «Bitte bleiben Sie bis zum Ende bei mir, denn allein schaffe ich das nicht!» In diesem Fall könnte die seelsorgliche Begleitung als eine Form der Suizidhilfe verstanden werden. Sie wäre dann auch nicht mehr Begleitung um der Begleitung selbst willen, sondern würde die Bereitschaft erfordern, das Ziel der Suizidhandlung selbst zu unterstützen.

(2.) Die *palliative Begleitung*, die leidenslindernden medizinische Therapien und eine pflegerische Unterstützung einschliesst, dürfte diejenige Form der Begleitung sein, die im Kontext des FVNF am häufigsten gefragt ist. Auch diese Form der Begleitung zielt nicht darauf, die betroffene Person in der Realisierung ihres Handlungsziels zu unterstützen, sondern sie zielt allein auf das Lindern von Leiden, unabhängig davon, was dieses Leiden verursacht. Im Rahmen des FVNF geht es in der Regel darum, diejenigen Leiden, die durch den Verzicht auf Nahrungs- und Flüssigkeitszufuhr ausgelöst werden können, medizinisch und pflegerisch zu lindern.

Weitgehend unstrittig scheint zu sein, dass gegenüber leidenden Personen eine Hilfeleistungspflicht besteht, die Leiden dieser Person im Rahmen des medizinisch und pflegerisch Möglichen und in Übereinstimmung mit dem Willen der leidenden Person zu lindern. Diese Pflicht besteht grundsätzlich unabhängig davon, ob die betroffene Person selbst für ihr Leiden verantwortlich ist. Sie besteht z. B. auch gegenüber der Extremsportlerin, die sich in Ausübung ihres Sports schwer verletzt, oder gegenüber dem Raucher, der infolge seines Nikotinkonsums an einer Lungenkrankheit leidet.[45] Sie gilt aber auch dann, wenn bei einem «klassischen» Suizid, der nicht unmittelbar erfolgreich war, die suizidale Person unter schweren Leidenszuständen stirbt. In diesen Situationen stünde m. E. ebenfalls ausser Frage, dass es gerade für Ärzte, Ärztinnen und Pflegende eine moralische Pflicht gibt, die Leiden dieser Person zu lindern und sie im Sterben palliativ zu begleiten. Auch die Seelsorge kann ein Aspekt solch einer multimodalen leidenslindernden Therapie sein. Sie ist dann allerdings nicht mehr Begleitung um der Begleitung selbst willen, sondern wird Teil eines integrativen gesundheitlichen Versorgungsangebots.

In all diesen Fällen wäre indes immer eindeutig, dass das intendierte Ziel der Begleitung nicht darin besteht, eine Selbsttötungsabsicht der betroffenen Perso-

---

45 Hier wäre natürlich zu diskutieren, inwieweit eine Person für ein suchtgesteuertes Verhalten überhaupt verantwortlich gemacht werden kann.

nen zu unterstützen, sondern das Ziel ist allein die Linderung des Leidens einer Person, gegebenenfalls also auch die Linderung des Leidens einer Person, die daraus resultiert, dass diese Person sich selbst z. B. durch den Verzicht auf Nahrung und Flüssigkeit töten will. Die Pflicht, Leiden zu lindern, wiegt hier schwerer als eine möglicherweise bestehende moralische Kritik am Ziel der Selbsttötung. Man kann dies als «Hilfe beim Suizid» von der «Hilfe zum Suizid» abgrenzen.[46] Bei der Hilfe beim FVNF dürfte es sich in den meisten Fällen in diesem Sinne um Hilfe *beim* Suizid handeln und nicht um Hilfe *zum* Suizid.

(3.) Von einer *Hilfe zum Suizid* (durch FVNF) kann man nur dann sprechen, wenn die Begleitung darauf gerichtet ist, das intendierte Ziel der Handlung der anderen Person – also im Falle des Suizids das Herbeiführen des eigenen Todes – zu unterstützen. So soll z. B. die Selbsttötung unterstützt werden, indem die dafür notwendigen Mittel zur Verfügung gestellt werden. Klassischerweise geht es in den Diskussionen über Suizidhilfe um das Bereitstellen von tödlichen Medikamenten. Da es für die Durchführung des FVNF grundsätzlich keine solchen äusseren Mittel braucht, ist diese Form der Hilfe *zum* Suizid im Falle des Suizids durch FVNF selten.

Allerdings ist denkbar, dass die leidenslindernde Unterstützung durch einen Arzt oder eine Ärztin für eine Person wesentliche Voraussetzung dafür ist, dass er oder sie bereit ist, den Weg des FVNF einzuschlagen.[47] Dann wäre die leidenslindernde Hilfe des Arztes oder der Ärztin für die Person, die den FVNF in Betracht sieht, notwendig, um das eigene Handlungsziel zu realisieren, und damit eine Hilfe *zum* Suizid.[48] Von einer Hilfe *zum* Suizid durch FVNF müsste man auch reden, wenn die betroffene Person im Voraus verfügt, dass man sie später auch gegen einen von ihr geäusserten natürlichen, also nicht mehr reflektierten, Willen davon abhalten soll, Essen oder Trinken zu sich zu nehmen.[49] Ethisch ist hier schon strittig, ob solch eine Vorausverfügung gegenüber einem aktuell geäusserten natürlichen Willen überhaupt eine Bindungswirkung entfalten könnte.[50] Wenn man aber davon aus-

---

46 Analog der Unterscheidung von «Hilfe beim Sterben» (z. B. palliative Begleitung) und «Hilfe zum Sterben» (Tötung auf Verlangen, Hilfe zum Suizid).
47 Auf Beispiele dafür verweist z. B. Starke, Freiwilliger Verzicht, 177 f.
48 Vgl. in diesem Sinne auch die Argumentation von Ralf J. Jox, Isra Black, Gian Domenico Borasio, Johanna Anneser: Voluntary stopping of eating and drinking. Is medical support ethically justified?, in: *BMC Medicine* 15 (2017), 186.
49 Vgl. Friederike Klein: Wenn Menschen fasten, um zu sterben, in: *Schmerzmedizin* 34/1 (2018), 8–10, 10.
50 Diese Fragestellung wurde bisher vor allem mit Blick auf die Wirksamkeit von Patientenverfügungen bei Menschen mit Demenz diskutiert, vgl. z. B. Dworkin, Life's Dominion, 218–241; Rebecca Dresser: Dworkin on Dementia. Elegant Theory, Questionable Policy, in: *Hastings Center Report* 25 (1995), 32–38; Ralf J. Jox, Johann S. Ach, Bettina

geht, dass solch eine Vorausverfügung bindend ist, dann wäre diese Form der Hilfe auch als Hilfe *zum* Suizid durch FVNF zu klassifizieren.

4.3 Zur moralischen Bewertung der unterschiedlichen Formen der Begleitung

Im Falle des FVNF können also alle drei Formen der Begleitung – die (1.) Begleitung um der Begleitung selbst willen, (2.) die Hilfe *beim* Suizid durch FVNF und (3.) die Hilfe *zum* Suizid durch FVNF – vorkommen. Die Begleitung um ihrer selbst willen (1.) und die Hilfe *beim* FVNF in Form palliativer Leidenslinderung (2.) sind dabei nicht nur moralisch zulässig, sie anzubieten entspricht vielmehr den moralischen Überzeugungen, dass man Menschen in existenziellen Notlagen nicht allein lässt und dass Leiden anderer zu lindern sind. Diese Formen der Begleitung sind darum auch mit Blick auf andere Formen des Suizids moralisch unstrittig.

Zu unterschiedlichen moralischen Bewertungen kommt es ausschliesslich mit Blick auf die Hilfe *zum* Suizid, weil hier zumindest die Frage im Raum stehen kann, ob es zu einer Pflichtenkollision zwischen den Pflichten der Leidenslinderung und des Lebensschutzes kommt. Der wesentliche Unterschied zwischen der Begleitung beim FVNF und anderen Formen der Suizidhilfe liegt dann vor allem darin, dass beim FVNF in der Regel die moralisch unstrittige Weise zu gewährende Hilfe durch Leidenslinderung gefragt ist. Der FVNF ist in den meisten Fällen weniger strittig, weil es in der Regel um eine Hilfe *beim* und nicht eine Hilfe *zum* Suizid geht.

Eine besondere Schwierigkeit besteht aber darin, dass die Übergänge zwischen der Hilfe *beim* FVNF und der Hilfe *zum* FVNF nicht immer trennscharf sind, zum Beispiel weil eine palliative, leidenslindernde Therapie beim FVNF *prima facie* zunächst einmal der Kategorie (2.) zuzurechnen ist, aber abhängig von den Umständen und insbesondere abhängig von den – für Aussenstehende oft nicht nachvollziehbaren – Absichten der Betroffenen auch instrumentell als Ermöglichung des Suizids durch FVNF und damit im Sinne einer Hilfe *zum* Suizid (3.) gedeutet werden kann: Ob ein Arzt oder eine Ärztin beim FVNF hilft, weil er oder sie es als Pflicht ansieht, einen Menschen, der auf diesem Weg leidet, Leidenslinderung zu

---

Schöne-Seifert: Der «natürliche Wille» und seine ethische Einordnung, in: *Deutsches Ärzteblatt* 111 (2014), A394–A396; Peter Dabrock: Formen der Selbstbestimmung. Theologisch-ethische Perspektiven zu Patientenverfügung bei Demenzerkrankungen, in: *Zeitschrift für medizinische Ethik* 53 (2007), 127–144; Michael Coors: A dementalized body? Reconsidering the human condition in the light of dementia, in: *Geriatric Mental Health Care* 1 (2013), 34–38; Dieter Birnbacher: Patientenverfügung und Advance Care Planning bei Demenz und anderen kognitiven Beeinträchtigungen, in: *Ethik in der Medizin* 28 (2016), 283–294; Daniela Ringkamp: Demenz, Personalität und Praktische Selbstverhältnisse. Eine Auseinandersetzung mit den Möglichkeiten und Grenzen der Patientenautonomie Demenzbetroffener, in: *Ethik in der Medizin* 29 (2017), 119–132.

verschaffen, oder ob er oder sie dies (auch) macht, um dieser Person dabei zu helfen, das Ziel der Selbsttötung zu realisieren, lässt sich von aussen nicht feststellen.

Andererseits erklärt sich aus dieser Analyse, warum manche Ärztinnen und Ärzte die Bitte um palliative Begleitung beim FVNF durch eine weitgehend gesunde Person, die recht offensichtlich den FVNF als eine Form des Suizids begreift, zunächst (intuitiv) ablehnen. Sie verstehen diese Anfrage zu Recht als eine Bitte um Hilfe *zum* Suizid durch FVNF. In bestimmten Situationen ist der instrumentelle Charakter der Leidenslinderung als Hilfe *zum* Suizid durch FVNF besonders deutlich, z. B. wenn der FVNF unabhängig von einer schweren Erkrankung und akuten Leidenszuständen realisiert werden soll oder wenn bestimmte institutionelle Settings wie ein Hospiz oder eine Palliativstation allein mit Blick auf die leidenslindernde Unterstützung für einen geplanten FVNF im Vorhinein angefragt werden. In solchen Fällen steht zum einen offensichtlich die Absicht der Selbsttötung durch den FVNF im Vordergrund,[51] zum anderen ist in diesen Fällen offensichtlich, dass die betroffene Person die palliativen Massnahmen als ein notwendiges Mittel zum Zweck versteht, um ihre Selbsttötungsabsicht zu realisieren. Klar ist andererseits, dass ein Arzt oder eine Ärztin, die zu einem späteren Zeitpunkt zu einem solchen Patienten gerufen würde, weil er oder sie im Vollzug des FVNF leidet, in der berufsethischen Pflicht wäre, diese Person leidenslindernd zu behandeln. Dann stände die Absicht der Leidenslinderung gegenüber der Unterstützung der Selbsttötungsabsicht wieder im Vordergrund.

Wenn sich hingegen ein Patient oder eine Patientin, der oder die ohnehin schon palliativ versorgt wird, entscheidet, nicht mehr zu essen und zu trinken, um dadurch ihren bzw. seinen Tod herbeizuführen, gestaltet sich der Übergang oft fliessend: Im Vordergrund steht dann nicht die Unterstützung der Selbsttötungsabsicht dieser Person, sondern die Pflicht zur Weiterführung der Leidenslinderung bei diesem Patienten oder dieser Patientin, der oder die sich selbstbestimmt entschlossen hat, durch FVNF ihren bzw. seinen eigenen Tod herbeizuführen.

5. FVNF statt assistierter Suizid?

Was bedeuten diese Überlegungen nun für die Ausgangsfrage, ob der FVNF eine möglicherweise moralisch unproblematischere Alternative zum assistierten Suizid darstellt? Für diejenigen Personen, für die die Hilfe zur Selbsttötung grundsätzlich

---

51 Vgl. in diesem Sinne auch Starke, Freiwilliger Verzicht, 182 f. Allerdings halte ich es nicht für plausibel, davon auszugehen, dass in anderen Fällen die Absicht der Selbsttötung so weit in den Hintergrund rückt, dass sie nicht mehr konstitutiv für die Praxis des FVNF wäre, sodass man ihn vom Suizid abgrenzen könne (vgl. a. a. O., 181). Schliesslich bleibt der FVNF dadurch definiert, dass die Absicht die Herbeiführung des eigenen Todes ist.

moralisch unproblematisch ist, stellt konsequenterweise auch die Hilfe zum FVNF kein moralisches Problem dar. Diese Personen sind aber auch nicht in der Situation, dass sie eine moralisch unproblematischere Alternative zur Suizidhilfe suchen.

Geht man davon aus, dass die Hilfe zur Selbsttötung moralisch problematisch ist, so stellen sich mit Blick auf den FVNF und die Begleitung eines FVNF zumindest eine Reihe von ethischen Fragen, die ganz so einfach offensichtlich nicht zu beantworten sind. Wenn man Hilfe zur Selbsttötung moralisch für problematisch hält, weil man eine Person nicht dabei unterstützen will, ihren eigenen Tod herbeizuführen – z. B. weil dies mit der Pflicht kollidiert, das Leben dieser Person zu schützen –, dann wird mit Blick auf den FVNF die Frage, um welche Art von Hilfe es sich eigentlich handelt, zur Schlüsselfrage. Eine palliative, leidenslindernde Hilfe wird man einer Person, die sich durch FVNF selbst tötet, letztlich im akuten Fall aus moralischen Gründen nicht verweigern können. Das wäre m. E. auch theologisch als Verstoss gegen die im Liebesgebot ausgedrückte Pflicht zur Sorge für Notleidende zu bewerten.[52] In den Fällen, in denen also klar ist, dass es sich ausschliesslich um leidenslindernde Massnahmen handelt und nicht um die Unterstützung des Ziels der Selbsttötung, kann der FVNF in der Tat eine Alternative darstellen.

Wenn allerdings zuvor schon Pläne für einen assistierten Suizid gefasst wurden und der FVNF statt des geplanten assistierten Suizids durchgeführt werden soll, ist offensichtlich, dass der FVNF nur eine andere Form des Suizids darstellt. Das führt zur Frage, ob die dabei geleistete Hilfe als Hilfe *zum* Suizid gilt. Ist dies der Fall, dann stellt der FVNF keine Alternative zum assistierten Suizid dar, die die moralischen Probleme der Suizidhilfe löst. Hinzu kommt, dass man davon ausgehen muss, dass der Sterbeprozess beim FVNF länger ist und auch für das gesamte Beziehungsumfeld der betroffenen Person eine weitreichende Herausforderung darstellen kann. Das hat besonders für die Rolle der Seelsorge Konsequenzen. Denn gerade der psychosozialen Begleitung des Prozesses, die auch durch die Seelsorge angeboten wird, kommt beim FVNF eine zentrale Rolle zu. In diesem Sinne kann der seelsorglichen Begleitung eines FVNF – deutlicher als bei anderen Formen des Suizids – eine diesen Prozess überhaupt erst ermöglichende Funktion zukommen. Letztlich werden sich für die seelsorgliche Begleitung beim FVNF also durchweg ähnliche Fragen stellen wie bei der Begleitung anderer Formen des Suizids.

---

52 Vgl. in diesem Sinne schon meine Argumentation in Coors, Zur theologisch-ethischen Bewertung, 125–127.

Einstellungen und Erfahrungen von Gemeindepfarrpersonen in Deutschland zur seelsorglichen Begleitung des assistierten Suizids

Dorothee Arnold-Krüger und Julia Inthorn

1. Einleitung

Im Februar 2020 wurde der § 217 StGB durch das Urteil des deutschen Bundesverfassungsgerichts für nichtig erklärt.[1] § 217 StGB war im Jahr 2015 eingeführt worden und hatte die geschäftsmässige, d. h. auf Wiederholung angelegte, Beihilfe zur Selbsttötung untersagt.

Das Urteil markiert eine folgenreiche Zäsur in der Diskussion des assistierten Suizids. War es mit § 217 StGB um die weitgehende Einschränkung der Beihilfe zur Selbsttötung gegangen, formulierte das Urteil nun die Grundlage ihrer Ermöglichung. Das Bundesverfassungsgericht begründete sein Urteil dadurch, dass das allgemeine Persönlichkeitsrecht als Ausdruck persönlicher Autonomie ein Recht auf selbstbestimmtes Sterben umfasst. Das bedeute auch, dass man das Recht habe, sich das Leben zu nehmen und dass man dabei Hilfe in Anspruch nehmen dürfe. Dies wurde jedoch durch den § 217 StGB unmöglich gemacht.

Seitdem werden sehr intensive Diskussionen und Diskurse über eine mögliche gesetzliche Neuregelung der Suizidassistenz geführt. Verschiedene Institutionen, unter anderem auch die Evangelische Kirche in Deutschland, haben – nach Aufforderung des deutschen Bundesgesundheitsministeriums – im Jahr 2020 Stellungnahmen zu einer gesetzlichen Regelung vorgelegt. Auch Fachgesellschaften wie die Deutsche Gesellschaft für Palliativmedizin oder die Deutsche Gesellschaft für Suizidprävention haben Stellungnahmen und Positionspapiere veröffentlicht. Daneben liegen inzwischen mehrere Gesetzentwürfe und ein (interfraktionelles) Eckpunktepapier vor; das Bundesgesundheitsministerium hat zudem einen eigenen Vorschlag eingebracht.[2] Vonseiten einer Autorengruppe von Juristinnen und

---

1 Vgl. Bundesverfassungsgericht (BVerfG): Urteil des Zweiten Senats vom 26. Februar 2020, https://www.bundesverfassungsgericht.de/SharedDocs/Entscheidungen/DE/2020/02/rs20200226_2bvr234715.html, Zugriff am 18.6.2021.
2 Vgl. Renate Künast, Katja Keul: Entwurf eines Gesetzes zum Schutz des Rechts auf selbstbestimmtes Sterben (Selbstbestimmtes-Sterben-Gesetz – SelbstG), https://www.renate-kuenast.de/images/Gesetzentwurf_Sterbehilfe_Stand_28.01.2021_final_002.pdf, Zugriff am 1.9.2021; Katrin Helling-Plahr, Karl Lauterbach, Petra Sitte, Swen Schulz,

Juristen wurde im Februar 2021 ein umfassender Entwurf eines Sterbehilfegesetzes veröffentlicht.³

Die Vielzahl der Diskurse und auch die teils sehr unterschiedlich geprägten Entwürfe zeigen, dass die Auseinandersetzung um eine gesetzliche Regelung der Suizidassistenz in Deutschland erst am Anfang steht. Nach dem Urteil des Bundesverfassungsgerichts ist das Recht auf Suizidbeihilfe nicht mehr an bestimmte Lebens- und Krankheitsphasen gebunden.

Dieser herausfordernde Prozess einer Neuregelung ist mit weitreichenden Fragen verbunden. Sie betreffen sozial-, individual-, professions- und organisationsethische Fragen. Gerade im theologischen und kirchlichen Kontext war lange Zeit eine Argumentationslinie dominierend, die von der Heiligkeit und Unverfügbarkeit des Lebens ausging. Diese schloss die Beihilfe zum Suizid als Einzel- und Grenzfall zwar nicht gänzlich aus, beschrieb den Suizid und die Beihilfe aber insbesondere in der Perspektive der daraus erfolgenden gesellschaftlichen Signalwirkung und der veränderten Auffassung von Leben und Sterben.⁴ Dagegen sollten die individuellen Vorsorgemöglichkeiten gestärkt werden und die Beziehungs-, Begleitungs- und Betreuungsstrukturen am Lebensende ausgebaut werden. Demzufolge traten die christlichen Kirchen – neben dem Deutschen Hospiz- und Palliativverband oder der Deutschen Gesellschaft für Palliativmedizin – ausdrücklich für eine Stärkung der Hospizarbeit und Palliativversorgung ein. Indem das Urteil des Bundesverfassungsgerichts von 2020 jedoch Menschen in jeder Lebensphase und unabhängig

---

Otto Fricke: Entwurf eines Gesetzes zur Regelung der Suizidhilfe, https://www.hellingplahr.de/files/dateien/210129%20Interfraktioneller%20Entwurf%20eines%20Gesetzes%20zu%20Regelungen%20der%20Suizidhilfe_final.pdf, Zugriff am 1.9.2021; Bundesministerium für Gesundheit: Diskussionsentwurf. Entwurf eines Gesetzes zur Neufassung der Strafbarkeit der Hilfe zur Selbsttötung und zur Sicherstellung der freiverantwortlichen Selbsttötungsentscheidung, https://www.bundesgesundheitsministerium.de/fileadmin/Dateien/3_Downloads/Gesetze_und_Verordnungen/GuV/S/Suizidhilfe_Gesetz_Arbeitsentwurf.pdf, Zugriff am 1.9.2021; Lars Castellucci, Ansgar Heveling, Kirsten Kappert-Gonther et.al: Entwurf eines Gesetzes zur Strafbarkeit der geschäftsmäßigen Hilfe zur Selbsttötung und zur Sicherstellung der Freiverantwortlichkeit der Entscheidung zur Selbsttötung, https://kappertgonther.de/2022/01/vorschlag-zur-neuregelung-der-sterbehilfe/, Zugriff am 4.2.2022.

3   Carina Dorneck, Ulrich M. Gassner, Jens Kersten, Josef Franz Lindner, Kim Philip Linoh, Henning Lorenz, Henning Rosenau, Birgit Schmidt am Busch: *Gesetz zur Gewährleistung selbstbestimmten Sterbens und zur Suizidprävention. Augsburg-Münchner-Hallescher-Entwurf (AMHE-SterbehilfeG)*. Tübingen: Mohr Siebeck 2021.

4   Vgl. Evangelische Kirche in Deutschland: *Wenn Menschen sterben wollen. Eine Orientierungshilfe zum Problem der ärztlichen Beihilfe zur Selbsttötung*. EKD-Texte 97, Hannover 2008.

von ihrer Krankheitssituation das Recht auf Suizidhilfe zuspricht, greift ein reines Plädoyer für einen Ausbau der Palliativversorgung zu kurz. Dementsprechend verwies die EKD in ihrer Stellungnahme zur gesetzlichen Neuregelung darauf, dass Selbstbestimmung im Kontext des gesellschaftlichen Zusammenlebens zu sehen ist und betonte die Notwendigkeit eines multiprofessionellen Entscheidungsverfahrens bezüglich einer Suizidbeihilfe.[5]

Der Umgang mit dem Wunsch nach einem assistierten Suizid ist dabei nicht nur eine Frage rechtlicher Regelung, sondern wird sowohl in Bezug auf Institutionen[6] als auch innerhalb der verschiedenen Berufsgruppen[7] bereits intensiv diskutiert. Auch Pfarrpersonen und Seelsorgende können sich mit dem Wunsch nach Begleitung eines assistierten Suizids konfrontiert sehen.

Für Pfarrpersonen und in der Seelsorge Tätige kommen in solchen Entscheidungen unter Umständen zwei konkurrierende Ansprüche zusammen. Zum einen wird aus den bekannten theologisch-ethischen Denkfiguren eine grundlegende Haltung unterstützt, die sich für das Leben einsetzt, auch dort, wo Verletzungen oder Hilfebedürftigkeit sehr präsent sind. Zum anderen besteht aus seelsorglicher Perspektive der Anspruch, Menschen unabhängig von ihrer Situation und ihren Lebensentscheidungen seelsorglich zu begleiten. Dies kann unter Umständen zu Konflikten bei Pfarrerinnen und Pfarrern führen, die angefragt werden, einen assistierten Suizid zu

---

5 Vgl. Evangelische Kirche in Deutschland: Evangelische Perspektiven für ein legislatives Schutzkonzept bei der Regulierung der Suizidassistenz (18.6.2020), https://www.ekd.de/evangelische-perspektiven-fuer-ein-legislatives-schutzkonzept-56633.htm, Zugriff am 18.6.2021.

6 Vgl. Reiner Anselm, Isolde Karle, Ulrich Lilie: Den assistierten professionellen Suizid ermöglichen, in: *Frankfurter Allgemeine Zeitung*, Nr. 8 (11.1.2021), 6. Die drei Theologen und Theologinnen plädieren in diesem Artikel nicht nur für eine an der Selbstbestimmung orientierte theologische Einordnung des assistierten Suizids, sondern erwägen auch die Durchführung der Suizidbeihilfe in diakonischen Einrichtungen und diskutieren die professionellen Herausforderungen einer Begleitung eines assistierten Suizids durch Seelsorgerinnen und Seelsorger unter dem Aspekt einer möglichen neuen Kausalpraxis. Der Artikel hat eine lebhafte Kontroverse ausgelöst und wurde vielfach diskutiert; die Theologen Wolfgang Huber und Peter Dabrock veröffentlichten an selber Stelle kurz darauf eine Gegenposition, vgl. Peter Dabrock, Wolfang Huber: Selbstbestimmt mit der Gabe des Lebens umgehen, in: *Frankfurter Allgemeine Zeitung*, Nr. 20 (25.1.2021), 6. Vor dem Hintergrund der verschiedenen Erwiderungen haben Anselm, Karle und Lilie ihre Positionen noch einmal präzisiert: Vgl. Reiner Anselm, Isolde Karle, Ulrich Lilie: Suizid: Vorbeugen und Helfen, in: *Frankfurter Allgemeine Zeitung*, Nr. 118 (25.5.2021), 7.

7 Vgl. Bundesärztekammer: 124. Deutscher Ärztetag (online) Beschlussprotokoll, https://www.bundesaerztekammer.de/fileadmin/user_upload/downloads/pdf-Ordner/124.DAET/Beschlussprotokoll_124_Daet_2021_Stand-06.05.2021_mit_numerischen_Lesezeichen.pdf, 146ff, Zugriff am 21.7.2021.

begleiten.[8] Dass Seelsorge es bei der Begleitung eines assistierten Suizids oft mit starken Ambivalenzen zu tun hat und sich selbst dabei auch mit eigenen Ambivalenzen auseinanderzusetzen hat, zeigt die in der Schweiz durchgeführte Studie von Morgenthaler u. a.[9] Ein weiteres Spannungsfeld kann sich zwischen persönlicher Position und den inhaltlichen Äusserungen von offizieller kirchlicher Seite oder auch institutionellen Vorgaben zum Umgang mit solchen Anfragen ergeben.

Diese Fragen nach den Herausforderungen und ethischen Ambivalenzen der seelsorglichen Begleitung eines assistierten Suizids adressiert die explorative Studie «Seelsorge und Assistierter Suizid», die das Zentrum für Gesundheitsethik in Hannover durchführt. Die Begleitung eines assistierten Suizids tangiert in erheblichem Masse das Rollen- und Selbstverständnis der beteiligten Professionen. Die Studie fragt im Kontext der Evangelisch-Lutherischen Landeskirche Hannovers, was «Begleitung» bei dem Wunsch eines assistierten Suizids beinhaltet, welche Erfahrungen Pfarrerinnen und Pfarrer gemacht haben und welche ethischen Bewertungen hier einfliessen.

2. Methodisches Vorgehen

Um die Erfahrungen und Einstellungen von Pfarrpersonen systematisch zu erheben, wurde im Zeitraum von November 2020 bis Januar 2021 eine Befragung unter den Pfarrerinnen und Pfarrern der Evangelisch-Lutherischen Landeskirche Hannovers durchgeführt. Die Befragung erfolgte mithilfe eines online-Fragebogens (technisch realisiert durch anmeldung-e). Die Pfarrpersonen wurden per Mail zur Befragung eingeladen und konnten zwischen November 2020 und Januar 2021 an der Befragung teilnehmen. Die Befragung umfasste Fragen zur Erfahrung mit Anfragen zum assistierten Suizid, Einstellungen insbesondere zu den ethischen und seelsorglichen Aspekten einer Begleitung eines assistierten Suizids sowie soziodemografische Angaben. Bewertungen wurden anhand einer fünfstufigen Likert-Skala erhoben. Neben geschlossenen Fragen gab es die Möglichkeit, in offenen Fragen die Antworten zu erläutern. Die Analyse der Daten aus den geschlossenen Fragen erfolgte deskriptiv statistisch. Die Daten wurden mit PSPP (Version 1.4.1) statistisch ausgewertet. Die Aussagen aus offenen Fragen wurden zur Illustrierung der Ergebnisse der jeweiligen Frage herangezogen.

---

8   Vgl. dazu den Beitrag von Isolde Karle in diesem Band.
9   Vgl. Christoph Morgenthaler, David Plüss, Matthias Zeindler: *Assistierter Suizid und kirchliches Handeln. Fallbeispiele – Kommentare – Reflexionen.* Zürich: TVZ 2017, 244-247. Vgl. auch den Beitrag von Christoph Morgenthaler in diesem Band.

Insgesamt nahmen 368 Pfarrpersonen an der Befragung teil (Rücklauf 20 %). Von den Befragten waren 55 % männlich, 39 % weiblich, 1 % divers, 5 % machten keine Angaben. Die beteiligten Pfarrerinnen und Pfarrer waren zwischen 29 und 69 Jahre alt, der Altersdurchschnitt lag bei 52 Jahren. 96 % waren Pfarrerinnen und Pfarrer, 3 % Superintendentinnen und Superintendenten, 1 % Vikarinnen und Vikare. 74 % der Befragten sind im Gemeindepfarramt tätig, 12 % im Einrichtungspfarramt und 17 % im Funktionspfarramt (Mehrfachnennung aufgrund von aufgeteilten Stellen möglich). Die Berufserfahrung lag zwischen 1 und 42 Jahren (Durchschnitt 22 Jahre).

3. Ergebnisse

3.1 Erfahrungen

Im ersten Teil der Untersuchung standen die Erfahrungen von Pfarrpersonen in der Begleitung eines assistierten Suizids im Fokus. Dafür war zunächst zu klären, ob solche Begleitungen überhaupt stattfinden bzw. stattgefunden haben. Die Befragung ergab, dass sowohl nach dem Urteil des Bundesverfassungsgerichts (26.2.2020) Begleitungen übernommen wurden als auch bereits in der Zeit vor dem Urteil, als § 217 StGB noch in Kraft war.

Von den 368 Personen, die an der Befragung teilgenommen haben, haben 19 Personen (5 %) bereits eine Anfrage für die Begleitung eines assistierten Suizids erhalten, bei 16 Befragten erfolgte die Anfrage vor dem Urteil des Bundesverfassungsgerichts, bei drei Befragten danach. Einzelne Befragte erhielten mehr als eine Anfrage, sodass insgesamt 21 Anfragen an die befragten Personen ergingen.

Die 19 Befragten, die bereits um die Begleitung eines assistierten Suizids gebeten wurden, wurden mehrheitlich (16 Befragte) von den Personen angesprochen, die einen assistierten Suizids für sich erwogen. Drei Pfarrpersonen wurden von An- oder Zugehörigen um eine Begleitung ersucht.

Mit den Anfragen wurde unterschiedlich umgegangen. Drei Befragte (16 %) übernahmen die Begleitung, acht Befragte (42 %) lehnten eine Begleitung ab und weitere acht Befragte (42 %) gaben an, sie hätten die Begleitung teils übernommen und teils abgelehnt.

Die Gründe dafür, dass eine Begleitung nicht stattgefunden hat, sind vielfältig. Eine befragte Person gab an, den assistierten Suizid abzulehnen und ihn daher nicht zu begleiten. In drei Fällen hatten sich diejenigen, die einen assistierten Suizid für sich erwogen hatten, anders entschieden. Eine Begleitung, die offenbar im Klinikkontext erbeten worden war, fand nicht statt, da die anfragende Person vorher entlassen wurde. Theologische Bedenken und die unklare Rechtssituation waren in je einem weiteren Fall die Gründe für eine Ablehnung. Eine weitere befragte Person begründete ihre Ablehnung damit, dass «ich nicht über Mittel und Kompetenz dazu verfüge und deshalb die Verantwortung nicht übernehmen kann. Stattdessen habe ich die Beratung durch die Hausärztin empfohlen.»

Der Wunsch nach «Begleitung» im Kontext eines assistierten Suizids kann ein breites Spektrum an Wünschen und Handlungsfeldern umfassen. Hier kann unterschieden werden zwischen Beratung und Begleitung einerseits und Ritualen andererseits. Bei der Befragung dazu wurde differenziert zwischen den geäusserten Wünschen hinsichtlich bestimmten Formen und den tatsächlich stattgefundenen Formen der Begleitung.

Zum erstgenannten Bereich «Beratung und Begleitung» zählten theologische oder ethische Beratungen wie auch die Beratung einer Entscheidungsfindung. Des Weiteren gehörten dazu die Kommunikation und Begleitung der Angehörigen und schliesslich die Unterstützung bei der Organisation oder auch eine Begleitung ins Ausland. Letztgenannter Punkt war vor allem für die Zeit relevant, als § 217 StGB noch in Kraft war. Personen aus Deutschland konnten einen assistierten Suizid in der Schweiz mithilfe eines Sterbehilfevereins durchführen.

Gewünscht wurde bei einer seelsorglichen Begleitung vor allem die Begleitung einer Entscheidungsfindung (sechs Befragte) sowie die Unterstützung bei der Organisation (fünf Anfragen) und die Kommunikation mit den und die Begleitung

In der Begleitung gab es den Wunsch nach/hat konkret stattgefunden (n = 19)

Kategorie	Wunsch	hat konkret stattgefunden
Unterstützung bei der Organisation	5	0
Begleitung einer Entscheidungsfindung	6	6
Theologische Beratung	4	4
Ethische Beratung	3	4
Kommunikation mit den Angehörigen	5	7
Begleitung der konkreten Sterbesituation	1	3
Begleitung ins Ausland	0	0
Begleitung der Angehörigen	4	3
Beichte	0	0
Abendmahl	1	1
Aussegnung	3	3
Bestattung	4	5

Angaben in absoluten Zahlen

der An- und Zugehörigen (fünf bzw. vier Anfragen). Eine ethische oder theologische Beratung wurde von drei bzw. vier Pfarrpersonen erbeten. Die Begleitung ins Ausland wurde weder erbeten, noch fand sie dann tatsächlich statt, die Begleitung der konkreten Sterbesituation, unabhängig vom Ort der Durchführung, wurde jedoch in drei Fällen erbeten.

Gegenüber den geäusserten Wünschen ist in der konkreten Praxis dann ein etwas verschobenes Bild zu beobachten: Hier stand die Kommunikation mit den An- und Zugehörigen im Vordergrund (in sieben Fällen). Die in fünf Fällen gewünschte Unterstützung bei der Organisation fand in keinem Fall, die Begleitung einer Entscheidungsfindung hingegen sechsmal statt. In drei Fällen wurden An- und Zugehörige begleitet. Eine ethische oder theologische Beratung wurde jeweils viermal in Anspruch genommen. Gegenüber den zuvor in drei Fällen erbetenen Begleitungen in der konkreten Sterbesituation fand diese konkret dann in einem Fall statt.

Zum zweiten Bereich einer seelsorglichen Begleitung im Kontext eines assistierten Suizids gehörte der Bereich «Ritual». Dazu sind Beichte, Abendmahl, Aussegnung und Bestattung zu zählen.

Eine Beichte wurde nicht erbeten und fand auch konkret nicht statt. Am häufigsten wurden Bestattungen angefragt (vier Anfragen), gegenüber drei Anfragen für eine Aussegnung und eine zur Feier eines Abendmahls. Letztere fand auch einmal statt, drei Pfarrpersonen übernahmen eine Aussegnung, fünf Befragte eine Bestattung nach einem assistierten Suizid.

Die Daten zeigen, dass sowohl hinsichtlich der geäusserten Wünsche als auch der konkreten Praxis die Begleitung der unterschiedlichen Abwägungen, besonders aber die Kommunikation mit und die Begleitung der An- und Zugehörigen zentral waren. Unterstützung bei der Organisation wurde zwar zunächst erbeten, wurde dann aber nicht geleistet. Die besondere Bedeutung von Pfarrerinnen und Pfarrern in der konkreten Situation lag in der Begleitung verschiedener Kommunikationsprozesse und nicht in der Unterstützung bei der Durchführung. Im Bereich «Ritual» stand besonders die Bestattung im Mittelpunkt, eine seelsorgliche Begleitung umfasste hier aber auch Aussegnungen und die Feier des Abendmahls.

In der persönlichen Entscheidung über die Begleitung eines assistierten Suizids war den Befragten vor allem die Solidarität mit den Personen, die einen assistierten Suizid erwogen bzw. durchgeführt hatten, und mit deren An- und Zugehörigen besonders wichtig. Neun Befragte gaben an, dass ihnen diese Solidarität wichtiger gewesen sei als ethische Bedenken. Gleichzeitig gaben sieben Befragte an, dass der Umgang mit den Anfragen und Wünschen im Kontext eines assistierten Suizids herausfordernd gewesen sei. Fünf Befragte haben eine Begleitung übernommen, obwohl sie dem assistierten Suizid kritisch gegenüberstehen. Zwei

Befragte äusserten theologische Bedenken gegenüber dem assistierten Suizid und zwei gaben an, dass die Begleitung für sie als Seelsorgende schwierig gewesen sei. Die Spannung, die sich in diesen Reflexionen andeutet, bringt eine befragte Person mit der Frage auf den Punkt: «Wie kann ich jemanden seelsorglich begleiten, wenn ich sein Ziel, Suizid zu begehen, eigentlich ablehne?»

3.2 Einstellungen zur Begleitung eines assistierten Suizids

Der zweite Teil der Untersuchung adressierte die Einstellungen der Pfarrerinnen und Pfarrer zum Umgang mit dem assistierten Suizid. Die Einstellungen wurden unabhängig von den bereits gemachten Erfahrungen bei allen Befragten erhoben. Zunächst wurde nach dem vermuteten Umgang mit einer Anfrage nach einer Begleitung eines assistierten Suizids gefragt. 11 % aller Befragten (n = 368) gaben an, dass sie die Begleitung in jedem Fall übernehmen würden, 19 % dagegen würden eine Begleitung generell ablehnen. Die grosse Mehrheit der Befragten, nämlich 70 %, gab an, bei einer Anfrage im Einzelfall entscheiden zu wollen. In den erläuternden Angaben im Freitextfeld wurde hier besonders auf die Hintergründe der Entscheidung und die Erwartungen an die Seelsorge verwiesen. So kommentierte eine Person, das Vorgespräch sei entscheidend, in dem die «Erwartung an mich, an andere; Einstellung zu Tod / ewigem Leben; Hoffnung und Befürchtungen» zu thematisieren seien. In einem anderen Kommentar wurde die Spannung zwischen Lebensschutz und Heiligkeit des Lebens und dem professionellen Verständnis des seesorglichen Auftrags benannt, in der eine Entscheidung für oder gegen eine Begleitung steht. So bemerkte eine der befragten Personen, wie ambivalent «der innere Widerspruch in der Begleitung zum Leben und dem Wunsch, dieses als von Gott geschenktes aufzugeben» ist, aber «gleichzeitig ist es Teil der ethischen Entwicklung und meines seelsorglichen Auftrags, diese in konkreten Einzelfällen zu begleiten, ohne zu richten».

Neben der Option, frei eigene Überlegungen zu notieren, wurden einige Kriterien, die für die Entscheidung über die Übernahme einer Begleitung wichtig sein könnten, abgefragt. Mehrfachnennungen waren dabei möglich.

Die höchste Zustimmung fanden mit jeweils 57 % das Kriterium «persönlicher Kontakt» und das Kriterium «Schwere der Erkrankung». Hervorzuheben ist hier, dass gegenüber der hohen Bedeutung des persönlichen Kontakts die Länge der Bekanntschaft eher gering gewichtet wird. Für 15 % der Befragten wäre dies ein Kriterium für eine Begleitung.

Die weiteren abgefragten Kriterien zeigen, dass keines der Kriterien für alle Befragten gleichermassen zentral für die Entscheidung ist und Entscheidungen sehr unterschiedlich für den Einzelfall abgewogen werden. Die Rechtssituation wird von 53 % der Befragten als relevant für die Entscheidung bezüglich der Übernahme einer Begleitung angesehen. 46 % sehen Art und Ort der Durchführung als Entscheidungskriterium, hierunter fällt auch die Frage, ob eine Sterbehilfeorganisation einbezogen ist. Die jeweilige familiäre Situation der anfragenden Person ist für 45 % der Befragten entscheidend. Weitere 8 % der Befragten gaben hier eigene, für sie ausschlaggebende Kriterien an. Hier wurden unter anderem die psychische Situation der anfragenden Person, die vermutete Ernsthaftigkeit des Wunsches oder auch der Auftrag an die Seelsorgerin oder den Seelsorger genannt.

3.3 Einstellungen gegenüber öffentlichen Äusserungen

Dem Urteil des Bundesverfassungsgerichts stehen die Befragten zurückhaltend gegenüber. Lediglich 30 % der Pfarrpersonen gaben an, sie hätten das Urteil begrüsst. Begründet wird dies unter anderem damit, dass durch das Urteil die Möglichkeit besteht, dass Sterbehilfeorganisationen in Deutschland aktiv werden könnten. Eine befragte Person kommentierte: «Einen assistierten Suizid in begründeten Fällen rechtlich möglich zu machen, habe ich begrüsst. Dass Vereine sich der Durchführung annehmen, ist mir unheimlich.» Klar ablehnend gegenüber dem Urteil und den damit verbundenen Konsequenzen äusserte sich eine andere Person, wenn sie schreibt: «Ich habe NICHTS davon begrüßt.»

Kirchliche Positionierungen, die nach der Urteilsverkündung im Februar 2020 veröffentlicht wurden, wurden von den Befragten ebenfalls kritisch betrachtet. Nur 26 % der Befragten gaben an, dass sie die kirchlichen Stellungnahmen begrüsst hätten; hier war nicht differenziert zwischen befürwortenden oder ablehnenden Positionen. Die Befragten zeigten in ihren Aussagen eine grundlegend kritische Haltung gegenüber solchen Dokumenten. So bemerkte eine der befragten Personen: «Öffentliche Positionierungen kirchlicher Vertreter unter medialem Druck sind verständlich, aber greifen zu kurz, wenn der öffentliche Diskurs nicht ausreichend geführt wird.» Eine andere Person forderte: «Keine Positionierungen, sondern Argumentationshilfen liefern – Menschen können dann selber denken.» Diesem Wunsch, individuell und theologisch-ethisch eigenverantwortlich mit dem Thema «Assistierter Suizid» umzugehen, entspricht, dass sich 47 % der Befragten Angebote zur theologischen Weiterbildung wünschten. Dabei, so eine der befragten Personen, sei es wichtig, «Pluralität zuzulassen in Überlegungen und die Freiheit zu geben, je von Fall zu Fall zu begleiten und zu entscheiden». Eine Öffnung der Diskurse hin zu anderen Disziplinen wurde in einem anderen Kommentar angeregt, der fordert, «theologische Positionen zu diskutieren und […] auch in den öffentlichen Diskurs einzubringen. Selbstbestimmung und die Unverfügbarkeit des Lebens sind zwei entscheidende Punkte in der evangelischen Ethik. Hier sollten offene Diskurse – auch mit anderen Disziplinen – geführt werden». 44 % der Befragten möchten Angebote für die eigenen Auseinandersetzung erhalten, denn, so schrieb eine der befragten Personen: «Meine eigene theologische Stellung zum Thema ist noch nicht geklärt.» In einem anderen Kommentar hiess es, es sollte nicht «der Eindruck einer vorschnellen kirchlichen Äußerung nach dem Motto ‹wir dürfen niemandem beim Sterben helfen› [entstehen]. Auch wenn Anfang und Ende des Lebens in Gott begründet sind, wünsche ich mir eine offene Diskussion innerkirchlich zu dem Thema.»

Auch in der Bewertung möglicher zukünftiger Regelungskonstellationen zeigte sich der Wusch der Befragten, innerhalb eines rechtlich klar beschriebenen Rahmens individuell als Seelsorgende agieren und im Einzelfall entscheiden zu können. Die Befragten konnten auf einer fünfstufigen Skala die Bedeutung einzelner weiterer Vorgaben bewerten. Dabei gaben 57 % der Befragten an, dass es für sie wichtig oder sehr wichtig ist, dass es klare rechtliche Bestimmungen gibt, 21 % sahen das als nicht wichtig an, 17 % waren hier unentschieden. Über den rechtlichen Rahmen hinausgehende Vorgaben fanden hingegen wenig Zustimmung. 66 % der Befragten sahen einen individuellen Umgang mit dem Thema als wichtig oder sehr wichtig an, 17 % waren unentschieden, und lediglich 14 % gaben an, dass sie mit dem Thema nicht individuell umgehen möchten. Dem entsprechend hielten auch 45 % der Befragten eindeutige Vorgaben, wie mit Anfragen bei einem assistierten Suizid zu verfahren sei, für nicht wünschenswert, 26 % waren in dieser Frage unentschieden, nur 27 % bewerteten eindeutige Vorgaben positiv.

Die Befragten waren uneins darüber, ob eine einheitliche Position der evangelischen Kirche zum assistierten Suizid wünschenswert ist. 34 % der Befragten befürworteten eine einheitliche kirchliche Position, 37 % der Befragten lehnten dies ab, ein Viertel der Befragten waren hier unentschieden. Gewünscht von 70 % der Befragten wurde jedoch ein Dialog innerhalb der evangelischen Kirche über die unterschiedlichen Positionen zum Thema «Assistierter Suizid», lediglich 11 % stimmten dem nicht zu, 17 % waren hier unentschieden.

Zu der Frage, ob die Kirche die Selbstbestimmung des Menschen stärker in den Mittelpunkt stellen sollte, war die Haltung der Pfarrpersonen unentschieden. 33 % der Befragten befürworteten die zentrale Stellung der Selbstbestimmung, 27 % sahen diese nicht im Fokus, dagegen waren 36 % hier unentschieden.

Eindeutig ist jedoch die Bewertung des kirchlichen Engagements für die Palliativversorgung. 65 % der Befragten sahen es als wichtiger an, dass die Kirche diese Versorgung stärkt, als dass sie sich für die Freigabe des assistierten Suizids einsetzt. Lediglich 15 % der Befragten stimmten hier nicht zu, 16 % waren unentschieden.

Die Spannung zwischen dem professionellen Selbstverständnis der Pfarrerinnen und Pfarrer als Seelsorgende und der ethischen Bewertung einer Begleitung eines assistierten Suizids zeigt sich noch einmal deutlich, wenn direkt danach

Einstellungen und Erfahrungen von Gemeindepfarrpersonen in Deutschland

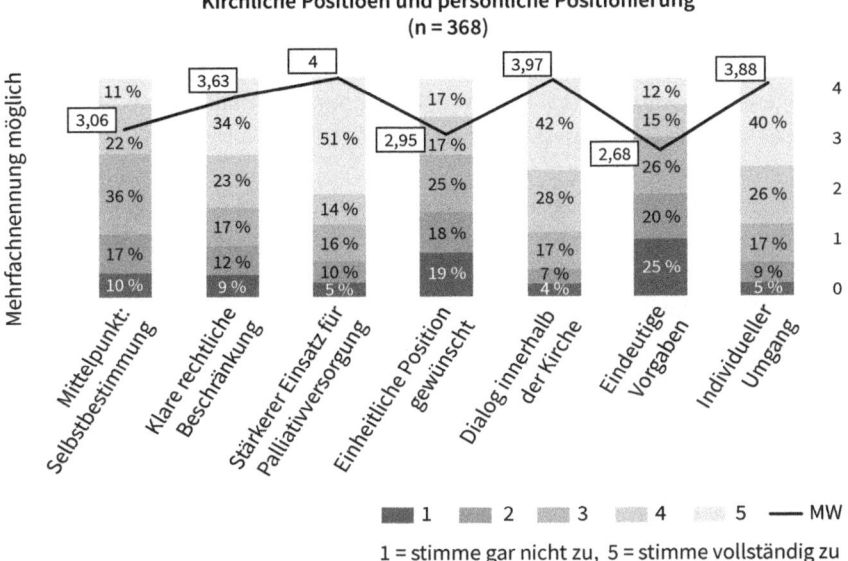

gefragt wird. 97 % der Befragten stimmten der Aussage zu, dass es zur Aufgabe der Seelsorge gehöre, Menschen in dieser Situation zu begleiten. 80 % sahen damit auch die Aufgabe verbunden, die Selbstbestimmung der Person zu unterstützen. Demgegenüber hoben jedoch 45 % hervor, dass sie den assistierten Suizid aus ethischen Gründen ablehnen. Einen grundsätzlichen Konflikt zwischen der seelsorglichen Aufgabe einer Begleitung und der ethischen Bewertung eines assistierten Suizids sahen 55 % der Befragten. Dies verdeutlicht, dass zwar eine Mehrheit der Seelsorgenden eine Begleitung aus professioneller Perspektive befürworten. Die Übernahme einer Begleitung ist jedoch nicht gleichbedeutend mit der grundsätzlichen Bejahung eines assistierten Suizids. Eine Anmerkung fand sich hier folgerichtig auch besonders häufig: «Es ist eine Dilemma-Situation.»

4. Diskussion

Die Ergebnisse der Erhebung zeigen zum ersten Mal exemplarisch Einstellungen und Erfahrungen von Pfarrpersonen in Deutschland zum assistierten Suizid.

Die Befragung fand zu einem frühen Zeitpunkt der aktuell laufenden Debatte statt, bei dem noch keine (neuen) Gesetzesentwürfe vorlagen und auch die für den innerkirchlichen Diskussionsprozess wichtigen Artikel in der FAZ[10] noch nicht erschienen waren. Die Antworten und Einschätzungen zeigen die Bedeutung eines gemeinsamen Verständigungsprozesses, in dem Kriterien für den Umgang mit Anfragen ebenso diskutiert werden wie die Bedeutung institutioneller Positionierungen. Auch die Befragten selbst sprachen sich in ihren Antworten für einen solchen Verständigungsprozess aus.

Die Befragung macht deutlich, dass Anfragen bezüglich einer Begleitung eines assistierten Suizids bereits stattfinden und auch explizit an Pfarrerinnen und Pfarrer gerichtet werden. Dabei sind sowohl seelsorgliche Aufgaben der Kommunikation, Entscheidungsfindung und Begleitung als auch die Ritualkompetenz von Pfarrpersonen gefragt. Vor dem Hintergrund historischer kirchlicher Positionen zum Suizid können Pfarrerinnen und Pfarrer hier Sorgen oder Befürchtungen nehmen und die Begleitung von An- und Zugehörigen sowie die Übernahme von Aussegnungen und Bestattungen zusagen. Hilfreich für die weitere Diskussion könnte auch ein niedrigschwelliger Austausch zu Erfahrungen in den Entscheidungssituationen und gegebenenfalls der Begleitung sein. Damit wird deutlich, dass Anfragen sehr unterschiedliche Aspekte beinhalten können, von denen gerade diejenigen zu Beratung, Begleitung und Ritual in die Kernkompetenzen von Pfarrpersonen fallen.

Die Einstellungen der Pfarrpersonen zu grundlegenden Fragen der Begleitung eines assistierten Suizids und dessen Regelung machen zweierlei deutlich: Erstens besteht das grosse Bedürfnis, die Entscheidung über die Begleitung eines assistierten Suizids als Einzelfallentscheidung zu konzipieren.[11] Dabei wird ein klarer rechtlicher Rahmen gewünscht, darüber hinausgehende vereinheitlichende Vorgaben finden kaum Zustimmung. Dementsprechend lassen sich auch die zurückhaltenden Antworten auf mögliche Kriterien interpretieren. Zentral wird die persönliche Beziehung gesehen, weitere einheitliche Kriterien kristallisieren sich nicht heraus. Das kann, insbesondere in Verbindung mit den Antworten auf die offenen Fragen, als Hinweis darauf verstanden werden, dass dem Einzelfall in seiner Besonderheit Rechnung getragen werden soll. Die Einzelfallentscheidung wird damit als Ausnahme verstanden, die sich der Logik verallgemeinernder Regelungen und überprüfbarer Kriterien entzieht. Damit kann der existenziellen Notsituation der Anfragenden Rechnung getragen werden, ohne grundsätzliche Aussagen zur Begleitung treffen zu müssen.[12] Für die weitere Diskussion erscheint es wichtig, dass dennoch ein Austausch über Entscheidungssituationen und dabei tragende Gründe für oder

---

10 Vgl. Anm. 6.
11 Vgl. dazu den Beitrag von Isolde Karle in diesem Band.
12 Vgl. dazu auch den Beitrag von Isolde Karle in diesem Band und Morgenthaler et al., Suizid.

gegen eine Begleitung stattfindet. Bei aller Individualität ist es grundlegend, dass eine Sprache für die Entscheidung über Ausnahmen gefunden wird, die es auch ermöglicht, die Qualität von Entscheidungsprozessen etwa in der kollegialen Beratung zum Thema zu machen.[13]

Die Entscheidung für oder gegen eine Begleitung wird von den Befragten als konflikthaft empfunden. Was diesen Konflikt für die Befragten genau ausmacht, konnte im Rahmen der Befragung nicht erhoben werden. Neben ethischen Aspekten im Spannungsverhältnis zwischen Selbstbestimmung und Lebensschutz sind auch Fragen individueller Verantwortung in der Begleitung einer Entscheidung, Sorgen um rechtliche Fragen oder auch Konflikte im eigenen Verständnis seelsorglichen Handelns denkbar. Eine Dimension des Konflikts, auf die in der Befragung eingegangen wurde, wird zwischen der moralischen Bewertung des assistierten Suizids und der grundlegenden Haltung, sich für den Wert des Lebens einzusetzen, einerseits und dem seelsorglichen Auftrag, der sich einer Bewertung der Entscheidungen der begleiteten Person enthält, andererseits gesehen.[14] Diese Positionen müssen in der Entscheidung über eine Begleitung zueinander ins Verhältnis gesetzt werden. Das Abwägen muss entsprechend eingeübt werden – dem steht die Konzeption der Entscheidung als Einzelfall und Ausnahme allerdings entgegen. Hier können, so wie auch von den Befragten gewünscht, interne Foren der Auseinandersetzung und theologischen Weiterbildung ansetzen, die die Teilnehmenden darin unterstützen, individuelle Abwägungen begründet vorzunehmen und der Basis des Konflikts nachzugehen.[15]

Zweitens wird deutlich, dass die Einstellungen zum assistierten Suizid plural sind. Es finden sich sowohl klare Befürworter einer Stärkung der Selbstbestimmung im Sinne des Urteils als auch Befragte, die den assistierten Suizid grundsätzlich ablehnen. Die Positionen sind inhaltlich unvereinbar und für diejenigen, die sie vertreten, als Gewissensentscheidungen von besonderer Bedeutung. Institutionelle Regelungen zum Umgang mit Anfragen zur Begleitung eines assistierten Suizids werden eine Antwort finden müssen, mit dieser Pluralität von Positionen ebenso umzugehen wie mit unterschiedlichen Reaktionen auf konkrete Anfragen einer Begleitung. Der besonderen Bedeutung einer solchen Entscheidung auch für begleitende Seelsorgende und der Respekt vor individuellen ethischen und seelsorglichen Abwägungen ist dabei Rechnung zu tragen.

---

13 Vgl. dazu auch Morgenthaler et al., Suizid, 255.
14 Vgl. den Beitrag von Isolde Karle in diesem Band.
15 Vgl. dazu auch Traugott Jähnichen, Isolde Karle: Ethik für die Seelsorge – Seelsorge für die Ethik. Überlegungen zur Verhältnisbestimmung von theologischer Ethik und Poimenik, in: *Zeitschrift für Evangelische Ethik* 64 (2020), 277–288.

Internationale Studien zur Erfahrung von Seelsorgenden mit Suizidhilfe und Tötung auf Verlangen

Sebastian Farr

Neben der Schweiz[1] und den sich nach Gerichtsurteilen noch formierenden Regelungen in Deutschland[2] und Österreich[3] erlaubt die Rechtslage in einigen weiteren Ländern die Inanspruchnahme von Suizidassistenz oder auch Tötung auf Verlangen (im englischsprachigen Diskurs in der Regel als «euthanasia» bezeichnet). Auch in diesen Ländern können Seelsorgende mit diesem speziellen Konfliktfeld der Ethik am Lebensende in Kontakt kommen, indem sie für Beratungen oder Begleitungen angefragt werden. Sollte, so wie in den Niederlanden, die Tötung auf Verlangen erlaubt sein, wird (ärztliche) Hilfe zum Suizid kaum noch in Anspruch genommen – für diese Situation wird daher auch eine Studie zum Einbezug der Seelsorge bei der Tötung auf Verlangen berücksichtigt.[4]

Insgesamt ist erstaunlich, dass es zwischen den englischsprachigen und deutschsprachigen Diskursen in diesem Feld kaum oder nur in geringem Masse zu einem Austausch kommt. Selbst innerhalb des englischsprachigen Kontextes werden nur wenige Studien international rezipiert.

Für diesen Beitrag konnten drei Untersuchungen aus dem englischsprachigen Diskurs identifiziert werden, die im Folgenden zusammengefasst und vorgestellt sowie miteinander ins Verhältnis gesetzt werden sollen. Die hier angeführten Untersuchungen stammen aus den Niederlanden, den USA (Bundesstaat Oregon)

---

1 Siehe Schweizerisches Strafgesetzbuch Art. 115 (Stand am 1. Juli 2021).
2 Siehe Urteil des deutschen Bundesverfassungsgerichts vom 26. Februar 2020, 2 BvR 2347/15 -, Rn. 1-343, http://www.bverfg.de/e/rs20200226_2bvr234715.html, Zugriff am 29.10.2021.
3 Siehe Urteil des österreichischen Verfassungsgerichtshofs vom 11. Dezember 2020, G 139/2019-71, https://www.vfgh.gv.at/downloads/VfGH-Erkenntnis_G_139_2019_vom_11.12.2020.pdf, Zugriff am 29.10.2021.
4 2020 wurde in 96,6 % der gemeldeten Fälle die Tötung auf Verlangen in Anspruch genommen, in 3,1 % Suizidassistenz und in weiteren 0,25 % eine Kombination aus beidem (Arzt oder Ärztin injiziert Medikament, falls der Suizident bzw. die Suizidentin nicht innerhalb einer vereinbarten Zeit nach Selbsteinnahme verstirbt) (vgl. Regional Euthanasia Review Committees: Annual Report 2020. 2021, 11, https://www.euthanasiecommissie.nl/de-toetsingscommissies/uitspraken/jaarverslagen/2020/april/15/jaarverslag-2020, Zugriff am 21.10.2021).

sowie aus Australien. Ziel des Beitrags ist es, den Zugang zum Diskurs und die Rezeption des internationalen Diskurses für die aktuelle Debatte im deutschsprachigen Raum zu verbessern. Dabei ist die Annahme leitend, dass sich in den verschiedenen Ländern ähnliche Muster finden lassen, die den Kontakt von Seelsorgenden mit dem Thema des assistierten Suizids (und gegebenenfalls der Tötung auf Verlangen) betreffen, sodass es möglich ist, von den Erfahrungen wechselseitig zu lernen.

Die geringe Anzahl von identifizierbaren Studien kann dabei als erstes Arbeitsergebnis dieser Recherche gelten, das deutlich auf einen bestehenden Forschungsbedarf hinweist. Der Befund, dass es bisher eher wenig Forschung zu kirchlicher Seelsorge und assistiertem Suizid gibt, verwundert zudem insbesondere vor dem Hintergrund, dass sich Klinikseelsorge als forschungsgeleitete Profession versteht.[5] Zwar gab und gibt es eine Debatte innerhalb der theologischen Ethik über die Legitimität der Entscheidung zum assistierten Suizid, die über das Theologiestudium sowie die Aus-, Fort- und Weiterbildung von Seelsorgenden Eingang in ihre Berufspraxis findet, aber es fehlen ethische sowie praktisch-theologische Untersuchungen dieses Gegenstands mit konkretem Blick auf die Seelsorge(nden)praxis. Dies markiert einen deutlichen Unterschied zu anderen involvierten Berufsgruppen aus dem medizinischen Feld.

1. Kurze Einführung in die jeweiligen Rechtslagen

Bereits 2001 wurde in den Niederlanden mit dem «*wet toetsing levensbeëindiging op verzoek en hulp gij zelfdoding*»[6] (deutsch: «Gesetz über die Kontrolle der Lebensbeendigung auf Verlangen und der Hilfe bei der Selbsttötung»)[7] ein Gesetz erlassen, das die Tötung auf Verlangen und die Hilfe zum Suizid bei Einhaltung bestimmter Kriterien für straffrei erklärt. Dazu gehören insbesondere, dass das Gesuch «freiwillig und nach reiflicher Überlegung gestellt [... wurde ... und] dass der Zustand des Patienten aussichtslos und sein Leiden unerträglich ist»[8] – ein abseh-

---

5   Vgl. George Fitchett: Health Care Chaplaincy as a Research-Informed Profession: How We Get There, in: *Journal of Health Care Chaplaincy* 12 1–2 (2002), 67–72.

6   https://wetten.overheid.nl/BWBR0012410/2021-10-01, Zugriff am 21.10.2021. Das Gesetz ist am 1. April 2002 in Kraft getreten.

7   Eine deutsche Übersetzung ist auf der Website der Deutschen Gesellschaft für Palliativmedizin einsehbar: http://www.dgpalliativmedizin.de/images/stories/pdf/euthanasie.pdf, Zugriff am 21.10.2021.

8   http://www.dgpalliativmedizin.de/images/stories/pdf/euthanasie.pdf, 2, Zugriff am 21.10.2021.

bares Lebensende ist damit keine direkte Voraussetzung für die Inanspruchnahme von Suizidassistenz oder einer Tötung auf Verlangen.[9] Damit waren die Niederlande das erste Land, das die Tötung auf Verlangen explizit erlaubte. Dem Gesetz ging bereits seit 1985 eine Phase voraus, in der sie regelmässig praktiziert wurde.[10] Die Rate an Fällen von Tötungen auf Verlangen als Todesart in den Niederlanden ist seit ihrer Einführung kontinuierlich angestiegen und lag 2019 bei 4,33 % aller Todesfälle.[11]

Mit dem *Rights of the Terminally Ill Act* von 1995 wurde für eine kurze Zeit im Northern Territory in Australien die Möglichkeit geschaffen, sich mithilfe von medizinischem Personal selbst zu töten.[12] Sechs Personen wurde diese Möglichkeit unter Anwendung des Gesetzes für ihre Situation gewährt, wobei es bei vier Personen tatsächlich zur Durchführung des assistierten Suizids kam. Bei den übrigen zwei Personen wurde die Gewährung widerrufen, als das Gesetz 1997 durch den *Euthanasia Laws Act*, der den einzelnen Territorien die Möglichkeit zum Erlass von Gesetzen über Sterbehilfe abgesprochen hat, ausser Kraft gesetzt wurde.[13]

1997 wurde im US-Bundesstaat Oregon der sogenannte *Death with Dignity Act (DWDA)* erlassen, der es Einwohnerinnen und Einwohnern erlaubt, bei Ärztinnen und Ärzten eine Verschreibung für ein tödliches Medikament zum Suizid zu bekommen, wenn sie lebensverkürzend erkrankt sind und ihre verbleibende Lebenserwartung unter sechs Monaten liegt. Die verschreibenden Ärztinnen bzw. Ärzte müssen vom Oregon Medical Board approbiert sein und können auf freiwilliger Basis am DWDA teilnehmen. Oregon war damit der erste Bundesstaat, der in einer rechtlichen Regelung die Suizidhilfe erlaubte. Laut der aktuellen Statistik der Public Health Division machten Todesfälle mithilfe von Medikamenten, die unter dem DWDA verschrieben wurden, 0,65 % der Todesfälle im Jahr 2019 aus. Insgesamt haben im Zeitraum von der Einführung bis Januar 2020 2895 Patienten eine Ver-

---

9   Vgl. Margaret P. Battin, Agnes van der Heide, Linda Ganzini, Gerrit van der Wal, Bregje D. Onwuteaka-Philipsen: Legal physician-assisted dying in Oregon and the Netherlands. Evidence concerning the impact on patients in «vulnerable» groups, in: *Journal of Medical Ethics* 33 (2007), 591–597, hier 593.
10 Vgl. Jaqui Wise: Netherlands, first country to legalize euthanasia, in: *Bulletin of the World Health Organisation* 79 6 (2001), 580; A. Stef Groenewoud, Femke Atsma, Mina Arvin, Gert P. Westert, Theo A. Boer: Euthanaisa in the Netherlands. A claims data cross-sectional study of geographical variation, in: *BMJ Supportive & Palliative Care* Epub ahaed of print (2021), 1.
11 Vgl. Groenewoud et al., Euthanasia, 1.
12 Northern Territory of Australia: *Rights of the Terminally Ill Act 1995*, https://legislation.nt.gov.au/en/Legislation/RIGHTS-OF-THE-TERMINALLY-ILL-ACT-1995, Zugriff am 1.11.2021.
13 The Parliament of Australia: *Euthanasia Laws Act 1997*, https://www.legislation.gov.au/Details/C2004A05118, Zugriff am 28.10.2021.

schreibung erhalten, wobei 66 % von ihnen die Medikation tatsächlich eingenommen haben. Wie in den Niederlanden ist auch hier ein kontinuierlicher Anstieg der jährlichen Fälle zu beobachten.[14]

Mittlerweile haben weitere US-Bundesstaaten ähnliche Gesetze zur Regelung von assistierten Suiziden bei terminalen Erkrankungen eingeführt.

2. Durchgang durch die einzelnen Studien

2.1 Legal Euthanasia in Pastoral Practice: Experiences of Pastors in the Protestant Church in the Netherlands

In der Studie wurden 684 Pfarrerinnen und Pfarrer der protestantischen Kirche in den Niederlanden über ihre Erfahrungen mit Anfragen zu «euthanasia» befragt. Wie oben dargestellt, handelt es sich bei den euthanasia-Fällen in den Niederlanden fast ausschliesslich um Tötungen auf Verlangen, weshalb dies im Folgenden als Übersetzung für «euthanasia» verwendet wird. Die kleinere Anzahl von assistierten Suiziden ist hier jedoch mitzudenken, da in der Studie nicht weiter differenziert wird. 92 % der Befragten gaben an, im letzten Jahr mindestens eine Person an ihrem Lebensende begleitet zu haben.[15] In 11 % der Fälle erfolgte der Tod durch eine Tötung auf Verlangen oder einen assistierten Suizid. Demzufolge hatte die grosse Mehrheit der befragten Pfarrpersonen Erfahrung mit derartigen Fällen (88 % der Befragten gaben an, in den letzten fünf Jahren Anfragen zu Tötung auf Verlangen bekommen zu haben) – in der Regel befanden sich anfragende Personen dabei im Kontext des nahen Lebensendes aufgrund einer unheilbaren, lebensverkürzenden Erkrankung.

Insgesamt gaben 59 % der befragten Pfarrerinnen und Pfarrer an, dass die Tötung auf Verlangen mit einer christlichen Weltsicht vereinbar sei. Eine kleinere Gruppe von 39 % sah hier einen Konflikt. In der Studie wurden diese Ergebnisse nach Untergruppen sortiert, wobei eine als «more orthodox ministers» bezeichnete

---

14 Vgl. Public Health Division (Center for Health Statistics): *Oregon Death with Dignity Act 2020 Data Summary*, 2021, 5, https://www.oregon.gov/oha/PH/PROVIDERPARTNERRESOURCES/EVALUATIONRESEARCH/DEATHWITHDIGNITYACT/Documents/year23.pdf, Zugriff am 28.10.2021.

15 In der Studie wird das Wort «counselled» verwendet, das neben der Begleitung auch eine Beratung implizieren kann (vgl. Theo A. Boer, Ronald E. Bolwijn, Wim Graafland, T. Theo J. Pleizier: Legal Euthanasia in Pastoral Practice: Experiences of Pastors in the Protestant Church in the Netherlands, in: *International Journal of Public Theologoy* 14 [2020], 41–67, hier 50).

Gruppe eine höhere Konfliktrate angab (87%).[16] Vor allem jüngere Pfarrerinnen und Pfarrer standen der Sterbehilfe kritisch gegenüber.

Die befragten Pfarrerinnen und Pfarrer gaben an, dass ihre Einstellung zur Sterbehilfe stark von den angegebenen Gründen des Gesuchs abhängig ist. Über alle getesteten Gruppen gaben 66% der Befragten an, dass sie Sterbehilfe in Fällen von tödlichen, unheilbaren Erkrankungen akzeptieren. Darauf folgten psychiatrische Erkrankungen mit 46% und Demenz mit 38%. Die Kategorien «Lebenssatt ohne manifeste Erkrankung» und «angehäufte Altersbeschwerden» fielen demgegenüber mit insgesamt 20% und 22% Akzeptanzrate deutlich ab.[17]

In den Seelsorgebegegnungen, die die Pfarrpersonen mit ihren Gemeindegliedern an ihrem Lebensende hatten, wurde das Thema der Sterbehilfe in 46% der Fälle durch die begleiteten Personen eingebracht, wobei nur ca. ein Drittel der Personen in diesen Gesprächen Sterbehilfe als realistische Option für die eigene Person bzw. den eigenen Fall ansah. Die Gemeindeglieder fragten häufig (44%) nach der Position der Pfarrperson zum Thema, gingen aber ebenso häufig (47%) davon aus, dass die Pfarrpersonen der Sterbehilfe ablehnend gegenüberstehen.[18] Insgesamt sahen 17% der antwortenden Pfarrpersonen ihre Aufgabe darin, den Wunsch nach Sterbehilfe zu hinterfragen und das Gemeindeglied zum nochmaligen Durchdenken der eigenen Entscheidung anzuregen – insbesondere hierbei zeigten sich deutliche Unterschiede nach Gruppenzugehörigkeit in der Studie: Während nur 5% der liberalen Pfarrpersonen der Aussage zustimmten, taten dies 48% der Gruppe der «more orthodox ministers».[19] Trotz der insgesamt eher geringen Zustimmung zur Aussage, dass Seelsorgende zum nochmaligen Überdenken anregen sollten, meldeten nur 24% der Befragten zurück, dass die Entscheidung, Sterbehilfe in Anspruch zu nehmen, allein die Entscheidung und Verantwortung der begleiteten Person sei.[20]

Die Seelsorgenden gaben in der Befragung an, dass Begleitungen, bei denen es unterschiedliche Ansichten über die Tötung auf Verlangen bei den involvierten Personen oder Streit in der Familie aufgrund des Sterbewunsches gab, und Begleitungen, bei denen die Meinung der Pfarrperson nicht mit der der begleiteten Person vereinbar war, besonders schwierige Situationen darstellten (jeweils 50–60% der Befragten). Demgegenüber fiel der Wunsch, dass die Pfarrperson während der

---

16 A.a.O., 52.
17 A.a.O., 54 (Table 6).
18 A.a.O., 56 (Table 8).
19 Ebd. (Table 9A).
20 A.a.O., 57 (Table 9B).

Sterbehilfe anwesend ist, deutlich ab und wurde nur von unter 20 % der Befragten als besonders herausfordernd angegeben.[21]

Etwa die Hälfte der Befragten gab an, dass das Thema der Tötung auf Verlangen im Kirchenrat diskutiert werden sollte. Darüber hinaus gaben 64 % an, dass es auch in den einzelnen Gemeinden besprochen werden müsste. Dies schien jedoch nur in einem Viertel der Gemeinden der befragten Pfarrpersonen in den letzten zwei Jahren tatsächlich stattgefunden zu haben.

Die grosse Mehrheit (82 %) der Pfarrerinnen und Pfarrer gab in der Studie an, dass sich die Kirche (in diesem Fall die PKN) mehr in die öffentliche Debatte einbringen sollte. Die Wünsche bezüglich der durch die Kirche zu vertretende Position waren allerdings unterschiedlich. Diese Forderung war gekoppelt mit dem Wunsch nach mehr Unterstützung für die Seelsorgenden sowohl für eine gute Seelsorgepraxis bei Personen, die Sterbehilfe erwägen, als auch zur eigenen Reflexion der Thematik in theologischer Perspektive.[22]

2.2 Health Care Chaplaincy and Euthanasia in Australia

Die Ergebnisse dieser Untersuchung sind Teil einer grösser angelegten Studie, in der Mitglieder der Australian Health & Welfare Chaplains Association in ganz Australien befragt wurden. Insgesamt konnte bei 327 Antworten ein Rücklauf von 79,7 % erreicht werden.[23] Die Ergebnisse können damit als repräsentativ für den australischen Kontext angesehen werden. Darüber hinaus konnten mit 43 der befragten Seelsorgenden follow-up Interviews geführt werden, sodass auch qualitative Daten über die Erfahrungen der Seelsorgenden vorliegen.

26,3 % der befragten Seelsorgenden erklärten, dass sie in ihrer Berufspraxis über Patientinnen und Patienten mit Anfragen zu «euthanasia» in Kontakt kamen. Demgegenüber gaben nur 19 % an, dass sie Anfragen über Klinikangestellte erreichten. Die Seelsorgenden, die den Fragebogen beantworteten, waren überwiegend hauptamtlich in der Seelsorge tätig.[24] Abweichend zur Situation in den Niederlanden waren in der kurzen Phase des *Rights of the Terminally Ill Act* von 1995 im Northern Territory nur assistierte Suizide legal; eine Tötung auf Verlangen, bei der das tödliche Medikament durch eine Ärztin oder einen Arzt verabreicht wird, blieb weiterhin verboten. Für diese Studie wird «euthanasia» daher mit «assistierter Suizid» übersetzt.

---

21 Ebd. (Table 10).
22 A. a. O., 61.
23 Vgl. Linday B. Carey, Jeffrey Cohen, Bruce Rumbold: Health Care Chaplaincy and Euthanasia in Australia, in: *Scottish Journal of Healthcare Chaplaincy* 12 1 (2009), 3–12, hier 3.
24 A. a. O., 4.

Die Aufgabe, die die Seelsorgenden in diesen Kontakten grösstenteils wahrgenommen haben, war die eines «sounding board», also einer Art Resonanzboden, der bei der Meinungsbildung hilfreich ist. Auf diese Weise kann eine Abwägung des assistierten Suizids im konkreten Einzelfall mit Patientinnen und Patienten sowie Familienangehörigen ermöglicht und begleitet werden.[25] Ein Seelsorger beschrieb seine Rolle in der Begleitung eines der vier Suizidenten aus dem Northern Territory: Es gab lange Gespräche, in denen er wertfrei zugehört habe.[26] In anderen Fällen konnten die Seelsorgenden den sterbewilligen Patientinnen und Patienten häufig nur Alternativen zum assistierten Suizid wie den Versuch besserer Schmerzkontrolle vorschlagen, da eine Suizidassistenz rechtlich nicht möglich war. Dies war jedoch mit weiteren eigenen Problemstellungen verbunden, da das Verbot bei vielen Patientinnen und Patienten zu grosser Angst führte, die von den Seelsorgenden in zeitintensiven Begleitungen aufgenommen wurde.[27]

Die befragten Seelsorgenden gaben in der Studie darüber hinaus an, dass sich für sie auch im konkreten ethischen Konfliktfeld des assistierten Suizids grundlegende Fragen der Seelsorge im Gesundheitssystem stellten: Insbesondere wie sehr die Seelsorgenden Teil des Versorgungsteams sind und damit den Auftrag haben, die Wünsche der Patientin und des Patienten zu ergründen und bestmöglich – dem Prinzip des Respekts vor der Selbstbestimmung des Patienten bzw. der Patientin folgend[28] – zu entsprechen.[29]

Unter den befragten Seelsorgenden gab es eine grosse Bandbreite an persönlichen Einstellungen zum assistierten Suizid sowie zu der Frage, wie diese eigene Meinung den Patientinnen bzw. Patienten gegenüber vertreten werden sollte. Insgesamt aber schienen die meisten Seelsorgenden es als ihre Aufgabe zu verstehen, sich als Anwalt bzw. Anwältin des Patienten oder der Patientin einzusetzen. Dabei ging es auch darum, den Wunsch zu sterben als solchen zu respektieren und z. B. über einen Therapieverzicht zu ermöglichen. Seelsorgende traten dabei häufig als Vermittler zwischen Patientinnen und Patienten, Familien und medizinischem Personal auf und unterstützten damit die Kommunikations- und Verständigungsprozesse oder stellten diese erst her.[30] Darüber hinaus gaben die befragten Seelsorgenden als wahrgenommene Rollen an, dass sie Patientinnen, Patienten, Familien und dem Personal dabei helfen, Sterbehilfe und den assistierten Suizid

---

25 A. a. O., 5.
26 A. a. O., 5f.
27 A. a. O., 7.
28 Siehe Tom L. Beauchamp, James F. Childress: *Principles of Biomedical Ethics*. New York: Oxford University Press [7]2009.
29 Vgl. Carey, Health Care, 7.
30 A. a. O., 8.

präziser zu verstehen, unterschiedliche Formen abzugrenzen sowie aktiv an Entscheidungsprozessen mitzuarbeiten, wobei sie häufig als Vertreterinnen bzw. Vertreter der biomedizin-ethischen Prinzipien aufträten oder eine holistische Perspektive anböten.[31]

In den qualitativen Interviews berichteten die befragten Seelsorgenden, dass die Spitalangestellten nach den durchgeführten assistierten Suiziden im Northern Territory grossen Bedarf an seelsorglicher Begleitung hatten. Als mögliche Gründe dafür wurden enormer Druck und insbesondere Ungewissheit über den Zeitpunkt der Durchführung angegeben. Der Zeitpunkt wurde nicht immer gegenüber allen Mitgliedern der Behandlungsteams bekannt gegeben, sodass diese teilweise erst über Nachrichtenmeldungen gehört haben, dass der Patient oder die Patientin, mit dem bzw. der sie gearbeitet haben, durch einen assistierten Suizid verstorben ist. Diese Geheimhaltung machte es auch für die Seelsorgenden schwer, den Patientinnen oder Patienten Begleitung und/oder Rituale anzubieten, da auch sie häufig nicht über die betreffenden Personen unterrichtet waren. Einige Befragte berichteten in diesem Zusammenhang, dass sie in der strengen Geheimhaltung das Problem sehen, dass Patientinnen und Patienten keine adäquate Unterstützung angeboten werden kann, die jedoch gewünscht und notwendig wäre.[32]

2.3 Oregon Hospice Chaplains' Experience with Patients Requesting Physician-Assisted Suicide

Die meisten (86 %) der in Oregon seit Einführung des DWDA mittels eines ärztlich assistierten Suizids gestorbenen Personen (bis zum Zeitpunkt der Durchführung der Studie: 208) waren vorher in Hospizen aufgenommen worden.[33] Diese hohe Quote kann unter anderem darauf zurückgeführt werden, dass eine Hospizeinweisung die häufigste Intervention von Ärztinnen und Ärzten war, wenn sich Patientinnen oder Patienten mit Sterbewünschen an sie wendeten, da der Suizidwunsch in vielen Fällen nach der Einweisung verschwand. Gleichzeitig lehnt kein Hospiz die Aufnahme von Patientinnen und Patienten ab, die planen, sich mit ärztlicher Unterstützung zu suizidieren.[34] Da allen Hospizbewohnerinnen und -bewohnern die Möglichkeit, Seelsorge in Anspruch zu nehmen, angeboten wird, wurde in der Studie die Gruppe der Hospizseelsorgenden befragt, um Erkennt-

---

31 A. a. O., 10.
32 A. a. O., 9.
33 Vgl. Bryant Carlson, Nicole Simopolous, Elizabeth R. Goy, Ann Jackson, Linda Ganzini: Oregon Hospice Chaplains' Experiences with Patients Requesting Physician-Assisted Suicide, in: *Journal of Palliative Medicine* 8 6 (2005), 1160–1166, hier 1161.
34 A. a. O., 1164.

nisse über die Erfahrungen von Seelsorgenden mit ärztlich assistiertem Suizid in Oregon zu gewinnen.

Insgesamt haben in der Studie 50 der 77 in Oregon zum Zeitpunkt der Befragung tätigen Hospizseelsorgenden den Fragebogen beantwortet. Bezüglich der Aussagekraft der erhobenen Daten ist festzuhalten, dass unbekannt ist, wie häufig Patientinnen und Patienten, die mittels eines ärztlich assistierten Suizids sterben wollten, Seelsorgebesuche ablehnten. Die von den befragten Seelsorgenden geschilderten Erfahrungen könnten dementsprechend ein Bias aufweisen.[35]

Von den Befragten äusserten 40%, dass sie den DWDA befürworten würden. Die mit 42% der Befragten grösste Gruppe sprach sich gegen den DWDA aus, weitere 18% beschrieben sich als neutral. Gleichzeitig gaben zwei Drittel an, dass sie ihre Rolle darin sehen, keine Position gegenüber einer vom Patienten bzw. von der Patientin getroffenen Entscheidung zu beziehen. Alle Befragten gaben an, dass sie dem Wunsch einer Patientin bzw. eines Patienten nach einem Tod durch einen assistierten Suizid bis zur Durchführung oder zur Entlassung aus dem Hospiz folgen würden, und kein Seelsorgender sowie keine Seelsorgende würde eine Begleitung ablehnen. 54% der Befragten erklärten, mit Patienten und Patientinnen gearbeitet zu haben, die in den letzten drei Jahren den Wunsch nach Suizidhilfe geäussert haben. 36% hatten Kontakt mit Patienten und Patientinnen, die einen assistierten Suizid ausgeführt haben.[36]

Es konnte eine signifikante Korrelation zwischen der Einstellung der Seelsorgenden bezüglich des Suizids allgemein und derjenigen zum assistierten Suizid beobachtet werden. Nur fünf der befragten Personen, die den Suizid an sich ablehnen, hatten die Tendenz, assistierten Suiziden eher zuzustimmen.[37] Die meisten Befragten gaben dazu an, dass ihre persönliche Einstellung mit der ihrer jeweiligen institutionell verfassten Kirche übereinstimme.

Die Mehrzahl der befragten Seelsorgenden (56%) gab an, dass sie für sich selbst keinen assistierten Suizid in Erwägung ziehen oder in Anspruch nehmen würden, selbst bei schwerster Erkrankung.[38]

Für beide Gruppen – zustimmend und ablehnend zum DWDA – spielte die theologische Doktrin der Souveränität (sovereignty) Gottes eine entscheidende Rolle. Aus den qualitativen Daten schloss die Forschungsgruppe, dass für die

---

35   A. a. O., 1165.
36   A. a. O., 1162.
37   Vgl. Elizabeth R. Goy, Bryant Carlson, Nicole Simpolous, Ann Jackson, Linda Ganzini: Determinants of Oregon Hospice Chaplains' views on Physician-Assisted Suicide, in: *Journal of Palliative Care* 22 2 (2006), 83–90, hier 85.
38   A. a. O., 86.

zustimmende Gruppe diese Souveränität mit menschlicher Freiheit zu wählen verbunden ist, da Gott diese Freiheit gewährt (als Recht zur Selbstbestimmung in Verantwortung vor Gott). Für die ablehnende Gruppe drückte sich dies vor allem darin aus, dass Gott allein Leben geben und nehmen darf. Gott scheint für diese Gruppe also als vom Menschen unabhängiges Wesen über das Lebensende eines Menschen zu entscheiden.[39] Dieser zentrale Unterschied zwischen den beiden Gruppen wurde auf ein unterschiedliches Verständnis von Leiden zurückgeführt. Die ablehnende Gruppe ging davon aus, dass hinter physischem Leiden ein höherer, göttlicher Sinn steht und ein Suizid diesen behindern könnte. Die zustimmende Gruppe behauptet, dass die Heiligkeit des Lebens am besten durch Lebensqualität ausgedrückt wird.[40]

Seelsorgende, die angegeben haben, dass sie gegenüber dem DWDA neutral oder bisher unentschieden eingestellt sind, erklärten zudem häufig, dass sie ein Abrutschen der rechtlich erlaubten Möglichkeiten vom assistierten Suizid hin zu direkter aktiver Sterbehilfe ohne Einwilligung[41] befürchten oder hier zumindest Risiken erkennen. Damit unterschieden sie sich deutlich von den beiden anderen Gruppen, die entweder zustimmen oder ablehnen.[42]

Ca. 30% der Befragten gaben an, dass sich ihre Position seit der Einführung des DWDA verändert hat. 87% dieser Gruppe sind zustimmender geworden und gaben an, dass sie einen verantwortungsvollen Umgang mit den legalen Möglichkeiten der Suizidassistenz erlebt haben und den ärztlich assistierten Suizid gegenüber anderen Suizidarten vorziehen.[43]

In den Gesprächen mit Patienten und Patientinnen ging es laut den befragten Seelsorgenden überwiegend um die Rolle von Glauben und Spiritualität bei der Entscheidung für einen assistierten Suizid, Beweggründe für das Erwägen des Sui-

---

39 «The opposing chaplains seem to be referring to God as a being who acts independently of humans; a God who, at least in end-of-life decisions, singularly determines an individual's fate» (a. a. O., 88).
40 A. a. O., 89.
41 Im Falle einer direkten aktiven Sterbehilfe verabreicht ein Arzt oder eine Ärztin ein tödliches Medikament. Bisher ist dies nur in den Niederlanden sowie in Belgien auf dringendes Verlangen durch die sterbewillige Person erlaubt (Tötung auf Verlangen). Die Seelsorgenden aus Oregon, die den DWDA ablehnen oder bisher unentschieden sind, geben an, dass sie befürchten, dass die Regelung sogar noch weitergehender werden könnte, sodass es kein ausdrückliches Verlangen nach der Tötung oder eine Einwilligung dazu mehr geben müsste. Bisher würde dies unter die Straftatbestände des Mordes oder des Totschlags fallen.
42 Ebd.
43 Ebd.

zids sowie Sorgen oder Reaktionen aus der Familie auf den Sterbewunsch.⁴⁴ Die meisten Seelsorgenden hatten keine Probleme damit, mit Patientinnen und Patienten über ihren Wunsch nach assistiertem Suizid zu sprechen. Situationen, in denen sie sich unwohl gefühlt haben, traten dann auf, wenn sie verhindern wollten, den Patienten bzw. die Patientin mit der persönlichen Einstellung zu beeinflussen oder einen Familienkonflikt zu bearbeiten.⁴⁵

Unabhängig von der persönlichen Einstellung zum assistierten Suizid sah der Grossteil der befragten Seelsorgerinnen und Seelsorger ihre Rolle in der nicht-wertenden Unterstützung von Patientinnen und Patienten. Alle Seelsorgenden gaben an, dass sie Patientinnen und Patienten bis zum Tod oder zur Entlassung begleiten würden. Dieser Befund ist auffällig, da in einer separaten Studie mit Pflegekräften aus den Hospizen 12 % der Befragten angaben, Patientinnen oder Patienten, die eine tödliche Medikation zum Suizid verschrieben bekommen, an andere Kolleginnen oder Kollegen abgeben zu wollen.⁴⁶ Die Seelsorgenden folgen damit Berufsstandards, die von der Association of Professional Chaplains erlassen wurden: «Members shall affirm the religious and spiritual freedom of all persons and refrain from imposing doctrinal positions or spiritual practices on persons who they encounter in their professional role as chaplain.»⁴⁷

Es wurde davon ausgegangen, dass Patientinnen und Patienten einen assistierten Suizid wünschen, um ein erhöhtes Gefühl von Kontrolle über die Umstände ihres Todes (zurück) zu gewinnen.⁴⁸ Gleichzeitig schien Religiosität der grösste Faktor für Patientinnen und Patienten zu sein, sich gegen Suizidhilfe zu entscheiden.⁴⁹

Drei der befragten Seelsorgenden berichteten, dass ein Patient bzw. eine Patientin vom Wunsch nach einem assistierten Suizid nach den gemeinsamen Gesprächen abgerückt ist. Alle gaben dabei an, dass sie sich neutral verhalten haben und nicht versuchten, den Patienten bzw. die Patientin umzustimmen. Ein wertfreier Zugang erschien somit als effektivste Methode, Alternativen für einen assistierten Suizid aufzuzeigen bzw. ein Überdenken des eigenen Wunsches anzuregen. Die Autorinnen und Autoren der Studie diskutierten, ob dies darauf zurückzuführen

---

44 Carlson et al., Oregon, 1162.
45 A. a. O., 1163.
46 A. a. O., 1165.
47 Association of Professional Chaplains: *Code of Ethics*, Schaumburg IL 2000, Standard 130.13, https://www.professionalchaplains.org/Files/professional_standards/profes sional_ethics/apc_code_of_ethics.pdf, Zugriff am 28.10.2021.
48 Goy et al., Determinants, 83.
49 Ebd.

sei, dass ein Hauptgrund für den Wunsch nach Suizidhilfe der Verlust von Lebenssinn sei. Gespräche mit Seelsorgenden über existenzielle Fragen könnten daher besonders unter diesem Gesichtspunkt hilfreich gewesen sein.[50]

3. Zusammenschau der Studienergebnisse

Die analysierten Studien zeigen, dass Anfragen an Seelsorgende, Menschen beim assistierten Suizid zu begleiten, in verschiedenen Kontexten – sowohl direkt im Gesundheitssystem als auch im Gemeindepfarramt – eine Rolle in der Berufspraxis spielen. Die persönliche Einstellung der Seelsorgenden variiert dabei stark. Gleichzeitig sehen es die meisten Seelsorgenden nicht als ihre Aufgabe an, die Betroffenen von der eigenen Meinung zu überzeugen, sondern sie wollen die Personen in ihrer eigenen Entscheidung(sfindung) unterstützen und begleiten unabhängig von eigenen Wertekonflikten in den jeweiligen Situationen.

Die Meinungsbildung der Seelsorgenden ist vom jeweiligen Verständnis des Verhältnisses von Gott und Mensch abhängig. Beide Meinungsgruppen stellen sich in ihren Begründungen in die biblische Tradition und sehen sich dabei in grossen Teilen in Kongruenz mit ihren jeweiligen Kirchentraditionen und -positionen.[51]

Das Thema der Spiritualität oder Glaubensüberzeugung ist darüber hinaus wesentlicher Bestandteil der Begleitung von Suizidwilligen, wenn es zu Gesprächen mit Seelsorgenden kommt. Aus den Daten der verschiedenen Studien lässt sich jedoch keine Aussage über die spirituellen Einstellungen und Bedürfnisse der Gesamtgruppe derjenigen, die für sich Sterbehilfe wünschen, treffen, da die Gespräche vermutlich vermehrt mit religiös oder spirituell affinen Personen stattfinden.

Aus Sicht einer Professionsethik der (Spital-)Seelsorge ist festzuhalten, dass die werturteilsfreie Begleitung von Betroffenen für die befragten Personen ein

---

50 Carlson et al., Oregon, 1164 f.
51 Exemplarisch sei hier noch ein Fallbeispiel des Psychatrieseelsorgers Charles Thody angeführt. Für ihn ist das Bild des am Kreuz leidenden Christus der entscheidende Ankerpunkt für sein positives Verhältnis zum assistierten Suizid. Gott kennt das Leiden der Menschen und sucht nicht unnötiges Erleiden von unerträglicher Krankheit im verlängerten Leben der Menschen. Wie die Mutter Jesu und seine Jünger am Kreuz bleiben und nicht davonrennen, sieht auch er seine Aufgabe als Seelsorger darin, im Leiden und Sterben der Patientinnen und Patienten, die er mitbetreut, dabei zu bleiben (Charles Thody: Assisted Suicide. A Dignified End to Severe and Enduring Mental Illness?, in: Jonathan Pye, Peter Sedgwick, Andrew Todd (Hg.): *Critical Care. Delivering Spiritual Care in Healthcare Contexts*. London, Philadelphia: Jessica Kingsley Publishers 2015, 224–235).

hohes Gut darstellt, was umfänglich von annähernd allen befragten Seelsorgenden in den verschiedenen Kontexten rückgemeldet wurde.

Hierin liegt zugleich eine wesentliche Schwierigkeit für Seelsorgende im Umgang mit Anfragen zur Begleitung von sterbewilligen Personen. Wenn die persönliche Einstellung der anvisierten Handlung der Betroffenen stark widerspricht oder innerhalb der Gruppe, an die sich die Seelsorge wendet (suizidwillige Person und Familie/Angehörige), offene Konflikte auftreten, fühlen sich die Seelsorgenden in ihrer Praxis besonders herausgefordert, teilweise aufgrund der Schwierigkeit, neutral, jedoch gleichzeitig treu zu sich selbst, zu bleiben.[52]

4. Fazit

Insgesamt lässt sich zusammenfassend feststellen, dass der assistierte Suizid (gemeinsam mit der Tötung auf Verlangen) ein besonderes Konfliktfeld der Ethik am Lebensende darstellt, mit dem Seelsorge sowohl im Gesundheitswesen als auch in der Praxis des Gemeindepfarramtes weltweit in Berührung kommt. Die Anfragen von Betroffenen reichen dabei vom Wunsch nach Beratung in der Entscheidungsfindung bis hin zur Begleitung der Durchführung. Die erlebten persönlichen Herausforderungen bedürfen sicherlich der Bearbeitung z. B. in Supervision oder im Gespräch mit Kolleginnen und Kollegen. Darüber hinaus melden die Seelsorgenden aber auch zurück, dass Diskussionsräume in den Kirchen einen wichtigen Bestandteil der eigenen Auseinandersetzung mit dem Themenfeld bilden.

Für den deutschsprachigen Diskurs lässt sich aus den untersuchten Studien ableiten, dass auch hier mit Anfragen an Seelsorgende in ihren jeweiligen Tätigkeitskontexten zu rechnen ist, wie auch die bereits vorliegenden Fallbeispielanalysen aufzeigen.[53] Gleichzeitig scheinen Seelsorgende ein hohes Interesse an der Bearbeitung dieses Themenfeldes zu haben, wie die hohen Rücklaufquoten in den einzelnen Studien und die Anmeldung des Bedarfs für institutionelle Unterstützung andeuten. Vergleichende Studien – wie die von Dorothee Arnold-Krüger und

---

52 Der innere Konflikt zwischen der Ablehnung von assistiertem Suizid und dem professionellen Auftrag sowie des eigenen Rollenverständnisses in der Begleitung eines Patienten bzw. einer Patientin, der bzw. die sich mit einem assistierten Suizid selbst töten möchte, wird von der katholischen Seelsorgerin Vicky Farley in einem Fallbeispiel mit den Worten «I do not have to approve of your decision. I do have to love you» beschrieben (Vicki Farley: The Chaplain's Role where Aid in Dying is Legal, in: *Health Progress. Journal of the Catholic Health Association of the United States* 95 1 [2014], 11–13, hier 12).

53 Vgl. Christoph Morgenthaler, David Plüss, Matthias Zeindler: *Assistierter Suizid und kirchliches Handeln. Fallbeispiele – Kommentare – Reflexionen.* Zürich: TVZ 2017.

Julia Inthorn in diesem Band vorgestellte – helfen dabei, die Arbeitsweise der Seelsorgenden im eigenen Diskursraum besser zu verstehen und somit geeignete Unterstützungsmöglichkeiten anbieten zu können. Ein solcher Ansatz ist sicherlich weiter zu verfolgen, insbesondere vor dem Hintergrund der geringen Anzahl von Untersuchungen eines Konfliktfeldes, das in der Berufspraxis vieler Seelsorgerinnen und Seelsorger eine herausfordernde Rolle spielt.

II. Perspektiven der Praktischen Theologie

Der assistierte Suizid – Herausforderungen für die Seelsorge

Isolde Karle

1. Die ethische Dimension der Seelsorge

Seelsorge an Menschen, die eine Suizidhilfe in Erwägung ziehen, ist nicht möglich, ohne über die ethische Dimension der Seelsorge nachzudenken. Grundsätzlich sind Seelsorgetheorie und Ethik nicht als zwei komplett distinkte theologische Disziplinen zu begreifen – sie berühren sich insbesondere in den Grenzfällen und Dilemmata-Situationen des Lebens.[1] Der assistierte Suizid ist ein solcher Grenzfall. Die Seelsorgerin kann sich hier nicht mit einer empathischen Grundhaltung und einer nondirektiven Gesprächsführung begnügen, so wichtig und zentral diese auch sind. Sie muss vielmehr sachkundig und ethisch informiert sein und wissen, wie sie mit den aufgeworfenen Fragen umgehen kann. So kann es entscheidend sein, in der Seelsorge nicht nur aktiv und aufmerksam zuzuhören, sondern auch Impulse zu setzen, die zum Nachdenken anregen und dem bzw. der Betroffenen helfen, zu einer verantwortlichen Entscheidung zu kommen. Solche Impulse haben ethische Relevanz.

Ein Fallbeispiel, das die Notwendigkeit ethischer Kompetenz in der seelsorglichen Kommunikation vor Augen führt, findet sich in der Monografie von Christoph Morgenthaler, David Plüss und Matthias Zeindler zur Seelsorge an Menschen, die über einen assistierten Suizid nachdenken. Es wird darin von einem Herrn F. berichtet. Er ist über 80 Jahre alt und bittet seine Pfarrerin nach dem Gottesdienst um ein Gespräch.[2] Die Pfarrerin besucht Herrn F. bei sich zu Hause. Herr F. kommt direkt auf sein Anliegen zu sprechen. Er habe sich bei einer Sterbehilfeorganisation angemeldet und möchte nun wissen, was die Kirche dazu sage. Die Pfarrerin ist überrascht und fragt erst einmal zurück, wie er zu dieser Entscheidung gekommen ist. Herr F. erzählt von dem schweren Sterbeprozess seiner Frau und signalisiert, dass er vor dem Hintergrund dieser Erfahrung Angst vor dem Sterben, den Schmerzen und dem Verlust der Selbstbestimmung hat. Die Pfarrerin lotet sensibel aus, ob

---

1 Zum Verhältnis von Ethik und Poimenik vgl. Traugott Jähnichen, Isolde Karle: Ethik für die Seelsorge – Seelsorge für die Ethik. Überlegungen zur Verhältnisbestimmung von theologischer Ethik und Poimenik, in: *Zeitschrift für Evangelische Ethik* 64 (2020), 277–288.
2 Vgl. Christoph Morgenthaler, David Plüss, Matthias Zeindler: *Assistierter Suizid und kirchliches Handeln. Fallbeispiele – Kommentare – Reflexionen.* Zürich: TVZ 2017, 29–38.

und inwieweit Herr F. mit seinen Töchtern über seine Entscheidung gesprochen hat. Sie wünscht ihm ein Sterben, bei dem die Sterbehilfeorganisation nicht nötig ist. Herr F. wünscht sich das auch, kommt aber wieder zu seiner nach wie vor unbeantworteten Frage zurück, wie die Kirche denn nun über den assistierten Suizid denkt. Die Frage beschäftigt ihn. Doch die Pfarrerin verweigert eine Antwort.

Das Verbatim macht deutlich, dass Herr F. am Ende mit dem Gesprächsverlauf nicht wirklich zufrieden ist, obwohl sich die Pfarrerin ihm seelsorglich in vieler Hinsicht kompetent und empathisch zuwendet. Herr F. hat ganz offensichtlich einen Gewissenskonflikt, der nach einer ethischen Klärung verlangt: Darf er als Christ einen assistierten Suizid verüben oder ist das eine schwere Sünde? Steht sein Heil auf dem Spiel oder kann der assistierte Suizid ein auch aus christlicher Sicht legitimer letzter Ausweg sein? Die Pfarrerin geht nur seelsorglich auf ihn ein und klammert die ethisch brisante und Herrn F. offensichtlich belastende Fragestellung aus. Damit erfüllt sie nicht die Erwartung von Herrn F., der nicht nur auf Verständnis, sondern auf ein Gespräch auf Augenhöhe hoffte, das ihm zur eigenen inneren Klärung verhilft.

Das Beispiel zeigt, wie wichtig es ist, in einem solchen Gespräch nicht nur mit theologischen Floskeln zu reagieren (so die Pfarrerin: «Gott lässt niemanden aus der Würde des Geschöpfs fallen»), sondern ein ethisch informiertes und differenziertes Gespräch zu führen. Ein solches hätte Herrn F. geholfen, seine bereits getroffene Entscheidung mit seinem Glauben bzw. seiner Kirche in Verbindung zu bringen, über theologische Gründe, die es für seine Entscheidung geben könnte, nachzudenken oder auch seine Entscheidung gegebenenfalls noch einmal zu überdenken, wenn die Pfarrerin gute Argumente dagegen vorzubringen hätte. Es wäre schon hilfreich, wenn die Pfarrerin mögliche Alternativen des «guten Sterbens» mit Herrn F. durchgespielt hätte. Ein Sterbewunsch kann auch darauf zurückzuführen sein, dass Informationen zu den Möglichkeiten palliativer Medizin fehlen, dass nur eine mangelhafte ärztliche Begleitung vorhanden ist und generell zu wenig ärztliche Informationen bekannt sind im Hinblick auf eine mögliche Lebensverkürzung durch den Abbruch von Therapien oder auch durch eine terminale Sedierung. In einem seelsorglichen Gespräch ist dabei stets die Freiheit und Autonomie des Gegenübers zu respektieren und zu fördern. Diese Leitmaxime ist für die protestantische Seelsorge seit Friedrich Schleiermacher zentral. Für Schleiermacher ist es das Ziel der Seelsorge, die Freiheit des und der Seelsorgebedürftigen zu erhöhen und ihn bzw. sie wieder in die Lage zu versetzen, möglichst selbstverantwortlich und eigenständig das Leben zu gestalten.[3]

---

3 Vgl. Isolde Karle: *Praktische Theologie* (Lehrwerk Evangelische Theologie Bd. 7). Leipzig: Evangelische Verlagsanstalt 2020, 360–366 sowie Friedrich Schleiermacher: *Die praktische Theologie nach den Grundsätzen der evangelischen Kirche im Zusammen-*

Wird der Seelsorgerin eine schwer zu beantwortende ethische Frage wie in diesem Fall gestellt, kann sie auch darum bitten, nochmals darüber nachzudenken und ein weiteres Gespräch zu verabreden. Das wäre für die Pfarrerin im Gespräch mit Herrn F. vermutlich eine weiterführende Strategie gewesen. Sie ist sichtlich überfordert mit der Frage von Herrn F. Hätte sie nochmals darüber nachdenken und mehr Informationen einholen können, hätte sie ein qualifizierteres Gespräch mit Herrn F. führen und ihm dabei auch vermitteln können, dass es in der evangelischen Kirche (anders als in der katholischen) unterschiedliche ethische Positionen zu dieser Frage gibt, und welche Gründe für die jeweilige Position sprechen. Evident ist, dass die Frage nicht einfach zu beantworten ist, sondern dass es unterschiedliche «Lösungsmöglichkeiten» jenseits von richtig und falsch gibt und dass es für eine evangelische Ethik elementar ist, nicht prinzipialistisch vorzugehen, sondern beim Abwägen die jeweilige biografische Situation und die Möglichkeiten und Grenzen der individuellen Person zu berücksichtigen.

Das Beispiel mit Herrn F. zeigt, dass Seelsorgerinnen und Seelsorger herausgefordert sind, «sich Ethik als Teil der seelsorgerlichen Professionalität anzueignen, entsprechende Kompetenzen zu entwickeln und die eigene Rolle in ethischen Situationen und Prozessen [...] zu reflektieren».[4] Seelsorgliche Kommunikation versucht dabei, «die Spannung zwischen moralischer Zurückhaltung einerseits und moralischer Positionierung andererseits»[5] auszubalancieren. Dabei kann es auch darum gehen, das Gegenüber von schuldhaften Selbstzuschreibungen zu entlasten oder umgekehrt Schulderfahrungen im Licht der Vergebung auch anzuerkennen.

Während die theologische Ethik vor allem auf situative wie normative Gesichtspunkte, die für eine Entscheidung relevant sind, aufmerksam macht, achtet die Seelsorge bei der Begleitung von leidenden Menschen nicht zuletzt darauf, Zeit zum Nachdenken einzuräumen und eine Konfliktsituation im Hinblick auf die Konsequenzen für alle Beteiligten auszuloten. Das zweite – die Konsequenzen für alle Beteiligten ausloten – wird im Beispiel mit Herrn F. deutlich: Die Pfarrerin fragt nach den Töchtern, sie fragt, ob Herr F. mit ihnen gesprochen habe, was sie dazu sagen usw. Dies ist hinsichtlich der Begleitung von Menschen, die erwägen, einen assistierten Suizid in Anspruch zu nehmen, von grundlegender Bedeutung.

---

hange dargestellt. Aus Schleiermachers handschriftlichem Nachlasse und nachgeschriebenen Vorlesungen (Sämtliche Werke I/13), hg. von Jacob Frerichs. Berlin 1850, Nachdruck Berlin, New York: De Gruyter 1983, 444f.

4 Thorsten Moos: Seelsorge und Klinische Ethik, in: Traugott Roser (Hg.): *Handbuch der Krankenhausseelsorge.* Göttingen: Vandenhoeck & Ruprecht [5]2019, 334.
5 A.a.O., 342.

Zwischen Ethik und Seelsorge besteht bei aller Nähe auch eine signifikante Differenz: Der Ethiker bzw. die Ethikerin muss Kriterien für eine Entscheidung an die Hand geben, die Seelsorgerin ist sehr viel mehr Anwältin der Ambiguität, der Grauzonen und Ambivalenz. Sie kann Sprachlosigkeit aushalten, Ausweglosigkeit ertragen und sich mit dem oder der Leidenden auch im Schweigen solidarisieren. Sie muss nicht zwangsläufig handeln oder eine Situation als gut oder schlecht bewerten, sondern kann Unbestimmbarkeit zum Thema machen und den Sinn für das Nichtwissbare und Nichtberechenbare wachhalten. Eine kontextsensitive Care-Ethik, die danach fragt, was für die beteiligten Personen in einer existenziellen Dilemma-Situation am ehesten hilfreich ist, ist der seelsorglichen Haltung dabei deutlich näher als eine normative Ethik, der es primär um kategorische Urteile unabhängig von den Interessen und Bedürfnissen der konkreten Betroffenen geht.[6]

Eine ethisch sensible Seelsorge wird – weniger explizit als vielmehr implizit – vor allem darin bestehen, das christliche Menschenbild in der seelsorglichen Haltung zum Ausdruck zu bringen, sei es dadurch, dass Seelsorgerinnen und Seelsorger Zeit und Wertschätzung für den anderen mitbringen, sei es dadurch, dass sie auch dem Sterbewilligen Würde und soziale Anerkennung zuschreiben und damit den Weg, für den er oder sie sich entschieden hat, als eine Option respektieren, die im Grenzfall auch ein Christ bzw. eine Christin ergreifen kann. So gibt es aus christlicher Sicht ein uneingeschränktes Recht auf Leben, aber keinen Zwang zum Leben.

Seelsorge drängt sich nicht auf, sondern erfolgt taktvoll und diskret. Seelsorge ist – anders als Therapie – grundsätzlich religiöse Kommunikation, auch dort, wo auf ein explizites religiöses Sprechen verzichtet wird. Seelsorge ist als religiöse Kommunikation für die unlösbaren Fragen zuständig, sie macht Kontingenz unmittelbar zum Thema. Sie lebt von den religiösen Ressourcen der Tradition – von Segnungen, Riten, Gebeten – und betrachtet den Menschen als Geschöpf Gottes im Horizont der Hoffnung.

2. Selbstbestimmung und Relationalität in der Seelsorge

Das Urteil des deutschen Bundesverfassungsgerichts zum § 217 vom 26. Februar 2020 hebt auf das Selbstbestimmungsrecht jedes Menschen auch und gerade im Blick auf das eigene Sterben ab. Es verwendet dabei einen sehr weitreichenden Begriff der Selbstbestimmung, der vor allem innerhalb der Kirchen kritisiert wurde.

---

6 Vgl. Tanja Krones: *Kontextsensitive Bioethik. Wissenschaftstheorie und Medizin als Praxis.* Frankfurt, New York: Campus Verlag 2008, 166–192 und 306–347.

Theologisch ist darauf hinzuweisen, dass der neuzeitliche Selbstbestimmungsbegriff, der sich im Gefolge von Kant und Fichte durchsetzte, zu kurz greift. Das Ich setzt sich nicht einfach selbst, sondern ist grundlegend auf andere bezogen und durch und durch sozial-kulturell imprägniert. Diese soziale Verflochtenheit und Bezogenheit ist nicht zwangsläufig als negative Einschränkung der Selbstbestimmung zu begreifen. Vielmehr ist ein selbstbestimmtes Leben nicht ohne Bezug auf andere denkbar – in christlicher Perspektive auch nicht ohne Bezug auf Gott, den Schöpfer. Selbstbestimmung ist deshalb immer nur bedingt möglich und Autonomie immer nur relative Autonomie. Doch auch wenn Selbstbestimmung immer nur mit Vorsicht behauptet werden kann, darf diese Erkenntnis gleichzeitig nicht dazu führen, das Bemühen um Selbstbestimmung zu diskreditieren und dem Wunsch nach Autonomie von vornherein jede Aussicht auf Verwirklichung zu nehmen. Dies liefe auf eine erneut staatliche oder kirchliche Bevormundung hinaus und diese ist in jedem Fall zu vermeiden.

Es gehört zu den wichtigen Lernerfahrungen christlicher Ethik und Seelsorge in der Moderne, Entscheidungen eines Individuums auch dann zu respektieren, wenn man selbst als Theologin oder Theologe anderer Meinung ist. Selbstbestimmung ist Ausdruck der Menschenwürde, sie wurzelt nach christlicher Auffassung in der Gottebenbildlichkeit des Menschen. Diese Würde «verbietet es, dass über ein menschliches Wesen gegen dessen Willen in schwerwiegender Weise verfügt wird. Damit erweist sich die Freiheit im Sinne der Selbstbestimmung als eine zentrale Dimension der Würde des Menschen».[7] Selbstbestimmung hat in diesem Sinn nichts mit Selbstfixiertheit oder Solipsismus zu tun, sondern ist «eine Existenzform, die das eigene Leben ins Verhältnis zu anderen setzt. Glaubende wissen sich getragen von Gott und sehen ihre eigene Existenz immer auch in ihrem Verhältnis zu anderen».[8]

Das Bundesverfassungsgericht akzentuiert in seinem Urteil aber nicht nur die Selbstbestimmung in Bezug auf das Sterben, sondern macht zugleich deutlich, dass eine Assistenz bei der Selbsttötung kein Anspruchs-, sondern lediglich ein Abwehrrecht ist. Das heisst: Es gibt keinen Rechtsanspruch gegenüber konkreten Dritten (zum Beispiel Ärztinnen und Ärzten), Suizidhilfe leisten zu müssen, zugleich darf die Suizidhilfe aber auch nicht unverhältnismässig erschwert werden, wie das aus Sicht des Gerichts bislang der Fall ist. Der oder die Einzelne sollte auf freiwillige Unterstützerinnen und Unterstützer zurückgreifen können, wenn er oder sie sich wohlüberlegt und nach ausführlicher Beratung für den Weg eines assistierten Suizids entscheidet.

---

7   Morgenthaler et al., Suizid, 162.
8   Reiner Anselm, Isolde Karle, Ulrich Lilie: Den assistierten professionellen Suizid ermöglichen, in: *Frankfurter Allgemeine Zeitung* (11.1.2021), 6.

Die Bezogenheit auf andere kann und wird dabei eine entscheidende Ressource für die Selbstbestimmung sein. Für die Seelsorge ist es deshalb elementar, einem suizidwilligen Menschen das Beziehungsnetz, in dem er lebt, bewusst zu machen und ihm zu helfen, seine Beziehungsressourcen, die womöglich durch seine Leidenserfahrungen verdeckt wurden, neu zu erschliessen. Damit trüge die Seelsorge zugleich zu einem Schutzkonzept bei, das das Bundesverfassungsgericht dem Gesetzgeber vorschlägt, um die Selbstbestimmung im Hinblick auf diese schwerwiegende Frage so weit wie möglich sicherzustellen und zu verhindern, dass jemand, ohne es letztlich selbst zu wollen, zu einem Suizid verleitet wird.

Der bereits zitierte Band von Morgenthaler u. a. zeigt, wie Seelsorgerinnen und Seelsorger in der Schweiz eine solch relationale Seelsorge praktizieren und versuchen, einen Suizidwilligen aus der Isolation herauszuführen und mit der Ehefrau, dem Ehemann, dem Partner, der Partnerin oder den Töchtern und Söhnen (wieder) ins Gespräch zu bringen. Die nächsten Angehörigen fühlen sich nicht selten unter Druck, die Entscheidung des oder der Suizidwilligen zu akzeptieren, auch wenn sie sich selbst schwer damit tun und Schuld- und Ohnmachtsgefühle bis hin zur Wut entwickeln. Es kommt dann nicht selten zu einer Sprachlosigkeit, die für alle Beteiligten belastend ist. Es ist für die Seelsorge elementar, in einem solch komplizierten Beziehungsnetz nicht parteilich zu sein – und sich nicht auf die Seite der Angehörigen gegen den Suizidwilligen zu schlagen oder auch umgekehrt –, sondern die Ambivalenzen auszuhalten, zu benennen, als vermittelnde Instanz tätig zu sein und damit nach Möglichkeit wieder eine vertrauensvolle Kommunikation in Gang zu setzen. Die systemische Seelsorge hat für eine solch umweltsensible Vorgehens- und Kommunikationsweise wertvolle Impulse in den Seelsorgediskurs eingebracht.[9]

Wichtig ist nicht zuletzt, die Angehörigen auch nach einer Selbsttötung seelsorglich zu begleiten. Manchmal sind die Angehörigen nach einem vollzogenen Suizid erleichtert, wenn alles gut ging und der geliebte Mensch nicht länger leiden musste. Doch für nicht wenige Angehörige bleibt der Suizid belastend. Sie werden mit einem Akt der Selbsttötung konfrontiert, der etwas Gewaltsames hat. Hinzu kommt, dass nach einem assistierten Suizid die Polizei und die Staatsanwaltschaft tätig werden, um die Tatherrschaft bei der Tötung zu klären. Ein assistierter Suizid beeinflusst dementsprechend die Trauer der Angehörigen. Viele Hinterbliebene sprechen deshalb nur mit sehr wenigen Personen über das Geschehene. Nicht wenige schämen sich und haben Angst vor Stigmatisierung sowie Schuldgefühle. Sie wollen meist auch nicht, dass die Todesart bei der Bestattung genannt wird.

---

[9] Vgl. Christoph Morgenthaler: *Systemische Seelsorge. Impulse der Familien- und Systemtherapie für die kirchliche Praxis.* Stuttgart: Kohlhammer [6]2019, sowie Karle, Praktische Theologie, 401–409.

Deshalb gilt nicht zuletzt den Angehörigen die Seelsorge. Im Sinne einer erweiterten Kasualpraxis ist die Begleitung der Angehörigen und der Sterbenden bzw. Sterbewilligen als eine integrale Praxis zu begreifen.[10]

Die Bezogenheit auf andere kann die Selbstbestimmung im Zweifelsfall auch einschränken, insbesondere durch soziale Erwartungen, die den Sterbewilligen unter Druck setzen, der sich dann als Last empfindet. Diejenigen, die über einen assistierten Suizid nachdenken, sind deshalb zu schützen vor einem Erwartungsdruck, wie er von Familienangehörigen, aber auch von geschäftsmässigen Angeboten der Suizidhilfe ausgehen kann. Ein selbst gewählter Tod mit einer Sterbehilfeorganisation muss insofern nicht zwangsläufig als Akt der Selbstbestimmung interpretiert werden. Eine geschäftsmässige Suizidhilfe durch Sterbehilfevereine setzt nicht selten eine Dynamik in Gang, die nur noch schwer aufzuhalten ist. Die Sterbehilfeorganisationen behaupten zwar, dass der geplante Ablauf jederzeit gestoppt werden kann, aber faktisch ist dies kaum möglich, weil der institutionalisierte Prozess eine Eigendynamik entwickelt.

Eine Seelsorgerin, von der Morgenthaler u. a. berichten, verhalf einer Frau durch eine kluge Intervention dazu, diese Dynamik zu unterbrechen. Die Seelsorgerin bat die Frau, die sich zu einem assistierten Suizid mit einer Sterbehilfeorganisation entschlossen hatte, sich einen konkreten Sterbetermin in den nächsten Monaten und alle Schritte, die dahinführen, möglichst konkret vorzustellen – auch im Hinblick auf die Konsequenzen für die Tochter, die dann den Sterbetermin der Mutter in ihren Kalender einträgt. Die Seelsorgerin erreichte durch diese Intervention, dass sich die suizidwillige Frau einige Zeit später von ihrem Plan distanzierte – sie versetzte sich in ihre Tochter hinein und stellte sich vor, was die konkrete Planung ihres Todes für sie bedeuten würde. Das schien ihr plötzlich inakzeptabel, zumal sie ein inniges Verhältnis zu ihrer Tochter hatte. Zugleich erlebte sie sich wieder als verantwortlich handelndes Subjekt – nicht nur als Opfer eines schweren Leidensweges. Das stärkte sie und erhöhte ihre Freiheit im Schleiermacherschen Sinn. Sie revidierte ihre Entscheidung – nicht, weil die Seelsorgerin ihr das nahegelegt hatte, sondern weil ihr erst im Gespräch mit der Seelsorgerin klar wurde,

---

10 «Erweiterte Kasualpraxis» bedeutet, sich nicht nur auf den Kasus Bestattung zu fokussieren, sondern sowohl die vor- als auch nachlaufende seelsorgliche Begleitung im Umfeld eines Todes in den Blick zu nehmen, und zwar sowohl im Hinblick auf die Sterbenden als auch deren Angehörige. Den Blick für die vielfältige Relationalität des Menschen hat die Seelsorge in den letzten Jahren und Jahrzehnten systematisch geschärft und dementsprechend ihre Kasualpraxis erweitert. Siehe dazu auch: Reiner Anselm, Isolde Karle, Ulrich Lilie: Suizid: Vorbeugen und Helfen, in: *Frankfurter Allgemeine Zeitung* (25.5.2021), 6.

was ihre Entscheidung für ihre Tochter bedeuten würde. Wenig später starb sie auf natürliche Weise.[11]

Seelsorge ist herausgefordert, möglichst kontextsensibel vorzugehen. Sie verweigert sich in komplexen Situationen einem klaren Ja oder Nein. Im Hinblick auf die Begleitung von Suizidwilligen kann dies sowohl bedeuten, diese dazu anzuregen, nochmals über ihre Entscheidung nachzudenken, als auch jemand, der fest entschlossen ist, diesen Weg zu gehen, nicht zu verunsichern, sondern ihm solidarisch beizustehen, wenn ihm selbst eine Lebensverlängerung unerträglich erscheint. «Ein Seelsorger muss einer Entscheidung zum assistierten Suizid nicht zustimmen, aber er sollte in der Lage sein, sie zu respektieren. Und er sollte dies tun können in der Gewissheit, dafür von seiner Kirche nicht verurteilt zu werden.»[12] In einer Notsituation sollte es möglich sein, den Sterbewunsch eines schwer leidenden Menschen als theologisch und moralisch legitim anzuerkennen: «Es müssen Grenzfälle denkbar sein, in denen gerade im Bewusstsein um den Vorrang des Lebens ein Ja zu einer willentlichen Beendigung eines Lebens gesprochen wird.»[13] Der Wunsch, das Leben zu beenden, kann auch Ausdruck der Akzeptanz des Todes und der Endlichkeit sein. Ein Mensch gibt in diesem Fall das Geschenk seines Lebens bewusst in die Hände Gottes zurück.

Ein Beispiel: Eine Bekannte von mir begleitete jahrzehntelang ihre querschnittsgelähmte Mutter, die kontinuierlich unter Schmerzen litt. Sie hatte ihr Schicksal immer mit grosser Würde getragen. Aber irgendwann kam sie in eine Situation, die für sie nicht mehr erträglich war. Sie wollte sterben und ihrem leidvollen Leben ein Ende setzen. Sie selbst und meine Bekannte, die Pfarrerin ist, litten unter der kirchlichen Ächtung des assistierten Suizids und auch darunter, dass es in Deutschland bis dato dazu keine legitimen Wege gab. Der freiwillige Verzicht auf Nahrung und Flüssigkeit war für sie der einzig legitime Weg, doch erwies sich dieser Weg für die Mutter als extrem leidvoll, weil sie – im Gegensatz zu Hochbetagten – noch einen vitalen Körper besass. Als sich das Sterben deutlich schwerer gestaltete als erwartet, verfiel sie in eine tiefe Anfechtung. Sie dachte, dass Gott sie nicht haben wolle, dass es Sünde sei, was sie tat. Ihre Tochter versuchte ihr zu sagen, dass Gott ihr gnädig und sie von seiner Liebe umfangen sei. Explizit versuchte sie, ihrer Mutter zu vermitteln, dass Gott ihr nicht noch mehr Leid aufbürden wolle und er sie so annehme, wie sie ist. Für die Mutter war das eine grosse seelsorgliche Entlastung. Sie starb nach vier langen Wochen. Es hätte Mutter und Tochter viel Leid erspart, wenn die evangelische Kirche ihre Entscheidung als einen

---

11 Vgl. Morgenthaler et al., Suizid, 59 f.
12 Jacob Joussen, Isolde Karle: Grauzonen respektieren, in: *zeitzeichen* 21 (2020), 41–43.
13 Morgenthaler et al., Suizid, 186.

möglichen Weg im äussersten Grenz- und Notfall respektiert hätte und sie sich zusätzlich zu den körperlichen Belastungen nicht auch noch mit den tiefgreifend seelischen hätte quälen müssen.

3. Seelsorge als kritische Solidarität

Die Kirchen haben den Suizid in ihrer Geschichte lange Zeit scharf verurteilt. Der Suizid wurde als *intrinsece malum*, als an sich schlecht – und nicht etwa wegen möglicher negativer Auswirkungen auf andere – verurteilt. Menschen, die sich selbst töteten, wurden vom Heil ausgeschlossen, ihnen wurde eine kirchliche Bestattung verweigert, die Angehörigen wurden nachhaltig stigmatisiert. Auch wenn die evangelische Kirche der Gegenwart diese Haltung nicht mehr teilt, schwingt in der hoch emotional geführten Debatte über Suizidassistenz immer noch diese dunkle Vergangenheit mit. Selbstverständlich kann ein Suizid «Sünde» sein – ein Suizid, der als Machtdemonstration angelegt ist und die Angehörigen verletzen will, kann so interpretiert werden. Aber einen Suizid zu begehen und dabei möglicherweise Assistenz in Anspruch zu nehmen, ist nicht zwangsläufig als gegen Gott gerichtet zu deuten. Es sei in diesem Zusammenhang an Jochen Klepper erinnert. Er ging in höchster Not mit seiner Familie 1942 in den Tod, um der Deportation seiner Frau und seiner Stieftochter durch die Nationalsozialisten zu entkommen. Am 10. Dezember 1942 schrieb er in sein Tagebuch: «Wir sterben nun – ach, auch das steht bei Gott – Wir gehen heute Nacht gemeinsam in den Tod. Über uns steht in den letzten Stunden das Bild des Segnenden Christus, der um uns ringt».[14] Jochen Klepper starb im Angesicht des segnenden Christus und wusste sich dem Gekreuzigten und Auferstandenen dabei eng verbunden.

Bis heute wird die Kirche als eine moralische Instanz wahrgenommen. Den meisten Suizidwilligen steht vor Augen, dass sie von der Kirche im Hinblick auf ihren Sterbewunsch eher verurteilt als verstanden werden. Menschen mit Suizidwünschen wenden sich deshalb in der Regel nur dann an die Kirche oder einen Seelsorger bzw. eine Seelsorgerin, wenn sie selbst kirchlich sind und sich mit diesem letzten Schritt nicht aus der Kirche entfernen oder gar von ihr verabschieden wollen. Dies zeigen die Fallbeispiele von Herrn F. und von der Mutter der Pastorin. Die Debatte um die Suizidhilfe sollte innerkirchlich deshalb nicht mit der moralischen Abwertung derjenigen, die einen solchen Weg für sich erwägen, verbunden werden, sondern umsichtig, zugewandt, ethisch orientierend und

---

14 Hildegard Klepper (Hg.): *Unter dem Schatten deiner Flügel. Aus den Tagebüchern der Jahre 1932–1942 von Jochen Klepper.* Stuttgart: Deutsche Verlags-Anstalt 1956, 1133.

sachkundig geführt werden. Das ist nicht zuletzt für die Seelsorge elementar, die im Kontext der Kirche agiert und deren Arbeit von diesem institutionellen Rahmen stark beeinflusst wird.

Seelsorgerinnen und Seelsorger sind geprägt von einer empathisch-akzeptierenden Grundhaltung, die die Seelsorgeausbildung seit der humanistischen Psychologie von Carl Rogers zu vermitteln sucht und die heute selbstverständlicher Teil eines professionellen seelsorglichen Habitus ist. Als solche sind sie dazu herausgefordert, einen Menschen in der Seelsorge nicht zu verurteilen, sondern in seiner Andersheit zu respektieren, an seine Vorstellungswelt anzuknüpfen und von dort her gegebenenfalls Impulse für ein weiteres Nachdenken zu setzen. Nur wenn Suizidwillige den Eindruck bekommen, dass ihre Ängste und Nöte ernstgenommen werden und ihre Selbstbestimmung geachtet wird, sind sie bereit, ihre Entscheidung gegebenenfalls noch einmal zu überdenken. Eine Attitüde der moralischen Überheblichkeit ist in jedem Fall unangemessen und kontraproduktiv.

Auf der anderen Seite geht das Papier der Reformierten Kirchen Bern-Jura-Solothurn «Solidarität bis zum Ende»[15] sehr weit, wenn es von einer Bedingungslosigkeit der seelsorglichen Begleitung im Kontext des assistierten Suizids spricht: «Auch im Zusammenhang mit begleiteter Selbsttötung stellt seelsorgliche Solidarität keine Bedingungen. Der Synodalrat sieht seine Pfarrerinnen und Pfarrer deshalb in der Verantwortung, suizidalen Menschen und ihren Angehörigen seelsorglich und liturgisch-homiletisch beizustehen.»[16] Weiter heisst es:

> Für die Seelsorge gilt das Prinzip der bedingungslosen Solidarität. Es geht bei ihr um die orientierende und unterstützende Begleitung von Menschen, selbst dann, wenn man als Pfarrerin oder Pfarrer mit der von ihnen gefällten Entscheidung nicht einverstanden ist. Auch die Tätigkeit einer Sterbehilfeorganisation wird durch die Begleitung durch Seelsorgerinnen und Seelsorger nicht kirchlich sanktioniert.[17]

Es wird zwar auch darauf hingewiesen, dass kein Seelsorger und keine Seelsorgerin zur Begleitung bis ins Sterbezimmer verpflichtet werden könne, doch kommt diese

---

15 Vgl. Reformierte Kirchen Bern-Jura-Solothurn: *Solidarität bis zum Ende. Position des Synodalrats der Reformierten Kirchen Bern-Jura-Solothurn zu pastoralen Fragen rund um den assistierten Suizid*. Bern 2018 (https://www.ref.ch/wp-content/uploads/2019/02/SR_PUB_Assistierter-Suizid_180917.pdf, Zugriff am 12.1.2021). Ähnlich auch Morgenthaler et al., Suizid, 148.
16 Reformierte Kirchen Bern-Jura-Solothurn, Solidarität, 4.
17 A. a. O., 5.

Einschränkung nachgeordnet und dominiert die Erwartung, dass eine Pfarrerin bedingungslos solidarisch sein sollte.

Es ist positiv hervorzuheben, dass das Papier insgesamt das Bemühen erkennen lässt, Suizidwillige – anders als bislang weithin in Deutschland – kirchlich nicht im Stich zu lassen und mit ihnen solidarisch zu sein. Auch lässt sich eine bedingungslose seelsorgliche Begleitung gleichnishaft als Ausdruck der gnädigen Zuwendung Gottes interpretieren. Zugleich stellen sich mit dieser Bestimmung im Kontext des assistierten Suizids aber auch kritische Rückfragen:

Erstens wird mit der Forderung der *Bedingungslosigkeit* die Selbstbestimmung des Seelsorgers bzw. der Seelsorgerin angetastet. Von den Sätzen des Papiers geht ein nicht unerheblicher Druck aus, der es Seelsorgerinnen und Seelsorgern schwer macht, eine Begleitung bis hin zum Vollzug des Suizids aus Gewissensgründen oder aus Gründen der psychischen Belastung abzulehnen. Es macht eine Profession wie den Pfarrberuf aus, dass eine Pfarrperson letztlich selbst bestimmen können muss, ob und wie gehandelt werden soll. Die professionelle Autonomie von Pfarrerinnen und Pfarrern ist ein hohes Gut.[18] Sie hat ihren Grund in der Würde und Autonomie des Wortes Gottes, zu dessen Verkündigung Pfarrerinnen und Pfarrer beauftragt und auf das hin sie ordiniert werden. Diese Autonomie sollte vor allem in den Grenzfällen des Lebens nicht infrage gestellt werden.

Es erscheint vor diesem Hintergrund problematisch, von den Pfarrerinnen und Pfarrern eine bedingungslose Begleitung mehr oder weniger selbstverständlich zu erwarten, zumal viele Pfarrerinnen und Pfarrer Bedenken gegen die Praxis der Suizidassistenz hegen. Es erstaunt, dass ausgerechnet reformierte Kirchen hier eine so weitreichende Regelbestimmung formulieren. Es ist möglich, dass eine Seelsorgerin ihre eigenen Vorbehalte, die sie möglicherweise im Hinblick auf eine Suizidassistenz hat, zurückstellt und sich dafür entscheidet, beim Vollzug einer Suizidhandlung dabei zu sein, nachdem eine Beziehung gewachsen ist und sie den betroffenen Menschen nicht allein lassen möchte.[19] Aber dieses hohe Professionsethos darf kirchenleitend nicht in Erwartbarkeit umgemünzt werden.

Eine Selbsttötung ist und bleibt ein aggressiver Akt.[20] Es ist nicht auszuschliessen, dass es dabei auch zu Problemen und Komplikationen kommt und das Sterben nicht so friedlich verläuft wie erwartet.[21] Es ist aus meiner Sicht der Psyche von

---

18 Vgl. Isolde Karle: *Pfarrberuf als Profession. Eine Berufstheorie im Kontext der modernen Gesellschaft* (Praktische Theologie und Kultur Bd. 3). Freiburg i. Br.: Kreuz ³2011, 265–273.
19 Vgl. das Beispiel bei Morgenthaler et al., Suizid, 54f.
20 Vgl. a. a. O., 138.
21 Vgl. Komplikationen bei der Sterbehilfe, in: *Deutsches Ärzteblatt* 97 (2000), A-1462, (https://www.aerzteblatt.de/archiv/23119/Komplikationen-bei-der-Sterbehilfe, Zugriff am 12.1.2021).

Pfarrerinnen und Pfarrern nicht zuzumuten, sich einer solch belastenden Situation von Dienst wegen auszusetzen. Wenn sich Seelsorgerinnen und Seelsorger individuell dafür entscheiden, weil sie es professionsethisch für richtig und wichtig halten und weil sie meinen, das psychisch gut verkraften zu können, ist nichts dagegen einzuwenden, im Gegenteil, dann ist es sogar bewundernswert. Aber von kirchenleitender Seite ist es problematisch, eine solche Erwartung (des Dabeiseins beim Vollzug des Suizids) zu formulieren.

Zweitens ist zu fragen, ob «bedingungslose Solidarität» überhaupt eine sinnvolle poimenische Kategorie ist. Wieso sollte sich ein Seelsorger derart mit einem Suizidenten identifizieren, dass er *bedingungslos* solidarisch ist? Wie kommt es zu dieser religiös überhöhten Erwartung? Eine bedingungslose Akzeptanz schreiben wir in der Regel nur Gott zu. Gewiss, sie wird vereinzelt und punktuell auch von Menschen praktiziert, sie ist aber keine Norm, deren Erfüllung standardmässig erwartet werden könnte. Pfarrerinnen und Pfarrer sind nach reformatorischer Überzeugung nicht gottgleiche Übermenschen, sondern Berufstätige. Darüber hinaus ist es poimenisch sinnvoller, von einer *kritischen* statt einer bedingungslosen *Solidarität* zu sprechen – wie dies in der Militärseelsorge der Fall ist, für die das Paradigma der kritischen Solidarität konstitutiv ist.[22] Eine kritische Solidarität wahrt die Distanz und verschmilzt nicht mit dem Gegenüber. So ist es weder die Aufgabe der Militärseelsorgerinnen und -seelsorger, moralisch zu beurteilen, was Soldatinnen und Soldaten tun, noch sich mit den Soldatinnen und Soldaten und ihrem Handeln zu identifizieren. Denn sie selbst sind nicht Soldaten, sondern Seelsorgerinnen und Seelsorger. Ohne diese Unterscheidung wären sie nicht in der Lage, ihrer Berufsrolle gerecht zu werden. Erst durch diese Distanz sind sie fähig, Soldatinnen und Soldaten in einem Einsatz seelsorglich beizustehen und ihnen zu helfen, über sich und ihr Handeln nachzudenken, Ambivalenzen und Irritationen zuzulassen und sich gegebenenfalls neu zu orientieren. Diese Gesichtspunkte gelten in analoger Weise für die Begleitung von Menschen, die sich für einen assistierten Suizid entscheiden.

Drittens: Dass man sich vonseiten der Kirche mit Sterbenden leichter identifiziert als mit Soldaten, ist naheliegend, weil Sterbewillige – anders als Soldatinnen und Soldaten – als schwach und hilfsbedürftig wahrgenommen werden. Weil die suizidwillige Person als verletzlich und schützenswert gilt, scheint ihr «bedingungslos» alle Sympathie und Zuwendung zu gelten. Doch ist dies in jedem Fall eine realistische Wahrnehmung? Suizidwillige, die ihre Entscheidung völlig einsam

---

22 Vgl. Isolde Karle, Niklas Peuckmann: Seelsorge in der Lebenswelt Bundeswehr. Poimenische Leitlinien der Militärseelsorge, in: Dies. (Hg.): *Seelsorge in der Bundeswehr. Perspektiven aus Theorie und Praxis*. Leipzig: Evangelische Verlagsanstalt 2020, 17–38, bes. 20–26.

getroffen haben, können ihre Um- und Mitwelt auch vor den Kopf stossen und mit diesem letzten eigenmächtigen Schritt ihre Egozentrik ein letztes Mal ausspielen. Identifizierte man sich mit Personen, die so vorgehen, wäre das nicht nur fragwürdig, es würde darüber hinaus die Seelsorge an den An- und Zugehörigen immens erschweren. Es ist in der Seelsorge generell Vorsicht geboten im Hinblick auf eine vorschnelle Gleichsetzung von Seelsorgesuchenden und Schwäche. Auch Suizidwillige sind als Handelnde ernst zu nehmen und nicht nur als Opfer widriger Umstände zu betrachten. Das gibt ihnen Würde und wirkt einem asymmetrisch-paternalistischen Gefälle in der seelsorglichen Beziehung entgegen.

Viertens: Es ist soziologisch gesehen unrealistisch anzunehmen, dass die Praxis der Sterbehilfeorganisationen durch die seelsorgliche Begleitung von Pfarrerinnen und Pfarrern keine Anerkennung erfährt.[23] Sterbehilfeorganisationen werden durch die Präsenz von Pfarrerinnen und Pfarrern in ihren Räumen und Institutionen in jedem Fall aufgewertet, unabhängig davon, wie und was Seelsorgerinnen und Seelsorger tatsächlich über sie denken. «Es geht hier [...] nicht um Menschen und ihre Situationen, sondern eher um Situationen und ihre Menschen» – so bringt der Soziologe Erving Goffman den Sachverhalt auf den Punkt.[24] Es geht nicht darum, Sterbehilfeorganisationen abzulehnen, aber auch nicht darum, sie kirchlich aufzuwerten. Der Tendenz einer Normalisierung des assistierten Suizids, für die die Sterbehilfeorganisationen nolens volens stehen, sollte die Kirche in jedem Fall entgegenwirken. In einem Beitrag für die Zeitschrift für Evangelische Ethik wies Johannes Fischer auf diesen Sachverhalt hin: Der assistierte Suizid darf nicht zur gesellschaftlichen Normalität werden und zwar nicht gegen, sondern im Interesse des Rechts auf Selbstbestimmung im Sterben.[25]

4. Fazit

Es gehört zur Professionalität der Seelsorge, auch die Menschen empathisch begleiten zu können, die moralisch anders entscheiden als man das selbst tun würde. Seelsorgerinnen und Seelsorger verstehen sich deshalb weder als Kompli-

---

23 Im Papier der Reformierten Kirchen Bern-Jura-Solothurn heisst es: «die Tätigkeit einer Sterbehilfeorganisation wird durch die Begleitung durch Seelsorgerinnen und Seelsorger nicht kirchlich sanktioniert». Reformierte Kirchen Bern-Jura-Solothurn, Solidarität, 5.
24 Vgl. Erving Goffman: *Interaktionsrituale. Über Verhalten in direkter Kommunikation.* Frankfurt a. M.: Suhrkamp ⁴1996, 9.
25 Vgl. Johannes Fischer: Gibt es ein Recht auf Suizid? Die Anmaßung des Rechts gegenüber der Politik im Urteil des Bundesverfassungsgerichts zur Sterbehilfe, in: *Zeitschrift für Evangelische Ethik* 64 (2020), 289–295.

zen noch als richtend-moralische Instanz. Ihre Professionalität besteht darin, zwischen sich selbst und den Bedürfnissen und Werten des Nächsten unterscheiden zu können. Sie bewegen sich im Spannungsfeld zwischen dem eigenen ethischen Urteil und dem seelsorglichen Habitus der Non-Direktivität. Sie prüfen, sensibel sowohl für die Bedürfnisse der Betroffenen als auch für ihre eigenen, wie weit sie dabei gehen können. Sie nehmen die Ambivalenzen der Situation realistisch wahr, artikulieren sie und suchen mit den Betroffenen und ihrem familiären Umfeld nach gangbaren Lösungen. In der Seelsorge an Suizidwilligen ist deshalb nicht nur Empathie, sondern auch ethische Expertise und Sachkenntnis gefragt.

Seelsorge ist gelebte Theologie.[26] Die Förderung von Freiheit (Schleiermacher) und die Vermittlung von Trost (Luther) sind dabei die beiden grundlegenden Orientierungen evangelischer Seelsorgelehre.[27] Christliche Seelsorge fragt danach, was für Menschen ein Trost im Leben und im Sterben ist. In diesem Sinn steht sie Suizidwilligen und ihren Angehörigen auf ihrem schweren Weg bei. Soweit möglich dient Seelsorge der Suizidprävention, sie respektiert im Grenzfall aber auch, dass Menschen selbst unter guten palliativen Bedingungen in eine Lage kommen können, in der sie sagen: «Es ist genug. Ich kann die letzte Wegstrecke nicht mehr gehen.» In kritischer Solidarität nimmt eine Seelsorgerin bzw. ein Seelsorger das Gegenüber dabei ernst und versucht, hilfreiche christliche Deutungsvorschläge ins Spiel zu bringen – oder auch, wenn es nichts mehr zu sagen gibt, schweigend und betend für den leidenden Menschen da zu sein.

---

26 Morgenthaler et al., Suizid, 243. Vgl. auch Karle, Praktische Theologie, 413–420.
27 Vgl. Karle, Praktische Theologie, 348–366.

Seelsorge, Kirche und Suizidhilfe
Praktisch-theologische Perspektiven

Christoph Morgenthaler

Artikel 115 StGB[1], bereits 1919 ins Schweizer Strafrecht aufgenommen, wurde in den späten 1970er-Jahren als Pforte zur Einführung des assistierten Suizids entdeckt. Die Praxis, die sich in der Folge etablierte, ist in hohem Mass kontextuell bedingt, in gewisser Weise zufällig, Resultat von politischen Weichenstellungen[2], entwickelt auch nach dem Prinzip «trial and error»[3], geleitet von Mehrheitsentscheiden von Vereinsversammlungen der Sterbehilfeorganisationen, gerahmt durch einschlägige juristische Bestimmungen. Seelsorge, wie sie sich im Umfeld des assistierten Suizids in den Schweizer Kirchen entwickelte, ist ebenfalls in hohem Mass kontextbedingt. Zugespitzt gesagt: Erfunden wurde eine neue Sterbeform, die einen Kontext schafft, in dem Kirchen nun ihre Seelsorge justieren müssen. Durch ihre Praxis konstruieren sie dabei mit am Bild des assistierten Suizids, zwischen Skandalisierung und Normalisierung.

Nur: Was macht diese Praxis genauer besehen aus? Zunehmend wird diese Frage zum Ausgangspunkt von Forschung. Die Sterbehilfeorganisationen beschreiben (und propagieren) aus ihrer Perspektive, worum es geht. Kirchen rücken den assistierten Suizid in Grundlagenpapieren in ein bestimmtes Licht. Auch Seelsorge selbst wird zum Ort der Wahrnehmung der Praxis des assistierten Suizids, resp. der Menschen, die sich auf ihn zubewegen. Dies wird im Folgenden fokussiert.[4]

---

1 «Wer aus selbstsüchtigen Beweggründen jemanden zum Selbstmord verleitet oder ihm dazu Hilfe leistet, wird, wenn der Selbstmord ausgeführt oder versucht wurde, mit Freiheitsstrafe bis zu fünf Jahren oder Geldstrafe bestraft.»
2 Der Bundesrat verzichtete 2012 nach einer Vernehmlassung auf eine spezifische, staatlich verantwortete rechtliche Regelung und setzte stattdessen auf die Entwicklung einer nationalen Strategie für Palliative Care.
3 So setzte sich der Suizid mit Natriumpentobarbital erst nach Versuchen mit anderen Methoden durch.
4 Vgl. zum Ganzen: Christoph Morgenthaler, David Plüss, Matthias Zeindler: *Assistierter Suizid und kirchliches Handeln. Fallbeispiele – Kommentare – Reflexionen*. Zürich: TVZ 2017.

Christoph Morgenthaler

1. Stadien des assistierten Suizids – ein Orientierungsmodell

Der Weg zum assistierten Suizid ist ein zeitlich sehr unterschiedlich lang erstreckter Prozess.[5] Aufgrund von Fallbeispielen aus der Seelsorge lässt sich folgendes Orientierungsmodell entwickeln, das aufgrund weiterer Erfahrung und Forschung differenziert werden müsste.

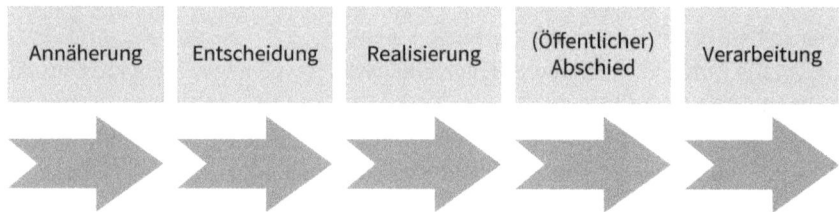

Die Auseinandersetzung mit dem assistierten Suizid setzt biografisch manchmal recht früh ein, und diese Sterbeform wird beim Älterwerden als eine mögliche Variante der Sterbevorsorge erwogen. Manchmal kommt es in der Folge zum Beitritt zu einer Sterbehilfeorganisationen, für den «Fall der Fälle».[6] Schwierigkeiten unterschiedlichster Art – Erkrankungen, Verlust einer nahen Bezugsperson und vieles mehr – können sich später so verdichten und zu Todeswünschen auswachsen, dass Betroffene die Möglichkeit eines assistierten Suizids ernsthaft ins Auge fassen, das Pro und Contra im Auf und Ab des Krankheitsprozesses abwägen, das Gespräch mit der Sterbehilfeorganisation aufnehmen und abklären lassen, ob ein assistierter Suizid in ihrem Fall möglich wäre. Daraus kann der Entschluss wachsen, mit einem assistierten Suizid aus dem Leben zu scheiden. Fällt die Prüfung des Falls durch die Sterbehilfeorganisation positiv aus, hat ein Arzt ein Rezept für das Sterbemittel ausgestellt und ist das Medikament von der Sterbehilfeorganisation eingelagert, beginnt ein nächstes Stadium der Auseinandersetzung. Wie soll der assistierte Suizid nun konkret realisiert werden? Ort, Zeit und anwesende Personen müssen bestimmt, die Modalitäten der Durchführung mit der Sterbehilfeorganisation festgelegt, die Zeitstrecke bis zum Sterbetermin gestaltet, oft darüber hinaus der öffentliche Abschied geplant werden. Nach dem Vollzug des Suizids erfolgt die

---

5 Nach dem Jahresbericht 2015 von Exit dauerte es vom Erstkontakt zu den freiwillig Mitarbeitenden bis zum assistierten Suizid bei 25,5 % der Fälle bis zu 7 Tage, bei 15 % zwischen 8 bis 14 Tagen und bei 59,5 % mehr als 14 Tage.

6 «Exit» ist die grösste der fünf schweizerischen Sterbehilfeorganisationen (aktuell über 135 000 Vereinsmitglieder).

Untersuchung des Suizids, der als ausserordentlicher Todesfall eingestuft wird, durch Polizei, Amtsarzt und Staatsanwaltschaft. Für die betroffenen Angehörigen kommen nun weitere Schritte, die wieder einer anderen Dramaturgie gehorchen. Der öffentliche Abschied muss vorbereitet und bestanden und der nun unwiderrufliche Verlust verarbeitet werden.

Dieser Prozess variiert in jedem Einzelfall. Todeswünsche werden akut und verschwinden dann wieder, auf ein Stadium folgt nicht notwendigerweise das nächste[7], die Übergänge zwischen den Stadien sind oft verschwommen, der Prozess bleibt bis zu einem bestimmen Punkt reversibel, wobei sich die Freiheitsgrade oft sukzessive verkleinern (z. B. wegen einer fortschreitenden Krankheit).[8]

Seelsorge kann in allen diesen Stadien unterstützend sein, in der Zeit der Annäherung, wenn um eine Entscheidung gerungen wird, bei der Realisierung, oft auch erst, wenn es um den Bestattungsgottesdienst geht, und manchmal in der Zeit der Trauer. Unterschiedliche Erwartungen an die Seelsorge sind mit diesen Stadien verbunden:

> Begleiten Sie mich auf meinem Weg zum assistierten Suizid – und meinen Mann auch, der das nicht will!
> Ich habe mich entschieden, brauche eine Wegzehrung und möchte ein letztes Abendmahl feiern!
> Übermorgen stirbt unsere Mutter. Übernehmen Sie die Abdankungsfeier?
> Ich muss Ihnen etwas sagen, aber Sie dürfen es NIEMANDEM weitersagen!
> Helfen Sie mir, meine Schuldgefühle zu verarbeiten![9]

2. Aus Beispielen lernen

Fallbeispiele aus der Seelsorge sind ein Zugang, Menschen auf dem Weg zum assistierten Suizid besser zu verstehen, die Dynamik dieses Prozesses tiefer zu begreifen und Möglichkeiten der Seelsorge auszuloten. Was Seelsorge bei assistiertem Suizid sein kann, wird in der Begegnung immer neu ausgehandelt. Betroffene und ihre Angehörigen tragen ihre Fragen, Bedürfnisse, ihre Vorstellungen von Würde,

---

7   Von rund 135 000 Exit-Mitgliedern begingen 2020 913 einen assistierten Suizid, d. h. knapp 0,7 %.
8   Das zeigt sich bei einsetzender Demenz besonders drastisch: Da Urteilsfähigkeit Voraussetzung einer Bewilligung ist, müssen sich Betroffene zu einem assistierten Suizid entscheiden, noch bevor die Erkrankung stärker fortgeschritten ist.
9   Zu den einzelnen Situationen vgl. Morgenthaler et al., Suizid, 29–139.

Lebensqualität, Kirche und Seelsorge ins Gespräch, Seelsorger und Seelsorgerinnen ihre persönliche Präsenz und professionelle Kompetenz. Einige der Prozesse, die dabei ablaufen, möchte ich ausgehend von einem Fallbeispiel beschreiben.[10] Ich zögere zwar, es zu verwenden, da es der ethischen Perspektivendominanz in der Wahrnehmung des assistierten Suizids Vorschub leisten und allzu leicht in diesem Sinne rezipiert werden könnte. Es ist aber insofern exemplarisch, als es eine Seelsorgekonstellation zeigt, die sich nicht nur in der Schweiz, sondern überall, wo sich die Praxis des assistierten Suizids zu etablieren beginnt, wiederholt.[11]

> Herr A. wendet sich telefonisch an seine Gemeindepfarrerin. Er erwäge den Beitritt zu einer Sterbehilfeorganisation und möchte mit ihr diskutieren, ob assistierter Suizid ethisch vertretbar sei. Auch Frau A. ist beim Hausbesuch der Pfarrerin anwesend. Herr A. wiederholt seine Bitte um eine ethische Diskussion. Die Seelsorgerin fragt zurück, weshalb er sich denn überlege, einer Sterbehilfeorganisation beizutreten. Herr A. erzählt nun von den ihn überaus belastenden Besuchen bei der Schwester seiner Frau, die, an Demenz erkrankt, in einem Pflegeheim wohnt. Sich vorzustellen, ebenfalls an Demenz zu erkranken, sei für ihn der «Horror». Die Heimbewohner und Heimbewohnerinnen kämen ihm vor wie wandelnde Leichen. Mit dieser Diagnose würde er einen assistierten Suizid vollziehen, solange er noch bei klarem Verstand sei. Was ihm denn am meisten Angst mache, fragt die Seelsorgerin behutsam weiter. Sein Sohn könnte ihn in diesem Zustand sehen und ihn so nicht mehr lieben. Er artikuliert weitere Ängste: seiner Frau zur Last zu fallen; nicht mehr als derjenige erkannt zu werden, der er einmal war; das Essen eingegeben zu bekommen; Windeln zu tragen; unverständliche Worte zu brabbeln. Er spricht auch von der Angst, sich selbst zu verlieren und ausgelöscht zu werden. Was Frau A. denn dazu sage, fragt die Pfarrerin weiter. Es wäre für sie schlimm, ihren Mann mit einem assistierten Suizid zu verlieren. Sicher liessen sich andere Lösungen finden. Sie würde ihn pflegen und wenn nötig Hilfe beiziehen. Wäre ein Heimeintritt unumgänglich, würde sie ihn besuchen. Das höre er in dieser Klarheit so zum ersten Mal, sagt Herr A. Die beiden sprechen weiter. Es tut ihnen sichtlich gut, sich gemeinsam mit ihren Fragen und Ängsten auseinanderzusetzen. Die Seelsorgerin fragt nun

---

10 Es handelt sich um ein Beispiel, das im Zusammenhang des Abschlusses einer systemischen Seelsorge-Weiterbildung differenziert dokumentiert und reflektiert wurde. Es wurde anonymisiert und für die Publikation in Rücksprache mit der verantwortlichen Pfarrerin gekürzt. Diese hat das Einverständnis zur Publikation erteilt.

11 Zum Beispiel wenn sich Menschen in Deutschland oder Österreich überlegen, ob sie in die Schweiz reisen und mit der Sterbehilfeorganisation Dignitas aus dem Leben scheiden wollen.

Herrn A., was denn sein Sohn, wäre er jetzt hier, zu seinen Befürchtungen sagen würde. Sein Sohn würde ihm wohl versichern, er liebe ihn immer noch. Die Seelsorgerin lenkt das Gespräch dann auf das Thema des Verlöschens, auf damit verbundene Vorstellungen (für Herrn A. ist, anders als für seine Frau, mit dem Tod alles aus) und bekennt ihren christlichen Auferstehungsglauben. Ihr Angebot, mit ihnen zu beten, nehmen beide gerne an. Sie nimmt ihre Anliegen und Ängste auf und trägt sie vor Gott mit der Bitte um Schutz, Begleitung, Segen und Getragen-Sein über den Tod hinaus. Herr A. sagt am Schluss des Gesprächs, es habe gutgetan, zu reden und die Ängste auszusprechen. Sie seien jetzt weg. Bei einem nächsten Gespräch erzählt Herr A., er habe sich eingehend mit dem assistierten Suizid beschäftigt und belegt dies mit Artikeln, die er der Seelsorgerin zeigt, und wird nun selbst zum dozierenden Experten. Wenn schon würde er sich jetzt dazu entscheiden, freiwillig auf Nahrung und Flüssigkeit zu verzichten. Die Seelsorgerin würdigt dies, was Herrn A. sehr freut. Auch seine Frau ist sichtlich bewegt und erleichtert. Beide haben nun auch eine Patientenverfügung verfasst. Herr A. erzählt zudem von seinem Glauben. Er unterstreicht seine Rede von Gott mit der Geste einer offenen Hand, die im Tod niemanden fallen lässt. In einem weiteren Gespräch geht es um eine neu diagnostizierte Krebserkrankung Herrn A.s und darum, wie er sich – unterstützt von seiner Frau – gegen eine Chemotherapie und für ein «watchful waiting» entschieden hat.[12]

3. Assistierter Suizid im Kontext multipler Sterbeverläufe

Es ist jener schleichende Prozess der Fragilisierung bei zunehmendem Alter, der die Auseinandersetzung mit dem Lebensende vorantreibt. Dabei ist der assistierte Suizid nur eine der Sterbemodalitäten, die Menschen in höherem Alter in Betracht ziehen. Suizid steht in einer Reihe anderer Sterbeformen und -verläufe, die zum Thema werden können (Sterben mit Palliative Care, mit palliativer Sedierung, freiwilligem Verzicht auf Nahrung und Flüssigkeit usw.). Mit ihnen weist assistierter Suizid grössere Ähnlichkeit auf, als es die unterschiedlichen Begriffe suggerieren.[13] Alle diese Formen des Sterbens sind Abkömmlinge einer Protestbewegung gegen medizinisch dominiertes Sterben, die zurückgeht auf die 1970er-Jahre und in deren Folge das Selbstbestimmungsrecht nicht nur beim

---

12 Das zweite und dritte Gespräch wurde von der Seelsorgerin ebenfalls ausführlich dokumentiert; diese Teile wurden stark gekürzt, da im Folgenden das Thema des assistierten Suizids im Vordergrund steht.

13 Vgl. dazu den Artikel von Michael Coors in diesem Band.

assistierten Suizid, sondern überhaupt bei medizinischen Entscheiden zum unbestrittenen Grundrecht wurde. Bei den meisten anderen Sterbeverläufen müssen ebenfalls Entscheide getroffen werden, welche den Zeitpunkt und die Art des Sterbens beeinflussen.[14] Das ist Teil des gesellschaftlichen Wandels und des medizinischen Fortschritts: Auch Sterben wird zum «Machsal»[15], die Wahl einer Sterbeform ihrerseits zum Schicksal.

> Auch Herrn A.s Auseinandersetzung mit dem assistierten Suizid ist eingebettet in eine ganze Landschaft von Sterbemöglichkeiten.[16] Er nimmt eine Art Güterabwägung vor. Sterben an Demenz provoziert als dunkle Folie seine Frage nach der Opportunität eines assistierten Suizids. Später kommen als Elemente des «advance care planning» Patientenverfügung und der freiwillige Verzicht auf Nahrung und Flüssigkeit in den Blick. Palliative Care wird schliesslich im dritten Gespräch zum Thema. Mit anderen Sterbewegen verglichen ist der assistierte Suizid attraktiv, für Herrn A. besonders wichtig: Der erscheint ihm erträglicher als ein langes Sterben an einer Demenz. Allerdings ist er mit normativen Problemen gekoppelt, die Herr A. im Gespräch mit der Seelsorgerin zu klären hofft. Anstatt vor allem auf den Suizid und seine ethischen Implikationen zu fokussieren, stützt die Seelsorgerin Herrn A. bei der Orientierung in diesem komplexen Umfeld.

4. Ein Vereinsbeitritt – erster Schritt auf dem Sterbeparcours

Der Weg hin zu einem assistierten Suizid ist nicht nur ein individueller Parcours. Natürlich ist es für Seelsorge elementar, einzelne Menschen auf der subjektiven Ebene ihres Erlebens sensibel wahrzunehmen. Ebenso wichtig ist ein Verständnis dafür, wie sich bei einem assistierten Suizid diese psychische Dynamik mit sozialen Prozessen verbindet: mit den Reaktionen im Familiensystem, mit institutionellen Regelungen (falls die sterbewillige Person in einem Alters- oder Pflegeheim lebt)

---

14 Im Jahr 2013 gingen in der Schweiz in 58,7 % der medizinisch begleiteten Todesfälle dem Sterben medizinische «end-of-life decisions» voraus (Georg Bosshard, Samia A. Hurst, Milo A. Puhan: Medizinische Entscheidungen am Lebensende sind häufig, in *Swiss Medical Forum – Schweizerisches Medizin-Forum 16* [2016], 896–898).
15 Odo Marquard: *Schicksal? Grenzen der Machbarkeit, ein Symposium*. München: Deutscher Taschenbuch Verlag 1977, 67.
16 Die nun folgenden Kommentare stammen von mir, sind aber auch auf die Analyse der Seelsorgerin abgestützt, die in ihrer Reflexion besonders die systemischen Aspekte der Begleitung fokussierte.

und mit dem durch juristische Vorschriften getakteten Ablauf, den die Sterbehilfeorganisationen vorgeben, moderieren und überprüfen.

Ein Vereinsbeitritt, wie ihn Herr A. ins Auge fasst, ist, auch wenn damit vorerst nichts entschieden ist, ein sensibler Moment. Mit ihm verbunden ist die Rollenübernahme als potenzieller Suizident mit Vereinsrechten und -pflichten, eine finanzielle Selbstverpflichtung (wer regelmässig einen Jahresbeitrag leistet, muss später für einen assistierten Suizid weniger bezahlen und ist im Fall der Knappheit des Angebots gegenüber Nichtmitgliedern privilegiert) und der Anschluss an eine kontinuierliche Information via das Kommunikationsorgan des Vereins, in dem der assistierte Suizid regelmässig als Form des guten Sterbens inszeniert wird (mit Abbildungen, Testimonials, Modellverläufen u. a. m.). Es ist zudem eine Art «priming» von assoziativen Verbindungen: Die Dienstleistungen der Sterbehilfeorganisationen, die Bahnung eines berechenbaren Sterbeparcours, verheissen die Bannung des «Horrors», passen wie der Schlüssel zum Schloss der Ängste, Antizipationen und Fantasien, aus denen Herr A. sein Begründungsnarrativ für einen Beitritt ableitet. So beruht die Fokussierung von Gründen für einen Vereinsbeitritt zuungunsten einer ethischen Diskussion auf einer präzisen Einschätzung dessen, was damit in Gang kommen kann.

5. Sterbewünsche, Sterbevorsatz und Sterbepläne

Die somatischen, psychischen, sozialen und spirituellen Belastungen können schwerer werden und sich in Sterbewünschen äussern. Diese fluktuieren, kommen und gehen, sind Ausdruck einer fortlaufenden Evaluation der Lebensqualität durch die Betroffenen und noch nicht mit einem Sterbeplan identisch. Motivational entscheidend ist die Entwicklung eines Sterbevorsatzes. Zusätzlich zu Faktoren, die einen Menschen in Richtung eines Entscheids für assistierten Suizid schieben, sind es andere, die ihn ziehen: Der assistierte Suizid wird attraktiv, weil Sterbehilfeorganisationen konkrete Abläufe vorgeben, wie Sterbewünsche in einen Sterbevorsatz, dann einen konkreten Sterbeplan und schliesslich einen kontrollierbaren Sterbeablauf umgesetzt werden können. Von Sterbewünschen über einen Sterbevorsatz zum Sterbeplan entsteht ein Gefälle hin zur Tat. Ist der entsprechende Plan genügend konkretisiert und sozial kommuniziert, wird er zwar manchmal auf die lange Bank geschoben, selten aber rückgängig gemacht.

Herr A.s Lebenswille ist noch ungebrochen. Die Seelsorgerin stützt diesen Lebenswillen gerade dadurch, dass sie Raum schafft für das, was ihn bedroht.

Seelsorgende sind in späteren Stadien der Begleitung mit Sterbewünschen und noch später mit einem Sterbeplan konfrontiert. Sie können sich nun nicht mehr nur mit dem Lebenswillen verbünden, sondern müssen einen Menschen auch in seinem Sterbewillen respektieren.

6. Seelsorge auf dem Prüfstand

In allen Stadien des Wegs zum assistierten Suizid ist professionelles Handeln wieder auf andere Weise gefordert. In der Annäherungsphase beratend, wie das Beispiel verdeutlicht, später unterstützend bei der Exploration von Alternativen (z. B. der Palliative Care), beim Umgehen mit Ambivalenzen und bei Coping und Resilienz. Seelsorge kann so (beschränkt) auch zur *Suizidprävention* beitragen. Dies wird anders in der Zeit der Realisierung. Auch hier trägt Seelsorge zum Offenhalten von Optionen bei, wird aber verstärkt auch *Suizidbegleitung*, ist gefragt im Vorfeld des Suizids oder auch in der Sterbeszene selbst. Seelsorge wird schliesslich zum Ort der *Suizidverarbeitung* Angehöriger, wenn der Suizid vollzogen ist und das Geschehen bewältigt werden muss. Das heisst: Hilfreiche Seelsorge im Umfeld des assistierten Suizids ist prozessorientierte Seelsorge, nimmt in den unterschiedlichen Stadien hin zum Suizid die je spezifische Dynamik der Entwicklung präzise wahr und orientiert ihr Handeln daran.

Wichtig ist zudem eine «bifokale» Wahrnehmung von Sterbewilligen und ihren Angehörigen. Leicht führt die Dramatik einer Leidenssituation und der appellative Charakter des Suizidwunsches dazu, dass Angehörige ihre eigenen Bedürfnisse zurückstellen und auch aus dem seelsorglichen Blick geraten. Doch auch sie leiden.[17] Deshalb ist zum einen die personzentrierte Wahrnehmung der sterbewilligen Person, zum anderen aber auch die Aufmerksamkeit für die Dynamik des Angehörigensystems notwendig.

> Auch im Beispiel ist etwas von dieser sozialen Dynamik zu spüren. Herr A. ist initiativ, seine Frau hat sich offenbar in dieser Sache bisher zurückgehalten. Erst nachdem die Seelsorgerin sie direkt anspricht, erläutert sie ihre Position, was Herrn A. wichtige Informationen vermittelt. Die zirkuläre Frage nach dem Sohn holt auch diesen ins Gespräch. Auch Herrn A.s Frage bezüglich eines Beitritts zu einer Sterbehilfeorganisation hat diese systemischen und persönlichen Kompo-

---

17 Vgl. Murielle Pott, Claudia von Baalmoos, Julie Dubois, Claudia Gamondi: Négocier sa participation à une assistance au suicide en Suisse, in: *Médecine palliative – Soins de Support – Accompagnement – Ethique* 13 (2014), 68–76.

nenten. Die Frage hat für seine Frau (und auch die Pfarrerin) eine Signalwirkung, provoziert Positionierungen, führt dazu, dass sich um Herrn A. ein Problemsystem formt. Sie hat für ihn selbst auch einen höchst persönlichen, emotionalen Tiefgang, wie sich nach dem vorsichtigen, am Sprachgebrauch von Herrn A. orientierten Nachfragen der Seelsorgerin zum «Horror» Demenz zeigt.

Wichtig ist zudem die Auftragsklärung, das Ausmitteln von Erwartungen Betroffener und professionellem Selbstverständnis. Eine kooperative Auftragsklärung ist wichtig, damit eine seelsorgliche Begleitung zugleich an Bedürfnissen Betroffener und an professionellen Standards orientiert in Gang kommt. Es geht in dieser Seelsorge nicht um die möglichst passgenaue Versorgung Betroffener, sondern um deren kooperative Ermächtigung zur Selbstermächtigung.

7. Ethische Beratung in der Seelsorge?

Was Seelsorge in diesen unterschiedlichen Stadien bedeutet, welche Formen sie annimmt und was sie leisten kann, müsste weiter profiliert werden. Ich kann dies, vom Fallbeispiel ausgehend, nur an einer Stelle tun. Ist Seelsorge – gerade auf einem Handlungsfeld, das von so kontroversen Werteorientierungen durchzogen ist – ethische Beratung? Es ist unbestritten: Seelsorgliches Handeln hat ethische Implikationen, ist immer Ausdruck bzw. Folge bestimmter Entscheide, die mit Gründen gefällt werden müssen. Seelsorge kann zudem Raum zur Verhandlung ethischer Fragen werden. Was heisst das aber genauer? Geht es dabei darum, ethische Impulse zur Vermeidung eines Suizids zu geben?[18] Das Fallbeispiel erlaubt es, die Frage nochmals etwas anders zu stellen.

> Herr A. spricht die Theologin direkt auf ihre ethische Fachkompetenz an. Das ist natürlich eine Steilvorlage zu einer ausgedehnten ethischen Debatte. Die Pfarrerin hingegen bringt eine andere Rollendefinition ins Spiel: Sie versteht sich hier primär als Seelsorgerin, als «Hebamme», und folgt ihrer Hypothese, dass sich hinter der Bitte um eine ethische Diskussion eine tiefere Not verbergen könnte. Sie nimmt sich zurück, öffnet einen Raum, ist präsent, ohne dem Gang der weiteren Diskussion vorzugreifen, und fragt nach Herrn A.s Meinung (damit fällt sie einen auch ethisch relevanten Entscheid). Es ist, wie wenn Herr A. darauf gewartet hätte. Die personzentrierte Reaktion der Pfarrerin öffnet die Schleusen. Die Seelsorgerin widersteht also dem Appell an

---

18 Vgl. den Beitrag von Isolde Karle in diesem Band.

ihre theologisch-ethische Kompetenz, öffnet statt dessen mit ihrer Präsenz einen Raum der Auseinandersetzung auf einer emotionalen, wertbesetzten, motivationalen Ebene, mit dem Vertrauen darauf, auch «halten» zu können, welche ethische Komplexität (auch in der Beziehung von Herrn und Frau A.) und welches Gewirr von Gefühlen, Phantasien und Ängsten in diesem «containment» zum Vorschein kommt.[19] Die Exploration des Bedingungsgefüges, das sich in Herrn A.s ethischer Frage zeigt, ermöglicht es ihm, sich selbst gegen den assistierten Suizid zu entscheiden.

Ethische Beratung erscheint hier nicht im Gewand einer kontroversen Diskussion medizinethischer Kriterien. Das seelsorgliche Vorgehen der Seelsorgerin ist eher Ausdruck einer Care-Ethik: Sie öffnet einen Gesprächsraum, in dem «bottom-up», von bewussten und vorbewussten Wahrnehmungen und Urteilsprozessen aller Beteiligter, in einem Feld gegenseitiger Abhängigkeit und Care gemeinsam eine Lösung entwickelt wird. Sie urteilt nicht, bleibt neutral, kann aber gerade so einen ethischen Suchprozess unter allen Beteiligten initiieren und moderieren. Seelsorge wird so zum Raum «des Umgangs mit den evaluativen ethischen Fragen des guten Lebens»[20] – und des «strittigen» Sterbens – gerade dadurch, dass sie sich auf ihre Fachkompetenz konzentriert. Dies bedeutet Verzicht auf theologisch-ethische Deutungshoheit und Ermächtigung von Herrn und Frau A. zur Suche nach einem eigenen Urteil, gerade auch dadurch, dass vorreflexive Dimensionen der ethischen Urteilsbildung wie Wahrnehmungsmuster, Emotionen und Begründungsnarrative im dialogischen seelsorglichen Urteilsraum angesprochen werden.[21]

> Es ist erstaunlich, wie sich die Gewichte im Verlauf der seelsorglichen Begleitung verlagern: von Vernichtungsängsten zur kompetenten persönlichen Entscheidung; von der Marginalisierung der Frau zu deren Einbezug; vom schweren Konflikt, an dem das Ehepaar vorbeischrammt, zur Stärkung der Kompetenz, sich gegenseitig zu unterstützen; vom rationalen Urteil, nach dem Tod ist nichts, zum Bild der offenen Hand, die auffängt. Die Seelsorgerin bringt ihre persönliche Position kommunikativ ins Spiel, wo dies hilfreich ist, insbesondere bei der Angst vor dem Verlöschen der eigenen Identität, als Zuspruch, als Hoffnung auf ein «Getra-

---

19 Zu diesem «Containing», das auf den Psychoanalytiker Wilfried Bion zurückgeht, vgl. Wolfgang Wiedemann: Seelsorge, Mystik, Psychoanalyse, in: Isabelle Noth, Christoph Morgenthaler (Hg.): *Seelsorge und Psychoanalyse*. Stuttgart: Kohlhammer 2007, 176–190.
20 Vgl. Michael Coors: Gesprächsräume als Urteilsräume. Der Beitrag der Seelsorge zur ethischen Urteilspraxis im Krankenhaus, in: *Wege zum Menschen* 67 (2015), 451–463.
21 Vgl. a. a. O., 460–463.

gen-Sein über den Tod hinaus», das sie durch ihre Präsenz und im Gebet auch szenisch gestaltet. Damit bezieht sie sich ebenfalls auf ein medizinethisches Prinzip, das Prinzip des «Non-Abandonments», das von ihrem Auferstehungsglauben getragen ist. Der Indikativ geht auch hier dem Imperativ voran.

8. Theologische Antinomien und Ambivalenzen

Eine an ethischen Kriterien orientierte Diskussion führte in der Seelsorge wohl aus einem weiteren Grund nicht weiter: Es sind gegensätzliche Prinzipien im Spiel. Nach Mathwig[22] treffen beim Verhandeln eines assistierten Suizids drei unterschiedliche, elementare ethische Prinzipien aufeinander, die je auch dogmatisch unterlegt sein können: Autonomie (Selbstbestimmung, -verantwortung und Respekt gegenüber der Freiheit der und des anderen), Fürsorge (Solidarität, Empathie, Unterstützung, Stellvertretung) und Lebensschutz (Tötungsverbot, Lebensrettung, -erhaltung und -bewahrung). Diese können zusammenspielen, aber auch in Konflikt zueinander treten. Die Prinzipien und ihre Gewichtung sind interpretationsoffen. Das schafft für Betroffene und Seelsorgende emotionale Ambivalenzen, die sich oft nicht auflösen lassen.

Seelsorge beim Besuch bei Herrn und Frau A. ist getragen vom Prinzip der Fürsorge. Die Seelsorgerin begleitet Herrn A. zudem zu einem autonomen Entscheid, der nicht mehr von Ängsten bestimmt ist. Zugleich stärkt sie damit auch Herrn A.s Willen zum Leben und wirkt suizidpräventiv. In diesem Fall greifen die Prinzipien ineinander. Anders stellte sich die Situation dar, wenn sich Herr A. für einen Vereinsbeitritt entschiede, später ein Gesuch für assistierten Suizid stellte, noch später einen Besuch der Seelsorgerin am Abend vor dem Suizid wünschte. Hier stehen Lebensschutz, Fürsorge und Autonomie in Konflikt. Die ethischen Kriterien sind zudem interpretationsbedürftig. So lässt sich die Seelsorgerin bei ihrem Handeln von einer bestimmten Interpretation von Autonomie leiten: Sie bezieht von Anfang an das Beziehungsumfeld mit ein und folgt damit einem relationalen Verständnis von Selbstbestimmung (Sterbehilfeorganisationen propagieren demgegenüber einen abstrakteren, grundrechtlichen Autonomiebegriff).

---

22 Vgl. Frank Mathwig: *Das Sterben leben. Entscheidungen am Lebensende aus evangelischer Perspektive* (SEK Position 9). Bern: SEK 2007, 16.

Seelsorge bei assistiertem Suizid heisst deshalb auch: Aushalten theologisch-ethischer Mehrdeutigkeit. Dies wird besonders dann anspruchsvoll, wenn Seelsorge nicht (nur) Suizidprävention bleibt, sondern zur Suizidbegleitung wird. Auch Menschen, die einen assistierten Suizid erwägen oder sich mit dem Sterbewillen eines Angehörigen auseinandersetzen müssen, sind dieser Mehrdeutigkeit ausgesetzt. Mit solchen Wertorientierungen sind zudem starke Emotionen verbunden, die ebenfalls wahrgenommen und ausgehalten werden müssen. Diese Einstellungen und Ambivalenzen Betroffener und Seelsorgender greifen zudem ineinander, was die Interaktion erschwert und das Beziehungsgeschehen polarisieren kann. So könnte auch eine ethische Diskussion im Fallbeispiel verlaufen: Je mehr die Seelsorgerin sich gegen einen assistierten Suizid stellte, desto mehr würde sich Herrn A. wohl provoziert sehen, dafür zu sein.

9. Spannungen im professionellen Selbstverständnis

Selbstreflexion ist deshalb auch im Kontext dieser Seelsorge unverzichtbar: Ein bewusstes Reflektieren der eigenen Position, persönlich, theologisch, ethisch, (kirchen)politisch, im Blick auf deren biografische Bestimmtheit und professionelle Relevanz. Dies ist anspruchsvoll, da diese persönliche Haltung unterschiedlich «geschichtet» sein kann.

Das zeigt sich sehr plastisch, wenn ich die Teilnehmenden einer Weiterbildung bitte, sich bezüglich dreier Aussagen zu positionieren: 1. Ich kann mir gut vorstellen, im «Fall der Fälle» so aus dem Leben zu gehen (= Pol + 2 in der Skala unten) / Ich schliesse dies für mich kategorisch aus (= Pol – 2 in der Skala). 2. Theologisch, spirituell habe ich keine Mühe mit dieser Form des Sterbens, ich kann sie mit meinem Glauben vereinbaren (= Pol + 2 in der Skala unten) / Theologisch, spirituell habe ich grosse Mühe damit, ich kann sie mit meinem Glauben nicht vereinbaren (= Pol – 2 in der Skala unten). 3. Ich kann es mit meinem Berufsethos vereinbaren, Betroffene, die mit einem assistierten Suizid aus dem Leben gehen wollen, seelsorglich zu begleiten, wenn nötig bis zum Ende (= Pol + 2 in der Skala unten) / Ich kann dies mit meinem Berufsethos nicht vereinbaren (= Pol – 2 in der Skala unten).

Die folgende Grafik spiegelt die Stellungnahmen einer Gruppe von deutschen Alters- und Pflegeheimseelsorgerinnen und -seelsorgern (jede Person setzte bei jeder Frage je einen Stern im Bereich zwischen – 2 und +2):

Die Einstellungen streuen erheblich, auf allen Ebenen. Am homogensten sind sie im professionellen Bereich. Eine grosse Mehrheit kann eine Suizidbegleitung mit dem Berufsethos vereinbaren. Auf der theologischen Ebene zeigt sich, dass das normative Trilemma Richtung Zustimmung oder Ablehnung eines assistierten Sui-

Aspekt/Berwertung	−2	−1	+1	+2
Persönlich	* * * * *	* ** * * *	* * * *	*
Theologisch	* * *	** * * * * * * *	* *	
Professionell	* * *	*	* *	* * * * * * * * * *

zids vereindeutigt werden kann. Auffällig sind hier aber auch die vielen Einträge auf oder wenig neben der Mittelposition. Sie stammen von Seelsorgenden, die eine theologische Positionierung vermeiden, resp. – was mir wahrscheinlicher scheint – die entsprechenden theologischen und emotionalen Ambivalenzen wahrnehmen und nicht vorschnell in die eine oder andere Richtung auflösen. Betrachtet man zudem die Einträge einer Person auf diesen drei Ebenen, zeigt sich, dass die Haltung in einem Fall sehr spannungsvoll sein kann, im anderen eher in sich selbst kongruent. Dies alles beeinflusst das Handeln im konkreten Fall, macht die Begleitung für die Seelsorgenden psychisch mehr oder weniger konfliktbelastet und muss reflektiert werden. Sichtbar wird auch, wie unterschiedlich das Gemenge von Einstellungen zum Beispiel in einem Seelsorgeteam sein kann und wie heikel und wichtig eine Verständigung darüber ist.

10. Kontext Kirche

Die Entwicklungen in der Schweiz verdeutlichen, was die funktionale Ausdifferenzierung der Seelsorge in Gemeinde-, bzw. Spital- und Heimseelsorge leistet. Das kombinierte Angebot von Gemeinde- und Heimseelsorge macht Kirchen zu wichtigen Akteuren der Zivilgesellschaft, auch im psychosozialen Umgang mit dieser neuen Form des Sterbens.

Ortsgemeinden sind niederschwellige Orte der Thematisierung von Fragen rings um den assistierten Suizid, in der Erwachsenenbildung oder im beratenden Gespräch, wie das Fallbeispiel zeigt. In Ortsgemeinden wird Seelsorge oft auch bei der Vorbereitung und Durchführung bei Bestattungen nachgefragt. Der Entscheid zum Suizid ist meist gefallen, die Nachfrage nach einem Bestattungsgottesdienst Teil der Planung der Realisierung des Suizids. Seelsorgende müssen sich im Vorfeld einer Beerdigung manchmal geradezu zu jener Person vorkämpfen – oder genauer: systemisch reflektiert vortasten –, die sich das Leben nehmen will.

Zunehmend wird die Seelsorge bei assistiertem Suizid auch in Altersinstitutionen und Pflegeheimen zum Thema.[23] Durch ein Bundesgerichtsurteil abgestützt müssen solche Institutionen assistierte Suizide in ihren Räumlichkeiten zulassen.[24] Hier kommt Seelsorge oft in der Zeit der Entscheidung oder der unmittelbaren Vorbereitung eines assistierten Suizids in Gang, aufgrund einer routinemässigen seelsorglichen Kontaktaufnahme oder vermittelt über die Pflegenden. Manchmal ist sie auch integrierender Bestandteil der interdisziplinären, heiminternen Krisenintervention, dient dann auch gezielt der Bearbeitung von Spiritualität und Glauben als Belastungen resp. Ressourcen. Die Angehörigen bleiben eher im Hintergrund.[25]

In der Schweiz gibt es, was den assistierten Suizid betrifft, zudem beträchtliche regionale Unterschiede in Bezug auf Häufigkeit, Ablaufmodalitäten und konfessioneller Einbettung. Als erste kirchliche Institution hat der Schweizerische Kirchenbund (heute: Evangelische Kirche Schweiz) bezüglich Seelsorge bei assistiertem Suizid vorsichtig positiv Position bezogen, bald auch die Bischofskonferenz, aber mit grundsätzlichen Vorbehalten. Mittlerweile sind Leitbildprozesse in vielen Kantonen in Gang oder abgeschlossen (z. B. in den Kantonen VD, BE, ZH, BL). Dabei erlaubt es die föderale Struktur, Erfahrungen mit unterschiedlichen Kontexten und Vorgehensweisen zu vergleichen, auszutauschen und aus Unterschieden zu lernen. Dieses Lernen voneinander ist eine Art konziliarer Lernprozess. Ethische Grundlagenreflexion, Praxiswagnisse, organisationales Lernen, Weiterbildung, Forschung und mehr verbinden sich dabei.

Wichtig ist dieser gemeinsame Lernprozess auch aus poimenischer Perspektive. Er schafft Öffentlichkeit, die in einem spannungsvollen Gegenüber zur Öffentlichkeit steht, die die Sterbehilfeorganisationen offensiv bewirtschaften. Er schafft einen Diskussionsraum, theologisch-ekklesiologische Plausibilitäten, die auch Seelsorge als Möglichkeitsraum öffnen. Was auf kirchlicher Makroebene geschieht, korrespondiert im besten Fall mit Prozessen auf der seelsorglichen Mikroebene.

---

23   Vgl. Christoph Morgenthaler: Seelsorge bei assistiertem Suizid, in: *Wege zum Menschen* 71 (2019), 68–81.
24   Ein vom Kanton Neuenburg 2016 erlassenes Gesundheitsgesetz sieht vor, dass öffentlich anerkannte gemeinnützige Institutionen den Wunsch eines Patienten, einer Patientin nach einem begleiteten Suizid in ihren Räumlichkeiten respektieren müssen. Eine Klage der Heilsarmee dagegen wurde vom Bundesgericht abgewiesen.
25   Das ist Resultat einer systemspezifischen Marginalisierung von Angehörigen, wie sie beispielsweise auch in der Spitalseelsorge beobachtet werden kann.

So korrespondiert das Verhalten der Seelsorgerin beispielsweise mit Richtlinien der Reformierten Kirchen Bern-Jura-Solothurn.[26] «Solidarität», so wird im kirchlichen Positionspapier formuliert, ist ein Grundmotiv kirchlicher Seelsorge: So folgt die Seelsorgerin nicht einfach der Bitte Herrn A.s nach einer ethischen Diskussion, sondern sondiert nach dem verdeckten Auftrag, riskiert Solidarität bei der kooperativen Suche nach Antworten auf einer tieferen Beziehungsebene, «verdaut» dabei einiges, was für die Betroffenen unverdaulich ist, und gibt theologische Impulse. «Den Weg gemeinsam gehen», ist ein nächstes Regulativ: Die Seelsorgerin lässt sich auf Begleitung ein, geht den Reflexionsweg Herrn und Frau A.s mit, hält Unsicherheit aus. «Miteinander Alternativen suchen», heisst in diesem Fall: Die Seelsorgerin exploriert mit Herrn und Frau A. zusammen Optionen im Fall einer Demenz. Schliesslich korrespondiert sie mit ihrem Handeln mit einem vierten Grundsatz des kirchlichen Positionspapiers: «Für Beziehungen sensibilisieren». So entstehen zwischen kirchlichen Akteuren und Akteurinnen auf unterschiedlichen Ebenen produktive Resonanzen.

11. Dabei sein bis zuletzt – ein Tabu?

Der Bedarf an fundierter Forschung und poimenischer Konzeptbildung zur Seelsorge bei assistiertem Suizid ist weiterhin gross. Hier kann nur kurz noch eine weitere Herausforderung gestreift werden: Seelsorge in der Sterbeszene. Dazu ist noch kaum etwas bekannt, zudem ist die Präsenz der Seelsorge beim Suizid mit vielen Fragen verknüpft. Leistet Seelsorge dem assistierten Suizid so weiteren Vorschub? Lassen sich Begleitung und Mitwirkung unterscheiden oder werden damit falsche Signale ausgesendet? Geraten Seelsorgerinnen und Seelsorger unter Druck, wenn Kirchen diese Präsenz ausdrücklich auch als eine der Möglichkeiten von Seelsorge vorsehen?[27] Werden sie damit der Gefahr einer Traumatisierung ausgesetzt? Ist die

---

26 Vgl. Synodalrat der Reformierten Kirchen Bern-Jura-Solothurn: *Solidarität bis zum Ende. Position des Synodalrats der Reformierten Kirchen Bern-Jura-Solothurn zu pastoralen Fragen rings um den assistierten Suizid*. Bern 2018, 4f.

27 An dieser Frage entzündete sich ein Konflikt zwischen dem Synodalrat der Reformierten Kirchen Bern-Jura-Solothurn, der «Dabeisein bis zuletzt» als Möglichkeit der Seelsorge vorsieht, und einer Gruppe von Pfarrpersonen, die sich dadurch unter Druck gesetzt fühlten, obschon in der Wegleitung ausdrücklich festgehalten ist, dass Pfarrerinnen und Pfarrer in ihrer Entscheidung frei sind und ggfs. eine Stellvertretung organisiert wird.

Verweigerung der Präsenz in der Sterbeszene die einzig mögliche, theologisch verantwortbare Praxis?[28]

Ich finde es praktisch-theologisch weiterführend, diese Begleitung in der Sterbeszene ergebnisoffen zu diskutieren. Einzelne Erfahrungsberichte lassen vermuten, dass eine reflektierte und sorgfältig gestaltete Präsenz beim Suizid für die Betroffenen hilfreich und für die Seelsorgenden ertragbar und verantwortbar ist. Voraussetzung dafür ist eine sorgfältige Auftragsklärung: Was erwarten und erhoffen Angehörige von der Präsenz der Seelsorge in dieser Situation? Wie kann eine Seelsorgerin darauf eingehen? Welche Anliegen und Impulse wären ihr auch von ihrem Berufsethos her wichtig? Wie könnte gemeinsam eine stimmige liturgische Form gefunden werden? Gäbe es eine Möglichkeit der seelsorglichen Präsenz vor oder nach dem Suizid (und nicht beim Suizid), die den Bedürfnissen der Betroffenen ebenfalls gerecht würde? Wie können Seelsorgende sich psychisch vorsehen und schützen?

Die Diskussion der seelsorglichen Präsenz in der Sterbeszene scheint mir auch deshalb wichtig, weil sie Grundfragen der Seelsorge bei assistiertem Suizid nochmals in aller Schärfe exponiert: Wie kann Konsistenz kirchlichen Handelns in diesem Bereich gesichert werden? Dürfen Menschen, die seelsorglich begleitet wurden, in dieser Situation im Stich gelassen werden? Es gibt auch hier nicht nur medizinethische, sondern auch gute theologische Gründe für ein «Non-Abandonment».

Es stellt sich zudem nochmals die grundsätzliche Frage, wie dieses Sterben mit assistiertem Suizid einzuschätzen ist. Sterbehilfeorganisationen verstehen, propagieren und begleiten den «Freitod» als eine Form des guten Sterbens. Auch Angehörige beschreiben dieses Sterben nicht selten als «gutes Sterben». Anders die Kirchen. Hier wird assistierter Suizid häufig als eine defizitäre Form des Sterbens qualifiziert, als Unglücksfall, Entgleisung, Notfall, Grenzfall, Einzelfall. Beides verdichtet sich auch in der Frage der Präsenz in der Sterbeszene. Sterbehilfeorganisationen sind präsent, müssen es sein. Seelsorgerinnen und Seelsorger sind es meist nicht. Präsenz bei Sterbenden, Versöhnung, Zuspruch und liturgische Einbettung des Sterbens haben aber eine lange kirchliche Tradition. Wollen Kirchen die Gestaltung dieser Szene wirklich der vereinsrechtlich organisierten Monopolistin des «Freitods» überlassen?

Mir scheint es wichtig, auch das schwer Denkbare zumindest zu denken und Seelsorge bei assistiertem Suizid als Teil einer «ars moriendi nova» weiter zu reflektieren und verantwortungsvoll zu gestalten. Dazu gehörte es, sich um diese Sterbeszene ebenso sehr zu bemühen wie um die Diskussion der ethischen Vertretbarkeit und die Verhinderung eines Suizids.

---

28 So die Haltung der katholischen Kirche. Vgl. Schweizer Bischofskonferenz: *Seelsorge und assistierter Suizid. Eine Orientierungshilfe für die Seelsorge*. Lugano 2019.

Wie predigen, nachdem jemand selbstbestimmt aus dem Leben ging?
Zur Praxis von Traueransprachen im Zusammenhang von assistiertem Suizid

David Plüss

1. Einleitung

Was lässt sich am Grab oder auf der Kanzel Tröstliches sagen, wenn jemand selbstbestimmt aus dem Leben ging? Wie kann, wie soll bei assistiertem Suizid Leben gedeutet und ins Licht der Verheissung gerückt werden? Was heisst Kommunikation des Evangeliums in einer Situation, die durch vielfältige Ambivalenzen und Schamgrenzen durchzogen ist? Was zeichnet den Kasus des assistierten Suizids aus und unterschiedet ihn von anderen Kasualien? Wo liegen in diesem Fall die Chancen und Spielräume einer Traueransprache? Wo die Herausforderungen und Fallen? Welche Themen sind auf der Kanzel in Worte zu fassen und zu bearbeiten? Und welche Bedeutung kommt liturgischen Formen für die Lebensdeutung zu? Welche Funktionen können sie übernehmen und dadurch die Trauerrede entlasten? Und schliesslich: An welchen Kriterien hat sich die Kanzelrede angesichts von assistiertem Suizid zu orientieren? – Dies sind die Fragen, die im folgenden Beitrag Schritt für Schritt erörtert werden. Die Erörterung wird insgesamt in grossen Schritten erfolgen. Der Beitrag hat explorativen Charakter. Viele Fragen bleiben offen und können nur benannt werden. Im Hintergrund dieser Reflexionen stehen Fallstudien, die wir – Christoph Morgenthaler, Matthias Zeindler und ich – im Rahmen der Publikation *Assistierter Suizid und kirchliches Handeln*[1] gesammelt, dargestellt und erörtert haben, um das Feld explorativ zu erschliessen. Ich werde auf diese Fallstudien immer wieder zugreifen, sowohl auf Fallvignetten und Kommentare als auch auf im Band nicht veröffentlichte Predigten zu den gesammelten Fällen.

Im Fokus der folgenden Überlegungen steht die Ansprache am Grab oder auf der Kanzel. Allerdings erfolgt die hermeneutische und theologische Aufgabe einer tröstlichen Lebensdeutung nicht nur dort, sondern bereits im Gespräch mit Menschen, die begleitet aus dem Leben gehen wollen, sowie im Austausch mit ihren Angehörigen, Freunden und Freundinnen. Zudem sind auch und in besonderer

---

[1] Christoph Morgenthaler, David Plüss, Matthias Zeindler (Hg.): *Assistierter Suizid und kirchliches Handeln. Fallbeispiele – Kommentare – Reflexionen*. Zürich: TVZ 2017.

David Plüss

Weise rituelle Formen und Symbole in der Lage, das Evangelium zu kommunizieren: kleine, improvisierte Liturgien; ein Abendmahl in vertrauter Runde; ein Abschieds-Apéro, in dem das an sein Ende gekommene Leben in tröstlicher Weise gedeutet und so unvermittelt das Evangelium dargestellt und mitgeteilt wird, nicht unbedingt durch die ordinierte Pfarrerin, sondern durch die Beteiligten, gemeinsam und beiläufig.[2]

2. Bestattungspredigt, Traueransprache

Keiner hat die Homiletik der letzten fünfzig Jahre so nachhaltig geprägt wie *Ernst Lange* (1927–1974). In seinem 1968 erschienenen programmatischen Beitrag mit dem Titel *Zur Aufgabe christlicher Rede*[3] nimmt er einen Paradigmenwechsel in Bezug auf die Begründung der Predigt und bezüglich der Perspektive vor, in der sie erfolgt. Im Fokus der Predigt soll nach Lange nicht ein Bibeltext stehen, der exegetisch reflektiert und theologisch sachgemäss ausgelegt und vermittelt wird, sondern im Zentrum sollen die Zuhörenden stehen mit ihren Fragen, Zweifeln, Ängsten und Hoffnungen. Die Kanzelrede ist für Lange nicht Anwendung eines Bibeltextes auf eine bestimmte Situation oder die Konfrontation der Menschen mit Gottes unverfügbarem Wort. Das klassische Schema von Auslegung des Bibeltextes (*explicatio*) und Anwendung in Gestalt von Zuspruch und Anspruch (*applicatio*) wird von Lange als hermeneutisch unbefriedigend und dysfunktional beurteilt. Damit die Verkündigung für die Hörenden verständlich und relevant wird, bedarf es eines anders gearteten Zugangs:

> Predigen heißt: Ich rede mit dem Hörer über sein Leben. Ich rede mit ihm über seine Erfahrungen und Anschauungen, seine Hoffnungen und Enttäuschungen, seine Erfolge und sein Versagen, seine Aufgaben und sein Schicksal. Ich rede mit ihm über seine Welt und seine Verantwortung in dieser Welt, über die Bedrohungen und die Chancen seines Daseins. Er, der Hörer, ist mein Thema, nichts anderes; freilich: er, der Hörer vor Gott.[4]

---

2 So auch Wilfried Engemann: *Einführung in die Homiletik*. Tübingen: A. Francke ²2011, 318f. Die Formel der «Kommunikation des Evangeliums» hat Ernst Lange geprägt und insbesondere Christian Grethlein in vielen seiner Arbeiten vertieft und auf unterschiedliche kirchliche Handlungsfelder ausgeweitet. Vgl. dazu Christian Grethlein: *Praktische Theologie*. Berlin, Boston: De Gruyter 2012.
3 Vgl. Ernst Lange: Zur Aufgabe christlicher Rede, in: Rüdiger Schloz (Hg.), *Predigen als Beruf. Aufsätze zu Homiletik, Liturgie und Pfarramt*. München: Kaiser 1982, 52–67.
4 Lange, Aufgabe, 58.

Dieser homiletische Paradigmenwechsel hat, verstärkt durch die in den 1980er-Jahren aufkommende Seelsorgebewegung, eine Generation von Predigenden sowie die massgebenden homiletischen Entwürfe von Gert Otto über Albrecht Grözinger, Wilfried Engemann, Martin Nicol bis zu Wilhelm Gräb geprägt.[5] Die Hörer, Hörerinnen und ihre Situation kommen immer stärker in den Fokus. Ob eine Predigt gelingt, bemisst sich nicht so sehr an einer historisch informierten Exegese oder einer sachgemässen Dogmatik, sondern an der Kommunikation des Evangeliums im situativ konkreten Vollzug. Damit wird die Homiletik kasuell. Die Predigt anlässlich eines Todesfalls oder einer Hochzeit ist nicht mehr ein Sonderfall, sondern wird gleichsam zum Modell evangelischer Predigt. Und während Langes Konzept für die Sonntagspredigt eine kategorische Überforderung darstellt, da die Vielfalt der versammelten Menschen mit ihren «Erfahrungen und Anschauungen, […] Hoffnungen und Enttäuschungen» in einer einzigen Predigt unmöglich thematisiert und ins «Licht der Verheissung» gestellt werden können[6], gelingt dies in einer Bestattungspredigt viel leichter, da der Kasus klar bestimmt ist und die «Erfahrungen und Anschauungen» der vom Todesfall Betroffenen im vorbereitenden Trauergespräch erörtert wurden. Die Bestattungspredigt stellt ein ideales Praxis- und Bewährungsfeld des von Ernst Lange initiierten Paradigmenwechsels wie auch der homiletischen Programme der letzten fünfzig Jahre dar.

Was die Bestattungspredigt indes auszeichnet und von einer Sonntagspredigt unterscheidet, ist der Sachverhalt, dass diejenige Lebensgeschichte, die im Fokus steht, zu Ende gegangen ist. Sie wird nicht in der Unübersichtlichkeit des Augenblicks thematisch, sondern im Rückblick. Zudem kommt ihr eine theologisch zwar debattierte, aber faktisch unumstrittene Zentralstellung zu.[7] Die Verlesung des Lebenslaufs der Verstorbenen geht dem Vortrag des Bibeltextes und der Predigt voraus oder wird in die Predigt integriert, indem Lebenslauf, Bibeltext und Predigt

---

5   Ich nenne exemplarisch jeweils eine Schrift der genannten Autoren: Martin Nicol: *Einander ins Bild setzen. Dramaturgische Homiletik*. Göttingen: Vandenhoeck & Ruprecht 2002; Gert Otto: *Predigt als Rede*. Stuttgart: Kohlhammer 1976; Wilhelm Gräb: Die Kasualpraxis als Rechtfertigung von Lebensgeschichten, in: ders. (Hg.): *Lebensgeschichten – Lebensentwürfe – Sinndeutungen. Eine praktische Theologie gelebter Religion*. Gütersloh: Kaiser 1998; Albrecht Grözinger: *Homiletik*. Gütersloh: Gütersloher Verlagshaus 2008; Engemann, Einführung.
6   Lange, Aufgabe, 58.
7   Die im Umfeld der Wort-Gottes-Theologie geführte Debatte um die Frage, ob der oder die Verstorbene in der Bestattungspredigt Thema sein soll, referiert Walter Neidhart: Die Rolle des Pfarrers beim Begräbnis, in: Rudolf Bohren, Max Geiger (Hg.): *Wort und Gemeinde. Probleme und Aufgaben der Praktischen Theologie*. Zürich: EVZ-Verlag 1968, 226–235. Vgl. dazu auch Engemann, Einführung, 317 f.

ineinander verwoben werden. Wie auch immer der Zusammenhang liturgisch und rhetorisch gestaltet wird, stellen Lebenslauf und Bibeltext die beiden massgeblichen Referenztexte der Predigt dar, wobei ihnen eine unterschiedliche Funktion zukommt. Mit Bezug auf Ernst Langes Bestimmung der Predigt lässt sich sagen: Der Lebenslauf der Verstorbenen wird in der Bestattungspredigt «im Licht» des Bibeltextes gedeutet. Die Aufgabe der Predigt besteht wesentlich darin, dem abgerissenen Lebensfaden nachzugehen oder ihn überhaupt erst auszulegen und sichtbar zu machen, die Geschichte des zu seinem Ende gekommenen Lebens so zu erzählen, dass sich ein Zusammenhang andeutet, dass Sinn aufscheint, dass die faktischen Zufälligkeiten, die Irrungen und Wirrungen eines Lebens als gut und anerkennungswürdig erscheinen. Die Aufgabe der Bestattungspredigt besteht gerade nicht darin, die Bruchstellen zu verschweigen, das Tragische zu ignorieren und Schuldhaftes schönzureden. Im Unterschied zum Lebenslauf ist der Bestattungspredigt die Thematisierung der Ambivalenzen und Abgründe nicht nur möglich, sondern Teil ihrer *raison d'être*. Dies soll nicht in voyeuristischer Weise erfolgen. Doch das «Licht der Verheissung» ermöglicht das Ansprechen und Bearbeiten von Schmerzstellen.

In der Bestattungspredigt geht es wesentlich um das Leben des oder der Verstorbenen. Sie ist indes nicht an die Verstorbene oder den Verstorbenen adressiert, sondern an die Trauergemeinde, an Angehörige, an Freundinnen und Bekannte, die eine langjährige Lebensgefährtin oder einen etwas eigensinnigen Freund verloren haben. Die homiletische Re-Inszenierung und Deutung einer Lebensgeschichte «im Licht der Verheissung» tröstet nicht die Verstorbene, sondern die von ihr Verlassenen, um sie Trauernden. Nacherzählung und theologische Deutung im Rahmen der Traueransprache sollen den Abschied human gestalten und die Trauer bewältigen helfen, auch wenn beides über die Feier hinaus noch einige Zeit in Anspruch nimmt. Darüber hinaus kommt dem in der Predigt thematisierten Leben immer auch eine exemplarische Funktion zu. So und so kann ein Leben verlaufen, bedingt durch Dispositionen und soziales Milieu, durchzogen von Glück und Scheitern, Schicksalsschlägen und gesellschaftlichen Ereignissen. So und so kann ein Sterben und Abschiednehmen verlaufen. Bestattungspredigten bringen implizit oder explizit immer auch eine *ars moriendi* zur Sprache, indem sie Gelungenes, Gutes und Schönes im Leben und im Sterben sichtbar machen und als anerkennungswürdig herausstellen und Misslungenes, Tragisches und Schuldhaftes beklagen und betrauern.

3. Herausforderungen und zentrale Themen der Predigt im Zusammenhang mit assistiertem Suizid

Nun zeichnen sich Traueransprachen sowie weitere homiletische Praktiken rund um einen assistierten Suizid aus durch bestimmte Themen und stehen vor besonderen Herausforderungen. Sie sollen im Folgenden genannt und kurz erörtert werden.

3.1 Selbstbestimmung

Überblicken wir alle in der oben genannten Publikation dargestellten und publizierten Fallbeispiele[8], so springt der Selbstbestimmungswille derjenigen ins Auge, die sich für den assistierten Suizid entscheiden. Er drückt sich zunächst darin aus, dass sich jemand bei einer Sterbehilfeorganisation meldet, sich die Unterlagen zustellen lässt und Mitglied wird. Damit sind die Entscheidung zum assistierten Suizid und die Vereinbarung eines Sterbetermins vorgespurt und können ohne viel Federlesen umgesetzt werden. In vielen Fällen reicht der Selbstbestimmungswille noch weiter, indem die Seelsorgerin kontaktiert, ein letztes Abendmahl gewünscht, ein Apéro mit Freundinnen organisiert und die Musik oder der gesamte Ablauf der Trauerfeier geplant wird. Die Selbstbestimmung kann so weit gehen, dass die Angehörigen und die Liturgin zu Ausführenden oder Statisten eines Stücks, in dem der Verstorbene noch einmal einen letzten, grossen Auftritt hat, degradiert werden. Andererseits eröffnet der Selbstbestimmungs- und Gestaltungswille von Menschen, die einen assistierten Suizid planen oder vollzogen haben, auch Chancen. Wenn die Trauerfeier mit dem Sterbewilligen und seinen Angehörigen einvernehmlich vorbereitet werden kann, stehen die Voraussetzungen gut, dass daraus eine stimmige und tröstliche Feier entsteht. Darüber hinaus lässt sich in Erfahrung bringen, was dem Sterbewilligen Trost gab im Leben und im Sterben. Es besteht die Möglichkeit, die Bestattungspredigt, in der das Licht der Verheissung über dem dann verflossenen Leben aufscheinen soll, gesprächsweise zu erarbeiten.

3.2 Einsamkeit der Entscheidung

Die Einsamkeit der Entscheidung ist ein Sachverhalt, der bei vielen der Beispiele von assistiertem Suizid beobachtet und als spezifische Problematik im Entscheidungsprozess identifiziert werden kann. In fast allen Fällen, die wir erhalten haben,[9] wird der Entschluss, den assistierten Suizid in Anspruch zu nehmen, ohne Rücksprache mit der Ehefrau oder den Kindern gefällt. Immer wieder kommt es

---

8 Vgl. Morgenthaler et al., Suizid, 19–139.
9 Vgl. ebd.

vor, dass die Sterbehilfeorganisation kontaktiert und ein Termin festgelegt wird, bevor die Absicht, selbstbestimmt aus dem Leben zu gehen, auch nur angesprochen wurde. In einem Fall ist es so, dass der Sterbewillige, medizinisch gebildet und engagiertes Mitglied seiner Kirchgemeinde, vor seinem Entschluss dezidierter Kritiker des assistierten Suizids war, sich angesichts einer schweren Krebserkrankung aber doch dafür entschied.[10] Die grundsätzlichen Erwägungen rund um das selbstbestimmte Sterben wurden mit der Erkrankung existenziell und konkret und führten angesichts des ihm bekannten Krankheitsverlaufs zu einem Gesinnungswandel, den er seinem nächsten Umfeld zunächst nicht zumuten und erklären wollte.

Die Gründe für den Sachverhalt der einsamen Entscheidung sind im genannten Beispiel nachvollziehbar, in anderen Fällen lassen sie sich nur vermuten. Eine Ambivalenz bezüglich der moralischen Legitimität des assistierten Suizids könnte eine Rolle spielen. Eine Ambivalenz, die erst für sich selbst geklärt und in eine Entscheidung überführt werden muss, bevor die nächsten Angehörigen einbezogen werden. Oder vielleicht hat die Sterbewillige keine moralischen Skrupel, befürchtet aber solche bei ihrem Mann und ihren Kindern. Auffälligerweise kommen explizite moralische Fragen und ethische Erwägungen in keinem der uns zugegangenen Fallbeispiele vor. Sie werden dem Seelsorger gegenüber nicht angesprochen. Daraus folgt nicht, dass sie keine Rolle spielen würden. Dies kann auch als Symptom für eine moralische Ambivalenz interpretiert werden, die als solche aber gerade nicht thematisiert wird.

Angesichts der Einsamkeit der Entscheidung in der Mehrzahl der untersuchten Fälle kann der Traueransprache die Aufgabe zukommen, das zunächst Erschreckende und Unverständliche einer solchen Entscheidung zu verbalisieren, aber auch mögliche Gründe dafür zu erwägen, ansatzweise zu plausibilisieren und für Verständnis zu werben. Dass einsame Entscheidungen mit Todesfolge für Angehörige schwer erträglich sind, ist weder grundsätzlich noch in der Predigt in Abrede zu stellen. Dies zeigt im Umkehrschluss ein Fallbeispiel, in dem die Entscheidung nach intensiven Gesprächen mit der Familie einvernehmlich getroffen und in der Folge der Sterbeprozess von den Angehörigen als gut erfahren wurde.[11] Aber offenkundig gibt es viele Faktoren, die einer solch gemeinsam erarbeiteten Entscheidung entgegenstehen: Scham, Angst vor Ablehnung und moralischer Verurteilung, belastete Beziehungen, Frustration, Vergeltungswünsche. Hier den moralischen Zeigefinger zu heben und das Verhalten zu kritisieren, wäre in einer Traueransprache indes deplatziert.

---

10 Vgl. A. a. O., 77–93, hier 79.
11 Vgl. Morgenthaler et al., Suizid, 72–77.

3.3 Scham

Auch wenn in der Schweiz eine Mehrheit der Wohnbevölkerung den assistierten Suizid als legitime und legale Wahlmöglichkeit am Lebensende befürwortet – als *ultima ratio* oder in aller Freiheit –, ist er noch immer schambehaftet.[12] Auch hier zeigt sich eine tiefsitzende Ambivalenz. Die Möglichkeit des selbstbestimmten Abgangs bei schwerer Erkrankung und unerträglichem Leiden wird von vielen grundsätzlich und für sich selber begrüsst. Aber das Trinken des Schierlingsbechers und die Umstände dieses Abgangs werden von den Angehörigen in eine dunkle Ecke bugsiert. Diese Verdrängung kann praktische Folgen haben. So wird es Sterbewilligen in unseren Fallbeispielen immer wieder verwehrt, im eigenen Bett, im eigenen Haus oder im Pflegeheim, wo sie lange Zeit lebten, zu sterben. Sie werden gezwungen, mit einem Taxi in eine von einer Sterbehilfeorganisation angemietete Wohnung in der Agglomeration zu fahren und in einer anonymen Umgebung die Augen für immer zu schliessen.[13] Oder der Pfarrerin gegenüber wird die Todesart zunächst verschwiegen, und wenn sie aufgrund offenkundiger Unstimmigkeiten der Darstellung des Todes doch dahinterkommt, wird ihr eingebläut, die Umstände des Sterbens ja nicht zu erwähnen: «Ich muss Ihnen etwas sagen, aber Sie dürfen es NIEMANDEM weitersagen und vor allem in der Trauerfeier ja nicht erwähnen!»[14] Im zitierten Fallbeispiel ist die mit dieser Anweisung verbundene Scham offenkundig. Die Pfarrerin, die den Fall beschreibt, interpretiert sie folgendermassen:

> Mutter und Töchter schämen sich zutiefst für den Tod von Herrn S. Sie schämen sich, weil sie meinen, in den Augen ihrer Umgebung als Frau und Töchter nicht «gut genug» gewesen zu sein, um Mann und Vater in seinem Sterben beizustehen. Sie haben in ihren eigenen Augen «versagt».[15]

Die Pfarrerin hat diese schambewehrte Tabuisierung der Todesart aufmerksam wahrzunehmen, um in der Predigt einen verantwortlichen theologischen und rhetorischen Umgang damit zu finden. Im zitierten Fallbeispiel geschieht dies in folgender Weise:

> In der Trauerfeier wird der Verstorbene als geselliger Mensch geschildert, meist gut gelaunt, ein Frühaufsteher, zupackend und hilfsbereit. Es ist aber auch vom

---

12 Zu Theorie und Formen der Scham sowie möglichen Umgangsweisen vgl. Kristian Fechtner: *Diskretes Christentum. Religion und Scham*. Gütersloh: Gütersloher Verlagshaus 2015.
13 Vgl. Morgenthaler et al., Suizid, 101 f.
14 A. a. O., 98.
15 A. a. O., 100.

Leiden die Rede, davon, dass ihm alle Kraft abhandenkam, er sich gegen den körperlichen Abbau auflehnte und dieser für ihn kaum zu ertragen war. Auf die eindrückliche Schilderung des unerträglichen Leidens folgte die Lesung aus 1. Könige 19, vom erschöpften und verzweifelten Elia in der Wüste, der Gott sein Leben zurückgeben wollte: «Es ist genug, Herr, nimm nun mein Leben!» Aber auch davon, wie er mit Wasser und geröstetem Brot gestärkt wurde und Gott zwar nicht in grossen Taten, aber im leisen Windhauch begegnete.[16]

3.4 Schuld und Schuldgefühle

Schuld und Schuldgefühle sind wesentliche Themen jeder Bestattungspredigt. Menschen werden unweigerlich schuldig aneinander. In Situationen von Krankheit, Leiden und Überforderung wird der Horizont verengt und werden die eigenen Handlungsmöglichkeiten eingeschränkt. Entscheidungen und Verhalten, die sich in der Situation aufdrängten, durch Überlastung bedingt und von Ärger oder Angst gesteuert, werden im Rückblick oft als Versagen taxiert. Im Zusammenhang des assistierten Suizids kann sich der Eindruck einstellen und festsetzen, die Entscheidung eines Menschen, Sterbehilfe in Anspruch zu nehmen, sei durch das Verhalten der Angehörigen motiviert. Sie seien schuld.

Schuldgefühle können aber auch durch den assistierten Suizid selbst motiviert sein. Die heftige und kategorische Kritik und Ablehnung des selbstbestimmten Sterbens seitens konservativer kirchlicher Kreise und darüber hinaus ist bekannt und kann eigene Ambivalenzen und Schuldgefühle befeuern.

Mit all diesen Aspekten und Schattierungen von Schuld hat die Predigt umzugehen, indem sie Schuldgefühle und Schuld sorgfältig und für die Betroffenen verständlich anspricht, ausleuchtet, unterscheidet, plausibilisiert und ins Licht der Vergebung und Verheissung rückt.

3.5 Ambivalenz der Hinterbliebenen

Die emotionale Gestimmtheit der Hinterbliebenen ist in aller Regel ambivalent.[17] Sie sind traurig und erleichtert zugleich, entsetzt und froh, dass der Horror ein Ende hat. Sie sind wütend über den eigenwilligen Abgang des Vaters und fühlen

---

16 A. a. O., 103.
17 Zur Ambivalenz als Grundbefindlichkeit bei Kasualien vgl. die instruktiven Ausführungen von Christoph Müller: Ambivalenzen in Kasualien. Wahrnehmungen und Umgangsweisen in Taufen, kirchlichen Trauungen und Bestattungen, in: Walter Dietrich, Kurt Lüscher, Christoph Müller (Hg.): *Ambivalenzen erkennen, aushalten und gestalten*. Zürich: TVZ 2009, 123–192.

sich zugleich schuldig für die innerlich immer wieder aufkochende Wut. Die Traueransprache hat das Potenzial, diese Ambivalenzen zu verbalisieren, ihnen mit Metaphern und Geschichten Ausdruck zu verleihen, sodass sie gefühlt, betrachtet und bearbeitet werden können. Die Predigt kann der Tabuisierung bestimmter Gedanken, Emotionen und Wertungen mit Sorgfalt, aber dezidiert entgegentreten. Das Tabu lässt sich so homiletisch entgiften, sodass sich der Freiraum des Denkens und Verhaltens der Trauernden wieder weiten kann.

3.6 Ambivalenz der Pfarrperson

Der assistierte Suizid scheidet die Geister. Dessen theologische und moralische Legitimität ist unter Pfarrerinnen und Pfarrern strittig. Als der Synodalrat der Reformierten Kirchen Bern-Jura-Solothurn am 7. Juni 2018 ein Positionspapier «zu pastoralen Fragen rund um den assistierten Suizid» veröffentlichte, war die Aufregung bei einem Teil der Pfarrpersonen gross.[18] Es gab heftige Reaktionen gegenüber den Empfehlungen, auch wenn im Papier der Gewissensfreiheit der Pfarrpersonen, einen Menschen, der sich zum assistierten Suizid entschieden hatte, zu begleiten oder nicht, sorgfältig Rechnung getragen wird und die Position durch eine umfangreiche Vorstudie[19] unterfüttert war. Es gibt theologisch sachgemässe und ethisch sorgfältig reflektierte Gründe für beide Positionen, für die Befürwortung der Selbstbestimmung am Lebensende und für Vorbehalte gegenüber einem Sterben *on demand*. Das Verständnis für eine kategorische Ablehnung des assistierten Suizids schmilzt in der breiten Bevölkerung allerdings zunehmend. Es gilt darum, theologische und ethische Abwägungen nicht nur grundsätzlich, sondern von Fall zu Fall vorzunehmen. Wie eine Entscheidung zum assistierten Suizid theologisch zu deuten und ethisch zu evaluieren ist, lässt sich letztlich nur am Einzelfall erörtern. Fraglich ist auch, wem ein moralisches Urteil im Einzelfall zusteht.

Herausfordernd wird die Bestattungspredigt dann, wenn die Predigerin den assistierten Suizid als theologisch falsch taxiert. Dies wird sie in der Rede wohl nicht explizit machen, da sie mit ihren Worten das Leben des Verstorbenen würdigen, ins Licht der christlichen Hoffnung stellen und dadurch Trost spenden will – und kein Tribunal abhalten, in dem schuldhaftes Verhalten identifiziert und sanktioniert wird. Aber die grundsätzliche oder situative Ablehnung des assistierten

---

18 Vgl. Reformierte Kirchen Bern-Jura-Solothurn: *Solidarität bis zum Ende. Position des Synodalrats der Reformierten Kirchen Bern-Jura-Solothurn zu pastoralen Fragen rund um den assistierten Suizid,* Bern 2018, https://www.refbejuso.ch/fileadmin/user_upload/Downloads/Publikationen/Broschueren/SR_PUB_Assistierter-Suizid_180917.pdf, Zugriff am 12.7.2021.
19 Vgl. Morgenthaler et al., Suizid.

Suizids stellt für die Predigt eine Grundspannung dar. Es ist kaum vermeidbar, dass diese zumindest atmosphärisch aus allen sprachlichen, sprecherischen und gestischen Poren drückt. Gesteigert wird diese Spannung dann, wenn der Verstorbene in einer unguten Weise aus dem Leben ging: selbstbezogen, verbittert, unversöhnt.

3.7 Alt und lebenssatt

Die uns zugestellten Fallbeispiele zeigen nicht nur Schwieriges, Dunkles und Abgründiges, sondern leuchten auch in hellen Farben. Gerade da, wo es gelingt, das Umfeld in die Entscheidungsfindung einzubinden oder dafür Verständnis zu wecken, den Abschied bewusst zu gestalten, sorgfältig, feierlich und mit ausreichend Zeit, zeigen sich andere Farbtöne. Es scheint mir wichtig, anzuerkennen, dass der assistierte Suizid nach reiflicher Überlegung und mit guten Gründen gewählt und vollzogen werden kann. Eine solche Anerkennung sollte auch in einer Trauerpredigt zum Ausdruck kommen. Wenn ein Krankheitsverlauf absehbar ist und dieser sich aller Wahrscheinlichkeit nach mit grossem Leiden, Kontrollverlust, langen Klinikaufenthalten und intensiver Gerätemedizin (Intubation usw.) verbindet, ist die Entscheidung für den assistierten Suizid nachvollziehbar. Und auch wenn sich eine Predigerin in derselben Situation anders entschieden hätte, hat sie die Güte der Gründe, die zum Entscheid führten, doch zu würdigen oder zumindest in Erwägung zu ziehen. Assistierter Suizid kann durchaus aus dem Motiv erfolgen, alt und lebenssatt den Abschied zu nehmen und das Zeitliche zu segnen. Assistierter Suizid kann eine Form der *ars moriendi* sein.

4. Homiletische Praktiken

In diesem Abschnitt werden die konkreten homiletischen Vollzüge am Grab und auf der Kanzel inklusive Schriftlesung und Lebenslauf erörtert. Zudem soll deutlich werden, dass die Kommunikation des Evangeliums nicht nur in expliziten Predigtformen und nicht nur durch die ordinierte Pfarrerin erfolgt, sondern in unterschiedlicher Gestalt und auch durch andere Personen wie die Angehörigen, die den Lebenslauf verfassen und vortragen. Die typisch protestantische Engführung der Verkündigung auf die Predigt ist infrage zu stellen. Die Kommunikation des Evangeliums erfolgt in überaus vielfältiger Gestalt: durch Rituale, kleine oder ausdifferenzierte Liturgien, durch Segensformen und Gebete, durch Blumen, Musik und Gesänge, aber auch durch die körperlichen, stimmlichen, non- und paraverbalen Aspekte der Predigtperformance.[20]

---

20 So auch vgl. Engemann, Homiletik, 318.

4.1 Homiletische Kleinformate und funktionale Äquivalente im Vorfeld der Trauerfeier

Das Licht des Evangeliums kann bereits im *Gespräch der Seelsorgerin mit dem Menschen, der den assistierten Suizid in Erwägung zieht* oder schon geplant hat, aufleuchten. Religiöse Deutung von Lebensgeschichte geschieht bereits an dieser Stelle des Prozesses, adressiert an die Sterbewillige. Dadurch kann sie Trost erfahren, kann aber auch nachfragen, Zweifel anbringen oder Einspruch erheben. Verkündigung im Sinne von Ernst Lange ist integraler Bestandteil auch und gerade des Gesprächs unter vier Augen mit dem Menschen, der aus gewichtigen Gründen seinem Leben ein Ende setzen will und Trost und Kraft sucht, um die letzten Schritte aufrecht und mit Gottvertrauen gehen zu können.[21]

In einem unserer Fallbeispiele wünscht der Sterbewillige – ein treues Gemeindeglied –, dass der Pfarrer mit ihm und seiner Familie das Abendmahl feiert. Der Pfarrer willigt ein und gestaltet die Feier. Ich zitiere aus der Fallvignette, die der betreffende Pfarrer verfasst hat:

> Das Abendmahl findet in der Karwoche statt, am Gründonnerstag. Ich nehme den uralten Kelch der Kirchgemeinde mit, als Zeichen der Verbundenheit mit einer langen Geschichte des Glaubens in unserer Gemeinde. Er nimmt, schwach wie er ist, doch wach am Abendmahl teil und spricht das Unser Vater mit. Ich nehme das Thema der «Wegzehrung» in einer kurzen, aus dem Stegreif gehaltenen Besinnung nochmals auf. Das Abendmahl ist Wegzehrung in aller Hilflosigkeit. Wir alle sind gleich bedürftig, bewegen uns auf gleicher Ebene und brauchen Wegzehrung für den schwierigen Weg, der vor uns liegt, der für alle wieder anders aussieht und etwas anderes bedeutet. Christus, der Geber dieses Mahls, verbindet uns auch in dieser Situation. Ich spreche nochmals vom Engagement von Herrn O. für seine Familie, für viele andere, von seinem Leben und von dem, was er seiner Familie bedeutet. Ich beziehe mich auch auf die Osterzeit, das Abendmahl, das Leiden, die Auferstehung. Es ist für uns alle eine sehr intensive, emotional anrührende und aufrührende Situation. Auch mir kommen Tränen, als ich Herrn O. das Brot reiche und mir dabei blitzartig klar wird, dass dies das letzte Stück Brot gewesen sein wird, das er noch gegessen haben wird. Und doch fühle ich mich von der Kraft dieses Mahls selbst getragen, das über das hinausweist, was wir wissen und können.

---

21 Vgl. dazu Hans van der Geest: *Unter vier Augen. Beispiele gelungener Seelsorge*. Zürich: TVZ [5]1995.

Ich habe diese Fallvignette darum so ausführlich zitiert, weil sie deutlich macht, welches homiletische Potenzial in liturgischen Formen, im Sakrament und Ritual des Abendmahls und in darin eingebetteten, improvisierten Verkündigungsformen liegt.

Auch dem *Trauergespräch mit den Angehörigen* kommt homiletisches Potenzial zu. Es hat eine doppelte Funktion, eine praktische und eine seelsorgerliche. Es dient der Vorbereitung der Trauerfeier und der Kenntnisnahme des Lebens des Verstorbenen, damit der Lebenslauf erstellt und die Feier stimmig und würdig gestaltet werden kann. Es hat aber auch eine religiöse Funktion. Es soll die Trauernden trösten, die Verzweifelten aufrichten und die mit Schuldgefühlen Beladenen entlasten. Von der Pfarrerin wird in diesem Gespräch keine formelle Andacht erwartet. Aber eine improvisierte Ansprache mit Bezug auf das Leben der Verstorbenen im Licht einer biblischen Verheissung ist an dieser Stelle möglich und durchaus angemessen.

4.2 Kommunikation des Evangeliums am Grab und in der Kirche

Wenn eine Trauerfeier in der Kirche vorausgeht oder folgt, fällt die *Ansprache am Grab* in der Regel und gemäss liturgischen Formularen kurz aus.[22] Falls keine weitere Feier vorgesehen ist, wird eine Ansprache des Pfarrers erwartet, in der das Leben der Verstorbenen in stimmige Bilder und Szenen gefasst, gewürdigt und ins Licht der Verheissung gestellt wird. Oft geschieht dies im freien Vortrag, da sich eine abgelesene Predigt schlecht in eine kleine Liturgie am Grab einfügt.

Die Bedeutung des *Lebenslaufs* für die Traueransprache wurde bereits erwähnt. Er ist einer der beiden Referenztexte der Predigt und wird zuweilen mit dieser verwoben. Im klassischen Ablauf einer Trauerfeier in der Kirche folgt er auf den Sammlungsteil und ist zentraler Bestandteil des Gedächtnisses.[23] Er kann als formeller Lebenslauf durch Angehörige oder die Pfarrerin verfasst und verlesen oder als Meditation gestaltet werden.[24] Der Lebenslauf ist zentral für die Trauerfeier, für das Schwellenritual der Bestattung insgesamt und auch für einen gut verlaufenden Trauerprozess. Der Lebenslauf lenkt die Aufmerksamkeit der Trauernden auf die gesamte Biografie und verhindert eine allzu starke Fokussierung auf die Umstände des Sterbens, was bei einem assistierten Suizid eine Gefahr darstellt. Wenn der Lebenslauf verlesen wird, ist die Trauergemeinde hellwach und

---

22 So etwa in der in den Landeskirchen der Deutschschweiz massgeblichen Taschenliturgie. Vgl. Liturgie- und Gesangbuchkonferenz der evangelisch-reformierten Kirchen der deutschsprachigen Schweiz (Hg.): *Liturgie. Taschenausgabe*. Zürich: TVZ 2011, 90–92.
23 A. a. O., 95–98.
24 A. a. O., 96–98, hier finden sich zwei Beispiele einer solchen Meditation.

emotional berührt. Tränen fliessen und es wird gelacht, wenn Anekdoten zum Besten gegeben werden. Der Lebenslauf führt das an sein Ende gekommene Leben in seinem Umfang und Zusammenhang, aber auch in einzelnen Stationen und Episoden vor Augen, wobei sich der Zusammenhang aus den Daten und Episoden nicht von selbst ergibt, sondern narrativ (re-)konstruiert wird. Bereits die narrative Herstellung eines Zusammenhangs, eines roten Fadens, hat etwas ungemein Tröstliches.[25] Ein Leben, das erzählt werden kann, wird aus der Anonymität und Zufälligkeit erlöst und der Anerkennung fähig. Ist die Pfarrerin am Erstellen des Lebenslaufs beteiligt, kann sie diese Aufgabe als eine theologische und seelsorgerliche begreifen und in die Tat umsetzen. Mit dem Erstellen des Lebenslaufs verbindet sich der Anspruch, unterschiedliche Facetten eines Lebens, seine Glanzlichter, Schmerzstellen und Abgründe diskret oder konturiert und lebendig in verständliche Worte zu fassen. Darüber hinaus besteht die Möglichkeit, Tröstliches und Versöhnliches aufscheinen zu lassen, in dem das Licht der christlichen Hoffnung erahnt wird.

In der Trauerfeier gelesene *Bibeltexte* stellen Resonanzräume des betrauerten Lebens und Sterbens dar.[26] Bibeltexte können in der Predigt bewusst verschwiegene oder diskret angesprochene Facetten – eine Suchterkrankung, Schuldhaftes oder den assistierten Suizid – indirekt ansprechen, sodass sie von denjenigen gehört werden können, die darum wissen und sich damit schwertun. Daher ist deren Wahl entscheidend. Hinzu kommt, dass auch bei einem assistierten Suizid ganz unterschiedliche Themen im Raum stehen – Dankbarkeit für das gelebte Leben, Erschöpfung und Depression, die Treue zum Lebenspartner, belastete Beziehungen zu den Kindern, moralische Skrupel, Machtspiele und Vergeltungswünsche –, die in der Feier zu einem treffenden und befreienden Ausdruck kommen sollen. Passende Bibeltexte können dies unterstützen.[27]

Zur *Bestattungspredigt* wurde in den beiden vorangehenden Abschnitten Wesentliches bereits gesagt. Ihr Potenzial liegt vor allem darin, dass die Predigerin in eigenen Worten das, was der Trauergemeinde angesichts des Lebens und Sterbens des betrauerten Menschen Trost gibt, zum Ausdruck bringt. Im Unterschied zu den übrigen Teilen der Liturgie und zur Feier am Grab ist sie hier nicht

---

25 Vgl. dazu Albrecht Grözinger: Seelsorge als Rekonstruktion von Lebensgeschichte, in: *Wege zum Menschen* 38 (1986), 178–188.
26 Zum Konzept der Resonanzräume vgl. Hartmut Rosa: *Resonanz. Eine Soziologie der Weltbeziehung.* Frankfurt a. M.: Suhrkamp ³2016.
27 Geeignete Texte finden sich in: Morgenthaler et al., Suizid, 271.

Zeremonienmeisterin[28], sondern als *verbi divini ministra*[29] damit beauftragt, persönlich, authentisch und engagiert über das Leben des aus dem Leben Gegangenen im Licht des Evangeliums zu sprechen. Die Bestattungspredigt ist zentrales Element innerhalb der Trauerfeier. Von ihr wird viel erwartet. Sie kann berühren und trösten. Sie kann für die Trauergemeinde aber auch unzugänglich sein, aufgesetzt und formelhaft wirken. Da sich in einer Trauergemeinde meist viele Menschen befinden, die ein distanziertes oder kritisches Verhältnis zur Kirche haben, stellt eine Trauerfeier den Lackmustest für die Plausibilität und Relevanz christlicher Hoffnung und kirchlicher Zeremonien in einer zunehmend säkularisierten Öffentlichkeit dar.[30]

Die Bestattungspredigt ist als solche bezüglich ihrer rhetorischen Gattung weder Festrede noch Lehrrede, sondern *Trostrede*. Sie will nicht in erster Linie erfreuen *(delectare)* oder belehren *(docere)*, sondern trösten und aufbauen *(movere)*. Dazu kann sie sich indessen unterschiedlicher sprachlicher Mittel bedienen. Sie kann mit *moves* und *structure* arbeiten im Sinne der dramaturgischen Homiletik, narrativ verfahren oder szenisch, meditativ kreisend oder in Form einer Homilie.[31]

Kategorisch unterschätzt wird das homiletische Deutungs- und Trostpotenzial von *Gebeten, Gesängen* und *Segensritualen*. Die Bestattungspredigt hat nicht alles zu leisten, sondern wird flankiert und in ihrer Funktion kräftig unterstützt durch Gebete, in denen Gott das Leid geklagt, vor ihm das Bittere und Unverständliche des betrauerten Lebens und Sterbens ausgesprochen, um Trost und Kraft gebeten wird. Gesänge haben die Kraft, in einem gemeinschaftlich erzeugten und erlebten Klangraum durch Sprachbilder, Harmonien und Rhythmen Affekte auszudrücken und zu gestalten, die den Einzelnen zu umfangen, zu tragen und zu trösten vermögen.[32]

---

28 «Zeremonienmeisterin» ist hier weder abschätzig noch ironisch, sondern ritualtheoretisch-deskriptiv und darüber hinaus durchaus wertschätzend gemeint. So auch Neidhart, Rolle.

29 So die offizielle Bezeichnung der Ordinierten in den reformierten Landeskirchen der Deutschschweiz, abgekürzt: VDM.

30 Vgl. dazu Isolde Karle: Volkskirche ist Kasual- und Pastorenkirche!, in: *Deutsches Pfarrerblatt* 12 (2004), 625–630.

31 Zu den unterschiedlichen homiletischen Verfahren vgl. Lars Charbonnier, Konrad Merzyn, Peter Meyer (Hg.): *Homiletik. Aktuelle Konzepte und ihre Umsetzung.* Göttingen: Vandenhoeck & Ruprecht 2012.

32 Zur affektiven Kraft gemeinschaftlicher Praktiken vgl. Andreas Reckwitz: Praktiken und ihre Affekte, in: Hilmar Schäfer (Hg.): *Praxistheorie. Ein soziologisches Forschungsprogramm.* Bielefeld: Transcript 2016, 163–180.

5. Schluss: Kriterien der Gestaltung

In diesem letzten Abschnitt geht es darum, Kriterien zu benennen und kurz zu beschreiben, die für die öffentliche Verkündigung im Rahmen einer Trauerfeier im Fall eines assistierten Suizids von besonderer Bedeutung sind. Dies kann im Rahmen dieses Beitrags jedoch nur ansatzweise erfolgen.

Diskretion: Gerade weil assistierter Suizid über weite Strecken schambehaftet und in Ambivalenzen verstrickt ist, ist ein diskreter Umgang damit in der Bestattungspredigt von grundlegender Bedeutung. Wenn die Familie wünscht, dass die Todesart verschwiegen wird, ist dies zu respektieren. Allerdings gehört es auch zu den seelsorgerlichen Pflichten, die Angehörigen auf mögliche Schwierigkeiten in Folge des Verschweigens eines Tatbestands, den oft ohnehin die meisten ahnen oder kennen, hinzuweisen und mögliche Kompromisse auszuloten. So finden sich in unserer Sammlung Predigten, in denen der assistierte Suizid für die Eingeweihten unüberhörbar anklingt, Fernstehenden aber nicht aufs Auge gedrückt wird. So werden die Todesart und die damit zusammenhängenden Schwierigkeiten in der Feier nicht tabuisiert, sondern angesprochen und in tröstlicher Weise vor Gott gebracht, ohne vor aller Augen ans Licht gezerrt zu werden. Zeitpunkt, Form und Dosierung der Veröffentlichung wird den Angehörigen überlassen.

Sprachliche Präzision und Ausdruckskraft: Das zweite Kriterium hängt mit dem ersten zusammen, ist aber gewissermassen auf der Gegenseite angesiedelt. Das angemessene An- und Aussprechen dessen, was in die dunkle Zimmerecke bugsiert wurde, hat befreiendes Potenzial. Die Sagbarkeit des vermeintlich Unsäglichen im Rahmen einer Trauerfeier, zu der öffentlich eingeladen wurde, führt dazu, dass ein Ereignis erzählt und Schmerz geteilt werden kann. Erfahrungen werden wirklich und bearbeitbar, die vorher ein gespenstisches Schattendasein fristeten. Das Potenzial einer sorgfältigen Verbalisierung, welche Anerkennung und soziale Relevanz ermöglicht, gilt es homiletisch zu nutzen.

Öffentlichkeit: Dieses Kriterium gilt selbstverständlich für die Trauerrede in der Kirche oder am Grab, nicht aber für andere Formen improvisierter Ansprachen im kleinen Kreis. Die Predigt im Rahmen einer Trauerfeier ist eine öffentliche Rede. Diese zeichnet sich aus durch Verständlichkeit für möglichst alle Zuhörenden. Dabei sind unterschiedliche Milieus, Generationen und Bildungsschichten in Rechnung zu stellen. Die Rede soll für eine Vielfalt von Zuhörenden nachvollziehbar und relevant sein. Sie soll nicht nur verständlich sein, sondern es soll auch deutlich werden, inwiefern die vorgetragenen Deutungen und Hoffnungen trösten, befreien und versöhnen können.[33] Im Zusammenhang des assistierten Suizids verstärkt der Aspekt der Öffentlichkeit die Potenziale der Verbalisierung von vermeintlich Unsäglichem. Der assistierte Suizid ist ein Thema, das in Politik und Medien breit und kontrovers debattiert wird. In öffentlichen Foren wird um ethisch vertretbare und humane Umgangsweisen und Gesetzgebung gerungen. Traueransprachen im Kontext des assistierten Suizids bilden einen Teil der zivilgesellschaftlichen Öffentlichkeit und tragen dazu bei, die oft in abstrakten Höhen geführten Grundsatzdebatten mit einem Gesicht und einer Biografie zu verbinden. Traueransprachen sind theologische und seelsorgerliche Beiträge zu dieser wichtigen Debatte, sie sind Formen praktizierter öffentlicher Theologie.[34]

---

33 Vgl. dazu Wilhelm Gräb: Lebensgeschichtliche Sinnarbeit. Die Kasualpraxis als Indikator für die Öffentlichkeit der kirchlichen Religionskultur, in: Volker Drehsen (Hg.): *Der ‹ganze Mensch›. Perspektiven lebensgeschichtlicher Individualität*. Berlin, New York: De Gruyter 1997, 219–240.
34 Zur Relevanz von Theologie und Kirche für die zivilgesellschaftliche Öffentlichkeit vgl. Thomas Schlag: *Öffentliche Kirche. Grunddimensionen einer praktisch-theologischen Kirchentheorie*. Zürich: TVZ 2012.

Vom Seufzen der Kreatur
Pastoraltheologische Perspektiven für das seelsorgliche Handeln im suizidalen Feld

Florian-Sebastian Ehlert

1. Kommunikation des Evangeliums

Kommunikation des Evangeliums kann als primäre Aufgabe des Pfarrberufes gelten.[1] Kommunikation ist ein Beziehungsgeschehen. Zunächst kommunizieren Menschen untereinander, z. B. in einer Kirchengemeinde. Aber auch das Evangelium selbst kann man als ein Beziehungsgeschehen verstehen, nämlich als die Art und Weise, in der Gott zu den Menschen in Beziehung tritt und wie sich dies auf einzelne Menschen und auf die Glaubensgemeinschaft insgesamt auswirkt.

Die Überlegungen zum pastoralen Handeln im Kontext des assistierten Suizids sollen folgerichtig von der Figur der Kommunikation des Evangeliums her entwickelt werden. Es geht also um Beziehungsweisen, weniger um moralische Urteile oder Überlegungen darüber, was richtig oder falsch sein könnte.

Mit Christian Grethlein[2] lassen sich verschiedene Modi der Kommunikation des Evangeliums unterscheiden: Zunächst der Modus des vielfältigen Lehrens und Lernens, bei dem die Wirklichkeit auf Gottes Handeln hin durchsichtig wird. Dies geschieht zum Beispiel in den Gleichnissen Jesu. Weiter führt Grethlein aus:

> Ebenso führt gemeinsames, also solidarisches Essen und Trinken, die Menschen zusammen und lässt sie den Anbruch der Gottesherrschaft erleben. Schließlich begegnet in den Heilungen (und Dämonenaustreibungen) Jesu der Modus des Helfens zum Leben, durch den Segregierten wieder der Zugang zur Gemeinschaft und damit zu neuem Leben geöffnet wird.

---

1 Ulrike Wagner-Rau: Pastoraltheologie, in: Kristian Fechtner, Jan Hermelink, Martina Kumlehn, Ulrike Wagner-Rau: *Praktische Theologie. Ein Lehrbuch.* Stuttgart: Kohlhammer 2017, 105–127, 120 ff.

2 Christian Grethlein: Kommunikation des Evangeliums, https://www.bibelwissenschaft.de/fileadmin/buh_bibelmodul/media/wirelex/pdf/Kommunikation_des_Evangeliums__2021-02-03_11_53.pdf, Zugriff am 6.5.2021. Vgl. Christian Grethlein: *Kirchentheorie. Kommunikation des Evangeliums im Kontext.* Berlin, Boston: De Gruyter 2018.

Alle genannten Modi gehören untrennbar zusammen, wobei in allen «die Wirklichkeit auf Gottes Handeln hin durchsichtig wird».

Beim letzten Modus könnte sich eine Debatte darüber entzünden, inwieweit der Begriff des Lebens, das Helfen zum Leben und die Eröffnung neuen Lebens eine pastorale Mitwirkung im Umfeld des assistierten Suizids ausschliesst, haben sich Suizidwillige doch gegen das Leben entschieden. Aber sind sie deswegen aus dem Evangelium herausgefallen? In diesem Beitrag wird der Wirkmacht des Evangeliums zugetraut, auch Entscheidungen Einzelner gegen das Leben zu begegnen. Legt man die globale Heilszusage Gottes zugrunde, die Paulus vor allem im Römerbrief ausformuliert hat, kann kein Bereich menschlichen Lebens, aber auch kein anderer kreatürlicher Bereich ausgenommen werden.[3] Dies wird sich auch auf den gemeinschaftsstiftenden Charakter der Kommunikation des Evangeliums auswirken, der gerade auch Suizidwillige und Suizidenten mit einschliesst.

Es geht hier um eine theologische Reflexion. Diese ist ein Instrument des Pfarrberufes, um sich über wichtige Fragestellungen klar zu werden. Pastorale Aufgabe ist, diese Überlegungen im Kontext der Kommunikation des Evangeliums in die Beziehungen einzuspielen. Zur Professionalität des Pfarrberufes gehört es, diese Kommunikation zu gestalten. Dabei bleibt stets zu berücksichtigen, dass eine theologische Rede von Voraussetzungen ausgeht, die nicht von allen gleichermassen geteilt werden. Andere Menschen können zu ganz anderen Folgerungen in der Einschätzung ihres Lebens und dem Sinn des Leidens darin kommen. Kommunikation

---

3 Die christlichen Kirchen blicken auf ein langes und problematisches Verhältnis zum Suizid zurück (problematisch auch deshalb, weil Suizidenten in eine Position gestellt wurden, in der sie sich rechtfertigen mussten. Dieser Position haben sich viele entzogen mit der Folge, dass ihre Stimme nicht zu Gehör kam). Diese Geschichte ist beileibe nicht abgeschlossen. Aktuell dazu Sekretariat der Deutschen Bischofskonferenz (Hg.): «*Bleibt hier und wacht mit mir!*» (*Mt 26,38*). *Palliative und seelsorgliche Begleitung von Sterbenden*. Bonn 2021, 31: «Wie die Spendung der Sterbesakramente unmittelbar vor der Begehung einer Selbsttötung aus ethischen und sakramententheologischen Erwägungen nicht zulässig ist, ist auch die Anwesenheit eines Seelsorgers oder einer Seelsorgerin während einer suizidalen Handlung nicht erlaubt. Eine solche Anwesenheit könnte als implizite moralische Billigung des Suizids missverstanden werden. Dies aber stünde im Widerspruch zum Evangelium und zum Gott des Lebens.»
Wichtig ist zu erwähnen, dass die Bibel von Suiziden berichtet, am prominentesten der des Judas. Aber: «Die Suizide werden meist ohne nennenswerte moralische oder emotionale Kommentare berichtet.» Allerdings wird der erweiterte Suizid Samsons (Ri 16,29) gewürdigt als «Tat eines Heiligen» (Hebr 11,32). Vgl. Horst J. Koch: Über Suizide und suizidale Syndrome in der Heiligen Schrift. Christen im Spannungsfeld der biblischen Lehre, in: *NeuroGeriatrie* 9 (2012), 79–85, 80. Vgl. auch Timo Breuer: Suizid, https://www.bibelwissenschaft.de/fileadmin/buh_bibelmodul/media/wirelex/pdf/Suizid__2020-01-31_19_34.pdf, Zugriff am 28.5.2021.

des Evangeliums kann dann auch bedeuten, mit diesen anderen Positionen in Beziehung zu treten, jedoch nicht in Form einer Anrede suizidalen Menschen gegenüber, wie über das Leben und das Leiden zu denken ist. Wie schnell gerät auch hier die theologische Reflexion in eine scheinbar fürsorgliche Lehrrede den Suizidwilligen gegenüber. Das Urteil über deren Überlegungen und möglichen Schlussfolgerungen darf getrost Gott überlassen werden. Und damit ist ausdrücklich auch die suizidale Handlung als eine dem Menschen mögliche – und von Gottes Versöhnungshandeln zu erreichende – einzubeziehen.

Nach dieser grundsätzlichen Verhältnisbestimmung stellen sich eine ganze Reihe von Fragen und Herausforderungen, die nun besprochen werden sollen. Dazu gehört erstens eine Beschreibung des Kontextes. Was ist gemeint mit dem Begriff «suizidales Feld»? Für eine pastoraltheologische Perspektive ist zweitens eine theologische Reflexion dieses Feldes unerlässlich. Das soll beispielhaft anhand einer Interpretation von Römer 8 erfolgen, die ein theologisches Verständnis von suizidalem Handeln ermöglicht. Dies führt dann drittens zu einigen Überlegungen pastoralen Handelns vor dem Hintergrund professionsethischer Aspekte des Pfarrberufes.

2. Das suizidale Feld

«Seit Beginn der Menschheit stellt sich der Suizid als eine Herausforderung menschlichen Denkens und Handelns dar».[4] Wer hier einfache Lösungen, klares Verstehen und eindeutige normative Weisungen erwartet, wird unweigerlich enttäuscht werden. Das gilt zunächst einmal für das Feld als Ganzes, aber auch für das pastorale Handeln in diesem Feld.[5] Hier einige Facetten, die mir für das pastorale Handeln bedeutsam erscheinen:

Das «suizidale Feld»[6] ist insofern ein besonderes, weil es um Suizid geht. Suizid heisst, seinem Leben bewusst ein Ende zu setzen. Der Philosoph Paul Lands-

---

4 Breuer, Suizid, 1. Vgl. auch Dagmar Fenner: *Suizid – Krankheitssymptom oder Signatur der Freiheit? Eine medizin-ethische Untersuchung*. München: Alber 2008.
5 Vgl. Christoph Morgenthaler, David Plüss, Matthias Zeindler: *Assistierter Suizid und kirchliches Handeln. Fallbeispiele – Kommentare – Reflexionen*. Zürich: TVZ 2017, bes. 229–259; Florian-Sebastian Ehlert: Ethische Räume. Pastoralpsychologische Erkundungen im Grenzgebiet von Ethik und Seelsorge, in: *Wege zum Menschen* 67 (2015), 433–450.
6 Den Begriff «suizidales Feld» habe ich bei Stephan Weyer-Menkhoff gefunden, vgl. Stephan Weyer-Menkhoff: «*Vom verlorenen Sohn». Sündiger Mensch und rechtfertigender Gott – Verortungen im suizidalen Feld*. Leipzig: Evangelische Verlagsanstalt ²2020.

berg meint, der «heilige Schrecken vor dem Selbstmord»[7] lässt einen erzittern. Beim Suizid öffnet sich ein Abgrund des Menschen: «Groß ist der Schrecken, der sich des Menschen bemächtigt, wenn er das Gesicht seiner Macht entdeckt ...»[8] – Es ist das Erschrecken darüber, dass jedem Menschen die Möglichkeit der Selbstauslöschung gegeben ist. Neben der Vernunftbegabung und der Fähigkeit zur Selbstreflexion unterscheidet sich der Mensch von anderen Lebewesen durch diese Möglichkeit der Selbsttötung. Auch wenn diese Erkenntnis dem Bewusstsein nicht immer zugänglich sein wird – selbst dem grössten Kritiker des Suizids ist diese Option zu eigen.

Der Suizid stellt uns vor eine denkerische Herausforderung. Da ist die Dialektik von Freiheit und Zwang. Geschieht ein Suizid in Freiheit, in bewusster Entscheidung – oder in grösster Ausweglosigkeit? Kaum zu lösen ist die Aufgabe, beides womöglich ineinander zu denken. Das Gleiche gilt für das Verhältnis von Täter und Opfer. Im Suizid fällt beides ineinander. Das ist denkerisch kaum vorstellbar. Für eine Handlungsoption im suizidalen Feld spielt auch die Frage nach dem handelnden Subjekt, das sich als Subjekt von dem anderen unterscheidet, eine Rolle. Andersherum: Als welcher andere erscheint der Suizident? Sich selbst gegenüber? Die Frage der Zuordnung von Tatherrschaft, Verantwortung, von Subjekt und Objekt wirkt in die Begrifflichkeit hinein:

In seiner Ursprungsform – *sui caedere,* sich selbst fällen – ist ein handelndes Subjekt vorausgesetzt, zu dem eine Beziehung vorstellbar ist. Aber Suizid beschreibt kein Tun, in dem ein Subjekt an einem Objekt etwas tut, sondern eher einen Vorgang, den es zunächst ohne ein ausführendes Subjekt als ein Abstraktum gibt. Genau genommen kann man zum Suizid nicht in eine Beziehung treten. Dafür braucht es eine ausführende Person, den Suizidenten. Der Begriff Selbstmord hebt dagegen den aktiven Schritt hervor: Seinem eigenen Leben aktiv ein Ende zu setzen. Selbstmord ist nicht ohne Subjekt vorstellbar.

Der Begriff des Suizids ist dennoch dem des Selbstmordes vorzuziehen, weil der darin enthaltene Begriff des Mordes auf das Strafrecht verweist. Dies hat unweigerlich Auswirkungen auf die normative Bewertung der Handlung. Gerade im kirchlichen Kontext assoziiert der Begriff Selbstmord eine besondere Qualität von Sündhaftigkeit im Sinne einer moralischen Verfehlung. In der Folge kann es dazu kommen, dieses Feld zu meiden. Ähnliches gilt für den Begriff der Selbsttötung. Auch er beinhaltet eine starke normative Bewertung. Diese Bewertung ist im

---

7   Weyer-Menkhoff, Sohn, 23.
8   Jaques Lacan: Funktion und Feld des Sprechens und der Sprache in der Psychoanalyse, in: ders.: *Schriften I.* Wien, Berlin: Turia + Kant 2016, 278–381, 284.

Begriff des Suizids nicht enthalten, insofern kann eine Begegnung mit Menschen im suizidalen Feld leichter werden.

Der Suizid spielt sich auf verschiedenen menschlichen Ebenen zugleich ab. Es geht um Fantasien, Gedanken und Wünsche, also um seelische Reflexionen der eigenen Lebenssituation. Und gleichzeitig berührt er eine Handlungsebene, die eindeutig in das Feld der Ethik gehört.[9]

Eine grössere Distanz zum suizidalen Geschehen erlaubt eine klarere und eindeutigere ethische Positionierung. Jedoch tritt mit zunehmender Nähe zum suizidalen Handeln ein Unbehagen in den Raum, das unbedingt beachtet werden sollte. Das Unbehagen kann als der Ort verstanden werden, an dem Komplexität und Ambiguität bis hin zur Abgründigkeit vereint sind. Insofern gehört zur Kommunikation des Evangeliums auch die Einsicht, das Unbehagen im suizidalen Feld nicht im Letzten auflösen zu wollen oder zu können, sondern es von der Gottesbeziehung her in aller Tragik zu «erglauben».

Der Begriff «Feld» bezeichnet den Umstand, dass der paulinische Satz «unser keiner lebt sich selber und keiner stirbt sich selber»[10] auch auf den Suizid zutrifft. Immer sind Andere betroffen, in verschiedenster Weise, mit ihrer Trauer, aber auch mit ihrer Zustimmung und ihrem Widerstand, der Wut, mit der Schuld, die womöglich zu tragen ist, bis hin zur Erkenntnis, den Situationen kaum «gerecht» werden zu können. Hier treffen die verschiedenen Autonomien der involvierten Personen aufeinander, verbunden mit den jeweiligen Lebensinteressen und Erwartungen an andere. Gerade weil sich ein Suizid in besonderer Weise auf das soziale Umfeld auswirkt, ist deren Wahrnehmung und Betroffenheit zu bedenken – nicht im Sinne einer Hierarchie der Lebensansprüche, sondern auch hier im Sinne der Kommunikation des Evangeliums im gemeinsamen Handeln, das von vornherein nicht konfliktfrei sein wird, aber als ein konfligierendes Feld seinen Sinn hat. Die folgenden Überlegungen können als Ausführung verstanden werden, was das Leben und das Sterben «dem Herrn» (Röm 14,8) bedeuten mag.

Suizid ist eine Form zugespitzter Kommunikation. Der brutale Suizid, bei dem sich eine Person einsam vor einen Zug wirft und sich von ihm überfahren lässt, ist bei aller Einsamkeit des Suizidenten dennoch eine soziale Tat, die unmittelbar Auswirkungen auf andere Menschen hat: den Zugführer, die Angehörigen, die Mitreisenden und viele andere. Aber es ist eher eine zugemutete Kommunikation, ein Diskursraum steht nicht offen. Der vermutlich erlebten Ohnmacht und Aussichts-

---

9 Vgl. Florian-Sebastian Ehlert: Wenn Menschen nicht mehr leben wollen. Sterbewünsche als ethische Herausforderung, in: *Wege zum Menschen* 66 (2014), 543–559.
10 Röm 14,7.

losigkeit des Suizidenten entspricht eine an Allmacht grenzende Wirkmacht, mit der sich der Suizid in die anderen Betroffenen eingräbt.

Anders verhält es sich beim assistierten Suizid. Allein durch die Option, dafür die Hilfe Dritter in Anspruch zu nehmen,[11] kommt eine soziale Dimension ins Spiel. Der assistierte Suizid ist Teil eines sozialen Prozesses und wird – sollten die gesetzlichen Rahmenbedingungen in Deutschland gestaltet sein – in einem geregelten Verfahren stattfinden. Dazu gehört, dass auf dem Weg zum Suizid Handlungsalternativen erörtert werden, die Autonomien der Betroffenen miteinander ausgehandelt sowie die Rahmenbedingungen (z. B. Klärung des Ortes, wer ist beteiligt u. a.) vereinbart werden können und müssen.

Gerade die Kommunikation im suizidalen Feld ist besonders anspruchsvoll, steht doch sehr viel auf dem Spiel und ist sie doch oft vielschichtig und uneindeutig. Es geht um Autonomien und ihre Reichweite, um das Leben, um die Gemeinschaft und das Selbsterleben Einzelner darin. Es geht um Scham, um Schuld und Verletzlichkeit, um individuelle und soziale Not, um die Fähigkeit zur Wahrhaftigkeit und um die Bereitschaft zur Konfrontation. Natürlich ist es keine Lösung, sich dem vorschnell zu entziehen.

3. Suizidalität und das Seufzen der Kreatur

Im achten Kapitel des Römerbriefs kontrastiert Paulus die Erfahrung des Heils mit der Erfahrung des Leidens in der Welt:

> Es gibt jetzt also keine Verurteilung für die, die in Christus Jesus sind. Denn das Gesetz des Geistes, der in Christus Jesus Leben spendet, hat dich befreit vom Gesetz der Sünde und des Todes. (Röm 8,1f)[12]
> Ich bin nämlich überzeugt, dass die Leiden der gegenwärtigen Zeit nichts bedeuten im Vergleich zur Herrlichkeit, die an uns offenbar werden soll. Denn in sehnsüchtigem Verlangen wartet die Schöpfung auf das Offenbarwerden der Söhne und Töchter Gottes. Wurde die Schöpfung doch der Nichtigkeit unterworfen, nicht weil sie es wollte, sondern weil er, der sie unterworfen hat, es

---

11 So das deutsche Bundesverfassungsgericht, Urteil vom 26.2.2020 (2 BvR 2347/15): «Die Freiheit, sich das Leben zu nehmen, umfasst auch die Freiheit, hierfür bei Dritten Hilfe zu suchen und Hilfe, soweit sie angeboten wird, in Anspruch zu nehmen», https://www.bundesverfassungsgericht.de/SharedDocs/Entscheidungen/DE/2020/02/rs20200226_2bvr234715.html, Zugriff am 11.6.2021.

12 Alle Bibelstellen nach Züricher Übersetzung.

wollte - nicht ohne die Hoffnung aber, dass auch die Schöpfung von der Knechtschaft der Vergänglichkeit befreit werde zur herrlichen Freiheit der Kinder Gottes. Denn wir wissen, dass die ganze Schöpfung seufzt und in Wehen liegt, bis zum heutigen Tag. Doch nicht nur dies; nein, auch wir selbst, die wir den Geist als Erstlingsgabe empfangen haben, auch wir seufzen miteinander und warten auf unsere Anerkennung als Söhne und Töchter, auf die Erlösung unseres Leibes. (Röm 8,18–23)

Das Seufzen der Kreatur durchdringt die Erfahrung des Heils. Paulus formuliert dieses Seufzen im Zeichen der noch ausstehenden und zu erwartenden Erlösung. Aber das schon anbrechende Heil vollzieht sich im Moment des noch nicht Vollendeten. Noch gibt es ein Seufzen, weil Erlösung noch aussteht. «Sie, die ‹Erlösung des Leibes›, ist das, was wir nach V. 25 in der Gegenwart noch nicht ‹sehen› und worauf wir darum nur ‹warten› können.»[13] Bei bestem Wollen: Dieses Noch-Nicht der ausstehenden Erlösung können wir nicht überwinden. Es geht darum, die Spannung in diesem eschatologischen Zwischenraum ertragen zu können.

Es sind vor allem drei Aspekte, die in diesem Kontext auffallen und im Folgenden erörtert werden.

3.1 Die leibliche Dimension

Paulus erwartet die Befreiung des Leibes: «Gemeint ist damit die im eigentlichen Sinne des Wortes […] körperliche Existenz der Christen mit ihrer Schwäche und Hinfälligkeit.»[14] Leiblichkeit kann also als Ausdruck der Teilhabe an der Kreatürlichkeit des Lebens gesehen werden. Hier fehlt es allerdings an der Lust oder dem Begehren, die auch zur Kreatürlichkeit gehören mögen. Die Scham steht in der zweiten Schöpfungsgeschichte in einem engen Zusammenhang mit der Entdeckung der nackten Leiblichkeit. Und sie geht einher mit dem Leben im Jenseits des Paradieses bzw. im Diesseits der Welt.

Denn es ist ja gerade das Leiden an der Leiblichkeit – sei es das individuell erlebte Angewiesensein und die Pflegebedürftigkeit im Alter oder die Aussichtslosigkeit und Schmerzen einer Krankheit – das als beschämend empfunden werden kann.[15] Scham ist indes ein Zustand, über den ein Mensch nicht verfügen kann.

---

13 Michael Wolter: *Paulus. Ein Grundriss seiner Theologie*. Neukirchen-Vluyn: Neukirchener 2011, 185.
14 Michael Wolter: *Der Brief an die Römer (Teilband 1: Röm. 1–8)*, Neukirchen-Vluyn/Göttingen: Neukirchener/Patmos 2014, 519.
15 Vgl. Ehlert, Menschen.

Sie ereilt einen, lässt einen ohnmächtig werden, gerade das klassische Erröten in der Scham ist unverfügbar.[16] Im Zuge der Leiblichkeit lässt sich Scham als eine anthropologische Grundverfasstheit des Menschen verstehen, der nicht zu entrinnen ist, die aber ihre Wirkung entfaltet.[17] Wer von Scham befallen ist, möchte vom Erdboden verschwinden, in letzter Konsequenz gar sterben.

Die Scham an der Leiblichkeit kann als Motivation zum Suizid angesehen werden. Diese Dimension der Scham wird in der Frage nach der Motivationslage von Suizidenten oft übersehen.

Man kann nun diesen Aspekt mit Paulus weiterführen: Für ihn gibt es einen Zusammenhang von Scham und der Erlösung durch das Kreuzesgeschehen.[18] Die Figur der Theologie des Kreuzes führt – anders als die der Rechtfertigung durch Gott, die als allgemeingültiger Topos seiner Theologie erscheint – in sehr subjektive Kontexte hinein. Bemerkenswert ist, dass Paulus immer dann vom Kreuz spricht, wenn es um konkrete Einzelbegebenheiten seiner Tätigkeit in den Gemeinden geht, z. B. im Zusammenhang mit Konflikten, in die Paulus als Missionar mit seiner Missionstheologie verwickelt ist, also wenn es um seine Mission überhaupt geht. Wenn ihm etwa die Korinther vorwerfen, dass seine persönliche Erscheinung schwächlich und seine Rede erbärmlich sei (2Kor 10,10), dann kann Paulus diesen Vorwurf aufgreifen und auf das Faktum der Kreuzigung Bezug nehmen. «Dadurch wird es Paulus möglich, diesen Vorwurf nicht nur nicht abzustreiten, sondern ihn zum positiven Erweis seines Gesandtseins durch Gott umzukehren, so dass er sich seiner Schwachheit rühmen kann.»[19]

So öffnet die Rede vom Kreuz den Weg in die Subjektivität – zumindest konnte Paulus durch sie seine subjektive theologische Sprache entwickeln und den Schritt in die Missionstätigkeit vollziehen. In der Theologie des Kreuzes bleibt Paulus

---

16 Christina-Maria Bammel fasst das enge verwandtschaftliche Verhältnis von Scham und Sünde so zusammen: «Was theologisch von der Sünde zu sagen ist, steht unverkennbar in einer genauen Analogie zur Schamemotion, in welcher der Mensch vor anderen und vor sich selbst nicht mehr offenbar sein kann, sondern sich in eine diffuse Sphäre zurückzieht, in der er selbst herumirrt und sich damit kaum selbst zu ertragen vermag.» (Christina-Maria Bammel: *Aufgetane Augen – Aufgedecktes Angesicht. Theologische Studien zur Scham im interdisziplinären Gespräch*. Gütersloh: Gütersloher Verlagshaus 2005, 213f)

17 «Scham ist die tiefste Infragestellung des Menschen. Wer sich schämt, fürchtet in der Weise elementaren Fühlens, seine Humanität, sein Dasein *als Mensch* zu verlieren. In der Scham zeigt sich zugleich, wie der Mensch eigentlich gemeint ist.» (Christof Gestrich: *Die Wiederkehr des Glanzes in der Welt. Die christliche Lehre von der Sünde und ihrer Vergebung in gegenwärtiger Verantwortung*. Tübingen: Mohr Siebeck ²1995, 231 [kursiv im Original]).

18 «Ich schäme mich des Evangeliums nicht ...» (Röm 1,16).

19 Wolter, Paulus, 116–128, 128.

angreifbar und – wie sich immer wieder zeigt – auch verletzlich. In der Rede vom Kreuz erscheint Paulus als ein Einzelner bis hinein in seine physisch-körperliche Existenz, der in seinem Leben durch die Erfahrung des Glaubens und die darin enthaltene Erfahrung, ein von Gott Angesprochener zu sein, geprägt ist, dem aber andererseits ob seiner scheinbaren körperlichen Unwürdigkeit die Anerkennung als Apostel abgesprochen wird. Mit der Rede von der Theologie des Kreuzes stellt sich Paulus als ein Subjekt in den Raum, das gerade in der Verletzlichkeit als autonom gekennzeichnet werden kann.

3.2 Das Unaussprechliche

«Denn wir wissen nicht, was wir eigentlich beten sollen; der Geist selber jedoch tritt für uns ein mit wortlosen Seufzern.» (Röm 8,26b) Manche Lebensumstände lassen einem die Sprache versiegen, manches Leid findet nicht den Weg in die Sprache. Und das gilt auch für die religiöse Sprache, das Gebet. Gerade angesichts eines untröstlichen Rests der Suizidalität kann ein Schweigen, ein Nicht-Redenkönnen durchaus angemessen sein. Und doch geschieht Kommunikation, auch die Kommunikation des Evangeliums, über das Medium der Sprache. Aber was ist, wenn das Leiden die Sprache nicht erreicht? Kommunikation des Evangeliums setzt voraus, dass sich Gott und Mensch zueinander in ein Verhältnis setzen können. Wie können die Menschen ihre Rede an Gott richten? «Es ist das *Wie* der Gott gemäßen Sprache: dass sie nicht in der Lage sind, ihre Klage in der Sprache des Himmels zu Gott emporzuschicken. […] Das Defizit des christlichen Betens wird dadurch kompensiert, dass der Geist mit ‹wortlosen Klagen› die christliche Klage vor Gott bringt.»[20]

Das existenzielle Seufzen lässt sich im Vorfeld der eigentlichen Sprache verorten. Das Seufzen drückt ein Reden im Modus der Klage aus. Man kann dies mit Gerhard Sauter weiter ausführen,[21] der in Bezug auf Unglück und Leiden nach einer dritten Form zwischen Widerstand und Ergebung fragt. Er beschreibt diese dritte Form als ein Erleiden, das sich sowohl aktiv im Sinne eines gewollten Annehmens als auch als passives Ausgeliefertsein verstehen lässt. Für ihn zählt zum Erleiden die Aufmerksamkeit bzw. Wachsamkeit (mit Anklängen an das Wachen in Getsemani), in der die Sinne geöffnet sind und in der Eindrücke eindringen, aber eben auch bewusst wahrgenommen werden können. Daneben steht das Gebet, ohne das die Wachsamkeit zur Folter der eigenen Ruhelosigkeit wird. Andersherum wird das Gebet ohne Wachsamkeit zum Selbstgespräch: «Die Klage erhebt sich aus dem

---

20 Wolter, Römer, 524 (kursiv im Original). Wolter übersetzt στεναγμοῖς mit «Klagen», in der Zürcher Übersetzung heißt es «Seufzern».
21 Vgl. Gerhard Sauter: *Das verborgene Leben. Eine theologische Anthropologie*, Gütersloh: Gütersloher Verlagshaus 2011, bes. 228–246.

Nichtverstehen von Leid und aus der Unklarheit darüber, ob Widerstand oder Ergebung geboten sein könnten.»[22] Bei allem bleibt das Leiden als eine unverfügbare Dimension im menschlichen Leben bestehen.

3.3 Das handelnde Subjekt

Nach den letzten Überlegungen ist deutlich worden: Für den Menschen sind die Möglichkeiten zur Lösung begrenzt. Auch einem Christenmenschen ergeht es da nicht anders, er ist ja nicht ob seines Christseins bessergestellt. Das, was einen Christenmenschen auszeichnet, ist, dass er in seinem Leben mit Gottes Handeln rechnet und dies gelten lässt. Ohne dies «sehen» oder «glauben» zu können, kann er dessen nicht habhaft werden. In Röm 8,26 ist der Geist handelnd. Glaube heisst, sich Gottes Handeln gefallen zu lassen. Auch Pfarrpersonen können durch ihr Wirken im suizidalen Feld die Dinge im Letzten nicht gut werden lassen. Es geht um Annäherungen.

Diese Überlegungen eröffnen ein weiteres Spannungsfeld innerhalb des suizidalen Raums: Was ist menschenmöglich? Und was ist unausweichlich? Was gilt es zu ertragen und was zu ändern? Seelsorgende werden sich an Überlegungen im Sinne von Schutzkonzepten zur Vermeidung von Suiziden beteiligen. Aber wie weit geht hier die Fürsorge – und wo bemächtigt sie sich der Autonomie des anderen? Wie verhält es sich hier mit der Unverfügbarkeit des Einzelnen gegenüber der Gemeinschaft? Auch wenn Hospizbewegung und gute Palliativmedizin nicht mehr wegzudenken sind aus der medizinischen und pflegerischen Versorgung alter und kranker Menschen: Können sie für alles Leiden eine Antwort sein? Wenn z. B. behauptet wird, dass die Palliativmedizin auf alles Leiden eine Antwort sei, kann darin auch eine gewisse Hybris liegen.

Dies gilt vor allem in Bezug auf die Scham. Natürlich kann und soll gerade in der Pflege darauf geachtet werden, dass es möglichst zu keiner Beschämung kommt bzw. dass in unweigerlich schambesetzten Situationen, wie z. B. bei der Intimpflege, die Würde gewahrt bleibt.[23] Aber Scham ist eben auch eine Grundverfasstheit des Menschen, die bei allem Engagement unauflösbar ist.

Das Leiden des Leibes und am Leib steht im Kontext einer zu erwartenden Erlösung. Ist im Suizid nicht auch eine – unausgesprochene – Frage nach Erlösung enthalten? Dann hätte der Suizid selbst eine religiöse Dimension. Diese Dimension schliesst die ausbleibende Erlösung durch Gottes Handeln ein, als Erfahrung der

---

22 A. a. O., 246.
23 Vgl. dazu z. B. Ursula Immenschuh, Stephan Marks: *Scham und Würde in der Pflege. Ein Ratgeber*. Frankfurt a. M.: Mabuse 2014.

Abwesenheit Gottes.[24] Gerade in Hinblick auf die Frage nach der Erlösung, die sich im Suizid stellt, sollte dieser religiöse Horizont mitsamt seinem ihm eigenen Spannungsfeld von angekündigter Erlösung und dem seufzenden Harren der Kreatur darauf nicht vorschnell aufgelöst werden. Natürlich kann es eine Lösung sein, quasi als Predigt die Hoffnung wiederbeleben zu wollen. Aber da gibt es keinen Automatismus. Man kann auch mit jenen klagen, die die Hoffnung verloren haben und sich Erlösung durch Suizid erhoffen.

4. Professionsethische Überlegungen

Der Pfarrberuf ist eine Profession. Die primäre Aufgabe des Pfarrberufes ist, wie oben beschrieben, die Kommunikation des Evangeliums. In klassischer Rede ist es die Verkündigung des Evangeliums und die Verwaltung der Sakramente. Kennzeichen der Profession sind nach Michael Klessmann,[25] dass dem Pfarrberuf erstens eine besondere Rolle und Aufgabe in der Gesellschaft zukommt, dass der Beruf zweitens über besondere Kompetenzen verfügt und dass ihm drittens eine besondere Freiheit zukommt.

Alle drei Aspekte – Rolle, Kompetenzen, Freiheit – sollten auch in der pastoralen Praxis im suizidalen Feld aufeinander bezogen sein.

4.1 Rollenklärung

Der Pfarrberuf übt nach aussen eine gesellschaftliche Rolle aus, er markiert die Rolle einer Schnittstelle zwischen Kirche und Gesellschaft. Aufgabe des Pfarrberufes ist es dann, darüber eine Rollenklärung zu erarbeiten: Was ist die gesellschaftliche Rolle, was ist die gesellschaftliche Aufgabe des Pfarrberufes?

Die Rolle kann aber auch die Schnittstelle zwischen Person und Organisation markieren:[26] Die Organisation mit ihren ausgesprochenen und unterschwelligen

---

24 Natürlich melden sich nicht nur an dieser Stelle Einwände: Aus christlicher Sicht könnte eingewandt werden, dass der Suizid in dieser Erzählform eine Form der Selbsterlösung ist. Aber auch hier sollte differenziert werden: Wer befindet darüber, was Selbsterlösung ist und was nicht, und: Was heißt es, in einer Form des Leidens verfangen zu sein, die die Erlösung durch Gottes Handeln nicht mehr für möglich erachtet?

25 Vgl. Michael Klessmann: *Das Pfarramt. Einführung in Grundlagen der Pastoraltheologie*. Neukirchen-Vluyn: Neukirchener 2012, 188–232.

26 Ulrich Beumer, Burkhard Sievers: Die Organisation als inneres Objekt – Einzelsupervision als Rollenberatung, in: Bernd Oberhoff, Ulrich Beumer (Hg.): *Theorie und Praxis psychoanalytischer Supervision*. Münster: Votum 2001, 108–123. Zum Konzept des «managing oneself in role» siehe Mathias Lohmer, Heidi Möller: *Psychoanalyse in*

Erwartungen und Aufgaben trifft auf eine konkrete Person, die ein Amt innehat. Diese Person nun bringt ihrerseits berufliche Erfahrungen, ein persönliches und berufliches Ethos und vieles andere mit.

Die Rolle ist wesenshaft ein Spannungsfeld, dessen Verhältnisbestimmung stets aufs Neue geklärt und gestaltet werden muss. Jeder Versuch, das Spannungsfeld harmonisieren zu wollen, führt zur Implosion der beruflichen Rolle. Eine Harmonisierung kann etwa dadurch erfolgen, dass sich Person und Organisation nicht mehr berühren, wenn also keine Begegnung beider Bereiche möglich ist. Dann zerfällt die Rolle. Dies geschieht auch, wenn beide Bereiche völlig deckungsgleich werden, etwa indem die Organisation die Person völlig beherrscht, oder andersherum die Person sich der Organisation vollständig bemächtigt.

Der beruflichen Rolle korrespondiert die primäre Aufgabe. Die Frage nach der primären Aufgabe kann als eine Suchfrage im Prozess der Rollenklärung verstanden werden. Grundsätzlich ist die Kommunikation des Evangeliums als primäre Aufgabe des Pfarrberufes beschrieben worden. Diese Aufgabe muss nach jeweiligem Handlungszusammenhang konkretisiert werden. Dies ist auch eine Strukturierungshilfe in der Komplexität des Pfarramtes.[27] Das Gegenüber zur primären Aufgabe ist das primäre Risiko, die primäre Aufgabe zu verfehlen. Wie jede Organisation kann auch eine Kirchengemeinde als Organisation betrachtet werden, in der Dynamiken bestehen, die eine Arbeitsfähigkeit verhindern. Zum Beispiel kann ein Leitungsgremium der Leitungsaufgabe nicht mehr nachkommen oder Seelsorge nicht mehr stattfinden, weil die innere Unabhängigkeit der Seelsorgenden nicht gewährleistet ist.

Für das pastorale Handeln im suizidalen Feld gehört neben der öffentlichen Rollenwirkung – oder der Bedeutung in der Gesellschaft – auch eine innere Rollenklärung. Dazu gehört ein Gewahrwerden, in welchem sozialen Kontext sich eine Pfarrperson bewegt. Morgenthaler, Plüss und Zeindler[28] benennen fünf verschiedene Verortungen des Themas: die seelsorgliche Einzelbegleitung, die gottesdienstliche Präsentation des Themas in der Predigt, die öffentliche Thematisierung seelsorglich-pastoraler Erfahrungen, die eigene ethische Urteilbildung sowie die öffentliche Diskussion.

Organisationen. Einführung in die psychodynamische Organisationsberatung. Stuttgart: Kohlhammer 2014, bes. 109.

27 Jan Hermelink benennt die Diversität als ein herausstechendes Merkmal des Pfarrberufes. Für ihn besteht die Aufgabe dann in einem «internen Diversity Management». Vgl. Jan Hermelink: Gegenwärtige Anforderungen an den Pfarrberuf. Empirische, soziologische und theologische Überlegungen, in: ders.: *Kirche leiten in Person. Beiträge zu einer evangelischen Pastoraltheologie.* Leipzig: Evangelische Verlagsanstalt 2014, 239–263, 263.

28 Morgenthaler et al., Suizid, 143–146.

Dieser Beitrag hebt die vierte Dimension in besonderer Weise hervor. Es geht um eine innere Positionierung in ethischen Konfliktlagen. Im suizidalen Feld begegnen sich in besonderer Weise die grossen ethischen Begriffe und Fragestellungen: der Schutz des Lebens, die Frage nach Autonomie und Selbstbestimmung, Würde, die Bedeutung des Einzelnen mit seinen Lebensentscheidungen im Kontext gesellschaftlicher Haltungen bis hin zur Frage nach Fürsorge und Verantwortung. Diese Fragen spiegeln sich dann unterschiedlich in konkreten Lebenssituationen Einzelner. Dazu gehört es, die individuellen Haltungen, Erfahrungen und biografischen Narrationen zu erkennen. Es gilt, in diesen Kontexten eine eigene Haltung zu entwickeln, gepaart mit dem Wissen, dass Andere von sich aus zu ganz anderen Entscheidungen kommen können.

Geht es also primär darum, einen Suizidwilligen von seinem Vorhaben abzubringen? Oder ihn in seiner Autonomie zu stärken? Und wie verhält sich dazu die Fürsorgeverantwortung, die z. B. für Seelsorgende in einer psychiatrischen Klinik im Sinne einer Suizidprophylaxe selbstverständlich sein sollte? Die Fürsorgeverantwortung kann in sich konflikthaft sein, denn auch die Fürsorge kann sich entweder auf den Schutz des Lebens der anvertrauten Person beziehen oder aber auf die Autonomie, deren Achtung z. B. in einem psychiatrischen Kontext die Betroffenen vor ganz besondere Herausforderungen stellt.

Für das pastorale Handeln im suizidalen Feld erscheint eine eigene Klärung des Verhältnisses von Lebensschutz und Autonomie von Bedeutung. Steht der Lebensschutz an vorderster Stelle? Kommunikation des Evangeliums würde die Gabe des Lebens im Rahmen der Schöpfung betonen. Aber was genau meint Leben? Ist es das Leben an sich? Oder meint es aus subjektiver Sicht «mein Leben»? Es macht einen Unterschied, ob eine Theologie die Bedeutung und die Heiligkeit des Lebens als Ganzes hervorhebt oder ob sie dies in je individueller Weise tut. Denn mit Johannes Fischer lässt sich sagen: «Das Leben, das er (sc. der Suizident, FSE) beenden möchte, ist nicht das Leben eines Menschen im Allgemeinen, sondern sein Leben, und die Gründe, warum er dies möchte, haben mit ihm und seiner individuellen Situation und Lebenslage zu tun.»[29]

Das führt zu der Frage nach Autonomie. Kann man einer leidenden Person Autonomie absprechen? «Verzweiflung und Ausweglosigkeit schließen Selbstbestim-

---

[29] Johannes Fischer: Das Urteil des Bundesverfassungsgerichts zur Sterbehilfe und die Konsequenzen für die kirchliche Diakonie, https://profjohannesfischer.de/wp-content/uploads/2020/11/Urteil-des-Bundesverfassungsgerichts-Konsequenzen-f%C3%BCr-die-Diakonie-1.pdf, Zugriff am 12.4.2021.

mung und Freiheit eigentlich aus»[30], heisst es. Es scheint einen Konsens darüber zu geben, dass gerade psychisch Kranken nur eingeschränkt eine Autonomie zuzuschreiben ist. Hier steht die Frage im Raum, welche Konsequenzen dies für ein Autonomieverständnis hat. Jan P. Beckmann schlägt vor, Autonomie zu differenzieren und zwischen Autonomie als grundsätzlicher Wesenseigenschaft des Menschen und zwischen konkreten Manifestationen von Autonomie zu unterscheiden.[31]

Autonomie ist immer auch gefährdet. Gerade in einem relationalen Autonomiekonzept wie dem von Beate Rössler[32] spielen die Anerkennungsstrukturen für die Herausbildung von Autonomie eine grosse Rolle. Autonomie ist auf soziale Resonanz und Ermöglichung angewiesen. Aber in dieser Relationalität liegt auch die Gefahr, dass sich Autonomie sozialer Klischees bedient oder dass sie sich von sozialem Druck beeinflussen lässt. Im Zuge der Diskussionen um den assistierten Suizid wurde immer wieder die Befürchtung geäussert, es könnte einen sozialen Druck auf z. B. pflegebedürftige Menschen entstehen, indem aufgrund eines Suizids für eine Entlastung gesorgt wird. Aber der gegenteilige Druck ist nicht minder wahrscheinlich, wenn Angehörige auf ein Weiterleben beharren – auch wenn es z. B. für eine Therapiefortsetzung keine Indikation mehr gibt –, um den Schmerz des Abschieds und der Trauer nicht ertragen zu müssen.

Neben der Frage, wie auf solche sozialen Einflüsse reagiert werden kann, stellt sich aus Sicht einer pastoralpsychologischen Seelsorge die Frage, wie die Autonomie Einzelner im Gegenüber zum sozialen Umfeld gestärkt werden kann.

Natürlich ist es hoch bedeutsam, hier zu prüfen und zu klären, ob ein Suizidwunsch wirklich freiverantwortlich ist. Aber es ist zumindest ebenso bedeutsam, einen Rahmen für die Herausbildung einer autonomen Haltung z. B. pflegebedürftiger und/oder psychiatrisch erkrankten Menschen zu ermöglichen. Es bedarf einer besonderen Kompetenz, sich als professionelle Person in diesem komplexen Feld zu bewegen.

Wie begegnet man suizidwilligen Menschen? Johannes Fischer nähert sich der Begegnung mit der Frage, was wir der Person eines Suizidwilligen schulden.

---

30 Elisabeth Gräb-Schmidt: Die Würde wahren. Warum evangelische Ethik Selbstbestimmung und Lebensschutz verbinden muss, https://zeitzeichen.net/node/8861, Zugriff am 6.3.2021.
31 Jan P. Beckmann: *Autonomie. Aktuelle Herausforderungen der Gesellschaft*, Freiburg/München: Alber 2020, 17–43.
32 Beate Rössler: *Autonomie. Ein Versuch über das gelungene Leben*, Berlin: Suhrkamp 2017.

Das aber ist vor allem eines: Achtung. Wenn wir von der Person eines anderen Menschen sprechen, dann sprechen wir von seiner unverwechselbaren Individualität, wie sie sich in seinem Willen, aber auch in seiner Sicht auf sich und sein Leben und auf die Welt insgesamt ausdrückt. Achtung seiner Person ist Achtung dieser seiner Individualität. Eben diese Achtung wird einem Suizidwilligen verweigert, wo immer sein Vorhaben lediglich nach moralischen Kriterien bewertet und somit abstrakt als Fall eines Allgemeinen behandelt wird.[33]

Zur Rollenklärung gehört auch eine Auseinandersetzung mit der Option, für eine pastorale Handlung angefragt zu werden, die nicht im Einklang mit dem eigenen Ethos steht. Dazu schreibt die EKD:

Man wird dann aber auch zu respektieren haben, wenn ein anderer in solcher Lage zu der Entscheidung gelangt, sein Leben zu beenden, und wenn Dritte ihm dabei helfen, auch wenn man selbst dies nicht bejahen kann oder tun könnte. Wer Situationen schweren Leidens erlebt hat, der wird sich hier jedes Urteils enthalten. Und vielleicht weiß er auch um den tiefen Gewissenskonflikt, der in solchen Situationen aus der eindringlichen Bitte um Beistand bei der Beendigung des eigenen Lebens erwachsen kann. Ja, es mag Grenzfälle geben, in denen Menschen sich um eines anderen willen genötigt sehen können, etwas zu tun, das ihrer eigenen Überzeugung und Lebensauffassung entgegensteht.[34]

Gerade um der Grenzfälle wegen ist es hilfreich, wenn kirchlich-öffentlicher Diskurs, pastorales und insbesondere seelsorgliches Handeln und ethische Selbstreflexion aufeinander bezogen sind.

4.2 Pastoralpsychologische Kompetenzen

Pastorales Handeln im suizidalen Feld ist von einer grossen Spannung geprägt. In diesem Kontext geht es um grosse Begriffe der Ethik. Aber assistierter Suizid geschieht individuell, es geht um Einzelfälle. Die grossen Begriffe brechen sich in konkreten Lebenssituationen.[35] Wie lassen sich diese beiden für die ethischen

---

33 Fischer, Urteil, 4.
34 EKD: Wenn Menschen sterben wollen. Eine Orientierungshilfe zum Problem der ärztlichen Beihilfe zur Selbsttötung, https://www.ekd.de/ekd_de/ds_doc/ekd_texte_97.pdf, Zugriff am 5.3.2021.
35 Die Schwierigkeit einer sozialen Fassbarkeit des Leidensbegriffs thematisiert Claudia Bozzaro: Der Leidensbegriff im medizinischen Kontext. Ein Problemaufriss am Beispiel der tiefen palliativen Sedierung am Lebensende, in: *Ethik in der Medizin* 27 (2015), 93–106.

Diskurse wichtigen Dimensionen miteinander verbinden, ins Gespräch bringen, ja: sich gegenseitig hinterfragen? Und was folgt daraus für die Klärung der pastoralen Rolle?

Zum einen geht es um die Fähigkeit, sich berühren zu lassen. Dies wird hier ausdrücklich als eine Kompetenz der pastoralen Profession verstanden. Geht es doch darum, die individuelle, spezifische Situation des Suizidwilligen und des Umfeldes zu erspüren und damit in die Kommunikation des Evangeliums einfliessen zu lassen.[36] Vorbild dafür könnte das griechische Wort *splagchnizesthai* (σπλαγχνίζεσθαι, jammern, sich erbarmen) sein. Es erscheint an verschiedenen Wendepunkten in den Evangelien: als Motiv, wenn der Vater seinem verlorenen Sohn entgegenläuft; in der Erzählung vom Samaritaner, der sich dessen erbarmt, der unter die Räuber gefallen ist. Das Erbarmen geschieht direkt in den Eingeweiden, tief drinnen im Körper. Indem *splagchnizesthai* geschieht, geschieht eine Unterbrechung, die ein Moment des Gewahrwerdens ist. Es geht um Wahrnehmungen des gesamten suizidalen Feldes, in aller Ambivalenz, Vielschichtigkeit und Konflikthaftigkeit. Das Beispiel des barmherzigen Samaritaners zeigt, dass das nicht notwendigerweise ein von Mitleid geprägtes Mitagieren bedeuten muss. Der Unterbrechung kann eine rationale Handlung folgen. An dieser Bewegung des sich Erbarmens lässt sich die Dialektik des lutherischen Freiheitsverständnisses wiederfinden: Ein Christenmensch ist jedermann untertan, indem er nicht anders kann als sich zuzuwenden, und ein Christenmensch ist ein freier Mensch, weil er in seinem Engagement dem eigenen Gewissen folgt.[37] Die Fähigkeit, sich verwickeln zu lassen, ist verbunden mit der Freiheit zur rationalen Überlegung. Diese Dialektik prägt auch den Pfarrberuf als Profession. Aber auch hier gilt, dass das Ergebnis des Erbarmens nicht kalkulierbar ist. Das Erbarmen verliert seine Barmherzigkeit, wenn es instrumentalisiert wird.

Dies führt in die Perspektive der Selbstreflexion: Die stets unabgeschlossene Rollenklärung, aber auch das konkrete Handeln im Pfarramt im Kontext vom assistierten Suizid ist ob der Komplexität, Tragik und Vielschichtigkeit auf eine beständige Selbstreflexion angewiesen. Durch die Selbstreflexion, z. B. in der Supervision oder der Intervision, können Freiheitszuwächse erarbeitet werden.

---

36 Vgl. zum Folgenden Florian-Sebastian Ehlert: Ethik und Realität. Pastoralpsychologische Aspekte zur Ethikberatung, in: *Wege zum Menschen* 67 (2013), 433–450.

37 Martin Luther: *De libertate christiana / Von der Freiheit eines Christenmenschen*, in: ders.: Studienausgabe Bd. 2 (Hans-Ulrich Delius [Hg.], Berlin [DDR]): Evangelische Verlagsanstalt 1982, S. 260–309, bes. 265.)

Eine besondere Kompetenz besteht darin, die Begrenztheiten des pastoralen Handelns aushalten zu können. Das gilt für die Kirche als Ganze, aber auch in den jeweiligen konkreten Handlungen. Ambivalenzen können benannt, aber oftmals nicht aufgelöst werden. Es gilt in besonderer Weise, die Möglichkeiten des eigenen Beitrags zu erkunden und zugleich Dinge «geschehen» zu lassen.

4.3 Freiheit

Pastorales Handeln im suizidalen Feld ist auf paradoxe Weise auf Freiheit angewiesen. Dies lässt sich am Beispiel der Seelsorge aufzeigen, der in den verschiedenen kirchlichen und theologischen Stellungnahmen eine besondere Rolle im Rahmen einer Suizidprophylaxe zugewiesen wird.[38] Dadurch aber wird der Seelsorge unweigerlich eine Funktion im Rahmen einer Suizidprophylaxe zugesprochen. Kann Seelsorge dann noch unabhängig, d. h. auch ergebnisoffen tätig sein? Inwieweit kann sie als Profession eine eigene Normativität entwickeln und vertreten? Seelsorge weiss um die entlastende Bedeutung, wenn es Räume zum Sprechen gibt und wenn ohne Tabus gedacht werden kann. Das öffnet alternative Sichtweisen auf das eigene Leben. Es ist ein Wesensmerkmal von Seelsorge, dass sie ohne ein vorherbestimmtes Ergebnis arbeiten kann. Gerade die Freiheit der Seelsorge als individuelles Geschehen, aber auch als Profession, spielt eine grosse Rolle.

Die Erfahrung zeigt, dass ein angstfreier Umgang mit Suizidalität, d. h. eine Haltung, die nichts tabuisiert und die alles, auch den suizidalen Gedanken, vor Gott bestehen lässt, in der Tat entlastend wirken kann. Wer eine Exit-Möglichkeit in schwerem Leiden hat, ist oftmals eher bereit, das Leiden auszuhalten. Das gilt auch für das Fantasieren über mögliche Auswege. Aber auch hier gibt es keinen Automatismus; es kann sein, dass Einzelne von der Exit-Möglichkeit Gebrauch machen. Die bisherigen Überlegungen führen darauf hin, dass auch in diesem Fall der Seelsorge die Freiheit zugestanden werden muss, Suizide zu begleiten. Auch die Seelsorge ist als Profession gefragt, inwieweit sie sich selbst diese Freiheit zugestehen kann.

---

38 Auf der Homepage der Evangelischen Kirche in Deutschland (EKD) heißt es: «Dass Menschen nur noch die Möglichkeit des Suizids sehen, ist immer eine tragische Grenzsituation, die die EKD und ihre Diakonie durch die Bereitstellung palliativer Versorgung, Seelsorge, Beratung und die Arbeit der Hospize zu verhindern versuchen», https://www.ekd.de/debatte-um-assistierten-suizid-62172.htm, Zugriff am 22.6.2021.

5. Fazit

Die vorangegangenen Überlegungen gehen davon aus, dass nach dem Urteil des deutschen Bundesverfassungsgerichts und nach einer entsprechenden gesetzlichen Regelung einzelne Anfragen aus dem Umfeld des assistierten Suizids auch Pfarrpersonen erreichen werden – sei es in Seelsorge- und Beratungsformen, sei es bei der seelsorglichen und/oder rituellen Begleitung, sei es in der Beerdigungspraxis. Seelsorgende in Institutionen des Gesundheitswesens können angefragt sein, sich an der Entwicklung von Haltungen ihrer Einrichtungen zum assistierten Suizid zu beteiligen.[39] Es werden Einzelfälle sein, die ihr individuelles Gepräge aufweisen. Für eine verantwortbare pastorale Praxis im suizidalen Feld sind einige Vorüberlegungen anzustellen. Sowohl die Kirche als Institution als auch individuelle Pfarrpersonen kommen nicht umhin, sich mit den Herausforderungen auseinanderzusetzen und einen reflektierten Umgang mit ihnen zu entwickeln. Sie können gerade als theologische Fachpersonen Perspektiven und Sichtweisen zur Verfügung stellen, die vom Geist des Evangeliums geprägt sind. So kann der Suizid als offene Frage nach Erlösung verstanden werden. Die Figur der Kommunikation des Evangeliums erlaubt es, sich ohne innere oder äussere Ausgrenzung dem suizidalen Feld zu öffnen und die eigene Haltung einzutragen. Dabei sind die Pfarrpersonen selbst darauf angewiesen, mit den eigenen Glaubensfragen und -zweifeln Teil der Kommunikation des Evangeliums zu bleiben.

---

39 Eine Studie des Zentrums für Gesundheitsethik in Hannover hat ergeben, dass diese Anfragen nach seelsorglicher und ritueller Begleitung im Suizid bereits stattfinden. https://www.zfg-hannover.de/Forschung/Aktuelle-Forschungsprojekte/Seelsorge-und-Assistierter-Suizid, Zugriff am 15.4.2021. Vgl. dazu den Beitrag von Dorothee Arnold-Krüger und Julia Inthorn in diesem Band.

Zur spirituellen Dimension des Wunsches nach assistiertem Suizid

Traugott Roser

1. Einführung: Eine Matrix spiritueller Aspekte

Die Klärung einer spirituellen Dimension des Wunsches nach assistiertem Suizid setzt eine Klärung ihrer Perspektivität voraus. Vorliegende Überlegungen geschehen aus der Perspektive der Seelsorge, die zuerst und vor allem im persönlichen Kontakt mit einem Gegenüber geschieht, gleichsam «unter vier Augen» und basierend auf Vertrauen, das sich im Prozess der Begegnung entwickelt. Seelsorge, zumal im Zusammenhang der Frage nach Suizidbeihilfe, erfolgt aber auch im Kontext von Strukturen und Institutionen, in denen Menschen einen entsprechenden Wunsch hegen und eventuell auch äussern können. Dass der Wunsch nach Suizidassistenz im geschützten Raum der Seelsorgebegegnung geäussert werden kann, verdankt sich Vereinbarungen, die zwischen allen beteiligten Institutionen bestehen oder ausgehandelt werden müssen. So ist für manche Betroffene die seelsorgliche Vertraulichkeit die Voraussetzung, dass sie sich einem Seelsorger oder einer Seelsorgerin anvertrauen, in der Erwartung, dass die Inhalte des Gesprächs nicht weitergegeben und Massnahmen durch andere eingeleitet werden.

Die spirituelle Dimension bezieht sich damit nicht allein auf die individuelle Spiritualität der Person, die Beihilfe zum Suizid ersucht, sondern auch die Spiritualität weiterer Personen, die teils unmittelbar, teils mittelbar von diesem Ersuchen betroffen sind:
- die Person, die die Beihilfe leisten soll oder wird,
- die Personen, die am Geschehen der Beihilfe beteiligt sind (beispielsweise als Zeugen),
- diejenigen, die in den vorausgehenden Beratungsprozess involviert sind,
- die Personen, die als An- und Zugehörige des oder der Suizidwilligen in ihrer individuellen Trauer berührt werden,
- Mitarbeitende einer klinischen oder pflegenden Einrichtung, in der ein Patient / eine Patientin oder ein Bewohner / eine Bewohnerin bis zum Suizid behandelt oder versorgt wird,
- Leitende und Verantwortliche dieser Einrichtungen
- und nicht zuletzt auch die Seelsorgeperson.

Die spirituelle Dimension betrifft also nicht nur die individuelle Spiritualität einer einzelnen Person, sondern auch Vereinbarungen und Haltungen von Berufsgruppen, Teams in Einrichtungen, Vorstellungen, Erfahrungen und Einstellungen von Familien bis hin zu Grundsätzen von Einrichtungen und Berufsverbänden, die ihre Umsetzung in Leitbildern und Verhaltensvorgaben finden. Zu diesem Zweck wird in diesem Beitrag zwischen drei Ebenen der Spiritualität unterschieden: der Mikroebene (ein Individuum betreffend), der Mesoebene (eine soziale Gruppe betreffend) und der Makroebene (eine Einrichtung, einen Verband oder die staatlich-gesetzliche Ebene betreffend).

Mit diesen drei Ebenen bildet die spirituelle Dimension gleichsam eine Matrix, die im Folgenden entwickelt und differenziert werden soll. Dabei arbeite ich mit der Definition von Spiritualität, wie sie Ende 2015 im Rahmen der Charta der Weltreligionen für eine Palliativversorgung von Kindern konsentiert wurde; zu dieser auf das Gesundheitswesen bezogenen Definition gehört auch die begriffliche Bezugnahme auf Religion. Die Begriffe Spiritualität und Religion meinen nicht dasselbe, können aber auch nicht scharf voneinander getrennt werden. Im Gesundheitswesen wird deshalb vielerorts – beispielsweise in den Leitlinien zu Spiritual Care in Palliative Care von palliative.ch[1] – mit einer Begriffskombination R/S oder r/s für «religiös/spirituell» gearbeitet, um den Bedeutungsraum begrifflich offen zu halten:

> Spiritualität ist ein dynamischer und intrinsischer Aspekt des Menschlichen, durch den Personen letzten Sinn, Bedeutung und Transzendenz suchen und Verbindung zum Selbst, Familie, anderen, Gemeinschaft, Gesellschaft, Natur und zum Signifikanten oder Heiligen erfahren. Spiritualität findet Ausdruck in Glaubensvorstellungen, Wertvorstellungen, Traditionen und Praktiken.
> Religion ist für viele Menschen ein Ausdruck von Spiritualität. Sie beschreibt die Traditionen und Praktiken, die Möglichkeiten eröffnen, ihre Glaubens- und Wertvorstellungen auszudrücken. Religion bezieht sich auf ein System von Regeln oder Leitlinien (einschließlich Ritualen), die mit einem bestimmten Glaubenssystem verbunden sind, die Struktur und Raum zur Verfügung stellen für emotionale Energie und intensives Leidempfinden sowie Gelegenheiten für

---

[1] Vgl. *Spiritual Care in Palliative Care. Leitlinien Zur interprofessionellen Praxis*, Bern 2018, https://www.palliative.ch/fileadmin/user_upload/palliative/fachwelt/C_Fachgesellschaft/Fachgruppe_seelsorge/Broschuere_Leitlinien_Spiritual_Care_in_Palliative_Care_de_RZ_low.pdf, Zugriff am 10.8.2021.

gemeinschaftlich geteilte Sinnvorstellungen und Bestätigung gemeinschaftlicher Verbundenheit.[2]

Die Matrix der drei Ebenen erweitert sich deshalb um die genannten spirituell-religiösen Aspekte. So ergibt sich ein Schema, das in eine Tabelle überführt werden kann und Differenzierungen der spirituellen Dimension eines etwaigen Wunsches nach Suizidbeihilfe sichtbar macht. Das Füllen der jeweiligen Felder der Tabelle ist in jedem konkreten Fall eines Suizidwunsches eigens vorzunehmen. Im hier Nachfolgenden werden die Dimensionen und Möglichkeiten dargestellt; auf einen konkreten Fall wurde verzichtet.

Dimension Ebene	Sinn / Bedeutung / Transzendenz	Verbindung / Verbundenheit	Glaubenssystem / Regeln / Leitlinien
1. Mikro			
2. Meso			
3. Makro			

Tabelle: Spirituelle Matrix

2. Wer ist vom Sterbewunsch in spiritueller/religiöser Hinsicht (mit-)betroffen?

2.1 Mikroebene: Individueller Umgang mit einem Sterbewunsch

2.1.1 Der/die Sterbewillige

Der Wunsch nach assistiertem Suizid wird in der Regel von einer einzelnen Person aufgrund einer Situation geäussert, die ein Weiterleben unter den aktuellen oder sich in der Zukunft verschlechternden Bedingungen unerträglich und/oder unzumutbar macht oder zu machen droht.[3] Die Möglichkeit des Suizids erscheint als ein Ausweg aus dieser Situation oder als Vermeidung einer solchen. Der Suizid erlaubt der Person die Tatherrschaft, die Kontrolle über das eigene Leben und eine aktive

---

2   Übersetzung von Maria Unglaub, Eckhard Frick und Traugott Roser, zitiert in: Traugott Roser: *Spiritual Care. Der Beitrag der Krankenhausseelsorge im Gesundheitswesen*. Stuttgart: Kohlhammer ²2017, 451 f.
3   Vgl. die Studie von Janet L. Abraham: Patient and family requests for hastened death, in: *Hermatology* 13 (2008), 475–480.

Rolle gegenüber dem Widerfahrnis eines als schicksalhaft erlebten Leidens, das nicht passiv ertragen werden muss. Die Bitte um die Hilfe anderer zur Selbsttötung, beispielsweise Ärzte, Ärztinnen oder Pflegende, kann «zum Ziel haben, Autonomieverlust zu kompensieren oder noch verbliebene Autonomie auch unter eingeschränkten Bedingungen zu erhalten».[4]

Der geäusserte Wunsch ist allerdings mehrdeutig. Es kann sich um einen Wunsch handeln, der sich auf Sterben im Sinne eines baldmöglichen Eintritts des Todeszustands richtet, oder um einen Wunsch, der den Prozess des Sterbens als einen Teil des Lebens versteht, den es (aktiv) zu gestalten oder (passiv) zu erleben gilt. Damit ist die spirituelle Ebene von Sinn/Bedeutung/Transzendenz berührt. Für die seelsorgliche Begleitung des Menschen mit Todeswunsch stellt sich die Frage nach dem Verständnis von Tod als Zustand und von Sterben als Lebensvollzug. Beides bedarf einer wertschätzenden Aufmerksamkeit. Die Äusserung des Wunsches, durch eigenes Handeln das Sterben selbst bestimmen zu können, kann Ausdruck des Wunsches sein, das Leben bis zuletzt aktiv zu gestalten und kontrollieren zu können und sich damit gegenüber einem als zugemutet empfundenen Schicksal, einer Krankheit oder unerträglichem Leiden aktiv verhalten zu können statt es «wehrlos hinzunehmen». Wie jeder andere Bereich der Lebensführung beruht auch das Vorhaben eines Suizids – ob assistiert oder nicht – auf Bewertungen der eigenen Person (des Selbst) und ihrer Bedeutung, der leitenden oder tragenden Werte im Leben sowie – falls vorhanden – der Gültigkeit religiös begründeter Normen für die eigene Situation. Der Wunsch nach dem Todeszustand kann ganz ähnlich im Blick auf seine Bedeutung und auf seine Bezogenheit auf ein postmortales Sein reflektiert werden. Die Vorstellung der Freiheit von leidverursachenden Krankheitssymptomen und Schmerz wird nicht umsonst oft mit einer «Erlösung vom Leiden» beschrieben. Es kann auch die Sehnsucht nach Frieden sein oder der Wunsch, in einem Jenseits mit bereits verstorbenen geliebten Menschen wieder vereint zu sein. Im letzteren Fall ist die ersehnte wieder hergestellte Verbindung mit anderen ein leitender Aspekt des Sterbewunsches. Die Verbundenheit mit anderen kann allerdings auch einem Sterbewunsch entgegenwirken, da der Todeszustand das Ende der Beziehungen zu den Lebenden – zumindest in der gewohnten Form – bedingt. Für das seelsorgliche Gespräch ist damit die Thematisierung wichtiger Beziehungen im Leben des Sterbewilligen im Blick zu behalten, wie auch die Frage nach der Art und Weise des Abschiednehmens von Vertrauten und Nahestehenden.

---

4 Konrad Hilpert: Schlüsselbegriffe und Argumentationsfiguren in der aktuellen Debatte um Sterbehilfe, in: ders., Jochen Sautermeister (Hg.): *Selbstbestimmung – auch im Sterben? Streit um den assistierten Suizid.* Freiburg i. Br.: Herder 2015, 97–114, 101. Ich danke Anika Prüßing für den Hinweis.

Ebenso wichtig ist ein Gesprächsangebot über Glauben und Religiosität. Religiös begründeten Vorstellungen einer Bestrafung des Suizids, die bis in die Gegenwart nachwirken, werden zwar suizidpräventive Wirkungen zugeschrieben; im Falle eines erfolgten Suizids können sie sich aber belastend für den Trauerprozess Nahestehender auswirken.[5]

Der assistierte Suizid beendet ein konkretes Leben, ist das Ende einer erzählbaren Biografie. Sterbewünsche sind deshalb verbunden mit Fragen nach der Biografie und ihren bedeutsamen Ereignissen, dem gelebten Leben, nach wichtigen Erfahrungen und ihrer Relevanz für die Wünsche nach einem beschleunigten oder gezielt herbeigeführten Sterben. Man kann dies als Ambivalenz-Raum zwischen den Polen «lebenssatt» – als einer Bejahung der Endlichkeit des Lebens – und «lebensmüde» beschreiben.[6] Seelsorge bei Sterbewünschen beginnt darum mit der Wahrnehmung von Ambivalenz. Kurt Lüscher versteht Ambivalenz als Grundsituation des Menschen in postmodernen Gesellschaften, er spricht gar vom «homo ambivalens».[7] Das Offenlegen und Aushalten der Ambivalenz in der seelsorglichen Begleitung bietet die Möglichkeit, die eigene Identität in einer Ambivalenz-Situation zu bestimmen und zu einer Handlung befähigt zu werden. Palliativmedizinerinnen und Palliativmediziner berichten immer wieder über eine Gleichzeitigkeit von Sterbewünschen und Lebensfreude, denen in der Begleitung und Betreuung gleichermassen Raum gegeben werden solle.[8]

Nach Adrian Tomer und Grafton T. Eliason ist die Einstellung gegenüber dem eigenen Sterben abhängig von Faktoren, die teils biografischer, teils religiös-spiritueller Natur sind. Dazu gehören lebensgeschichtliche Erfahrungen mit Sterben und Tod (z. B. des Todes anderer und auch eigene Erfahrungen mit Todesnähe, die

---

5   Vgl. dazu eingehend Andrea Schmolke: *Trauer als Weg zur Versöhnung. Die Bedeutung der Spiritualität für Hinterbliebene nach einem Suizid. Ein Ratgeber für Pfarrer und Pfarrerinnen in der Gemeinde.* Münster: Lit 2019.
6   Dazu ausführlicher Traugott Roser: Lebenssättigung als Programm. Praktisch-theologische Überlegungen zu Seelsorge und Liturgie an der Grenze, in: *Zeitschrift für Theologie und Kirche* 109 (2012), 397–414.
7   Vgl. Kurt Lüscher: «Homo ambivalens». Herausforderung für Psychotherapie und Gesellschaft, in: *Psychotherapeut* 55 (2010), 136–146.
8   Vgl. beispielsweise den Fallbericht von Andrea Gasper-Paetz, Helmut Hoffmann-Menzel, Birgit Jaspers, Lukas Radbruch: Absichtsloser Umgang mit der Gleichzeitigkeit von Sterbewunsch und Lebenswille, in: *Zeitschrift für Palliativmedizin* 17 (2016). Die Autorinnen und Autoren berichten von einer aufwendigen, aber lohnenden Begleitung: «Dass sowohl Lebens- als auch Sterbewunsch gleichzeitig thematische Schwerpunkte der Begleitung waren, wurde vom Team entgegen anfänglicher Erwartung nicht als besondere Belastung, sondern in der Reflexion als entlastend empfunden.» (DOI: 10.1055/s-0036-1594085)

sich angstgenerierend oder hoffnungsgenerierend auswirken), Glaubensvorstellungen und religiöse Praxis, Einstellungen gegenüber Vergangenem und gegenüber Zukünftigem sowie die Klärung der Frage, ob dem eigenen Tod Sinnhaftigkeit zugemessen wird (etwa als Erleichterung des Lebens anderer).[9]

Die spirituelle Dimension des Wunsches nach Suizidbeihilfe lässt sich deshalb kaum auf religiöse Aspekte begrenzen, sondern erstreckt sich auf das weite und oftmals wenig konkrete Feld von Sinnfragen, Identitätsklärung, Wertvorstellungen, Relationalität, Jenseitsglauben und Gottesbildern. Spirituelle Begleitung, wie sie durch Seelsorge geleistet wird, versucht, die unterschiedlichen Bereiche differenziert zu betrachten und sowohl zu einer Situationsklärung als auch zu einer Klärung des Todeswunsches und seiner Motive beizutragen.

2.1.2 An- und Zugehörige

Immer wieder weisen ethische Beiträge zum Thema Suizidassistenz auf den «relationalen Charakter menschlicher Autonomie»[10] hin. Der Wunsch nach assistiertem Suizid kann nicht nur im Blick auf das sterbewillige Subjekt betrachtet werden, sondern erfolgt in einem Beziehungsumfeld. Ein solches ist das familiäre Umfeld (Angehörige) oder der Kreis Nahestehender (Zugehörige). Nicht erst die Äusserung eines Sterbewunsches bringt eine gravierende Belastung für das familiäre Umfeld. Ihr geht meist eine nicht weniger belastende Zeit von Krankheit, eventuell Pflege und Versorgung und vorweggenommener Trauer voraus. Bei An- und Zugehörigen von Menschen mit einer unheilbaren und zum Tode führenden Erkrankung beginnt ein Trauerprozess sehr früh im Krankheitsprozess durch das Miterleben der Veränderungen im gemeinsamen Alltag. Sorge und Schmerz des betroffenen Menschen werden Nahestehenden im Frühstadium einer Erkrankung zwar oft nur unterschwellig mitgeteilt, sind aber bereits vorhanden. Belastende Symptome und Einschränkungen der Lebensqualität wirken sich auf die Lebensqualität der nächsten sozialen Bezugspersonen aus: auch ihr Leben ist nicht mehr das, was es vorher war. Dies löst Trauer aus, verbunden mit Überlegungen, bisweilen auch Fantasien, wie das Leben «danach» sein wird.

---

9 Adrian Tomer, Grafton T. Eliason: Theorien zur Erklärung von Einstellungen gegenüber Sterben und Tod, in: Joachim Wittkowski (Hg.): *Sterben, Tod und Trauer. Grundlagen, Methoden, Anwendungsfelder*. Stuttgart: Kohlhammer 2003, 33–50.
10 So Eberhard Schockenhoff: Zwischen Autonomie und Lebensschutz. Zum Suizidassistenz-Urteil des BVerfG vom 26. Februar 2020. Bonn: Konrad Adenauerstiftung 2020, 4 (https://www.kas.de/documents/252038/7995358/Zwischen+Autonomie+und+Lebensschutz.pdf/a4465543-343f-5b83-c290-00f6deb35b46?version=1.0&t=1590482347778, Zugriff am 27.8.2021).

Vor allem pflegende Angehörige sind durch die Krankheitssituation stark belastet. Eine durch das Sozialministerium des Landes Nordrhein-Westfalen geförderte Studie unter pflegenden Angehörigen hat die unterschiedlichen Belastungsfaktoren herausarbeiten können. Neben dem Leisten emotionaler Unterstützung des oftmals unter depressiver Verstimmung oder Demoralisierung leidenden Patienten gehört dazu auch, immer wieder eine angenehme Atmosphäre zu schaffen, die sozialen Kontakte zu organisieren (Besuche, Telefonate mit dem weiteren Umfeld), das Bereiten und Reichen von Nahrung, die Aneignung und Information über Hintergründe der Krankheit sowie mögliche alternative Therapien, verbunden jeweils mit neuer Hoffnung und Ermutigung zum Weitermachen. Vor allem leisten pflegende Angehörige «Anwesenheit», indem sie da sind und dabeibleiben.

Die Anforderungen und Belastungen aufgrund der Begleitung des nahestehenden Menschen führen bei Angehörigen häufig zu Beeinträchtigungen in verschiedenen Bereichen. Sie leiden oft unter eigenen körperlichen Beschwerden, geistig-seelischen Beeinträchtigungen wie Traurigkeit, Wut, Reizbarkeit usw. und nicht selten an einer unterschiedlich stark ausgeprägten sozialen Isolation.[11]

Spirituell bedeutsam ist, dass die Betreuung einerseits Ausdruck einer engen (Liebes-)Beziehung zu dem erkrankten Menschen ist und andererseits aufgrund einer Werthaltung erfolgt, die in einem gegebenen Versprechen «füreinander da zu sein» den Charakter einer moralischen Selbstverpflichtung oder gegenseitigen Verpflichtung annimmt. Religiöse Aspekte werden dann bedeutsam, wenn das Versprechen mit einem bei der kirchlichen Eheschliessung gegebenen Treuegelübde verbunden ist. Aus der Spiritualitätsdefinition sind damit v. a. die Kategorien «Verbindung/Verbundenheit» und «Glaubenssystem/Regeln/Leitlinien» betroffen.

Der Sterbewunsch eines Patienten oder einer Patientin erfolgt in einer Situation unerträglichen Leidens. Angehörige werden Zeugen dieser Situation. Langzeituntersuchungen von pflegenden Angehörigen von Krebspatienten und Krebspatientinnen konnten nachweisen, dass diese besonders gestresst sind, wenn die Patientinnen und Patienten unter starken Schmerzen leiden und bei Schmerzkrisen Todeswünsche äussern. Überlastung durch fehlende Unterstützung und palliativmedizinische Notfallhilfe, durch Situationen, auf die sie sich nicht vorbereitet fühlen, und durch übermässige Verantwortungsgefühle führen zu Empfindungen,

---

11 Martina Kern, Daniela Grammatico, Elke Ostgathe: «*Was brauchen Menschen, die ihre schwerstkranken und sterbenden Angehörigen zu Hause versorgen?*». Bonn 2009, 8, https://alpha-nrw.de/wp-content/uploads/2014/07/was-brauchen-menschen.pdf, Zugriff am 11.8.2021.

sich in «einem Gefängnis zu befinden», wie ein «Lamm zur Schlachtbank» geführt zu werden oder wie «im Blindflug navigieren zu müssen».[12] Pflegende Angehörige befinden sich damit in einer Situation erheblichen psychologischen Stresses, verbunden mit Gefühlen von Versagen, Scham und Schuld. Regeln und Leitlinien des eigenen Handelns und Verhaltens sind damit spirituelle Aspekte, die durch die Situation als herausfordernd empfunden werden können. Ein Sterbewunsch stösst bei An- und Zugehörigen auf eine von intensiven Emotionen geprägte Situation, in der sich Resonanzen ebenso ergeben können wie Dissonanzen.

Der Sterbewunsch wirft Fragen nach dem Sinn der gesamten Situation auf. Gefühle und Überlegungen können von ausgeprägter Ambivalenz sein: einerseits dem Wunsch, den Sterbewilligen am Leben und im gemeinsamen Leben zu erhalten und andererseits dem Leid ein Ende zu machen, sowohl dem Leid des Patienten als auch dem der pflegenden Angehörigen. Der Todeswunsch erscheint sinnvoll, kann aber in Konflikt geraten mit eigenen Wertvorstellungen und eventuell religiösen Einstellungen. An- und Zugehörige stehen letztlich vor der Herausforderung, ob ihre Einwilligung in den Plan zu einem assistierten Suizid bis hin zur Beteiligung an seiner Umsetzung ein Ausdruck von Liebe ist. Auch vonseiten des Sterbewilligen wird die Belastung der Angehörigen wahrgenommen und für die Begründung des Sterbewunsches mit angeführt.[13]

Es ist sicher nicht zufällig, dass zahlreiche Filme, die sich mit dem Thema der Suizidassistenz und der Tötung auf Verlangen befassen, die Tötung oder Beihilfe im Rahmen einer Liebesbeziehung erzählen. Eine emotional basierte Handlungsstrategie wird als Lösungskonzept für ein moralisches Dilemma stark gemacht.[14]

---

12 «Sources of distress for caregivers included feeling as though they were ‹in a prison› (overwhelmingly responsible), ‹lambs to slaughter› (unsupported), and ‹flying blind› (unprepared). In addition, family caregivers expressed distress when witnessing their loved one in pain and when pain crises invoked thoughts of death» (Anita Mehta, Lisa S. Chan, S. Robin Cohen: Flying Blind: Sources of Distress for Family Caregivers of Palliative Cancer Patients Managing Pain at Home, in: *Journal of Psychosocial Oncology* 32 (2014), 94–111).

13 So eine der Bedeutungen des Sterbewunsches nach der Studie von Ohnsorge et al.: «I am burdened myself, I am such a burden to others; I want to end this.» Vgl. Kathrin Ohnsorge, Heike Gudat, Christoph Rehmann-Sutter: What a wish to die can mean: reasons, meanings and functions of wishes to die, reported from 30 qualitative case studies of terminally ill cancer patients in palliative care, in: *BMC Palliative Care* 13 (2014).

14 Vgl. dazu Kurt W. Schmidt, Giovanni Maio, Hans-Jürgen Wulff (Hg.): *Schwierige Entscheidungen. Krankheit, Medizin und Ethik im Film* (Arnoldshainer Texte 129). Frankfurt a. M.: Haag & Herchen 2008. Ich beziehe mich auf Filme wie *Ist das nicht mein Leben?* (Regie: John Badham, USA 1981), *Das Meer in mir* (Regie: Alejandro Amenábar, Spanien 2004), *Schmetterling und Taucherglocke* (Regie: Julian Schnabel, Frankreich 2007), *Emmas*

Die Bedeutung der Verbundenheit als zentraler Aspekt von Spiritualität wird hier besonders deutlich und für eine Entscheidungsfindung des eigenen Verhaltens der Angehörigen in Anschlag gebracht.

Ein Aspekt, den es schliesslich mit Blick auf die An- und Zugehörigen zu beachten gilt, ist die besondere Situation von Trauer nach einem Suizid. Spirituelle und religiöse Fragen und Unsicherheiten wirken sich im Falle der Trauer bei Suizid in besonderer Weise aus. Andrea Schmolke beschreibt, dass die Hinterbliebenen sich in einem sozialen Umfeld befinden können, das mit normativen Werturteilen auf die Situation reagiert, mit Ablehnung und Unverständnis oder auch Vorwürfen und Urteilen, insbesondere in ausgeprägt religiös bestimmten Kontexten.[15] In ihrer Untersuchung von Erfahrungsberichten Hinterbliebener von Menschen, die durch Suizid ihr Leben beendet haben, stiess Schmolke auf das Phänomen, dass die Hinterbliebenen vielfach über die Rolle und den Verbleib des Verstorbenen nachsinnen. Der Glaube an ein Weiterleben nach dem Tod ist zwar eine Hilfe, wird aber durch die Ungewissheit über diesen Zustand und seine mögliche Beeinträchtigung durch die Suizidhandlung belastet. Nicht wenige Hinterbliebene berichten von «übernatürlichen Erlebnissen»[16], Erlebnissen zum Zeitpunkt des Todes oder dem Gefühl, der Verstorbene sei auch nach dem Tod präsent. Ein hohes Gesprächsbedürfnis steht einer gleichzeitigen Tabuisierung des Themas im sozialen und gesellschaftlichen Umfeld gegenüber. Der Trauerprozess ist durch Gefühle der Ohnmacht gekennzeichnet. Schmolke rät Seelsorgenden dazu, Gefühlen von Ohnmacht gemeinsam zu begegnen, indem Handlungsmöglichkeiten aufgezeigt, Schuldzuweisungen überwunden werden und Solidarität mit dem Trauernden gezeigt wird.

2.1.3 Pflegende, Behandelnde

Die Mitarbeiterinnen und Mitarbeiter in Behandlungsteams werden durch den Wunsch nach beschleunigtem Sterben allgemein und nach Suizidbeihilfe nicht nur berufsethisch und in Fragen von Rechtssicherheit herausgefordert, sondern auch in ihrer Behandlungs- und Betreuungsbeziehung zum Patienten oder zur Patientin. Erfahrene Ärztinnen und Ärzte, die Patienten über längere Zeit begleiten, berichten, dass sie bei einem Suizid letztlich um ihre Patientinnen oder Patienten als Kooperationspartner bei der Planung der weiteren Behandlung und Versorgung trauern, denn diese entziehen sich durch einen selbstbestimmten Tod ihrer Rolle

---

Glück (Regie: Sven Taddiken, Deutschland 2005), *Million Dollar Baby* (Regie: Clint Eastwood, USA 2004), *Liebe* (Regie: Michael Haneke, Frankreich 2012) und *Am Ende ein Fest* (Regie: Tal Granit, Israel/Deutschland 2014).
15 Vgl. auch zum Folgenden Schmolke, Trauer.
16 A. a. O., 189.

als Patienten, Patientinnen und als Gegenüber. Empfindungen wie Zorn und Wut und Schwierigkeiten, den Wunsch und seine Umsetzung zu akzeptieren, sind Ausdruck von Gefühlen, die mit Trauer verbunden sind und eine spirituell-religiöse Komponente haben können. Sie können in ganz unterschiedlicher Intensität bei allen Beteiligten auftreten.

Begleitungen, in denen ein Mensch seinen Sterbewunsch äussert, erfolgen auf Basis gewachsenen Vertrauens. Die Professionellen befinden sich in einem Ambivalenz-Raum, bei dem Verständnis für den Sterbewunsch ebenso besteht wie der Wunsch, dem Anvertrauten Alternativen aufzeigen zu können. Manche hoffen, dass ihre Beratung und ihre Angebote einem Menschen eine Perspektive zum Weiterleben eröffnen können. In diesem Sinne formuliert der Palliativmediziner Thomas Sitte:

> Ich berate immer, was man alles tun kann, um Leiden zu lindern, auch wenn Heilung nicht mehr möglich ist. Ich berate auch, was man unterlassen sollte, um Leben nicht um jeden Preis, und wenn es von der Patientin bzw. dem Patienten nicht gewünscht wird, zu verlängern. Ich berate auch, wenn der Wunsch nachhaltig geäußert wird, wie man gut sterben kann. Bislang hat noch keiner von meinen Patienten am Suizidwunsch festgehalten.[17]

Wählt der Patient oder die Patientin dennoch den Suizid, stellt sich der Person, die berät oder begleitet, möglicherweise die Frage «Waren wir nicht gut genug?».[18] Das Gefühl zu ertragen, ein vorzeitiges Sterben nicht verhindert und damit vielleicht Schuld auf sich geladen zu haben, ist Bestandteil der Trauer von Menschen in Gesundheitsberufen im Falle beschleunigten Sterbens und Suizids. In spiritueller Hinsicht sind das Selbstverständnis und die Identifizierung mit der Rolle des Helfenden betroffen, ebenso wie die Verbundenheit mit Patienten und Patientinnen. Der eigene Beruf wird als sinnstiftend erfahren, das Nicht-mehr-helfen-Können als Scheitern.

Die Klärung der eigenen ethischen Position verlangt nach einer Auseinandersetzung mit Standesethos und kodifizierten Normen. Eine Umfrage unter 1811 Ärztinnen und Ärzten, Pflegekräften und anderen Berufsgruppen in Palliative Care in

---

17 Konrad Adenauer Stiftung (Hg.): «Der Grundwert des Lebens steht zur Disposition». Ein Interview mit dem Palliativmediziner Dr. Thomas Sitte zum BVerfG-Urteil über das Verbot der geschäftsmäßigen Förderung von Selbsttötung, 5, https://www.kas.de/documents/252038/7995358/Ein+Interview+mit+dem+Palliativmediziner+Dr.+Thomas+Sitte+zum+BVerfG-Urteil+u%CC%88ber+das+Verbot+der+gescha%CC%88ftsma%CC%88%C3%9Figen+Fo%CC%88rderung+von+Selbstto%CC%88tung.pdf/92c82b37-d329-d3cf-64b5-31efb3dd4f9e?version=1.0&t=1595943180206, Zugriff am 27.8.2021.
18 Ich danke Felix Grützner und Helmut Hoffmann-Menzel für Einblick in ihre Erfahrungen.

Deutschland zeigt, dass drei Viertel von ihnen mit dem Wunsch nach Suizidassistenz konfrontiert wurden; mehr als 90 % stimmen der Aussage zu, dass der «Wunsch nach Ä[rztlich]A[ssistiertem]S[uizid] […] ambivalent sein [kann]».[19] Zur Ambivalenz gehört auch, dass über die Hälfte der befragten Palliativärztinnen und Palliativärzte den Sterbewilligen weiterbehandeln, selbst aber nicht an der Durchführung beteiligt sein möchte, ein Drittel sich dies aber zumindest theoretisch vorstellen kann. 31 % der Befragten gaben an, in den letzten zehn Jahren ihre Meinung zum Ärztlich Assistierten Suizid geändert zu haben, zum Teil eher in Richtung einer Ablehnung, zu einem grösseren Teil jedoch in Richtung einer Tolerierung und Befürwortung dieser Möglichkeit. Während die ärztlichen Berufsgruppen unmittelbar vor die Frage gestellt sind, ob sie im Rahmen ihrer ärztlichen Tätigkeit Suizidassistenz leisten, erachten es die nicht ärztlichen Berufsgruppen als ihre «moralische Pflicht», beim Suizidwilligen zu bleiben. Für alle gilt, dass Beihilfe zum Suizid als «Grenze der Begleitung benannt [wird], deren Überschreiten mit dem eigenen Gewissen vereinbar sei und große emotionale Belastung mit sich brächte».[20] Zwar erwähnt die Untersuchung keine religiösen Bezüge, aber Gewissensfragen, emotionale Belastung und Wertekonflikte deuten zumindest auf die spirituelle Dimension hin.

Zu erwähnen ist, dass für Personal in pflegenden Einrichtungen oder in der ambulanten Versorgung Suizid immer eine Herausforderung darstellt. Es macht allerdings einen Unterschied, ob eine Pflegekraft oder Reinigungspersonal einen Menschen auffindet, der sich gewaltsam suizidiert hat und tot in seinem Appartement oder seiner Wohnung vorgefunden wird, oder einen Menschen, der mit Begleitung aus dem Leben gegangen ist.[21] Seelsorgliche Begleitung ist ebenso sinnvoll wie Supervision.

2.2 Mesoebene: Soziale Systeme und der Umgang mit Suizidbeihilfe

2.2.1 Familie und Freundeskreis
Während im vorhergehenden Abschnitt vor allem auf den Umgang der einzelnen An- und Zugehörigen mit dem Wunsch nach Suizidbeihilfe eines Patienten oder einer Patientin eingegangen wurde, sei hier auf die sozialen Umstände hingewiesen.

---

19   Maximiliane Jansky, Birgit Jaspers, Lukas Radbruch, Friedemann Nauck: Einstellungen zu und Erfahrungen mit ärztlich assistiertem Suizid. Eine Umfrage unter Mitgliedern der Deutschen Gesellschaft für Palliativmedizin, in: *Bundesgesundheitsblatt* 60 (2017), 89–98, 91.
20   A. a. O., 96.
21   Ich habe als Altenheimseelsorger mehrmals Pflegekräfte und Heimleitungen unterstützen müssen, die sich durch eine solche Situation als traumatisiert bezeichneten.

Im Zuge der Palliativversorgung und der Hospizbewegung wurden die Wünsche des Kranken nicht weniger zum Ausgangspunkt der Begleitung gemacht wie bei der Betonung der Patientenautonomie durch die Befürworter und Befürworterinnen von Sterbehilfe und einer gesetzgeberischen Öffnung von Suizidbeihilfe. Zu den Wünschen gehören auch Fragen des Sterbeortes, der häufig zugleich der Ort des Familiensystems ist, an dem auch weiterhin Leben stattfinden wird. Im September 2010 wurde der deutschen Öffentlichkeit die «Charta zur Betreuung schwerstkranker und sterbender Menschen in Deutschland»[22] vorgestellt, die in fünf Leitsätzen Aufgaben, Ziele und Handlungsbedarfe formuliert, um die Betreuung schwerstkranker und sterbender Menschen zu verbessern. Unter Leitsatz zwei heisst es:

> Jeder schwerstkranke und sterbende Mensch hat ein Recht auf eine umfassende medizinische, pflegerische, psychosoziale und spirituelle Betreuung und Begleitung, die seiner individuellen Lebenssituation und seinem hospizlich-palliativen Versorgungsbedarf Rechnung trägt. Die Angehörigen und die ihm Nahestehenden sind einzubeziehen und zu unterstützen.

Das Konzept geht von einer «unit of care» aus, bei dem Patientin bzw. Patient und soziales Umfeld systemisch zu denken sind. Hier heisst es auch, dass die Versorgung durch ein Netzwerk professioneller und ehrenamtlicher Begleiterinnen und Begleiter, «soweit wie möglich in dem vertrauten bzw. selbst gewählten Umfeld [erfolgt]. Dazu müssen alle an der Versorgung Beteiligten eng zusammenarbeiten».[23]

In Familiensystemen kann es durchaus zu unterschiedlichen Einschätzungen des Sterbewunsches und der Einwilligung in und Begleitung beim assistierten Suizid kommen. Familien können als ganze eine weltanschauliche Prägung und die Zugehörigkeit zu einer kulturellen und religiösen Tradition oder Gemeinschaft teilen. Sie können aber auch tief gespalten und uneins sein. Was den einen als Ausdruck von individueller Freiheit erscheint, kann für die anderen eine Verletzung von überlieferten Normen sein. Für Seelsorge wird dies spätestens im Zusammenhang der Vorbereitung und Durchführung einer Trauerfeier und (kirchlichen) Bestattung zu berücksichtigen sein.[24] Die spirituelle Dimension kann hier in Gestalt von Ritualen potenzielle Verletzungen thematisieren – etwa als Klage, als Benen-

---

22 Charta zur Betreuung schwerstkranker und sterbender Menschen in Deutschland, https://www.charta-zur-betreuung-sterbender.de/, Zugriff am 11.8.2021.
23 Charta zur Betreuung schwerstkranker und Sterbender Menschen in Deutschland, https://www.charta-zur-betreuung-sterbender.de/die-charta_leitsaetze_2.html, Zugriff am 28.8.2021.
24 Vgl. dazu den Beitrag von David Plüss in diesem Band.

nung von Schuld oder Entlastung von Schuldgefühlen – und Gemeinschaft stabilisierend wirken, indem gegenseitig die Trauer anerkannt und damit geteilt wird.

2.2.2 Multiprofessionelle Teams

Auch wenn der Wunsch nach Suizidbeihilfe von Patientinnen und Patienten in Gesprächen mit einzelnen Mitgliedern von Behandlungsteams geäussert wird, wird darüber im Rahmen der Teamberatung informiert, diskutiert und das weitere Vorgehen besprochen. In den unterschiedlichen palliativen Versorgungsformen – sowohl in spezialisierter ambulanter Versorgung als auch in stationären Einrichtungen in Kliniken und Hospizen – finden diese Beratungen in multiprofessionellen Teams statt. Dadurch wird dem Anspruch an eine ganzheitliche Begleitung und Behandlung entsprochen. Ein solches multiprofessionelles Versorgungssetting ermöglicht es, dem Patienten, der Patientin und den An- und Zugehörigen unterschiedliche Formen der Ansprache anzubieten und in unterschiedlicher Weise zu kommunizieren. Die Verschiedenheit der Berufsgruppen stellt die Ganzheitlichkeit der Sterbebegleitung her, die auch spirituelle Begleitung umfasst. Die multiprofessionellen Teams der Palliativstationen und Hospize sowie der ambulanten Versorgung entwickeln und pflegen laut einer Studie von Bauer, Saake und Breitsameder einen speziellen «Teamgeist» und bieten sich dem Sterbenden wie eine Familie an, sind aber dennoch «arbeitsteilige Organisationen, die gerade deshalb so leistungsfähig sein können, weil sie nicht mit einer Stimme sprechen müssen».[25]

Der Umgang mit dem geäusserten Sterbewunsch verlangt nach einem geordneten Prozess, der von der ersten, unmittelbaren Kommunikation mit der Patientin oder dem Patienten über die Information und Beratung bis zur Planung des weiteren Vorgehens und seiner Umsetzung – wiederum in der Kommunikation mit der betroffenen Person – reicht. Dabei müssen die einzelnen Teammitglieder zwar nicht mit einer Stimme sprechen, aber ein gemeinsam festgelegtes Ziel, eine gemeinsame Behandlungsstrategie verfolgen. Der Kommunikationsaufwand innerhalb des Teams ist erheblich, um Konsens unter den Teammitgliedern herzustellen und abweichende Meinungen zu integrieren. Im Falle von Sterbewünschen und insbesondere im Umgang mit der Bitte um Suizidassistenz bedarf es intensiver Beratungen, die sowohl die unterschiedlichen professionellen Aspekte

---

25   Anna Bauer, Irmhild Saake, Christof Breitsameter: Perspektiven auf Sterbende. Zum Sterben in multiprofessionellen Kontexten, in: *Zeitschrift für Palliativmedizin* 23 (2022, in print). Die Studie von Bauer, Saake und Breitsameder entstand im Rahmen des DFG-Projekts «Vom ‹guten Sterben›. Akteurskonstellationen, normative Muster, Perspektivendifferenzen» unter Leitung von Christof Breitsameter, Armin Nassehi und Irmhild Saake.

und Handlungsoptionen als auch die persönlichen Einstellungen der Teammitglieder berücksichtigen.

Spirituelle und religiöse Einstellungen spielen dabei eine nicht unwesentliche Rolle. Eine Befragung von Fachärztinnen, Fachärzten, Pflegekräften und anderen Gesundheitsberufen in einem britischen Akutkrankenhaus untersuchte den Zusammenhang der Zugehörigkeit zu einem bestimmten Glaubenssystem und Einstellungen zu end-of-life-Entscheidungen der unterschiedlichen Berufsgruppen. Religiöse Zugehörigkeit und Glaubensvorstellungen differierten zwischen ärztlichem und pflegerischem Personal sowie ihrem Klientel in signifikanter Weise. Fachärzte und Fachärztinnen lehnten beispielsweise die Vorstellung eines Lebens nach dem Tode zehnmal häufiger ab als Pflegekräfte. Die Pflegekräfte im untersuchten Krankenhaus gehörten – anders als das plurireligiöse Patienten- und Patientinnenklientel – entweder zu christlichen Kirchen oder waren nicht religiös. Signifikant waren auch die Differenzen in der Haltung zu Fragen der Behandlung am Lebensende. Die Pflegekräfte waren deutlich positiver gegenüber der Option ärztlich assistierten Suizids in Situationen unerträglichen Leidens eingestellt als die Fachärzte und Fachärztinnen. Differenzen bestanden auch mit Blick auf den Verzicht auf parenterale Zufuhr von Flüssigkeit. Allerdings zeigte die Untersuchung auch, dass religiöse Einstellungen sich in der Praxis nicht nachweisbar auf die konkrete Behandlung und Versorgung von Patienten und Patientinnen einschliesslich der Möglichkeit der Beendigung lebenserhaltender Massnahmen oder Suizidassistenz auswirkten. Die Untersuchung zeigt, so das Fazit der Forschungsgruppe, die «variability in belief system and attitudes to end of life decision making both within and between clinical groups».[26]

Neben einer entwickelten Kommunikationskultur bedürfen multiprofessionelle Teams beim Umgang mit Sterbewünschen von Patientinnen und Patienten einer Aufgeschlossenheit gegenüber Wertvorstellungen und religiösen Einstellungen sowohl von Mitgliedern des Teams als auch der begleiteten Personen, insbesondere dann, wenn diese von denen der Mehrheit der Teammitglieder abweichen. Verfahrensweisen, wie sie im Falle einer Palliativen Fallbesprechung oder bei Ethikkonsilien entwickelt sind, lassen explizit Raum für spirituelle Aspekte.[27] Weitere

---

26   Auch zum Vorherigen vgl. Edwin J. Pugh, Robert Song, Vicki J. Whittaker, John Blenkinsopp: A profile of the belief system and attitudes to end-of-life decisions of senior clinicians working in a National Health Service Hospital in the United Kingdom, in: *Palliative Medicine* 23 (2009), 158–164, 162.

27   Vgl. Margit Gratz, Meike Schwermann, Traugott Roser: *Palliative Fallbesprechung etablieren. Ein Leitfaden für multiprofessionelle Teams*. Stuttgart: Kohlhammer 2018.

Angebote wie Teamsupervision und das Angebot von Ritualen sind hilfreich für nachgehende Reflexion.

2.3 Makroebene: Assistierter Suizid und weltanschaulich und konfessionell geprägte Einrichtungen

In Einrichtungen der Altenpflege und in Kliniken in konfessioneller oder weltanschaulich gebundener Trägerschaft bedarf der Wunsch nach beschleunigtem Eintritt des Todes durch Suizidbeihilfe über die Klärung im unmittelbaren Gespräch und in Teamberatungen hinaus auch einer Abstimmung mit den Leitlinien und Vorgaben von Trägerseite. Dabei kann es zu erheblichen Konflikten kommen, wenn ein Träger durch klare Vorgaben der Religions- oder einer Weltanschauungsgemeinschaft gebunden ist, die mit dem Eingehen auf Wünsche von Patientenseite unvereinbar sind, selbst wenn ein Behandlungsteam oder einzelne Behandelnde zu einem anderen Befund kommen. Träger, die ihr Profil offen als Orientierung an einer bestimmten konfessionellen und religiösen Tradition kommunizieren, sind Organisationen mit einer spezifischen spirituellen Kultur, die sich in der konkreten Behandlungs- und Versorgungspraxis widerspiegelt.

Angestellte und Mitarbeitende müssen die Einstellungen und Wertvorstellungen des Trägers nicht teilen, werden aber im Rahmen von Einstellungsverfahren und in Beratungsprozessen mit Leitenden und Verantwortlichen das Verhalten im Falle von Dissens thematisieren.

In akuten Behandlungssituationen kann es aber dazu kommen, dass Konflikte zwischen den unterschiedlichen Akteuren beispielsweise auf der Mikro- und der Makroebene auftreten, die auch auf der Ebene von Werthaltungen und religiöse Einstellungen basieren. Äussert eine Patientin oder ein Patient in der Situation einer akut unerträglichen oder anhaltend ausgeprägten Leidsymptomatik insistierend den Wunsch nach Suizidbeihilfe, ist es schwierig, unter Hinweis auf geltende Richtlinien das Ansinnen abzuwehren und mit der Beendigung des Behandlungsverhältnisses zu drohen.

Ähnlich problematisch wäre es, wenn ein langjähriger Bewohner oder eine langjährige Bewohnerin einer Pflegeeinrichtung aufgrund eines Plans, das eigene Leben mithilfe anderer selbst zu beenden, die Einrichtung verlassen müsste. Zur spirituellen Kultur einer Einrichtung gehört nicht nur die Orientierung an Regeln und Leitlinien, sondern auch die Pflege einer verlässlichen Vertrauensbeziehung zwischen Betreuten und Betreuenden.

Um krisenhafte Situationen zu vermeiden, bedarf es einer vorausschauenden Planung des Umgangs mit Sterbewünschen, eines umsichtigen und umfassenden Angebots von Beratung und Begleitung, das sowohl den Bedürfnissen der sterbewilligen Person als auch den Werthaltungen der Einrichtungen entspricht. Vor allem aber bedarf es transparenter Offenlegung des Umgangs mit Sterbewünschen zu Beginn des Betreuungsverhältnisses.

Für Seelsorgerinnen und Seelsorger bedeutet dies, dass sie sich über die Begleitung von Menschen mit Todeswünschen und ihren An- und Zugehörigen hinaus auch an den Prozessen zur Entwicklung einer spirituellen Kultur der Einrichtung beteiligen, etwa durch Mitarbeit in Fallbesprechungen, Ethikkomitees und in Kommissionen zur Entwicklung von Richtlinien und Leitbildern.

3. Ausblick: Impulse für die seelsorgliche Begleitung bei Todeswünschen

Die spirituelle Dimension des Wunsches nach assistiertem Suizid erfordert je nach beteiligter Person oder Personengruppe unterschiedliche seelsorgliche Angebote und Interventionen. Bei Patientinnen und Patienten, die einen entsprechenden Wunsch äussern, eröffnet ein Gesprächsangebot zunächst einen Raum, um den Wunsch aussprechen und sich Gehör verschaffen zu können. Seelsorge kann dem Gegenüber die Gelegenheit bieten, die Situation akuten oder befürchteten Leidens mit Bezug auf die eigene Biografie, auf Glaubensvorstellungen und Erwartungen an die eigene Zukunft und die der Angehörigen zu klären. Dies ersetzt keineswegs die Beratungs- und Aufklärungsgespräche mit dem ärztlichen Personal oder mit psychologisch qualifizierten Berufsgruppen, ergänzt diese aber im Sinne einer ganzheitlichen und «mehrstimmigen» Versorgung.

Ähnlich kann Seelsorge auch den An- und Zugehörigen Gespräche anbieten, um ihrem eigenen Empfinden, der Trauer und Belastung Ausdruck zu geben. Beiden Gesprächspartnern gegenüber bietet Seelsorge ihr Da-Sein an, das kein eigenes Interesse und kein Behandlungsziel verfolgt.

Seelsorgerinnen und Seelsorger beteiligen sich zudem an ethischen Beratungen sowohl im Patientenkontakt als auch in den Beratungen des Behandlungsteams und auf Trägerebene. Dabei gehört es zum Auftrag der Seelsorge, immer wieder für die spirituellen Aspekte des Sterbewunsches und des Umgangs damit zu sensibilisieren. Die Weite des Spiritualitätsbegriffs im oben beschriebenen Sinn ist dabei immer wieder ins Bewusstsein zu rufen. Es wäre empfehlenswert, mit der oben vorgestellten Matrix zu arbeiten, um für die unterschiedlichen Ebenen und Akteure jeweils die spirituelle Dimension zu identifizieren und dabei auf potenzielle Ressourcen wie auf Konflikte aufmerksam zu werden.

Sowohl in dem Fall, dass sich ein Patient oder eine Patientin letztlich gegen assistierten Suizid entscheidet und anderen Behandlungsoptionen (z. B. palliativer Sedierung) zustimmt, als auch in dem Fall, dass er oder sie Suizidbeihilfe in Anspruch nimmt, bedarf es eines Angebots spiritueller Begleitung bis zuletzt. Spirituelle Bedürfnisse wie der Bedarf an Beistand oder ein Abschiednehmen von Nahestehenden können im einen wie im anderen Fall bestehen. Um der Gefahr zu wehren, dass bei der Planung und Durchführung der Massnahmen der Beihilfe zum Suizid technisch-medizinischer Pragmatismus die Situation dominiert und andere Bedürfnisse überlagert, kann die Präsenz einer Seelsorgeperson zumindest die spirituelle Dimension im Leben bis zuletzt und im Sterbegeschehen offenhalten. Hier bieten sich rituelle Handlungen in christlicher Tradition wie ein Abschiedssegen oder – nach Eintritt des Todes – eine Aussegnung an. Sie gelten der Würde aller Beteiligten und der Würde des Moments.

III. Praxisfelder der Seelsorge

Angehörige und assistierter Suizid
Perspektiven der Spitalseelsorge

Susanna Meyer Kunz

1. Wenn die Wünsche der Tochter anders sind als die der sterbewilligen Mutter – ein Fallbeispiel

Frau H. leidet an einem fortschreitenden, metastasierenden Uteruskarzinom. Die engagierte Mittfünfzigerin hat die letzten Jahre damit verbracht, gegen ihre aggressive Krankheit zu kämpfen. Viele Spitalaufenthalte mit komplexen Operationen und kräftezehrenden Therapien hat sie auf sich genommen. Frau H. hat einen Ehemann und zwei erwachsene Kinder.

Die Seelsorgerin begleitet Frau H. seit zwei Jahren. Im Verlauf der längeren oder kürzeren Spitalaufenthalte beschäftigt sich Frau H. mit Sinnfragen. Sie führte bis zum Ausbruch ihrer Krankheit ein selbstbestimmtes Leben. Der Seelsorgerin erzählt sie, dass sie früh nach der Geburt der beiden Kinder wieder in das Berufsleben eingestiegen sei. Lange ist sie davon überzeugt, dass sie, durch Anstrengung und Engagement in den Therapien, eine Verbesserung ihrer Situation erreichen könnte. Sie will ihre Lebensqualität erhalten. Zunehmend stellt sie den Nutzen der invasiven Therapien infrage. Sie konstatiert einen enormen körperlichen und seelischen Einsatz ihrerseits, der in keinem Verhältnis mehr zum Ertrag oder zu einer Verbesserung ihrer Situation steht.

In der Zeit der Entscheidungsfindung für eine Änderung des Therapieziels setzt sie sich mit den Möglichkeiten des assistierten Suizids und der palliativen Sedation[1] auseinander. Diese Optionen bespricht sie mit ihrer Ärztin, ihrem Ehemann und mit der Seelsorgerin. Beim Abwägen der Möglichkeiten ist für Frau H. bedeutsam, dass sie weiterhin selber entscheiden kann. Gegenüber der palliativen Sedation hat sie Vorbehalte, weil sie nicht möchte, dass sie einfach so daliegt und nicht mehr kommunizieren kann. Der assistierte Suizid war für sie zeitlebens immer eine Möglichkeit, selbstbestimmt zu entscheiden. Die belastenden Symptome wie Nausea und Schmerz haben in der letzten Zeit so stark zugenommen,

---

[1] Vgl. *Bigorio 2005. Empfehlungen «Palliative Sedation»*, https://www.palliative.ch/public/dokumente/was_wir_tun/angebote/bigorio_best_practice/BIGORIO_2005_-_Empfehlungen_Palliative_Sedation.pdf, Zugriff am 26.8.2021.

dass sie sich kaum auf etwas anderes konzentrieren kann. Ihre Lebensqualität hat dadurch stark abgenommen und sie kann ihrem jetzigen Leben keinen Sinn mehr abgewinnen.

Während dieser Phase der Entscheidungsfindung lernt die Spitalseelsorgerin ihre 18-jährige Tochter Lisa kennen. Obwohl ihre Eltern aus der Kirche ausgetreten sind, hat sie entschieden, sich konfirmieren zu lassen. Sie befindet sich in der Ausbildung zur Fachfrau Gesundheit. Oft begleitet sie ihre Mutter zu den Therapien. Während einer Untersuchung kommt Lisa mit der Seelsorgerin ins Gespräch. Lisa hat genaue Vorstellungen darüber, wie sie ihre Mutter begleiten möchte. Kürzlich ist der Vater einer ihrer besten Freundinnen verstorben. Die ganze Familie hat ihn auf der Palliativstation begleitet. Für den Vater ihrer Freundin gab es eine Abschiedsfeier. So möchte sie es auch für ihre Mama: in der Kirche mit schöner Musik und Gesang. Sie sieht, wie die Kräfte ihrer Mama schwinden. Sie will mit ihr darüber sprechen. Das ist leider nicht möglich. Die Mutter weicht aus oder wechselt das Thema. Lisa meint, dass es der Mama schwerfalle, vor ihr Schwäche zu zeigen. Sie sei immer eine starke Mutter gewesen.

Als Frau H. ihrer Familie mitteilt, dass sie mit einer Sterbehilfeorganisation aus dem Leben gehen möchte, ist Lisa wütend, enttäuscht und traurig. Der Vater und der Bruder hingegen können den Wunsch der Mutter nachvollziehen und unterstützen sie. Lisa fühlt sich zurückgewiesen, allein und ausgeschlossen.

Sie meldet sich telefonisch bei der Seelsorgerin und bittet um ein Gespräch. Lisa ist verzweifelt, weil sie nicht dabei sein möchte, wenn ihre Mutter die Bentobarbital-Infusion öffnen wird, das Narkosemittel in ihre Venen fliessen und sie anschliessend versterben wird.

Ich biete Lisa an, sie am Todestag der Mutter zu begleiten. Da der Vater und der Bruder von Lisa im Zimmer der Sterbenden bleiben und sie begleiten werden, schlage ich vor, während der Sterbephase mit ihr einen Spaziergang im Wald zu machen. Ich frage sie, ob sie eine Freundin bei sich haben möchte. Zuerst verneint sie. Später jedoch ruft sie die Freundin an, deren Vater kürzlich verstorben ist. Diese Freundin ist gerne bereit, Lisa zu begleiten.

Am Todestag wünscht Frau H., gemeinsam mit der Familie das Mittagessen einzunehmen. Für Lisa ist das zu viel. Sie kann jetzt nicht essen. Stattdessen überlegt die Seelsorgerin gemeinsam mit Lisa, wie sie sich von ihrer Mutter verabschieden könnte. Lisa ist so traurig, verletzt und enttäuscht, dass sie sich zuerst gar nicht von der Mutter verabschieden will. Die Seelsorgerin schlägt Lisa vor, ihrer Mutter einen Brief zu schreiben mit der Bitte, diesen vor dem Tod noch zu lesen. In dem Brief beschreibt Lisa, wie viel die Mutter ihr bedeutet. Sie führt nochmals aus, wie gerne sie ihre Mama im Sterbeprozess begleitet hätte. Dass es ihr nichts ausgemacht hätte, an ihrem Bett zu sitzen, ihr bei Bedarf etwas zu trinken zu geben, den

Mund zu pflegen, oder einfach nur bei ihr zu sein und ihre Hand zu halten. Lisa bringt den Brief an das Sterbebett der Mutter und verabschiedet sich von ihr.

Anschliessend macht sich die Seelsorgerin mit den beiden jungen Frauen auf in den Wald. Immer wieder machen sie einen Halt. Einmal möchte Lisa beten, ein anderes Mal hat sie das Bedürfnis, ihre Freundin zu umarmen, ein weiteres Mal legt sie sich ins Moos und rollt sich ein wie ein Embryo. Später steigen die Frauen einen steilen Hang hinauf und kommen zu einem Brunnen. Dort schöpft die Seelsorgerin für Lisa und ihre Freundin Wasser. Gemeinsam singen sie Gospellieder.

Der Trauerweg im Wald dauert lang an diesem Nachmittag. Lisa will nicht dabei sein, wenn die Polizei nach dem Versterben der Mutter bei ihr Zuhause eine staatsanwaltlich angeordnete Untersuchung vornehmen muss.

Frau H. will keine Abschiedsfeier. Beerdigungen hat sie nie gemocht. Stattdessen wünscht sie, dass ihre Asche an einem ihrer Lieblingsorte auf einem Berg, wo sie früher immer Bergläufe unternahm, ausgestreut wird. Entgegen dem Wunsch der Mutter, keine Abschiedsfeier zu gestalten, ist die Familie bereit, einige Monate nach dem Versterben von Frau H. auf den Wunsch von Lisa einzugehen. In der Kirche, in der die Abdankung für den Vater ihrer besten Freundin stattfand, gestaltet die Seelsorgerin eine Feier, wie sie sich Lisa vorgestellt hatte. Mit Texten, Liedern, Gebeten und einer Ansprache, die sich auf einen biblischen Text bezieht.

Die Seelsorgerin begleitet Lisa noch ein ganzes Jahr nach dem Versterben der Mutter. In regelmässigen Abständen kommt Lisa zu ihr in die Trauerbegleitung. Mit der Zeit, tausenden geweinten Tränen und vielen Gesprächen, kann sich Lisa mit dem Weg der Mutter versöhnen, obwohl sie immer wieder um die nicht möglich gewordene Sterbebegleitung auf der Palliativstation oder Zuhause trauert.

2. Familien sind divers und komplex

In der Spitalseelsorge haben wir es immer mit ganzen Familiensystemen zu tun.[2] Einerseits ist da Frau H. mit ihrer langen Krankheits- und Leidensgeschichte. Sie entscheidet sich nach einer ausgedehnten Therapiephase für den assistierten Suizid. Andererseits sind da der Ehemann und der Sohn, die den Entscheid der Mutter mittragen. Da ist die Tochter Lisa, die sich wünscht, dass ihre Mutter mit Palliative Care und im Kreis der Familie einen längeren Sterbeprozess vollzieht, der es Lisa ermöglichen würde, sich Schritt für Schritt von ihrer Mutter zu verabschieden.

---

2 Vgl. Christoph Morgenthaler: *Systemische Seelsorge. Impulse der Familien- und Systemtherapie für die kirchliche Praxis.* Stuttgart: Kohlhammer 1999.

Die unterschiedlichen Perspektiven bedürfen einer hohen Reflexionsfähigkeit. Eine allparteiliche Haltung in der Seelsorge ist für die Klärung der Bedürfnisse der einzelnen Mitglieder im Familiensystem bedeutsam. Frau H. äusserte klar, dass sie nach dem Entscheid zum assistierten Suizid kein Gesprächs- oder Begleitungsangebot durch die Seelsorge mehr wünschte. Der Vater und der Sohn äusserten keine spirituellen Bedürfnisse. Sie wollten für die Ehefrau und Mutter die letzten Stunden so angenehm wie möglich gestalten. Der Sohn kochte das allerletzte Mittagessen für seine Mutter, der Ehemann verbrachte noch Zeit mit seiner Ehefrau. Lisa fühlte sich in diesem Setting nicht ernst genommen und erlebte eine grosse Einsamkeit. Indem die Seelsorgerin Lisa ermutigt, der Mutter einen Brief zu schreiben, findet sie ein Stück aus ihrer Starre und Hilflosigkeit hinaus. Sie hat die Möglichkeit, etwas zu tun. Sie kommt in Aktion und kann ihren Gefühlen Ausdruck verleihen und nochmals sehr konkret beschreiben, wie sie sich die Begleitung der Mutter vorgestellt hätte.

In der Folge der langen seelsorglichen Trauerbegleitung schreibt Lisa ihrer Mutter noch viele Briefe. Sie schreibt auch Briefe an ihre Wut, an ihre Scham und an ihre Hoffnung auf eine gute Zukunft.

3. Angehörige im Fokus der seelsorglichen Begleitung

Im Fokus der Sterbehilfeorganisationen steht die sterbewillige Person. Sie hat häufig eine längere Leidensgeschichte hinter sich oder sie will durch den assistierten Suizid eine weitere Verminderung der Lebensqualität vermeiden. Die Seelsorge hat die Möglichkeit, durch ihre unparteiische Wahrnehmung das ganze Familiensystem im Blick zu haben. Am Beispiel von Frau H. wird deutlich, dass Seelsorgende durch unterschiedliche Begegnungen mit der Familie unweigerlich in das Beziehungsgeflecht der sterbewilligen Person hineingezogen werden. Sie können die sterbewillige Person dafür sensibilisieren, dass Angehörige in den Prozess einbezogen werden. Im Fall von Lisa war es nicht möglich, weil die Mutter ein sehr hohes Autonomiebedürfnis äusserte. Die meisten An- und Zugehörigen unterstützen in der Regel das Vorhaben der sterbewilligen Person und gehen auf ihre Wünsche während der Abschiedsphase ein. Es ist ihnen ein Anliegen, den Abschied für die sterbende Person so angenehm wie möglich zu gestalten.

Lisa konnte den Entscheid ihrer Mutter von Anfang an nicht mittragen. Es entging ihr nicht, dass ihre Mutter an belastenden Symptomen litt. Lisa hatte ein schlechtes Gewissen. Zu Beginn der Trauerbegleitung äusserte Lisa Schuldgefühle, weil sie in der Sterbephase nicht dabei sein konnte und wollte. Die Gefühle der Ambivalenz waren sehr gross. Als lernende Fachfrau Gesundheit hatte sie sich intensiv mit Palliative Care beschäftigt. Die Erfahrung auf der Palliativstation veränderte ihre Sichtweise von Begleitung und Gestaltung des Abschieds. Sie erlebte, wie Sterbende ihre Autonomie bewahren konnten und gleichzeitig eine fürsorgliche Begleitung in Anspruch nehmen wollten. Ihrer Mutter hingegen war bedeutsam, möglichst niemandem zur Last zu fallen und das Leben selbstbestimmt und ohne allzu grosse Fürsorge zu beenden. Für Lisa war es unmöglich, beim Vollzug des Suizids dabei zu sein. Lisa brauchte lange, bis sie zu ihrer Sicht der Dinge stehen und annehmen konnte, dass ihr Entscheid für sie persönlich richtig war. In der Familie H. gab es viele Konflikte, weil Lisa sich dazu entschieden hatte, nicht dabei zu sein bei der Sterbeszene.

Eine Familie kann seelsorglich ermutigt werden, die Bedürfnisse der einzelnen Mitglieder gleichberechtigt wahrzunehmen, ebenso sollen ethische Dilemmata und kontroverse Haltungen zum assistieren Suizid ausgesprochen und anerkannt werden. Die Nähe und Distanz zur Sterbephase sollte offen besprochen werden. Dazu braucht es Zeit, Räume für offene Gespräche und Orte der gegenseitigen Anteilnahme.

4. Die Gestaltung des Abschiedes für Angehörige

Am Beispiel von Frau H. und ihrer Tochter Lisa wird deutlich, dass die Vorstellungen, wie der Abschied gestaltet werden soll, sehr unterschiedlich sein können. In der Regel richtet sich die Familie nach den Wünschen der sterbewilligen Person. Frau H. hatte ein hohes Autonomiebedürfnis. Minutiös hielt sie schriftlich fest, wo ihre sterblichen Überreste verstreut werden sollten. Es war ihr ein Anliegen, dass nur die engsten Familienangehörigen dabei sein sollten. Für Lisa war es eine schreckliche Vorstellung, dass die Asche ihrer Mutter verstreut werden sollte. Sie wünschte sich stattdessen ein Grab, das sie regelmässig, den Jahreszeiten entsprechend, bepflanzen konnte. Sie wünschte sich einen Ort, an den sie jederzeit hingehen konnte, keinen Platz, den sie erst nach einer dreistündigen Wanderung erreichen würde. Aus diesem Grund war es ihr nicht möglich, an der Verstreuung teilzunehmen. Dies vollzogen der Vater und der Bruder allein.

Nach dem Tod der Mutter litt Lisa unter Schlafstörungen und Konzentrationsschwierigkeiten.[3] In der Trauerbegleitung war der Wunsch von Lisa stark, eine richtige Trauerfeier zu gestalten. Einige Zeit nach dem Versterben der Mutter und

---

3   Ein Teil der betroffenen Angehörigen erlebt den assistierten Suizid als traumatisch. Vgl. Christoph Morgenthaler, David Plüss, Matthias Zeindler: *Assistierter Suizid und kirchliches Handeln. Fallbeispiele – Kommentare – Reflexionen*. Zürich: TVZ 2017, 222 ff.

nach etlichen Gesprächen waren der Vater und der Bruder einverstanden, dass Lisa die Feier so gestalten konnte, wie sie es sich vorstellte. Ein Gospelchor wurde eingeladen, die Seelsorgerin wurde für die Liturgie angefragt und die Freundin, die Lisa am Todestag der Mutter begleitete, nahm nochmals Bezug auf den gemeinsam gegangenen Trauerweg im Wald während der Todesstunde der Mutter. Lisa erzählte an der Abschiedsfeier Anekdoten aus ihrer Kindheit und Geschichten, die sie mit ihrer Mutter erlebt hatte. Der Vater und der Bruder beteiligten sich daran und erzählten ihrerseits Geschichten, die sie mit ihr erlebt hatten. Auf diese Weise war Frau H. noch einmal ganz anders präsent. Neben der Schwere und der Trauer der letzten Monate kam in dieser Feier eine gewisse Leichtigkeit auf. Für Lisa war es bedeutsam, dass sie Raum bekam, um Geschichten von ihrer Mutter zu erzählen. Dies zählte für sie.

Nach der Feier wurden die Begleitungen bei der Seelsorgerin weniger. Lisa schloss ihre Ausbildung ab und lernte ihren Freund kennen.

5. Fazit

Die Spitalseelsorgenden lernen bei der aufsuchenden Seelsorge im Spital in der Regel die sterbewillige Person kennen. Dabei ist es wichtig, dass sie auch nach dem Ergehen und den Bedürfnissen der Angehörigen fragen. Im Fall von Frau H. verhielt es sich so, dass sie die Seelsorge nach dem Entscheid zum assistierten Suizid für sich nicht mehr in Anspruch nehmen wollte. Sie war jedoch sehr froh, ihre Tochter jemandem anzuvertrauen, den sie bereits kannte und zu dem sie Vertrauen gefasst hatte. Es kann also eine Verschiebung geben von der Begleitung der Patientin zur Begleitung der Angehörigen.

Für die Spitalseelsorgenden gilt es abzuwägen, ob es möglich ist, die Begleitung der Angehörigen an die zuständige Gemeindepfarrperson abzugeben oder selbst fortzuführen. Diese Möglichkeit ist mit den Patienten, Patientinnen und den Angehörigen zu evaluieren. In den wenigsten Spitälern in der Schweiz ist es möglich, den assistierten Suizid in der Institution zu vollziehen. Die sterbewillige Person muss in der Regel aus dem Spital austreten und nach Hause gehen oder in ein dafür vorgesehenes Sterbezimmer umziehen. Aus diesem Grund ist eine vertiefte Zusammenarbeit von Spitalseelsorgenden mit Gemeindepfarrerinnen und -pfarrern wünschenswert.

Die suizidwilligen Menschen sind in der Regel seit längerer Zeit im Spital in Behandlung. Sie haben eine lange Therapiezeit hinter sich und sind erleichtert, wenn sie für sich einen Entscheid fällen können. Während der Zeit im Spital haben sie eine Beziehung zu Ärzten, Ärztinnen und zum Pflegepersonal aufgebaut. Die

Gesundheitsfachpersonen sind zwar keine An- oder Zugehörigen. Sie sind jedoch im Laufe der Zeit zu wichtigen Bezugspersonen geworden. Wenn nun die suizidwillige Person einfach nicht mehr zu einer Therapie erscheint, kann das auch bei Gesundheitsfachpersonen zu Belastungsreaktionen führen. Die Seelsorgenden können die suizidwillige Person ermutigen, sich von ihren Ärztinnen, Ärzten oder ihrem Pflegefachleuten zu verabschieden.

Für den Entscheidungsfindungsprozess der suizidwilligen Person ist es förderlich, wenn die Familienangehörigen miteinander im Gespräch bleiben und sich an ihren unterschiedlichen Sichtweisen Anteil geben. Der gegenseitige Respekt wird dadurch gefördert, dass man sich gegenseitig zuhört. Wichtig ist, immer auch die schönen gemeinsamen Geschichten zu erzählen. Sie stärken die Familienbande für den anspruchsvollen Weg der Sterbesituation.

Der Wunsch nach Nähe oder Distanz zum Sterbegeschehen darf nicht tabuisiert werden. Es sollte immer eine Möglichkeit bleiben, auch «Nein» sagen zu können und nicht anzunehmen, was die suizidwillige Person für sich entschieden hat.

Die Seelsorgenden im Spital haben die Möglichkeit, im Gespräch mit der Familie und der suizidwilligen Person die Menschen zu ermutigen, offen zu kommunizieren, dass der Mensch durch assistierten Suizid aus dem Leben gegangen ist, sei es auf einer Todesanzeige oder bei einer Abschiedsfeier.

Die Autonomie der sterbewilligen Person ist etwas Bedeutsames. Es gilt zu beachten, dass auch die Autonomie der Angehörigen bedeutsam ist. Gerade in der seelsorglichen Begleitung ist es wichtig, das gegenseitige Verständnis für die Entscheide einzelner Familienangehöriger zu respektieren und zu würdigen, auch wenn man persönlich nicht damit einverstanden ist.

Es ist wünschenswert, dass Sterbehilfeorganisationen anerkennen, dass in der Regel um die suizidwillige Person ein ganzes Beziehungsgeflecht und Netzwerk existiert. Meines Erachtens ist es bedeutsam, dass sich Sterbehilfeorganisationen der Komplexität des familiären Umfeldes bewusst sind. Die Spitalseelsorge wiederum ist für Institutionen wie Spitäler, Pflegezentren und Kliniken eine erfahrene Vermittlerin und eine solide Brücke zwischen Patientinnen, Patienten, Angehörigen und medizinischem Personal.

Perspektiven der Seelsorge in der Altenhilfe

Matthias Fischer

Neben der Begleitung der ihr anvertrauten Menschen in den Institutionen, in die die Seelsorge von der Kirche gesandt ist, beteiligt sie sich gleichermassen auch kritisch am Diskurs über das neue Paradigma des Sterbens unter dem Gesichtspunkt der Selbstbestimmung in der Gesellschaft. Dazu gehören die Themenkreise rund um den assistierten Suizid, die passive Sterbehilfe und ebenso das «Sterbefasten» als dem freiwilligen Verzicht auf Nahrung und Flüssigkeit. Den Leitlinien nach gehört es zum Selbstverständnis der Seelsorge als spezialisierte Spiritual Care, am allgemeinen Reflexionsprozess der Einrichtung über Werte oder Ethik sowie über sämtliche andere institutionelle Themen teilzunehmen. «Schliesslich verkörpert sie im Namen der Einrichtung und darüber hinaus die Philosophie von Palliative Care und den Ort der spirituellen Dimension.»[1]

In der Langzeitpflege, den Pflege- und Alterszentren, kommt es zwar immer noch selten vor, dass eine Bewohnerin oder ein Bewohner durch den bewussten Entscheid eines freiwilligen Verzichts auf Nahrung und Flüssigkeit oder den Vollzug eines assistierten Suizids stirbt. Die Fragestellung aber, ob man selbstbestimmt den Zeitpunkt des Sterbens bestimmen soll, ist dennoch sehr präsent und wird immer wieder auch von den Bewohnerinnen und Bewohnern in den Seelsorgebegegnungen thematisiert. So platzieren manche neu eingetretenen Bewohnerinnen und Bewohner ihren Exit-Mitgliederausweis als Merkzeichen auf ihren Nachttisch, um sich selbst und das betreuende Umfeld daran zu erinnern, jederzeit aus dem Leben treten zu können, wenn sie es nicht mehr aushalten können oder wollen.

Es gibt vielerlei Gründe, warum am Ende nur sehr wenige Bewohnerinnen und Bewohner den Suizid tatsächlich vollziehen. So können die Betroffenen durch die Folgen fortschreitender demenziell bedingter Einschränkungen kognitiv überfordert sein, den komplexen Prozess eines assistierten Suizids selbstbestimmt mitzusteuern. Für die meisten Bewohnerinnen und Bewohner relativiert sich jedoch der Wunsch nach einem selbstbestimmten Sterben am Erleben von Lebensqualität in ihrem neuen Umfeld. Die Umstellung des Lebens in einer Pflege-

---

1 Leitlinien. Seelsorge als spezialisierte Spiritual Care in Palliative Care. Bern: palliativ.ch 2019, 15 (https://spitalseelsorge.ch/wp-content/uploads/2021/01/Leitlinien-Seelsorge-als-spez-Spiritual-Care-2019.pdf, Zugriff am 19.8.2021).

einrichtung ist ein grosser Einschnitt im Leben. Es bleibt für die meisten Bewohnerinnen und Bewohner schwierig, auf fremde Hilfe angewiesen zu sein. Sie vermissen ihr Zuhause und müssen mit dem Schmerz über den Verlust ihrer Selbstständigkeit umgehen. Im Seelsorgegespräch äussern Bewohnerinnen und Bewohner immer wieder den Wunsch, sterben zu wollen: «Am liebsten möchte ich einfach einschlafen!» – «Wieso muss ich denn überhaupt noch leben? Das macht doch keinen Sinn mehr.» – «Ich mag nicht mehr!» Das sind Hilferufe, die in der Coronazeit – bedingt durch die restriktiven Besuchseinschränkungen und die Quarantäne- und Isolationsmassnahmen auf den Abteilungen – auffällig zugenommen haben. Wenn das Leben nicht auszuhalten ist, weil sich die Menschen einsam und im Stich gelassen fühlen, wird der Wunsch zu sterben umso grösser. Dieser Wunsch verliert meistens an Dringlichkeit, wenn die Menschen sich als Gegenüber wahrgenommen wissen, als Person mit ihrer eigenen Geschichte, ihren Empfindsamkeiten und hoffentlich auch Eigenarten. Der Kern einer tragfähigen Altenhilfe liegt in der Qualität des Beziehungsgeschehens. Das Betreuungsumfeld, die Pflegefachperson, die betreuende Ärztin, der Seelsorger, die Sozialarbeiterin, die freiwillige Mitarbeiterin und ganz zentral das private Beziehungsnetz mit den Angehörigen, den Freundinnen und Freunden entscheidet darüber, ob ein Mensch sich als solcher wahrgenommen weiss.

Und doch gibt es Situationen, da kann das Mass des Leidens für die Betroffenen unerträglich werden. Da ist dann auch die Seelsorge gefragt und herausgefordert, verlässlich zu sein in ihrem Angebot einer Begleitung, in dem die Bedürfnisse, Nöte und Sorgen des Gegenübers erste Priorität haben. Menschen in ihrer Entscheidung unterstützend zu begleiten, wenn sie ihrem Leben ein Ende setzen wollen, weil sie das Leiden einfach nicht mehr ertragen können, gehört zu einer glaubwürdigen seelsorglich-diakonischen Haltung mit dem Versprechen und dem Anspruch, nahe bei den Menschen zu sein.

In kurzen Fallbeispielen soll nun erzählt werden, wie Menschen sich am Ende ihres Lebens entschieden haben, durch einen assistierten Suizid oder einen freiwilligen Verzicht auf Nahrung und Flüssigkeit zu sterben.

Fallbeispiel 1
Vor fünf Jahren war Frau K. ins Pflegezentrum eingetreten mit der Diagnose Chorea Huntington, einer unheilbaren Krankheit mit fortschreitenden Komplikationen. Wie in den medizinischen Lehrbüchern beschrieben, verschlimmerten sich auch bei Frau K. unkontrollierte Bewegungen sowie Schluck- und Atemstörungen. Sie durchlebte schwere depressive Episoden. Sie wusste um die Unheilbarkeit der Krankheit. Beim Eintritt ins Pflegezentrum hatte sie in ihrer Patientenverfügung angegeben, dass sie Mitglied bei Exit sei und selbstbestimmt sterben wolle, wenn

die Leiden zu gross würde. Die Selbsttötungsrate bei Chorea Huntington ist erwiesenermassen hoch.

Frau K. war katholisch sozialisiert, nahm aber gerne auch die Gesprächsangebote des reformierten Seelsorgers an und besuchte regelmässig die Gottesdienste. Ihr Mann kam sie fast täglich besuchen. Auch zu ihren Kindern hatte sie einen guten Draht. In den letzten Monaten wurde es für sie immer schwieriger, sich zu artikulieren. Die unkontrollierten Bewegungen nahmen zu. Die Sorge um ihren Mann belastete sie zunehmend. Sie merkte, wie ihr Mann in seiner Ohnmacht, nicht helfen zu können, litt. Zwischendurch gab es immer wieder Phasen, in denen die Krankheit nicht zuvorderst war. Frau K. freute sich auf die Familientreffen und erzählte oft von ihrer behüteten Kindheit in der Innerschweiz.

Frau K. hatte grosse Angst, am Ende zu ersticken. Die depressiven Verstimmungen wurden unerträglich. Sie wollte ihre Familie nicht länger belasten. Das Leben machte für sie keinen Sinn mehr. Die Familie war informiert, dass sie mit assistiertem Suizid aus dem Leben scheiden wollte. Sie nahm mit Exit Kontakt auf, um den geplanten Suizid nun definitiv einzuleiten. Es würde noch einmal fünf Monate bis zum Vollzug dauern. Eine lange Zeit, die sehr belastend für Frau K. wurde. Sie zog sich mit ihrem Mann immer mehr in ihr Zimmer zurück und mied die Besuche in der Cafeteria. Auch ihre sehr erfahrene Bezugspflegefachperson empfand diese letzten fünf Monate als sehr belastend. Viel zu lange hätten sich die letzten Abklärungen hingezogen. Niemand wollte einen Fehler machen. Es brauchte mehrere ärztliche Gutachten, in denen die Urteilsfähigkeit von Frau K. attestiert wurde. In der täglichen Pflege spürte die Pflegefachperson, dass Frau K. mit ihrem Leben abgeschlossen hatte. Es sei ihr überhaupt nicht leichtgefallen, den geplanten Suizid von Frau K. zu akzeptieren. «Wieso gerade meine Bewohnerin?», fragte sie sich. Sie sei innerlich wütend gewesen – und doch, sie sah auch die Not von Frau K., die Schwere der Krankheit und ihren klaren, eindeutigen Entschluss, den sie schlussendlich dann auch respektieren konnte, «denn es war doch von Anfang an ihr Wille, aus dem Leben zu scheiden, wenn es für sie unerträglich würde».

Dem Seelsorger gegenüber hat Frau K. nie das Wort «Exit» erwähnt. Vielleicht befürchtete sie, dass der Pfarrer dann versucht hätte, sie davon abzuhalten. Doch die beiden waren gut miteinander vertraut und in gegenseitiger Sympathie verbunden. Es brauchte keine Worte, kein explizites Aussprechen. Sie haben berührend Abschied voneinander nehmen können. Der Seelsorger konnte die Entscheidung von Frau K. mittragen. Es wäre ihm zu keinem Zeitpunkt in den Sinn gekommen, Frau K. von dem geplanten Suizid abzuhalten. Es blieben aber viele Fragen.

In der Altershilfe braucht es einen offenen Diskurs über das Paradigma des selbstbestimmten Sterbens. Es ist nicht nur ein theoretischer Diskurs, sondern es ist vor allem ein offener Austausch der Erfahrungen in der Begleitung von Menschen, die sich für einen Suizid entschieden haben. Es macht etwas mit allen Beteiligten. Auch für die Seelsorgenden bleibt es ein Erschrecken, wenn ein Mensch in seiner Existenz dermassen verletzt und in körperlichen und seelischen Schmerzen gefangen ist, dass er nur noch einen schnellen Tod herbeisehen kann. Jeder Suizid, auch wenn er als Ausnahmesituation zu verstehen ist, bleibt als Skandalon, das nicht zu rechtfertigen ist, zurück. Es fällt vielen schwer, darüber zu reden. Seelsorge hat die Verantwortung, das Gespräch darüber wach zu halten.

Fallbeispiel 2
In einem zweiten Fallbeispiel wird deutlich, wie wichtig es in der Altenhilfe ist, eine offene Kommunikation über das selbstbestimmte Sterben zu führen. In einem Interview, das der Seelsorger mit einer Pflegefachfrau (Karin soll sie hier heissen) geführt hat, wird das Sterben von Frau P. durch den freiwilligen Verzicht auf Nahrung und Flüssigkeit (FVNF) illustriert. Karin, die Frau P. in ihren letzten Monaten begleitet hatte, erzählte, dass die Bewohnerin seit ihrem Eintritt vor vier Jahren Mühe mit dem Essen bekundet hatte.

Das Essverhalten der Bewohnerin sei äusserst schwierig und für die Pflege aufwendig gewesen. Frau P. verweigerte meistens das Mittagessen, kritisierte die Menüauswahl, hatte stets etwas auszusetzen, sei es am Geschmack, an der Qualität oder an der Zubereitung. Sie ernährte sich hauptsächlich von kalten Speisen, die sie in der Cafeteria eingekauft hatte. Karin erzählte, wie sie am Anfang wütend auf Frau P. war, «die Beine habe ich mir ausgerissen und alles versucht, um sie zu einem anderen Essverhalten zu bewegen». Sie organisierte für Frau P. in der benachbarten Pflegewohngruppe einen Mittagstisch, weil dort eigenständig und nicht in der Grossküche gekocht wurde. In zahlreichen Fallbesprechungen wurde auf der Abteilung das Essverhalten von Frau P. thematisiert. Seit Langem schon war ihr der obligate Proteindrink verordnet worden.

Karin berichtete, wie in den folgenden Monaten das Vertrauen zwischen ihr und Frau P. wuchs. Frau P. habe ihr vieles aus ihrem Leben erzählt, von Krieg, Flucht, Verlust und ihrer Einsamkeit. Ihre Verwandten und Freunde seien alle gestorben. Karin habe bemerkt, wie sich Frau P. langsam öffnete und wahrnehmen konnte, dass es da jemanden gab, der sich für sie interessierte. Karin habe das problematische Essverhalten von Frau P. nun nicht mehr als persönliche Kränkung wahrgenommen. Sie interpretierte es jetzt als eine Form der Selbstverletzung. So wie sich Menschen aus Kummer, Schmerz und Einsamkeit «ritzen», so habe Frau P. möglicherweise auf Nahrung mit Ekel und Abneigung reagiert.

Der Gesundheitszustand von Frau P. habe sich zunehmend verschlechtert. Sie habe über starke Bauchschmerzen und Übelkeit geklagt. Auch sei sie in diesen Wochen sehr verwirrt gewesen, erzählte Karin. Frau P. habe ihr erzählt, dass ihr die

Ärztin gesagt hätte, sie würde innerhalb weniger Tage sterben. Frau P. rief nach einem katholischen Priester, um die Krankensalbung zu empfangen. Nach einer Woche habe Frau P. dann beschlossen, keinerlei Nahrung mehr zu sich zu nehmen. Dezidiert habe sie nun auch das Proteingetränk zurückgewiesen. Karin erinnerte sich, dass ihr die Bewohnerin wortwörtlich gesagt habe: «Ich esse jetzt nichts mehr, weil ich jetzt endlich sterben will.» Frau P. habe nun auch die Einnahme jeglicher Medikamente verweigert. Flüssigkeit in kleinen Mengen habe sie noch zu sich genommen. Karin habe die Bewohnerin aufgeklärt, welche Symptome zu erwarten seien, wenn sie den Weg konsequent zu Ende ginge. Sie habe ihr versprochen, dass sie pflegerisch nichts tun werde, was Frau P. nicht wollte. Nahrung und Trinken würden ihr nicht aufgezwungen. In den nächsten Tagen verschlechterte sich der Gesundheitszustand von Frau P. Sie war nur noch Haut und Knochen. Schmerzen beim Lagern und Bauchschmerzen nahmen zu. Karin bot ihr immer häufiger lindernde Mundpflege an – mit Rotwein benetzte sie ihre Lippen –, manchmal öffnete Frau P. den Mund, damit sie den getränkten Schaumstoffträger in den Mundraum führen konnte.

Karin organisierte Morphin als Reserve. Sie bangte, ob sich Frau P. einen Zugang legen liesse, denn sie wusste um ihre grosse Schmerzempfindlichkeit. Karin bekam ihr Einverständnis. «Ich bin froh, dass ich die Bezugspflegeperson von Frau P. war – sie hat Vertrauen zu mir gehabt –, ja, mir lag ihr Wohl sehr am Herzen.»

Frau P. starb eine Woche, nachdem sie keine Nahrung und zum Schluss auch keine Flüssigkeit mehr zu sich genommen hatte. Karin sprach von ihrem Schmerz, dass sie am Sterbetag auf einer anderen Abteilung aushelfen musste. Auf die Frage des Seelsorgers, ob für sie die Sterbebegleitung von Frau P. mit dem Fragekomplex des Sterbefastens verbunden gewesen sei, antwortete Karin: «Ganz sicher, Frau P. hat die Entscheidung, nichts mehr zu essen und zu trinken, bewusst getroffen. Sie hat sich bewusst für diesen ihren individuellen Sterbeweg entschieden. Und das habe ich akzeptiert.» Die Begleitung sei sehr anspruchsvoll gewesen und sie habe zur Aufarbeitung gute Freundinnen gebraucht, mit denen sie sich immer wieder austauschen konnte. Eine solche Sterbebegleitung sei fordernd. Als erfahrene Pflegefachfrau mit hoher Beziehungskompetenz habe sie mit den Herausforderungen professionell umgehen können. Junge und unerfahrene Pflegepersonen müssten jedoch unbedingt unterstützend begleitet werden, wenn sie mit einer solchen Situation konfrontiert sein sollten.

Karin schätzte es, dass sie mit dem Seelsorger ausführlich über die Sterbebegleitung von Frau P. sprechen konnte. Im Nachhinein habe sie gemerkt, dass es wichtig gewesen wäre, die bewusste Entscheidung der Bewohnerin, freiwillig auf Nahrung und Flüssigkeit zu verzichten, im Pflegeteam ihrer Abteilung zu thematisieren. Dass ein Mensch, der stirbt, nichts mehr essen und trinken mag, sei ihr als erfahrener Pflegefachfrau bewusst gewesen. Doch es macht eben doch einen grossen Unterschied, ob sich jemand bewusst dafür entscheidet, nichts mehr zu essen und zu trinken, um zu sterben. Es brauche da unbedingt das Gespräch, um mit dieser Belastung umgehen zu können.

Der Seelsorger schätzte es, dass Karin mit ihm offen über ihre Erfahrung mit der Bewohnerin sprechen konnte. Er sieht einen dringenden Handlungsbedarf, dass in Pflegeeinrichtungen der Langzeitpflege auch die Frage des freiwilligen Verzichts auf Nahrung und Flüssigkeit vorausplanend aufgenommen wird. Im interprofessionellen Verständnis einer guten Palliative Care müsste es zudem selbstverständlich sein, dass die Seelsorge eingebunden wird, wenn Bewohnerinnen und Bewohner selbstbestimmt ihrem Leben ein Ende setzen wollen. Das Thema FVNF gehört in die Kulturarbeit jeder Pflegeeinrichtung und auch auf die Agenda eines Angehörigenanlasses oder einer thematischen Besprechung im Rahmen eines Freiwilligentreffens.

Seelsorge sollte im Austausch sichtbar machen, dass sie Menschen, die sich aus einer Notlage heraus für einen assistierten Suizid oder den freiwilligen Verzicht auf Nahrung und Flüssigkeit entschieden haben, im Rahmen einer umfassenden Palliative Care mitbegleiten und unterstützn. Das Angebot gilt selbstverständlich auch den Angehörigen und denen, die einen Suizid mitbegleiten. Es ist wichtig, dass die Seelsorge den Gesprächsbedarf wahrnimmt und ihn als Hoffnungszeichen wertet, da es gesellschaftlich noch nicht selbstverständlich akzeptiert ist, suizidal aus dem Leben zu treten.

Die Seelsorge steht in ihren Angeboten und Handeln gleichwohl in der Verantwortung, mit Argusaugen darüber zu wachen, dass im Rahmen des neuen Paradigmas eines selbstbestimmten Sterbens alte und gebrechliche Menschen nicht unter Druck geraten, ihr Leben vorzeitig zu beenden, wenn sie sich nutzlos oder als Last für die anderen empfinden.

Fallbeispiel 3
Seelsorge in der Altenhilfe ist nicht auf die Institutionen begrenzt. Ein Beispiel aus der Gemeindeseelsorge zeigt, wie notwendig und hilfreich das seelsorgliche Gespräch ist.

Stefan erzählte dem Seelsorger, wie belastend es für ihn und seine Familie war, als sich seine 88-jährige Mutter entschied, mittels eines freiwilligen Verzichts auf Nahrung und Flüssigkeit aus dem Leben zu treten. Seine Mutter war körperlich mobil, kognitiv wach, präsent und hatte keine medizinische Diagnose einer lebensbedrohlichen Krankheit. Schon lange hatte sie darüber gesprochen, einmal selbstbestimmt aus dem Leben treten zu wollen. Im christlichen Glauben und kirchlichen Leben beheimatet, kam ein assistierter Suizid für sie nicht infrage. Im Sterbefasten sah sie eine Möglichkeit, selbstbestimmt auf natürlichem Weg aus dem Leben zu scheiden.

Die Umsetzung ihres Wunsches, durch einen FVNF zu sterben, nahm konkrete Formen an, als ihr eine Pflegefachperson, mit der sie bekannt war, anbot, einen Ort in einer Pflegeeinrichtung zu organisieren, wo sie in ihrem Sterbefasten begleitet würde. Bald wurde ein Alterszentrum gefunden, deren Leitung bereit war, die Mutter aufzunehmen und sie in ihrem Sterbewunsch zu unterstützen. Ihr Hausarzt bot ihr ebenfalls Unterstützung bei etwaigen Komplikationen an.

Es ging alles sehr schnell, viel zu schnell für Stefan und die Familie. Sie fühlten sich wie paralysiert und haderten mit der Entscheidung der Mutter. Doch schliesslich akzeptierten sie den Entscheid und wollten die Mutter auf ihrem Sterbeweg nicht allein lassen.

Zwölf lange Tage dauerte ihr Sterben. In den ersten Tagen ging es der Mutter gut. Sie wurde von der Pflege gut betreut. Mund- und Körperpflege linderten die Symptome. Stefan besuchte seine Mutter jeden Tag. Auf der Beziehungsebene fand er noch einmal einen neuen Zugang zu seiner Mutter. Sie sprach mit ihm über das Leben und vergangene Episoden, die in der Familie sozial belastet waren. Über ihre Gefühle hatte sie früher nur wenig reden können. Stefan war froh, dass sich das Verhältnis zu seiner Mutter noch einmal geweitet hatte.

Nach sieben Tagen wurde die Mutter immer müder und klagte über Schmerzen im ganzen Körper. Der Hausarzt wurde gerufen. Ihr wurde nun täglich Morphium verabreicht. In den letzten Tagen war die Mutter nicht mehr ansprechbar, doch Stefan hatte das Gefühl, dass sie die Gegenwart der Familienangehörigen noch realisierte. Am zwölften Tag ihres Sterbefastens starb die Mutter. Der Hausarzt stellte im Totenschein einen natürlichen Tod fest.

Freunde und Nachbarn nahmen grossen Anteil am Sterben der Mutter. Für die Abdankungsfeier hatte die Familie gewünscht, dass der Pfarrer im Lebenslauf das selbstbestimmte Sterben der Mutter aufnimmt. Stefan kann sich nicht erinnern, dass er von aussen jemals Vorwürfe gehört hätte. Die Entscheidung der Mutter wurde eher als mutig und couragiert wahrgenommen. Auch für Stefan habe es am Ende irgendwie gestimmt. Er sei dankbar, dass die Mutter auf ihrem Sterbeweg von einer kompetenten Pflege begleitet wurde. Vor allem aber sei er froh, dass er gut und versöhnt von seiner Mutter Abschied nehmen konnte.

Und doch – dies sagte Stefan am Ende des Gesprächs – werde ihn das Sterben seiner Mutter noch lange beschäftigen. Er, der mit den Fragen der systemischen Familienaufstellung vertraut ist, wisse, dass es in einer Familiengeschichte einen Unterschied macht, ob die Mutter oder Grossmutter eines natürlichen Todes oder durch einen Suizid gestorben ist. Für ihn persönlich bleibt der FVNF ein Suizid, der nicht schön zu reden ist, auch wenn er niemanden verurteilen will, der sich für diese Möglichkeit des Sterbens entscheidet.

Das Gespräch mit dem Seelsorger empfand Stefan als sehr hilfreich. Es hat ihm geholfen, noch einmal zu merken, wie schwierig und anspruchsvoll die Sterbebegleitung seiner Mutter war. Wie er in seinen Gefühlen hin- und hergerissen war und akzeptieren musste, dass es keine einfachen Antworten gibt. Er fühlte sich vom Seelsorger in der Haltung bestärkt, dass eine Romantisierung, eine Bagatellisierung oder verharmlosende Umschreibungen wie «natürlich, sanft und friedlich» sterben an der Schwere, dem Leben bewusst ein Ende zu setzen, vorbeigehen.

Seelsorge, die nahe bei den Menschen ist, nimmt Anteil an komplexen Lebenssituationen, schwierigen Entscheidungsfindungen und Aufarbeitungen ethischer Dilemmata. Seelsorgende können in den vielen Geschichten, die ihnen erzählt werden, seismographisch gesellschaftliche Bewegungen ausmachen. Das letzte Fallbeispiel lässt ahnen, welche Herausforderungen entstehen, wenn eine pflegerische und medizinische Begleitung im freiwilligen Verzicht auf Nahrung und Flüssigkeit als selbstverständliche Dienstleistung eingefordert und vorausgesetzt wird.

Perspektiven der Gemeinde-Seelsorge

Jürg Spielmann

1. Zahlen und Fakten

Meine Erfahrungen mit assistiertem Suizid im Gemeindepfarramt lassen sich in drei Phasen einteilen. In den ersten sieben Amtsjahren ab 1992 hatte ich keine direkte Berührung mit dem Thema. Ende der 1990er-Jahre war ich zum ersten Mal mit der Frage einer älteren Frau konfrontiert, ob ich ihre Abdankung auch dann halten würde, wenn sie mit Exit aus dem Leben schiede. Ich begleitete sie seit mehreren Jahren und erlebte hautnah mit, wie sich ihr chronisches Leiden verschlimmerte. Es schien mir verständlich, dass sie sich ihrem Kampf mit der voranschreitenden Krankheit nicht mehr lange gewachsen fühlte. Ich brauchte darum keine Bedenkzeit, um ihre Frage mit «Ja» zu beantworten. In den nächsten rund zehn Jahren folgten punktuell ähnliche Fälle. Eine deutliche Zunahme war in der dritten Phase festzustellen. In den 2010er-Jahren nahmen die assistierten Suizide, in die ich involviert war, in solchem Masse zu, dass ich eine ungefähre Statistik zu führen begann. In den letzten zehn Jahren waren es jährlich ca. drei bis fünf Fälle, das heisst 10–20 % meiner Abdankungen pro Jahr.

Mehrheitlich begleitete ich die betreffenden Personen bereits vor dem Suizid als Seelsorger. Bei der Einnahme des Medikaments mit Todesfolge war ich nie anwesend. Einmal hatte ich die entsprechende Bitte abgelehnt und stattdessen zwei Stunden vorher persönlich von der sterbewilligen Person Abschied genommen. Andere Male signalisierte ich meine Zurückhaltung schon im Vorfeld, wenn man mich darauf ansprach. Dann wurde der Wunsch gar nicht mehr geäussert. Hinterbliebene schilderten mir die letzte Stunde des Zusammenseins wiederholt als ein sehr dichtes, intimes Geschehen. Das bestärkte mich in meiner Intuition, dass es mich in dieser Situation als Seelsorger nicht braucht, ja mehr noch, dass ich da gar nicht hingehöre. Meine Arbeit seelsorglicher Begleitung, gemeinsamer spiritueller Reflexion und geistlicher Entlastung ist zu jenem Zeitpunkt bereits getan. Ihre Fortsetzung findet sie nach dem Tod in der Leitung der Abdankungszeremonie und, wenn gewünscht, in der Trauerbegleitung der Hinterbliebenen. Ich schliesse es nicht grundsätzlich aus, beim Vollzug des assistierten Suizids auch einmal zugegen zu sein, wenn es mir seelsorglich angezeigt oder notwendig schiene. Dies könnte dann der Fall sein, wenn die sterbewillige Person eines tragenden Netzes von Angehörigen oder anderer Vertrauenspersonen entbehrte und, abgesehen von den *ex officio* anwesenden Exit-Leuten, einsam sterben müsste.

Jürg Spielmann

Verändert hat sich über die Jahre auch die Art und Weise, wie der Umstand des assistierten Suizids von den Trauerfamilien kommuniziert wird. Am Anfang wurde die Todesart rundweg verschwiegen. Mit der Zeit waren diskrete Hinweise auch an der Abdankung erwünscht. In den letzten Jahren wird der assistierte Suizid immer offener thematisiert. Ob in der Todesanzeige oder an der Beerdigung, es darf darüber geredet, es soll direkt angesprochen werden. Das Tabu scheint gebrochen. Die gesellschaftliche Akzeptanz, dass Menschen in gewissen Lebensumständen diese Art zu sterben bewusst wählen, hat zugenommen. Diese Entwicklung ging Hand in Hand mit dem gewachsenen Autonomieverständnis des Individuums in Gesundheitsfragen, das in der Rede vom selbstbestimmten Sterben zum Ausdruck kommt. Auch im Gemeindepfarramt begegnet man diesem Begriff mit Blick auf Entscheidungen am Lebensende mit zunehmender Selbstverständlichkeit.

2. Das seelsorgliche Anliegen

Menschen, die den assistierten Suizid in Erwägung ziehen oder planen, befinden sich in der Regel in einer Ausnahmesituation. Sie sind hochbetagt, chronisch krank, lebensmüde, leiden unter Schmerzen, Abhängigkeit und Einsamkeit. Sie wollen sterben, aber der Tod lässt auf sich warten. In einer seelsorglichen Begegnung mit Menschen in solchen Krisen geht es zunächst, wie auch sonst in der Seelsorge, um seelische und geistliche Unterstützung in einer existenziellen Herausforderung. Man braucht ein offenes Ohr, möchte es sagen dürfen, will ernst genommen und verstanden werden. Die Anerkennung des Leidens sowie des Sterbewunsches wirkt meist entlastend und ist Teil der gemeinsamen Suche nach Linderung und Trost. Lässt sich das Leiden in diesem Sinne verringern, kann es vorkommen, dass die Option des assistierten Suizids in den Hintergrund rückt, umso mehr, wenn diese erst als eine unter verschiedenen Möglichkeiten im Blick war. Ist der Entschluss aber schon gefasst oder der Plan konkret, wird das Thema bald direkt angesprochen. Dabei steht die Frage nach der Statthaftigkeit des assistierten Suizids im Vordergrund. Darf man das tun? Ist es moralisch vertretbar? Kann man es rechtfertigen? Die Frage erscheint in der Regel im Licht der drei Dimensionen: Individualität, Sozialität und Transzendenz. Darf ich mit meinem Leben so umgehen und es aktiv beenden, nachdem ich so viele Jahre dafür gekämpft, es geliebt und gefördert habe? Ist es meinen Angehörigen, Freunden und Freundinnen gegenüber zumutbar und zu verantworten? Und wie sieht es in den Augen dessen aus, der das Leben geschaffen hat und es als meine Zeit in seinen Händen hält (Ps 31,16)? Geht man mit dem grössten Geschenk so um? «Nein, nie und nimmer!», hat die Kirche während Jahrhunderten gepredigt und den Suizid, zum Teil bis auf den heutigen Tag, aufs Schärfste verurteilt. Die Zeit liegt nicht lange zurück, als sogenannte Selbstmörder und Selbstmörderinnen ausserhalb des Friedhofs bestattet werden mussten, ganz zu schweigen von der moralischen Ächtung der Hinterbliebenen. Solche Erfahrungen stecken älteren Menschen immer noch in den Knochen. Vor allem aber beschäftigt es sie ganz persönlich, wenn sie sich mit dem assistierten Suizid auseinandersetzen. Es scheint in der moralischen Intuition des Menschen existenziell verankert zu sein, dass der Suizid keine selbstverständliche Handlung darstellt. Sie ist zu hinterfragen und nicht auf die leichte Schulter zu nehmen.

Da ist seelsorgliches Fingerspitzengefühl gefragt. Ist der Suizidwunsch die einzige Alternative oder kommen darin Schmerz und Leiden zum Ausdruck, die auch anders gelindert werden könnten? Dies gilt es feinfühlig herauszuspüren und im Seelsorgegespräch mit den Betroffenen und deren Umfeld von Pflege und Familie herauszufinden. Häufiger treffe ich die Situation an, dass der Entschluss bereits gefasst ist, durch assistierten Suizid aus dem Leben zu scheiden. Hier heisst es, den Sterbewilligen dabei zu helfen, ihre allfälligen Skrupel auf den drei genannten Ebenen zu benennen und zu entkräften. Sie wünschen sich unabdingbar ein Ende ihres Zustands durch die irreversible Handlung des assistierten Suizids, aber sie fühlen sich innerlich noch nicht ganz frei. Sie suchen nach Hilfe, um ihre guten Gründe artikulieren, formulieren und kommunizieren zu können, sei es nach innen, nach aussen oder nach oben. Befreiend wirken hier in erster Linie Hinweise auf die persönliche Autonomie und Begründungen des Rechts auf Selbstbestimmung. Niemand weiss, wie unerträglich sich meine Schmerzen, das Empfinden von Ohnmacht, Sinnlosigkeit oder Lebensüberdruss anfühlen. Es ist hilfreich, dies im Gespräch differenziert zu erarbeiten und es auch aus dem Munde anderer zu hören. Gerade den engsten Vertrauten, aber auch Pflegenden und Seelsorgenden kommt dabei eine wichtige Bedeutung und Funktion zu. Anerkennen und würdigen diese die eigenen Beweggründe, fällt es leichter, sich diese Autonomie dann auch selbst in entlastender Weise zuzugestehen. Letztlich geht es um nichts anderes als um das urmenschliche Bedürfnis nach Absolution in einer moralisch schwierigen Entscheidung, um damit letzte Unsicherheiten auszuräumen oder bleibende Zweifel besser ertragen zu können. Gelingende Absolution ist ein interaktiver und wechselseitiger Prozess. Es bedarf des seelsorglich-priesterlichen Zuspruchs von Laien, Amtsträgern oder Amtsträgerinnen ebenso wie der eigenen, sich selbst zugesprochenen Absolution. Das geschieht aus der geteilten Glaubensgewissheit, dass an einer wohlerwogenen Gewissensentscheidung nichts falsch sein kann oder aber sich vor dem Hintergrund der ausschlaggebenden Not Annahme und Vergebung findet, sollte am Ende dennoch etwas unrecht daran sein. Jesu Gleichnis vom verlorenen Sohn (Lk 15,11–24) dient hier als beispielhaftes Narrativ.

Natürlich bleibt in theologischer Hinsicht die gemeinsame Unsicherheit, was vor einer höheren Instanz in Sachen Suizid recht und unrecht bedeutet. Doch in der seelsorglichen Begegnung und inneren Überzeugung lebt das Vertrauen auf einen gnädigen Gott, welcher der Schöpfer auch des Unvollkommenen ist. Christus selbst warnt in der Bergpredigt vor dem Richten im Sinne des moralischen Verurteilens anderer (Mt 7,1) und Paulus stellt in Röm 14 die persönliche Gewissens- und Glaubensüberzeugung über jegliches Urteilen durch andere in der Gemeinde. Moralische Entscheidungen in Leben und Glauben meiner selbst sind allein eine Sache zwischen meinem Herrgott und mir:

Die Überzeugung, die du selbst hast, sollst du vor Gott haben. Wohl dem, der sich nicht zu verurteilen braucht bei dem, was er für recht hält. (Röm 14,22)

3. Selbstbestimmtes Sterben, ein vielschichtiger Begriff

«Ich glaube, der Herrgott hat mich vergessen.» Wie oft bekommen Seelsorger und Seelsorgerinnen diese Aussage in Alters- und Pflegeheimen in dieser oder ähnlicher Redeweise zu hören. Es ist der Ausdruck des sehnlichen Wunsches älterer, chronisch kranker, des Lebens müder Menschen, endlich sterben zu können. Sie wollen sterben, aber der Tod will einfach nicht kommen. Sie werden aktiviert und motiviert, zu essen, aufzustehen, doch noch eine Spur Lebenssinn zu entdecken und jedem Tag eine – sei es auch nur eine kleine – Freude abzugewinnen. Sie nehmen täglich zahlreiche Medikamente ein, denn Medizin verschmäht man nicht.

Die moderne Spitzenmedizin hat der Menschheit viel Segen gebracht. Zahlreiche Krankheiten können geheilt, komplizierteste Operationen bis ins hohe Alter durchgeführt, Organe transplantiert und grösste Schmerzen gelindert werden. Die Lebenserwartung, zumindest in den westlichen Ländern, ist so hoch wie noch nie. Das alles ist wesentlich der breiten Behandlungspalette kurativer Medizin zu verdanken. Kein Wunder, hat sich die entsprechende Stossrichtung in der Medizin im Zuge dieser Entwicklung mehr und mehr verselbstständigt!

Auch in der Medizin und Pflege hochbetagter Menschen ist das kurative Paradigma zur vorherrschenden Norm geworden, die erst wenig hinterfragt wird. Was behandelt werden kann, soll auch behandelt werden! Diese heutzutage weitreichende Norm medizinischer Machbarkeit wiegt umso schwerer, als sie althergebrachter moralischer Intuition entspricht. Bei Krankheit und Leiden gilt es zu helfen und zu heilen, wann und wo immer es nur geht. Die Kehrseite davon ist, dass chronische Erkrankungen im hohen Alter zunehmen und hochbetagte Menschen, entgegen ihrem Wunsch, nicht mehr sterben können. Es wissen zwar alle, dass sie einmal sterben müssen. Aber sterben darf man heute nicht mehr. Es scheint unbestritten, dass zu einem guten Teil diese Tatsache den modernen Wunsch nach assistiertem Suizid und die Sterbehilfeorganisationen auf den Plan gerufen haben. Das ganzheitliche und interdisziplinäre Behandlungskonzept von Palliative Care bietet eine Alternative sowohl zum assistierten Suizid als auch zum kurativen Ansatz bis weit ins hohe Alter. Man könnte Palliative Care sogar als Mittelweg zwischen diesen beiden Optionen bezeichnen. Darin wird der Tod als eine zum Leben gehörende Gegebenheit angenommen. Man darf sterben. Doch soll dabei die Lebensqualität so weit als möglich aufrechterhalten und Leiden gelindert werden. Der Tod ist weder zu beschleunigen noch kurativ und damit oft leidensverlängernd hinauszuzögern. Die Spezialisierung für Palliative Care in Medizin und Alterspflege befindet sich allerdings erst im Aufbau. In ländlichen Gegenden ist sie in Alters- und Pflegeheimen oder in der Spitex kaum verbreitet. Auch ist Allgemeinwissen um Palliative Care in der breiten Bevölkerung nur wenig vorhanden. Palliative Care, das sei etwas für Sterbende in den Spitälern, ist da oft zu hören, wenn man etwa im Altersheim oder in «Letzte Hilfe Kursen» darauf zu sprechen kommt.

Die reformierte Zürcher Landeskirche hat es sich deshalb zum Ziel gesetzt, mit Forschung und Bildung – unter anderem mit den erwähnten Kursen – für die Begleitung am Lebensende das Wissen um Palliative Care zu vermehren und gesellschaftlich eine sogenannte Caring Community zu fördern. Als «Letzte Hilfe Kurs»-Leiter und Seelsorger in mehreren Altersheimen unserer Kreiskirchgemeinde versuche ich seit einigen Jahren, dieses Anliegen zu unterstützen. Dabei habe ich lehrreiche Erfahrungen gemacht, die in den folgenden zwei Beispielen zur Sprache kommen.

An mehreren Vorträgen und Stammtischgesprächen berichtete ich im Altersheim von den «Letzte Hilfe Kursen» und thematisierte, wie wichtig es im Zeitalter der Spitzenmedizin sei, sich in vorausschauender Planung mit Fragen und Entscheidungen am Lebensende auseinanderzusetzen. Dabei verwendete ich öfter auch den Begriff vom selbstbestimmten Sterben, insbesondere mit Blick auf das Ausfüllen einer Patientenverfügung. Wenn man eigene Wünsche in Bezug auf medizinische Massnahmen bei schwerer Erkrankung nicht festhalte, laufe man im Fall der Urteilsunfähigkeit Gefahr, in einer Art und Weise lebens- und womöglich leidensverlängernd behandelt zu werden, wie man sich das bei vollem Verstand kaum gewünscht hätte; so der Grundtenor meiner Ausführungen. Im Sinne der Bekanntmachung legte ich auf die Möglichkeiten von Palliative Care besonderes Augenmerk. Wie vorher erwähnt, beschrieb ich Palliative Care als Mittelweg zwischen dem allgemeingültigen kurativen Ansatz und dem assistierten Suizid. Ich bemühte mich, dies so neutral und wertfrei wie möglich zu tun, und zeigte die Vor- und Nachteile aller drei Optionen auf. Nach meiner eigenen Einschätzung gefragt, verhehlte ich meine Präferenz für das Konzept von Palliative Care jedoch nicht, weil es meinen persönlichen Lebens- und Glaubensüberzeugungen und meinen langjährigen Erfahrungen als Gemeindepfarrer am meisten entspricht. Gegen den eigenen Sterbewunsch therapiert zu werden, verursacht Leiden, ähnlich wie das Dilemma moralischer Skrupel, die nicht selten mit dem assistierten Suizid einhergehen. Bei den Hinterbliebenen sind diese Skrupel oft noch lange nach dem assistierten Suizid anzutreffen.

Nach einem dieser Vorträge bat mich Frau K. um ein Gespräch. Sie hätte da noch eine Frage und wolle mit mir über das Sterben reden. Sie war gerade 90 Jahre alt geworden. Bei meinem Besuch erzählte sie mir von der schönen Geburtstagsfeier anlässlich ihres Jubiläums im Kreis ihrer kleinen Familie mit Sohn, Schwiegertochter und ihrem einzigen Enkel. Dann kam sie ohne Umschweife auf den Tod zu sprechen und sagte, sie wolle sterben. Sie habe ihr Leben gelebt. Augenlicht und Gehör nähmen spürbar ab. Eine grössere Zahnbehandlung stehe an. Ihrer Familie sei sie nur noch eine Last. Es sei genug. Sie wolle mit der Sterbehilfeorganisation Exit gehen. Sie sehe ja tagtäglich, wie viele ihrer Mitbewohner und Mitbewohnerinnen im Altersheim seit Jahren vergeblich auf den Tod warteten. Ob ich ihr dabei helfen könne? Ich sagte ihr offen, dass ich kein Befürworter des assistierten Suizids sei. Ich respektiere aber den Entschluss zum begleiteten Suizid eines Menschen, den ich als Seelsorger begleite. Auch hätte ich schon zahlreiche Abdankungen von Menschen gehalten, die mit Exit gestorben waren. Ich erklärte ihr das Prozedere bei Exit und sagte ihr, sie solle sich für die Abklärungsgespräche am besten persönlich mit Exit in Verbindung setzen. Anmelden müsse sie sich ohnehin selbst. Schliesslich verblieb ich fürs Erste so mit ihr, dass sie unbedingt bald mit ihrer Familie darüber reden solle.

Ich war nicht sicher, ob Exit diese Sterbebegleitung übernehmen würde. Ein schweres chronisches Leiden lag bei Frau K. nicht vor. Sie hatte die üblichen Altersgebrechen, nahm aber noch aktiv an Spielnachmittagen, an den Gottesdiensten im Haus und anderen Aktivitäten teil. Sie besuchte Freundinnen und erhielt auch von ihrer Familie regelmässig Besuch. Beim nächsten Gespräch nach ein paar Monaten eröffnete sie mir, dass sie nun die Unterlagen von Exit bestellt und sich angemeldet habe. Aber sie zögere noch, da ihre Familie ihr Ansinnen zwar respektiere, aber aus moralischen Gründen nicht unterstützen würde.

Unser Gespräch drehte sich in der Folge um die Frage nach Mitteln und Wegen, wie sie ihrem Leben doch noch etwas mehr Sinn und Qualität abgewinnen oder aber das Warten auf den Tod besser aushalten könnte. Die Begleitung von Frau K. dauerte rund drei Jahre. Ab und zu sagte sie bei der Verabschiedung nach einem Gottesdienst zu mir, wir sollten wieder einmal reden. Sie fragte mich dann nach Alternativen zu Exit. Doch es zeigte sich, dass keine davon für sie infrage kam. Palliative Care sei sicher eine gute Sache. Eine Patientenverfügung habe sie längst ausgefüllt. Sie wolle keine lebensverlängernden Massnahmen. Aber ihr dauere das alles viel zu lange und freiwillig auf Nahrung und Flüssigkeit zu verzichten, das schaffe sie nicht. Auch ein Therapieverzicht sei hinfällig, da sie sich ja nicht in Behandlung befinde und kaum Medikamente brauche. Sie rede noch einmal mit ihrer Familie. Sie sehe keinen anderen Weg als Exit. Ob ich das verstehen könne? Nach der langen Begleitung und der intensiven Auseinandersetzung von Frau K. mit dem Thema signalisierte ich ihr klar Verständnis und Respekt. Ihre geistlichen Bedenken legten wir gemeinsam ins Gebet, was sie sehr entlastete.

Dann kam die Pandemie. Sie rief mich trotz Besuchsverbot im Lockdown zu sich und teilte mir mit, sie habe sich jetzt bei Exit für einen Sterbetermin angemeldet, müsse aber wegen Corona noch einige Wochen auf den Zeitpunkt für das Abklärungsgespräch warten. Als ich im Sommer wieder kam, hatte sie bereits das Datum ihres Todestages mit Exit fixiert. Sie bat mich um ein Gespräch zusammen mit ihrer Schwiegertochter. Sie war bedacht, möglichst an alles zu denken und wollte im Detail wissen, wie dann alles ablaufe rund um ihr Ableben, wer wann komme und dabei sei. Auch die Abdankung wollte sie in groben Zügen vorbesprochen haben. Wir klärten all diese Fragen, was Frau K. sichtlich beruhigte. Es trat eine kurze Stille ein. Dann wandte sich Frau K. zu mir und sagte, sie wolle mir von Herzen danken, dass ich sie in Sachen Exit so unterstützt habe. Sie sei so froh, dass sie von mir von diesem selbstbestimmten Sterben erfahren habe. Denn letztlich habe ihr das die Tür für den lang ersehnten Tod aufgetan, der jetzt endlich vor ihr liege. Ich schluckte leer und fühlte mich peinlich berührt. Die Schwiegertochter, die ihre liebe Mühe mit der Entscheidung der Schwiegermutter hatte, auch wenn sie diese nach reiflicher Auseinandersetzung akzeptierte, sass ja neben uns. Ich selbst hatte mich gegenüber Frau K. nie pro Exit geäussert und sanft versucht, sie auf andere Pfade zu leiten. Als ich erkannte, dass es für sie keinen anderen Weg gab und ihre Entscheidung wohlerwogen war, stand für mich allerdings fest, ihr gemäss ihrem Wunsch weiterhin ein vertrauenswürdiger Seelsorger zu sein und zu bleiben. In diesem Sinne antwortete ich dann auch und bedankte mich meinerseits bei Frau K. für ihr Vertrauen.

Was ich eigentlich von Anfang an hätte wissen können und müssen, als ich im Altersheim selbstbestimmtes Sterben aktiv zu thematisieren begann, hat mir jenes letzte Gespräch mit Frau K. in aller Deutlichkeit bewusst gemacht: Selbstbestimmtes Sterben zu propagieren, schliesst, ob man will oder nicht, den assistierten Suizid mit ein; und die geneigte Zuhörerin hört, was sie hören will, nämlich das, was ihr am besten entspricht.

4. Assistierter Suizid, die todsichere Lösung

«Heute muss ich Ihnen einen Traum erzählen», sagte Frau S. zu mir, als ich nach der Begrüssung Platz genommen hatte. Sie war eine der ältesten Bewohnerinnen im Haus, hatte den 100. Geburtstag hinter sich, und auch sie wünschte sich schon lange, endlich sterben zu dürfen.

«In meinem Traum wanderte ich durch einen zartgrünen Frühlingswald. Die Vögel zwitscherten. Schlüsselblümchen und Veilchen säumten den Weg, der mich in engen Kehren an das Ufer eines stillen Sees hinunterführte. Am Strand lag ein Kahn, bereit für die Überfahrt ans andere Ufer, das am Fuss eines steilen Berghangs lag. Es war deutlich zu erkennen. Als ich hinüberschaute, sah ich dort meinen vor einigen Jahren verstorbenen Sohn stehen, der mir freudestrahlend zuwinkte. Ich solle kommen, schien er mir zuzurufen, und ich wusste, dass er mich drüben erwartete, um mich in Empfang zu nehmen. Doch kaum hatte ich den ersten Fuss ins Boot gesetzt, durchfuhr mich der Gedanke, dass ich etwas Wichtiges vergessen hatte, nämlich meine Tasche mit den Medikamenten fürs Herz. Erschrocken wandte ich mich um und stieg ans Ufer zurück, um die Tasche eilends holen zu gehen. Als ich ausser Atem zurückkam, waren Kahn und Sohn am anderen Ufer verschwunden».

Frau S. war altersbedingt körperlich sehr geschwächt. In vielen Gelenken hatte sie Arthrose, konnte kaum noch aufstehen und ihre regelmässigen Kreislaufattacken am Morgen setzten ihr derart zu, dass sie oft erst am Nachmittag, wie sie sagte, ein einigermassen normaler Mensch sei. Geistig war sie sehr präsent und auf den Tod längst vorbereitet. Vor langen Jahren, kurz vor ihrem 60. Geburtstag, hatte sie einen Herzinfarkt erlitten, von dem sie sich gut erholt hatte. Ihre Herzmedikamente musste sie aber seit jenem Ereignis stets in Griffnähe haben. Mehr als 30 gute Jahre waren ihr noch vergönnt, bis ihr das hohe Alter zusehends Schwierigkeiten machte. Die tiefsinnigen Gespräche mit ihr über Gott und die Welt sind mir unvergesslich. Sie war im christlichen Glauben fest verankert. Nur eines konnte sie nicht verstehen, nämlich warum der Herrgott sie nicht endlich rufe und der Tod so lange auf sich warten lasse. Exit war absolut kein Thema für sie. Wie das Leben, so sei auch der Tod aus Gottes Hand zu empfangen. Ob sie noch irgendetwas halte, fragte ich sie mehr als einmal. Vielleicht, dass sie so oft um ihr Leben und Überleben habe kämpfen müssen, meinte sie darauf. Aber jetzt sei sie bereit, alles loszulassen. Auch ihr Traum sei doch ein Vorbote vom Ende gewesen, und sie habe keine Angst. Sie sei zutiefst überzeugt davon, dass sie beim Übergang in die andere Welt von ihren Lieben und vom Licht des Ewigen empfangen würde. Ob sie nicht einmal mit ihrem Hausarzt über die Medikamente sprechen wolle, meinte ich einmal diskret, wohlwissend, dass sie diesem Thema bislang stets ausgewichen war. Ja, erwiderte sie knapp, das müsse sie vielleicht einmal tun.

Ihr Zustand verschlechterte sich. Die Herzanfälle und die Rückenschmerzen nahmen zu. Eines Tages eröffnete sie mir, sie habe sich jetzt bei Exit angemeldet. Sie könne einfach nicht mehr. Sie sei am Ende all ihrer Kräfte. Ich liess mir meine Überraschung nicht anmerken und zeigte ihr mein volles Verständnis. Wie immer beteten wir miteinander. Sie nannte mir ein paar Wünsche für ihre Abdankung, und als ihr Todestag kam, besuchte ich sie ein letztes Mal, um mich von ihr zu verabschieden.

Nach ihrem Tod liess es mir keine Ruhe. Ich rief den Leiter des Altersheims an und sagte ihm offen, dass mich der Tod von Frau S. beschäftige und ich ihn im Vertrauen gern etwas fragen würde. Die Todesart von Frau S. passe so gar nicht zu ihren Glaubensüberzeugungen, von denen sie mir so oft erzählt hatte. Ob denn eine Veränderung der Medikation zur Begünstigung ihres Todes kein Thema gewesen sei? Sehr wohl, entgegnete er. Zusammen mit dem Hausarzt habe er diese Option im direkten Gespräch mit Frau S. besprochen. Das Absetzen der Herzmedikamente hätte in ihrem hohen Alter und geschwächten Zustand binnen weniger Wochen zum Tode geführt. Doch sie lehnte dies rundweg ab.

Jetzt erst glaubte ich zu verstehen. Mir schien, als habe ich mit dieser Information eine Deutung des Traums von Frau S. gefunden, die mir bis dahin verborgen geblieben war. Frau S. wollte sterben. Sie war bereit. Aber auf ihre Herzmedikamente konnte sie nicht verzichten. Während vieler Jahre waren die Medikamente eine Art Lebensversicherung für sie gewesen. Sie hatte das kurative Paradigma derart verinnerlicht, dass sie es buchstäblich nicht übers Herz brachte, die Herzmittel abzusetzen. Deshalb brachte sie es im Traum auch nicht fertig, ohne ihre Medikamententasche in den Kahn zu steigen. Exit blieb für sie der einzige Ausweg, das todsichere Ende.

5. Ausblick

Von den gesundheitsbezogenen Entscheidungen am Lebensende ist der assistierte Suizid wohl die bekannteste. Das liegt nicht zuletzt am Akzent, den Sterbehilfeorganisationen wie Exit und Dignitas auf die Öffentlichkeitsarbeit legen und damit vorab bei den Medien auf offene Ohren stossen. Es ist einseitig und verkennt die Qualität anderer Optionen am Lebensende, wenn die öffentliche Debatte in diesem Zusammenhang vom assistierten Suizid bestimmt bleibt. Sterbehilfeorganisationen haben sich zudem den Begriff vom selbstbestimmten Sterben auf die Fahnen geschrieben. Mag der Begriff heute fast ein Modewort geworden sein, er umfasst mehr als den assistierten Suizid. Wenn Landeskirchen daran gehen, Handreichungen für Seelsorger und Seelsorgerinnen zur Begleitung am Lebensende zu verfassen, sollten sie nicht allein auf den begleiteten Suizid abstellen. Es gilt den Bogen weiter zu spannen.

Es wird noch viel Aufklärungsarbeit zu leisten sein, bis die Vielschichtigkeit des Ausdrucks «Selbstbestimmtes Sterben» einer breiten Bevölkerung bewusst geworden ist. Das Allgemeinwissen über Palliative Care gilt es zu vergrössern und die Dominanz der kurativen Behandlungsmethoden bei hochbetagten Menschen zu hinterfragen. Therapieverzicht etwa in Pflegeheimen ist individuell wie institutionell noch alles andere als eine Selbstverständlichkeit. Schon mehr als einmal bekam ich von sterbewilligen älteren Menschen in Altersinstitutionen zu hören, sie dürften die Medikamente nicht absetzen. Ihre Angehörigen meinten, dies komme einem Suizid gleich. In eine ähnliche Richtung gehen Aussagen, dass es nicht leicht sei, kompetente medizinische Beratung zu erhalten, wenn es um das Absetzen von Medikamenten gehe oder um das Ersetzen einer kurativen durch eine palliative Medikation. Auch die Ärzteschaft scheint bei Behandlungen am Lebensende noch stark vom kurativen Ansatz geprägt und geleitet zu sein. Bleibt zu hoffen, dass hier ein Umdenken stattfindet und differenziertere Sichtweisen und Behandlungsarten Raum greifen. Der Ausbau von Palliative Care und Advance Care Planning leistet dazu einen wichtigen Beitrag.

IV. Kirchenpolitische Perspektiven

Nicht im luftleeren Raum
Kirchliche Seelsorge im Gefüge der Institutionen und im ökonomischen Kontext des Gesundheitswesens am Beispiel des Kantons Zürich

Esther Straub

1. Ausgangslage

Im Sommer 2018 beschloss der Kirchenrat der Evangelisch-reformierten Landeskirche des Kantons Zürich, die Diskussion zum Thema Seelsorge bei assistiertem Suizid neu zu lancieren und eine Fachtagung abzuhalten. Unter Einbezug der betroffenen Berufsgruppen sollte ein Positionspapier erarbeitet werden, weniger zur öffentlichen Verlautbarung als primär zur Handreichung für Pfarrpersonen und Mitarbeitende der Landeskirche. Nachdem zwei repräsentative Umfragen der Zeitschrift «reformiert.» in den Jahren 2008 und 2014 eine hohe Zustimmung auch in der reformierten Bevölkerung zur Möglichkeit des assistierten Suizids gezeigt hätten und die politische und mediale Debatte rund um das Thema immer reger geführt werde, sei dieser Schritt zu einer kirchlichen Orientierungshilfe überfällig.[1]

Die letzte offizielle Positionierung der Zürcher Landeskirche zum Thema assistierter Suizid liegt denn auch einige Jahre zurück. 2011 hatte der Kirchenrat zu den beiden Volksinitiativen «Nein zum Sterbetourismus im Kanton Zürich» und «Stopp der Suizidhilfe!» Stellung genommen.[2] Er halte die Beihilfe zum Suizid «im Grundsatz für äusserst problematisch». Die Volksinitiativen würden der Situation einer pluralistischen Gesellschaft jedoch nicht gerecht und führten ebenso wenig aus dem Spannungsfeld zwischen dem Schutz des Lebens und dem Respekt vor Gewissensentscheiden heraus. Zur Gesamtproblematik verwies die Stellungnahme auf die ein Jahr zuvor verabschiedete Vernehmlassungsantwort der Zürcher Landes-

---

1   Die Reformierten Kirchen Bern-Jura-Solothurn haben bereits im Juni 2018 ein Positionspapier verabschiedet: *Solidarität bis zum Ende. Position des Synodalrates der Reformierten Kirchen Bern-Jura-Solothurn zu pastoralen Fragen rund um den assistierten Suizid*, Bern 2018, https://www.refbejuso.ch/fileadmin/user_upload/Downloads/Publikationen/Broschueren/SR_PUB_Assistierter-Suizid_180917.pdf, Zugriff am 26.8.2021.
2   Kirchenrat der Evangelisch-reformierten Landeskirche des Kantons Zürich: *Kirchenrat zu Suizidhilfe. Der Kirchenrat nimmt Stellung zu den Abstimmungs-Vorlagen zur Sterbehilfe vom 15. Mai*, https://www.zhref.ch/news/newsarchiv/kirchenrat-zu-suizidhilfe, Zugriff am 26.8.2021.

kirche zu einer dasselbe Thema betreffenden bundesrätlichen Vorlage. In dieser Vernehmlassungsantwort[3] hielt der Kirchenrat wiederum mit Bezug auf zwei ältere Positionspapiere der Landeskirche und des Kirchenbunds (SEK) fest, Suizidbeihilfe sei keine seelsorgliche Tätigkeit und unvereinbar mit dem kirchlichen Dienst.[4]

Die steigende Zahl an begleiteten Suiziden und die hohe Zustimmung in der Bevölkerung zu dieser Möglichkeit widerspiegeln sich in der Praxis der Kirche. Pfarrpersonen, Sozialdiakoninnen und -diakone und auch Freiwillige kommen häufiger in die Situation, in ihrer kirchlichen Tätigkeit von Personen angefragt zu werden, sie beim assistierten Suizid zu begleiten. Wie die Haltung der Gesamtbevölkerung hat sich auch die persönliche Haltung kirchlich Engagierter einer solchen Anfrage gegenüber in den letzten zehn Jahren verändert. Mittlerweile können sich viele vorstellen, eine Person seelsorglich in den Suizid zu begleiten, andere schliessen dies nach wie vor aus Gewissensgründen aus, möchten das Bedürfnis nach Begleitung jedoch nicht unbeantwortet lassen. In einem Diskussionsforum der an Institutionen tätigen Seelsorgenden zeigte sich der Bedarf, insbesondere auch institutionelle Fragen einer seelsorglichen Begleitung des assistierten Suizids zu klären. Neben theologisch-ethischen und poimenischen Fragestellungen, die an der Zürcher Auftakttagung zur Erstellung einer kirchlichen Handreichung erörtert wurden,[5] gilt es auch das institutionelle Gefüge und den ökonomischen Kontext zu reflektieren, in dem sich Seelsorgende in einem Begleitprozess bewegen. Was heisst es, dass in der Schweiz Suizidassistenz meist durch Organisationen erfolgt, die als Vereine konstituiert sind? Welche Bedeutung hat es, dass Seelsorgende im Auftrag der Kirche an einer Institution tätig sind und nicht als Angestellte der Institution arbeiten? Wer sind die Kostenträger im Gesundheitswesen und welche möglichen Implikationen hat diese Struktur in Bezug auf den assistierten Suizid?

In diesem Beitrag soll die Tragweite solcher Fragen anhand der konkreten Situation im Kanton Zürich entfaltet und diskutiert werden.

---

3   Kirchenrat der Evangelisch-reformierten Landeskirche des Kantons Zürich: *Vernehmlassungsantwort der Evangelisch-reformierten Landeskirche des Kantons Zürich zum bundesrätlichen Vorschlag zur Änderung des Strafgesetzbuches und des Militärstrafgesetzes betreffend die organisierte Suizidhilfe*, Zürich 2010, https://www.zhref.ch/news/verlinke-inhalte/files/zhref-vernehmlassungsantwort-ref-kirchenrat-organisierte-suizidbeihilfe29-1-2010.pdf, Zugriff am 26.8.2021.
4   Kirchenrat, Vernehmlassungsantwort, 5.
5   *Kirchliche Seelsorge und Suizidhilfe. Zur Ethik der Seelsorge am Lebensende*, Online-Tagung vom 21. Januar 2021, veranstaltet vom Institut für Sozialethik an der Universität Zürich und der Reformierten Kirche Zürich. Aus dieser Tagung entstand der vorliegende Band.

2. Assistierter Suizid in der Schweiz und im Kanton Zürich

Einen ausgezeichneten Überblick über die Geschichte und die gegenwärtige gesetzliche Regelung des assistierten Suizids in der Schweiz gibt der Artikel des ehemaligen Leitenden Oberstaatsanwalts des Kantons Zürich, Andreas Brunner, in der Frankfurter Allgemeinen Zeitung vom 26. April 2021 unter dem Titel «Assistierter Suizid in der Schweiz».[6]

Brunner weist darauf hin, dass die Schweizer Situation auf den seit 1937 gültigen Art. 115 StGB zurückzuführen ist. Gemäss diesem Gesetzesartikel ist Hilfe zum Suizid nur dann strafbar, wenn sie aus selbstsüchtigen Beweggründen erfolgt. 1982 gründeten in Suizidbegleitung engagierte Pionierinnen und Pioniere die ersten Vereine, Exit Deutsche Schweiz und Exit Romandie.[7] Diese beiden grossen Vereine mit mittlerweile rund 135 000 resp. 31 000 Mitgliedern sowie weitere kleinere Organisationen bieten für ihre Vereinsmitglieder Beratung und Unterstützung zur Abfassung und Verwaltung einer personalisierten Patientenverfügung an und begleiten sie bei Bedarf in den Suizid. Um ihr Selbstbestimmungsrecht am Lebensende wahrzunehmen, werden Personen in der Schweiz denn auch oft Mitglied eines zu diesem Zweck gegründeten Vereins, der sie in der Ausführung ihres Suizidwunsches unterstützt und begleitet oder ihnen schlicht die Absicherung gibt, im Notfall auf einen assistierten Suizid zurückgreifen zu können.

Andreas Brunner weist in seinem Beitrag daraufhin, dass dem in der Europäischen Menschenrechtskonvention (EMRK) und der Bundesverfassung (BV) verankerten Selbstbestimmungsrecht der einzelnen Person (Art. 8 Ziff. 1 EMRK, Art. 10 Abs. 2 BV) eine gleichrangige staatliche Schutz- und Fürsorgepflicht für jeden Menschen ab Geburt bis zum Tod gegenübersteht (Art. 2 EMRK, Art. 10 Abs. 1 BV), eine verfassungsrechtliche Grundlage also, die zu Einschränkungen und zur Qualitätssicherung der Suizidhilfe führen könnte, von der der schweizerische Gesetzgeber bisher jedoch keinen Gebrauch gemacht hat. 2011 hatte der Bundesrat nach Vernehmlassung eines entsprechenden Gesetzesentwurfs entschieden, auf eine ausdrückliche Regelung organisierter Suizidhilfe zu verzichten. Auch auf kantonaler

---

6   Andreas Brunner: Assistierter Suizid in der Schweiz, in: Frankfurter Allgemeine Zeitung (26.4.2021), https://www.faz.net/aktuell/politik/die-gegenwart/pro-und-kontra-sterbehilfe-was-machen-die-schweizer-17305287/dr-andreas-brunner-ist-17309924.html, Zugriff am 26.8.2021.
7   Zur Zürcher Vorgeschichte ist anzumerken, dass 1977 eine kantonale Volksinitiative mit dem Begehren, der Kanton Zürich solle bei den eidgenössischen Räten eine Standesinitiative zur «Sterbehilfe auf Wunsch für Unheilbarkranke» einreichen, von der Zürcher Bevölkerung angenommen wurde. Die Standesinitiative selbst scheiterte zwei Jahre später in den eidgenössischen Räten.

Ebene blieben im selben Zeitraum Vorstösse mit dem Ziel, die staatliche Aufsicht über den assistierten Suizid zu stärken, erfolglos.

Während in den Niederlanden das Gesetz Suizidassistenz einzig als ärztliche Tätigkeit zulässt, beschränkt sich in der Schweiz aufgrund der zentralen Rolle von Suizidhilfeorganisationen die Aufgabe der Ärzteschaft meist auf die Verschreibung einer letalen Substanz. Diese Tätigkeit ist freiwillig und liegt in der persönlichen Verantwortung der einzelnen Ärztin bzw. des Arztes.

Im Spannungsfeld zwischen staatlicher Fürsorgepflicht und Selbstbestimmungsrecht der einzelnen Person sind die Rollen klar verteilt. Während die Sterbehilfeorganisation dem sterbewilligen Vereinsmitglied beim Suizid assistiert, nachdem ein Arzt oder eine Ärztin der Person das Rezept zum Bezug von Natrium-Pentobarbital (NaP) ausgestellt hat, sind staatliche Instanzen nach dem aussergewöhnlichen Todesfall involviert und stellen sicher, dass keine strafbare Handlung begangen wurde, insbesondere dass keine selbstsüchtigen Beweggründe nach Art. 115 StGB mit im Spiel waren. Zurzeit diskutiert das Zürcher Kantonsparlament eine Gesetzesänderung, die Bewohnerinnen und Bewohnern von Alters- und Pflegezentren das Recht zugestehen soll, vor Ort in der Institution die Hilfe externer Organisationen zum assistierten Suizid in Anspruch zu nehmen.[8]

3. Kirchliche Seelsorge im institutionellen Gefüge und im ökonomischen Kontext des Kantons Zürich

Im Gefüge von Gesundheitsinstitutionen, Staat und Sterbehilfeorganisationen nehmen die Kirchen eine unabhängige Rolle ein. So werden im Kanton Zürich die kirchlichen Seelsorgenden an Spitälern und Pflegezentren nicht von den Institutionen angestellt, sondern von den Kirchen zu ihrem Dienst an den Institutionen beauftragt und sind als Arbeitnehmende in die Organisation der jeweiligen Kirche eingegliedert. Der Staat gibt Pfarrpersonen der anerkannten kirchlichen Körperschaften im Kirchengesetz das Recht, an Einrichtungen des Kantons und der Gemeinden tätig zu sein.[9] Das Patientinnen- und Patientengesetz regelt zusätzlich

---

8 Kantonsrat Zürich: *Parlamentarische Initiative KR-Nr. 110/2019*, https://parlzhcdws.cmicloud.ch/parlzh5/cdws/Files/ccf8db3c436d4189abf742e8ea18cba1-332/5/pdf, Zugriff am 26.8.2021.

9 Kirchengesetz des Kantons Zürich § 16: «Die Pfarrerinnen und Pfarrer der anerkannten kirchlichen Körperschaften haben Anspruch auf Zulassung zur Seelsorge in Einrichtungen des Kantons und der Gemeinden wie in Spitälern, Pflegeheimen oder Gefängnissen.»

die aufsuchende Seelsorge in Spitälern.[10] Zwar sind die kirchlichen Seelsorgenden in die institutionelle Arbeit integriert und suchen und pflegen eine enge Zusammenarbeit mit den Mitarbeitenden und Verantwortlichen der Institution, jedoch sind sie als kirchlich Beauftragte nicht Teil der Institution, sondern gelten als Dritte. Die Weitergabe von Patienteninformationen an die Seelsorgenden und ihre Einsicht in die Patientendokumentation sind datenschutzrechtlich nur mit dem explizit geäusserten Einverständnis der Spitalpatientin bzw. des Bewohners des Pflegezentrums möglich.[11]

3.1 Die Rolle des Seelsorgegeheimnisses

Obwohl selbst nicht Teil des therapeutischen Teams der Institution, stehen die Seelsorgenden als ethisch informierte und sachkundige Fachpersonen für professionelle Gespräche und Begleitung zur Verfügung.[12] Spitalpatienten und Bewohnerinnen von Pflegezentren nehmen die unabhängige Rolle der Seelsorge innerhalb der Institution nicht unbedingt strukturell wahr, haben jedoch ein starkes Vertrauen, dass das Seelsorgegespräch unvoreingenommen, d. h. ohne unabgesprochene Einsicht in ihr Dossier, auf Augenhöhe und im geschützten Raum des Seelsorgegeheimnisses stattfindet, dass also auch umgekehrt keine Informationen aus dem Gespräch an Dritte gelangen. Das Seelsorgegespräch zeichnet sich für die begleiteten Personen dadurch aus, dass es keinem äusseren Zweck dienen muss, sondern in seinem Beweggrund vom Evangelium abhängt und ganz auf sie selbst ausgerichtet ist. Auch wenn im Gespräch selbst Glaube und Konfession vielleicht in den Hintergrund treten und nicht explizit thematisiert werden, ist das Wissen um die Zugehörigkeit der Seelsorgeperson zu einer bestimmten Glaubensgemein-

---

10   Patientinnen- und Patientengesetz des Kantons Zürich, § 9, Abs. 1: «Die Patientinnen und Patienten haben das Recht, sich durch die eigene Seelsorgerin oder den eigenen Seelsorger betreuen zu lassen. Die Spitalseelsorge kann die Patientinnen und Patienten unaufgefordert besuchen».
11   Patientinnen- und Patientengesetz des Kantons Zürich, § 15, Abs. 1: «Informationen an Dritte über Patientinnen und Patienten dürfen nur mit deren Einverständnis erteilt werden.» § 19, Abs. 2: «Bezugspersonen und Dritten darf Einsicht in die Patientendokumentation nur mit dem Einverständnis der Patientinnen und Patienten oder aufgrund besonderer gesetzlicher Meldepflichten und -rechte oder einer Entbindung vom Amts- und Berufsgeheimnis gemäss Art. 320 und 321 StGB gewährt werden.»
12   Die Diskussion, ob die kirchliche Seelsorge ins interprofessionelle Team integriert werden soll oder nicht, kann nicht unabhängig von der Diskussion geführt werden, welche institutionellen Änderungen diese Integration bedingen würde. Sind Seelsorgende ins professionelle Team der Institution integriert, müssen sie von der Institution angestellt und bezahlt werden. Auch müsste geklärt werden, wie die Seelsorgenden sich in Fachgesellschaften und im Verhältnis zu ihrer Kirche organisieren.

schaft für die vertrauensvolle Seelsorgebeziehung von Bedeutung, denn der Begriff «Geistliche», der in Art. 321 StGB Geheimnistragende definiert, beinhaltet die Beauftragung durch eine Glaubensgemeinschaft.[13] Dass die Seelsorgeperson von ihrer Religionsgemeinschaft beauftragt ist, schützt das Gespräch nach Art. 321 StGB vor der Weitergabe von Informationen ohne die explizite Einwilligung der begleiteten Person.[14]

---

13   Rita Famos, Matthias Felder, Felix Frey, Matthias Hügeli, Thomas Wild: *Dem Anvertrauten Sorge tragen. Das Berufsgeheimnis in der Seelsorge.* Basel: Schweizerischer Evangelischer Kirchenbund SEK 2016, 53–55.
14   Vgl. Michael Coors: Seelsorgliche Verschwiegenheitspflicht und Dokumentation, in: Simon Peng-Keller, David Neuhold, Ralph Kunz, Hanspeter Schmitt (Hg.): *Dokumentation als seelsorgliche Aufgabe. Elektronische Dokumentendossiers im Kontext von Spiritual Care.* Zürich: TVZ 2020, 153–177, 164f: «Diese Frage [nach dem Wohl der Patientin] wird man nicht beantworten können, ohne sie mit der Patientin oder dem Patienten zu besprechen – und zwar jeweils mit Blick auf das konkrete Geheimnis, dessen Offenlegung Thema ist. Entscheidend wird dabei die Art und Weise der Kommunikation über diese Frage sein: Sie sollte deutlich machen, dass die Geheimhaltung selbstverständlich ist, und dass die Weitergabe eben nur erfolgt, wenn der Patient bzw. die Patientin eingewilligt hat.» Eine Diskussion zur Frage der Dokumentation von Seelsorgegesprächen in Patientendossiers findet sich im Band von Peng-Keller et al., Dokumentation, allerdings weitestgehend ohne Berücksichtigung des spezifischen Zürcher Kontextes und unter Rekurs auf Länder und Kantone, in denen die Seelsorge an Gesundheitsinstitutionen anders positioniert und finanziert ist. Nicht nur das Selbstverständnis der Spitalseelsorge, auch das Selbstverständnis ihrer Kirche hat Auswirkungen auf die institutionelle Verortung der Spitalseelsorge. «Als ordinierte Pfarrerin respektive kirchlich mandatierte Amtsträgerin kann die Spitalseelsorgerin qua Theologiestudium und Verankerung in ihrer eigenen Tradition offen sein fürs Gegenüber, unabhängig von dessen Weltanschauung. Sie kann unter dem Vorzeichen einer vorbehaltlosen Akzeptanz ein qualifiziertes Begegnungsangebot machen und sich in ‹bewusster Absichtslosigkeit› auf eine Beziehung einlassen.» Claudia Graf: Dokumentation und Professionalität in der Spitalseelsorge, in: Peng-Keller et al., Dokumentation, 291–306, 303. Ob eine Dokumentationspflicht «sowohl Voraussetzung als auch Resultat einer systematischen Qualitätsentwicklung» der Spitalseelsorge ist (Graf, Dokumentation, 306), bleibt zu diskutieren. Sie würde jedenfalls grundlegende institutionelle Veränderungen bedingen. Zu hinterfragen ist, ob der «Zielkonflikt zwischen interprofessioneller Zusammenarbeit und professioneller Diskretion» (Graf, Dokumentation, 300) tatsächlich ein solcher ist oder ob nicht gerade umgekehrt die professionelle Diskretion einen Gewinn für die interprofessionelle Zusammenarbeit bedeutet. In beiden Fällen braucht es einen «professionellen Umgang mit der prinzipiellen Unsicherheit. Es gilt immer wieder, gangbare Wege im Unwegsamen zu finden. Das gehört zur Grundanforderung an die Professionalität von Spitalseelsorgerinnen und deren weiterer Entwicklung» (Graf, Dokumentation, 301).

Die Kirche kann darüber hinaus mit eigenen Bestimmungen das Berufsgeheimnis ergänzen und so ihr kirchliches Seelsorgegeheimnis definieren.[15]

Wird die Seelsorge aus ihrem Status als Dritte in ein Angestelltenverhältnis der Institution überführt, löst sich ihre konfessionelle Gebundenheit. Nicht mehr die Religionsgemeinschaft verantwortet den Dienst der Seelsorge, sondern das Spital. Michael Coors diskutiert die Abhängigkeit der Verschwiegenheitspflicht vom geistlichen Charakter des Seelsorgegesprächs bzw. von dessen christologisch-soteriologischem Zentrum:

> Je weiter weg die Praxis der Seelsorge von diesem christologisch-soteriologischen Zentrum führt, desto weniger handelt es sich um eine genuin christliche Form der Seelsorge und desto mehr um eine ganz allgemeine Form von Lebensberatung und -begleitung. Desto weniger lässt sich auch für diese Praxis ein Geheimnisschutz beanspruchen, der über den Geheimnisschutz anderer vertraulicher Beratungssituationen hinausgeht. Desto mehr kann dementsprechend dokumentiert werden, desto mehr besteht dann aber auch ein Recht Dritter, auf die Inhalte des Seelsorgegespräches zugreifen zu dürfen.[16]

> Begreift man Seelsorge als einen Gesprächsprozess, der als «weltliches» Gespräch von einem «geistlichen» nicht zu unterscheiden ist, so kann man für das seelsorgliche Gespräch auch keine begründet über das «weltliche» Gespräch hinausgehende Verschwiegenheitspflicht in Anspruch nehmen und auch nicht deren rechtlichen Schutz.[17]

Der Entscheid zum assistierten Suizid ist immer auch ein einsamer Entscheid.[18] In ihrer von der Institution unabhängigen Stellung kommt der Seelsorge die Möglichkeit zu, die Einsamkeit der begleiteten Person in ihrer Entscheidfindung zu respektieren und sie im geistlichen Gespräch gleichzeitig auch zu durchbrechen. Im «gemeinsamen Ringen» leistet sie Hilfe zum persönlichen Gewissensentscheid.[19] Seelsorgerinnen und Seelsorger tun dies «weder als Komplizen noch als richtend-moralische Instanz»,[20] und auch nicht aus medizinisch-therapeutischer Perspektive, denn der persönliche Gewissensentscheid soll

---

15 Famos et al., Anvertrauten, 29–33. Vgl. Coors, Verschwiegenheitspflicht, 154f. Die Evangelisch-reformierte Landeskirche des Kantons Zürich regelt das Berufsgeheimnis von Pfarrpersonen, Sozialdiakoninnen und Sozialdiakonen in Art. 101 ihrer Kirchenordnung.
16 Coors, Verschwiegenheitspflicht, 171.
17 Coors, Verschwiegenheitspflicht, 172.
18 So Frank Mathwig in seinem Vortrag auf der Tagung (siehe Anm. 5).
19 Vgl. den Beitrag von Tanja Krones in diesem Band.
20 Vgl. Isolde Karle, in diesem Band auf S. 171f.

1. frei und wohlerwogen,
2. nicht durch medizinisch-pathologische Zustände verursacht,
3. nicht mit dem Vorliegen einer akut unerträglichen Lebenssituation oder terminalen Krankheitsphase mitleidsethisch plausibilisiert sein.[21]

Da die Seelsorge jenseits einer rationalen Zweckgebundenheit der Gesundheitsinstitution handelt, kann sie für diesen Gewissensentscheid eine unabhängige Gesprächspartnerin sein.

Mit ihrem Aussenblick können Seelsorgende an Institutionen im Bedarfsfall zudem auch intervenieren,[22] wo sie die Qualität von Begleitprozessen bei assistierten Suiziden kritisch beurteilen. Sie sollten denn auch nicht selber Teil des Qualitätsmanagements sein, indem sie sich zum Beispiel zur Übernahme eines Pflichtgesprächs zur Verfügung stellen.

3.2 Die Finanzierungsstruktur im Zürcher Gesundheitswesens

2012 wurde die Revision des Bundesgesetzes über die Krankenversicherung (KVG) im Bereich der Spitalfinanzierung in den Kantonen eingeführt. Die Abgeltung stationärer Leistungen erfolgt seither über leistungs- und subjektbezogene Fallpauschalen und mit einheitlicher Tarifstruktur. In der Folge dieser Deregulierung entliess der Kanton Zürich seine eigenen Spitäler in weitgehende Selbstständigkeit.[23] Für die Spitalplanung erstellt er eine Spitalliste, die den Listenspitälern Leistungsaufträge erteilt, die unabhängig vom Versicherungsstatus der behandelten Patientinnen und Patienten innerhalb der Obligatorischen Krankenversicherungskosten vom Kanton und vom Versicherer je hälftig vergütet werden.

Mit seiner Spitalplanung und -finanzierung fördert der Kanton Zürich bewusst wettbewerbliche Elemente.[24] Gewinne können von den Listenspitälern zur Gewinnbeteiligung der Trägerschaft des Spitals verwendet und müssen nicht vollständig reinvestiert werden. Finanzielle Anreize stehen in Gefahr, sich in Fehlanreize zu verkehren und damit das Wohl der Patientinnen und Patienten zu gefährden. Damit steigt der Kontrollbedarf des Gesetzgebers. Qualitätskontrollen sollen die Indikationsqualität verbessern, um im lukrativen Segment von Behandlungen eine Überversorgung einzugrenzen. Umgekehrt können Behandlungen palliativer Patientinnen

---

21 So Frank Mathwig in seinem Vortrag auf der Tagung (siehe Anm. 5).
22 Zu dieser anwaltschaftlichen Funktion vgl. Graf, Dokumentation, 304.
23 Die Überführung des Kantonsspitals Winterthur (KSW) in eine Aktiengesellschaft wurde vom Zürcher Stimmvolk 2018 jedoch abgelehnt.
24 Spitalplanungs- und -finanzierungsgesetz (SPFG), §1: «Dieses Gesetz bezweckt die Sicherstellung einer ausreichenden und langfristig finanzierbaren Gesundheitsversorgung in Spitälern. Wettbewerbliche Elemente werden gefördert.»

und Patienten am Lebensende für ein Spital defizitär sein, weil die Fallpauschale nicht die effektiv anfallenden Kosten deckt.[25] «Ein Spital, das sich ausschliesslich an betriebswirtschaftlichen Vorgaben orientieren würde, müsste die Palliativstation so rasch wie möglich schliessen», liess sich Stefan Obrist als Leiter des Kompetenzzentrums Palliative Care am Universitätsspital Zürich in einem Beitrag zitieren.[26]

Wettbewerb und Konkurrenz, Effizienzkalkül und Kostendruck sowie Diskussionen über finanzielle Fehlanreize und Überversorgung prägen das Gesundheitssystem und beeinflussen seine öffentliche Wahrnehmung und das Vertrauen. Staat und Versicherer sind als direkte Kostenträger im Gesundheitswesen interessiert daran, die Kosten, die sie für die Versicherten tragen, tief zu halten.[27] Nicht zuletzt stehen auch die privatrechtlich organisierten Vereine, die für ihre Mitglieder Suizidbegleitungen durchführen, bezüglich ihrer Finanzen unter Beobachtung und in der Kritik.[28] In diesem Kontext kann die unabhängige Stellung kirchlicher Seelsorge eine wichtige Rolle für Spitalpatientinnen und Bewohner von Pflegezentren[29] spielen. Es gilt deshalb, in der Diskussion um eine moderne Seelsorge neben dem institutionellen Gefüge auch ökonomische Strukturen und Finanzierungsflüsse nicht zu vernachlässigen, sondern im Gegenteil als für die Rolle der kirchlichen Seelsorge und ihre Professionsethik konstitutiv zu berücksichtigen.

Dass die Spitalseelsorge seit 2016 Teil der Abrechnungsziffer palliativmedizinischer Komplexbehandlungen ist, führt im Kanton Zürich aufgrund der unabhängigen Stellung der institutionellen Spitalseelsorge zur schwierigen Situation, dass der Patient oder die Patientin die Leistungen der Spitalseelsorgenden doppelt

---

25 Am 17. Juni 2021 gab der Nationalrat nach dem Ständerat grünes Licht für die Motion «Für eine angemessene Finanzierung der Palliative Care». Die Motion verlangt, gesetzliche Grundlagen zu schaffen, die zu einer angemessenen Finanzierung der Palliative Care führen.

26 Basil Weingartner: *«Wir müssen Sterbende oft verlegen, weil die Fallpauschale aufgebraucht ist». Die Fallpauschalen sorgen in der Palliativmedizin für Probleme*, 1.2.2019, https://www.medinside.ch/de/post/wir-muessen-sterbende-patienten-oft-verlgen-weil-die-fallpauschale-aufgebraucht-ist, Zugriff am 26.8.2021.

27 Auch bei der Förderung und Zurverfügungstellung von Patientenverfügungen durch Staat und Krankenkassen ist Vorsicht geboten. Denn sowohl Staat als auch Versicherer sind als Kostenträger im Gesundheitswesen finanziell in die Leistungserbringung involviert. Insofern ist es entlastend, wenn unabhängige Organisationen Patientenverfügungen ausstellen und verwalten.

28 Erich Aschwanden: *Der Verein Exit hat ein Millionenvermögen angehäuft. Was macht eine Sterbehilfeorganisation mit so viel Geld?*, in: Neue Zürcher Zeitung (7.5.2019).

29 Die Finanzierungsstruktur in der Langzeitpflege ist nicht deckungsgleich mit der Struktur der Spitalfinanzierung. So involviert sie die gepflegte Person in viel stärkerem Mass als direkte Kostenträgerin.

bezahlt. Der Dienst der Spitalseelsorge wird durch die Kirche vollumfänglich abgegolten mit Mitteln aus Kirchensteuern sowie Staatsbeiträgen, die der Kanton der Kirche ohne Leistungsauftrag für Dienste mit gesamtgesellschaftlicher Bedeutung ausrichtet. Die Seelsorge steht dem Patienten bzw. der Patientin denn auch als unentgeltlicher Dienst der Kirche zur Verfügung. Im Rahmen der palliativmedizinischen Komplexbehandlung bezahlt jedoch der Patient bzw. die Patientin die Leistung, die dem Spital über die Fallpauschale von der Krankenkasse und dem Kanton abgegolten wird, erneut über Krankenkassenprämien und Staatssteuern. Die Einführung der neuen Abrechnungsziffer ging irrtümlicherweise davon aus, dass Spitalseelsorgende von den Kliniken angestellt und bezahlt werden, womit die Problematik einer doppelten Verrechnung der seelsorglichen Leistung entfiele.[30] Im Kanton Zürich ist dies nicht der Fall.

Die Kirche erbringt im Gesundheitswesen keine abrechenbaren Leistungen. Sie ist auch keine Kostenträgerin und finanziell weder in einen assistierten Suizid noch den dadurch erfolgten Abbruch medizinischer und pflegerischer Leistungen involviert. Diese Unabhängigkeit kann im Begleitprozess von Bedeutung sein. Als moderne Profession erweist sich die Seelsorge im Zürcher Kontext, der die Gesundheitsversorgung in akzentuierter Weise wettbewerblich organisiert, gerade dadurch, dass sie ihre Unabhängigkeit ins Gespräch bringt, statt aufs Spiel setzt.

4. Unabhängigkeit als Chance

Die Situierung kirchlicher Seelsorge im lokalen institutionellen Gefüge und ökonomischen Kontext ist beim Thema assistierter Suizid mitzubedenken. Die unabhängige Stellung der Kirche an Institutionen spielt für Spitalpatienten und Bewohnerinnen von Pflegezentren, die einen assistierten Suizid in Betracht ziehen oder ihn vollziehen, eine wichtige Rolle, weshalb ihr Sorge zu tragen ist. Konfrontiert mit dem eigenen Tod finden Menschen in der Seelsorge einen geschützten Ort, an dem sie sich offen und vertrauensvoll äussern können, wo jemand Zeit hat und zuhört und an dem sie im Gespräch wie im Schweigen sie selbst sein können und Teil der Gemeinschaft Christi, die am Ende des Lebens genauso wie in dessen Mitte trägt und stärkt.

---

30 Coors weist bezüglich der Abrechenbarkeit seelsorglicher Leistungen als Teil medizinischer Fallpauschalen daraufhin, dass es ein «dezidiert ökonomischer Kontext [ist], in dem die Dokumentationsfrage entsteht, und der eigene ethische Fragen bezüglich einer Professionsethik der Seelsorge aufwirft: Ist es dem Verständnis seelsorglichen Handelns adäquat, Seelsorge in eine abrechenbare Leistung des Gesundheitswesens zu überführen? Diese Frage nach dem Verhältnis der Seelsorge zur institutionell ökonomischen Logik des Spitals deute ich hier lediglich an: Sie wäre an anderer Stelle eigens zu vertiefen» (Coors, Verschwiegenheitspflicht, 157).

Sterben zwischen Schicksal und Entscheidung
Perspektiven der Evangelisch-reformierten Kirche Schweiz (EKS)

Rita Famos

> Wer tröstet den Krebspatienten in Zimmer No. 11?
> Der Doktor, der denkt, die Schwester vielleicht.
> Die Schwester, die denkt, die Familie vielleicht.
> Die Familie, die denkt, der Pfarrer vielleicht,
> und der Pfarrer, der denkt, hoffentlich Gott.
> (Kurt Marti)[1]

1. Sonderfall Schweiz

Seit der Einführung des nationalen Strafgesetzbuches (Fassung vom 21. Dezember 1937, in Kraft getreten am 1. Januar 1942) ist die Suizidhilfe in der Schweiz straffrei. Der bereits im ersten Strafgesetzbuchentwurf von 1918 erwähnte Artikel 115 StGB lautet: «Wer aus selbstsüchtigen Beweggründen jemanden zum Selbstmorde verleitet oder ihm dazu Hilfe leistet, wird, wenn der Selbstmord ausgeführt oder versucht wurde, mit Freiheitsstrafe bis zu fünf Jahren oder Geldstrafe bestraft.» Der Schweizer Gesetzgeber machte die uneigennützige und private Suizidhilfe also in der Zeit straffrei, als der nationalsozialistische Nachbarstaat seine Euthanasieprogramme durchführte. Die zeitliche Parallelität ist aus schweizerischer Sicht in dreifacher Hinsicht bemerkenswert: (1.) Der Staat gesteht seinen Bürgerinnen und Bürgern eine Handlungsoption zu, die er für sich selbst und andere Institutionen kategorisch ausschliesst. (2.) Die Suizidhilfe gehört als «Freundschaftsdienst» in den sozialen Raum affektiver Nahbeziehungen. (3.) Die liberale Haltung gegenüber der Suizidhilfe hat in der Schweiz zu keiner Zeit zu einem erkennbaren Missbrauch geführt.

Die neuere Suizidhilfediskussion in der Schweiz lässt sich in drei Phasen unterteilen. Im Zentrum der *ersten Phase* in den 1980er-Jahren stand die Kritik an einer

---

[1] Gedicht zitiert nach Schweizerischer Evangelischer Kirchenbund: *Das Sterben leben. Entscheidungen am Lebensende aus evangelischer Perspektive.* SEK-Position 9, Bern: SEK 2007. Original des Gedichts z. B. 10.12.72 aus: Kurt Marti, wo chiemte mer hi? © 2018 Nagel & Kimche in der MG Medien Verlags GmbH, München.

Hochleistungsmedizin, die immer erfolgreicher menschliches Leben technisch erhalten konnte und die Frage aufwarf: Woran darf der Mensch noch sterben? Die *zweite Phase* seit den 1990er-Jahren konzentrierte sich auf kranke Menschen am Lebensende. Angesichts unerträglicher Schmerzen und Leiden wurde gefordert, diese ausweglosen Leidenssituationen in der terminalen Krankheitsphase durch assistierten Suizid abkürzen zu können. Die *dritte Phase* beginnt mit der 2014 öffentlich einsetzenden Diskussion um den sogenannten Alters- oder Bilanzsuizid. Gilt die eigene «Lebensmüdigkeit» oder «Lebenssattheit» – unabhängig von Krankheit, Leiden oder dem nahen Lebensende – als hinreichender Grund für einen begleiteten Suizid?

Die liberale schweizerische Rechtslage zur Suizidhilfe darf aber nicht über bestehende Kontroversen hinwegtäuschen. Alt-Bundesrätin Widmer-Schlumpf hatte 2009 in ihrer Zuständigkeit für das Eidgenössische Justizdepartement (EJPD) eine Diskussion zur Revision der rechtlichen Grundlagen für die Suizidhilfe angestossen. Anlass war der rasante Anstieg von Personen aus dem Ausland, die mithilfe der Suizidhilfeorganisation Dignitas in der Schweiz ihr Leben beenden wollten. Zwei Varianten standen damals zur Diskussion: erstens eine Erweiterung von Art. 115 StGB um Sorgfaltskriterien (freier, wohlerwogener und dauerhafter Sterbewunsch; Feststellung der Urteilsfähigkeit und des Vorliegens einer unheilbaren Krankheit im terminalen Stadium durch einen unabhängigen Arzt; Information über alternative Handlungsoptionen; Suizidhandlung mit ärztlich verschriebenem Mittel, kein Erwerbszweck des Suizidhelfers, vollständige Dokumentation) und zweitens eine Ergänzung des bestehenden Artikels um den Einschub «Wer aus selbstsüchtigen Gründen *oder im Rahmen einer Suizidhilfeorganisation* […]». Damit sollte zur ursprünglichen Intention der Suizidhilfe als «Freundschaftsdienst» zurückgekehrt und die Beihilfe als vereinsmässige Aktivität verboten werden. In dem Verfahren und an der Vernehmlassung waren der damalige Kirchenbund und die Zürcher Landeskirche intensiv beteiligt.[2] Infolge eines Departementwechsels im Bundesrat wurde das Anliegen 2011 wieder aufgegeben. Seit seiner Inkraftsetzung 1937 ist also der Artikel 115 StGB unverändert geblieben.

---

2 Vgl. Schweizerischer Evangelischer Kirchenbund (Hg.): *Suizidhilfe im Fokus von Recht, Ethik und Seelsorge.* SEK-Kolloquium vom 19. November 2009, Bern: SEK 2009; Evangelisch-reformierte Landeskirche des Kantons Zürich: *Vernehmlassungsantwort der Evangelisch-reformierten Landeskirche des Kantons Zürich zum bundesrätlichen Vorschlag zur Änderung des Strafgesetzbuches und des Militärstrafgesetzes betreffend die organisierte Suizidhilfe,* Zürich 2010, https://www.zhref.ch/news/verlinke-inhalte/files/zhref-vernehmlassungsantwort-ref-kirchenrat-organisierte-suizidbeihilfe29-1-2010.pdf, Zugriff am 26.8.2021.

Die Suizidhilfeorganisationen – allen voran die erste und grösste Vereinigung mit dem Namen «Exit» – waren in den 1980er-Jahren sehr umstritten. Dies war auch dem Umstand geschuldet, dass ihre Gründungspersonen sehr militant auftraten und auf Kritik oft unangemessen reagierten. Sowohl bei der Sorgfalt der Abklärung der Sterbewünsche als auch bei der Kommunikation ihrer Ziele und ihrem öffentlichen Auftreten ist eine Entwicklung feststellbar, die ihre Akzeptanz in der schweizerischen Gesellschaft stark vergrössert hat. Auch von Kirchenmitgliedern werden sie mehrheitlich befürwortet. Im Frühjahr 2014 lancierte die Generalversammlung von Exit eine Diskussion, das Suizidhilfeangebot auch auf Menschen auszuweiten, die nicht an einer terminalen Erkrankung leiden. In einer repräsentativen Umfrage unter der schweizerischen Bevölkerung, die von der Kirchenzeitung «reformiert.» im Sommer 2014 in Auftrag gegeben wurde, beurteilten «68 % der Befragten die Möglichkeit zum erleichterten Alterssuizid ‹eher gut› oder ‹sehr gut›. Vor allem die älteste befragte Altersgruppe zwischen 55 bis 74 Jahren will eine liberale Lösung. Dass sie selbst einmal vom Altersfreitod Gebrauch machen, können sich 51 % vorstellen».[3] Die kirchliche Sicht auf die Suizidhilfe ist für 71 % der Befragten irrelevant, lediglich 27 % halten kirchliche Äusserungen für «eher oder sehr wichtig».[4] Die biblische Vorstellung von der Gottebenbildlichkeit des Menschen steht für 76 % der Befragten dem selbstbestimmten Entscheid, das eigene Leben zu beenden, nicht entgegen.

Die grosse Zustimmung der Bevölkerung zur Möglichkeit der Suizidhilfe bestätigen auch die hohen Mitgliederzahlen der Suizidhilfeorganisationen und die starke Zunahme von begleiteten Suiziden. Die letzten Debatten entzündeten sich an Vorstössen für eine Erweiterung des Zugangs (in Alters- und Pflegeheimen, für psychisch kranke Menschen oder Jugendliche), alternativen Handlungsoptionen am Lebensende (terminale Sedierung, Dehydrierung in Folge von Flüssigkeitsverweigerung, «Sterbefasten») oder in Folge skandalöser Praktiken (Sterbeorte oder Entsorgung der Asche von Verstorbenen).

Aufgrund der obligatorischen ärztlichen Beteiligung (Verschreibungspflicht von Natrium-Pentobarbital; Feststellung der Urteilsfähigkeit) ist die Suizidhilfe Thema der Standesorganisationen. Nach einer langen und intensiven Diskussion hat die Schweizerische Akademie der medizinischen Wissenschaften (SAMW) 2018 ihre revidierten «Medizinisch-ethischen Richtlinien Umgang mit Sterben und Tod» verabschiedet.[5] Die in der vorherigen Fassung unter Medizinerinnen und Medizi-

---

3   Reinhard Kramm: Bevölkerung will Alterssuizid erlauben, in: *reformiert.* 10 (2014), 1.
4   Ebd.
5   Vgl. Schweizerische Akademie der medizinischen Wissenschaften (SAMW): *Medizinisch-ethische Richtlinien Umgang mit Sterben und Tod.* Basel: SAMW 2018.

nern umstrittene Formulierung, «die Beihilfe zum Suizid [ist] nicht Teil der ärztlichen Tätigkeit, weil sie den Zielen der Medizin widerspricht»,[6] wurde sachlich durch die folgende Passage ersetzt: «Es gehört weder zu seinen [ärztlichen; RF] Aufgaben, von sich aus Suizidhilfe anzubieten, noch ist er verpflichtet, diese zu leisten. Suizidhilfe ist keine medizinische Handlung, auf die Patienten einen Anspruch erheben könnten, sie ist jedoch eine rechtlich zulässige Tätigkeit.»[7]

Ein bedeutender Effekt der gesellschaftlichen Auseinandersetzung mit der Suizidhilfe besteht in der öffentlichen Präsenz des Themas Entscheidungen am Lebensende. Gleichzeitig entspricht es der schweizerischen Mentalität, weniger auf Verbote zu setzen, als konstruktive Alternativen zu entwickeln und zu etablieren. Dazu zählen die Stärkung von Palliative Care einerseits und die Verbreitung der Patientenverfügungen andererseits. Zwischen 2010 und 2015 lancierte das Bundesamt für Gesundheit BAG zwei Nationale Strategien Palliative Care. 2017 wurde die neue nationale Plattform Palliative Care gegründet. 2020 veröffentlichte der Bundesrat seinen Bericht «Bessere Betreuung und Behandlung von Menschen am Lebensende». Von 2012–2019 lief das mit staatlichen Geldern finanzierte Nationalfondsprojekt NFP67 Lebensende, in dem in 33 Forschungsprojekten medizinischen, sozialwissenschaftlichen, psychologischen, ethischen und seelsorglichen Fragen um Lebensende und Sterben nachgegangen wurde.[8] Die Etablierung von Palliative Care und in ihrem Sog Spiritual Care in der Ausbildung, Praxis und Forschung von Medizin und Pflege ist in der Schweiz weit vorangeschritten, wird von der Politik und den Fachgesellschaften gefördert und setzt international Standards. Während des Verfassens dieses Artikels im Sommer 2021 haben beide parlamentarischen Kammern die Motion «Für eine angemessene Finanzierung der Palliative Care» an den Bundesrat überwiesen. Es kann festgehalten werden, dass in der Schweiz zwar eine liberale Haltung dem assistierten Suizid gegenüber herrscht, dass aber viel unternommen wird, damit assistierter Suizid eine Ausnahme bleibt und Menschen mit einer guten palliativen Versorgung im Sterben begleitet werden.

---

6 Schweizerische Akademie der medizinischen Wissenschaften: *Medizin-ethische Richtlinien Betreuung von Patientinnen und Patienten am Lebensende*. Basel: SAMW 2013, 7.
7 SAMW, Umgang, 25.
8 Schweizerischer Nationalfonds: *Synthesebericht des NFP 67*. Bern: SNF 2017; Markus Zimmermann, Stefan Felder, Ursula Streckeisen, Brigitte Tag: *Das Lebensende in der Schweiz. Individuelle und gesellschaftliche Perspektiven*. Basel: Schwabe 2019.

2. Die Suizidhilfediskussion in der Schweiz aus kirchlicher Sicht

Die skizzierte rechtlich-politische Konstellation bildet einen Schlüssel für das Verständnis der jüngeren kirchlichen Debatten über die Suizidhilfe. Noch vor zehn Jahren schauten grosse Teile des europäischen Protestantismus kritisch-erstaunt auf die Situation in der Schweiz und auf die dortigen evangelisch-reformierten Kirchen. Vielen erschien es skandalös, dass in den 1980er-Jahren vor allem Zürcher Pfarrpersonen aktiv an der Gründung der Suizidhilfeorganisation Exit beteiligt waren. 2007 veröffentlichte der Rat des Schweizerischen Evangelischen Kirchenbundes (SEK, heute EKS) seine Position «Das Sterben leben. Entscheidungen am Lebensende aus evangelischer Perspektive».[9] Die Ratsposition diskutiert die Suizidbeihilfe im Rahmen der drei ethischen Prinzipien Lebensschutz, Autonomie und Fürsorge.[10] Der Rat nimmt in dieser Schrift Stellung für eine integrative ethische Orientierung, bei der die drei Prinzipien in jeder konkreten Situation neu gegeneinander abgewogen werden.[11] Er plädiert gegen kategorische oder prinzipielle Antworten und für eine offene und unverstellte Einzelfallentscheidung, die von den Beteiligten in Freiheit verantwortet werden muss und darf.

Die ethische Argumentation steht weder für sich, noch hängt sie frei in der Luft, sondern wird in einen biblisch-theologischen Horizont gerückt. Die Einbettung zielt darauf, einen repressiv-moralischen Blick zu überwinden und durch eine dezidiert reformiert-theologische Perspektive zu ersetzen. In ihrem Zentrum steht die Einsicht:

> Es gibt keine menschliche Rechtfertigung, das eigene Leben zu beenden, weil es – in reformatorischer Perspektive – im und für das eigene Leben keine Selbstrechtfertigung geben kann. Zugleich kann nur ich selbst mein Leben als das Geschenk des Schöpfers annehmen und begreifen. Niemand kann mich darin vertreten. Und niemand kann von einem anderen Menschen fordern, sein

---

9 Vgl. SEK, Sterben.
10 Vgl. A. a. O., 16.
11 Das Verfahren geht auf den schottischen Ökumeniker Joseph Houldsworth Oldham zurück. Die Abwägung zwischen mittleren oder impliziten Axiomen (*middle axioms*) zielt einerseits darauf, «wie zu einer bestimmten Zeit und unter bestimmten Verhältnissen das christliche Liebesgebot den angemessensten Ausdruck findet». Andererseits schafft sie einen Übergang zwischen «der bloss allgemeinen Feststellung der ethischen Forderungen des Evangeliums und den Entscheidungen, die im Einzelfall getroffen werden müssen» (zitiert nach Hans-Joachim Kosmahl: *Ethik in Ökumene und Mission. Das Problem der ‹Mittleren Axiome› bei J. H. Oldham und in der christlichen Sozialethik.* Göttingen: Vandenhoeck & Ruprecht 1970, 56 f.).

Leben als Gabe Gottes zu begreifen. Gerade deshalb besteht die Aufgabe von Christinnen und Christen darin, alles Menschenmögliche zu tun, damit Menschen sich als Geschöpfe Gottes erleben können und ihr Leben als Geschenk des Schöpfers wahrnehmen, annehmen, leben und manchmal auch aushalten und durchstehen können.[12]

Die theologische Argumentation wird anschliessend im Zusammenhang von Caring und Seelsorge konkretisiert. Im Blick auf die gesellschaftspolitische Situation warnt die SEK-Position vor den Folgen einer «Normalisierung» der Suizidhilfe:

In einem sozialen Umfeld, das die Lasten des Lebens nicht mehr selbstverständlich zu teilen bereit ist, entsteht bei denjenigen, denen ihr Leben zur Last geworden ist, unweigerlich das Gefühl, nur noch eine Belastung zu sein. Die Befürchtung, anderen zur Last zu fallen, steht heute schon bei vielen sterbewilligen Menschen im Vordergrund. Jeder gesellschaftlichen «Stimmung», die einem solchen Denken Vorschub leistet, indem sie unterschwellig eine moralische Pflicht oder gar Forderung zur Selbsttötung suggeriert, muss entschieden widersprochen werden.[13]

Die Stellungnahme des Rates SEK bildete zur Zeit ihres Erscheinens einen Ausnahmefall in der europäischen Kirchenlandschaft. Das zeigt beispielhaft die ungewöhnlich deutliche Kritik des Rates der Evangelischen Kirche in Deutschland (EKD) in seiner 2008 erschienenen Orientierungshilfe «Wenn Menschen sterben wollen. Eine Orientierungshilfe zum Problem der ärztlichen Beihilfe zur Selbsttötung».[14] Der Abschnitt über die Suizidhilferegelung in der Schweiz mit besonderem Fokus auf die «Medizinisch-ethischen Richtlinien für die Betreuung von Patienten am Lebensende» der Schweizerischen Akademie der medizinischen Wissenschaften (SAMW) endete damals mit der Bemerkung:

---

12 SEK, Sterben, 26. Die Argumentation steht in unmittelbarer Nähe zu den theologisch grundlegenden Überlegungen von Dietrich Bonhoeffer: Ethik (Dietrich Bonhoeffer Werke Bd. 6) Gütersloh: Gütersloher Verlagshaus 1992, 192–199, und Karl Barth: *Die kirchliche Dogmatik III/4. Die Lehre von der Schöpfung.* Zollikon-Zürich: Evangelischer Verlag 1951, 461–471.
13 SEK, Sterben, 37.
14 Vgl. EKD: *Wenn Menschen sterben wollen. Eine Orientierungshilfe zum Problem der ärztlichen Beihilfe zur Selbsttötung. Ein Beitrag des Rates der Evangelischen Kirche in Deutschland.* Hannover: EKD 2008.

> Anzumerken bleibt, dass der Schweizerische Evangelische Kirchenbund (SEK) die Position der Akademie in der Frage der ärztlichen Suizidbeihilfe vorbehaltlos unterstützt. An dieser Stelle zeigt sich, dass Kirchen in einzelnen Ländern gelegentlich die Tendenz haben, sich an der Diskussionslage im eigenen Land und in der eigenen Kirche zu orientieren, ohne das Gespräch mit Kirchen anderer konfessioneller Traditionen oder mit Kirchen in anderen Ländern zu suchen. Der ebenso solidarische wie kritisch-konstruktive Dialog zwischen den Kirchen, mithin die ökumenische Dimension der kirchlichen Existenz, kann demgegenüber vor einer einseitigen Sichtweise bewahren.[15]

Diese Bemerkung der EKD zeigt deutlich, wie sehr der Suizidhilfe-Dialog zwischen den Kirchen damals von nationalen, historisch bedingten Sichtweisen beherrscht war. Die kirchlichen Äusserungen waren bestimmt von der Verantwortung gegenüber dem Staat und seiner Geschichte. Nicht die Theologie machte den Unterschied, sondern die Funktion, die ihr zugewiesen wurde.

Einen bedeutenden Schritt zur Überwindung der schwierigen Diskussionslage bildete die 2011 erschienene Orientierungshilfe der Gemeinschaft Evangelischer Kirchen in Europa (GEKE) «Leben hat seine Zeit, Sterben hat seine Zeit», an der auch Theologinnen und Theologen aus Deutschland und der Schweiz mitgearbeitet haben.[16] Das Dokument behandelt das gesamte Spektrum von Entscheidungen am Lebensende. Ihm kommt das Verdienst zu, eine vom europäischen Protestantismus weitgehend geteilte Diskussionsgrundlage vorgelegt zu haben. Bei genauer Lektüre werden die Bruchstellen und Konfliktpunkte sichtbar, die beim Ringen um eine gemeinsame Position unvermeidbar sind. Im Zentrum steht das Bemühen, zwischen konservativen und liberalen Haltungen gegenüber Sterbehilfe und Suizidbeihilfe zu vermitteln. Beim Thema Suizidhilfe nähert sich die Orientierungshilfe der GEKE *in der Konsequenz* und ungeachtet aller gegenteiligen Formulierungen der SEK-Position an, wenn sie die Überlegungen der schweizerischen Position aufnimmt:

---

15 EKD, Menschen, 23. Zur damaligen Diskussion vgl. Hermann Barth: Ein bisschen schnell, in: *zeitzeichen* 4 (2009), 12–13; Johannes Fischer: *Unglückliche Sätze. Die Schweizer Kritik an der EKD ist zum Teil berechtigt*, in: *zeitzeichen* 3 (2009), 14–15; Frank Mathwig: *Rigide Regelung. Die EKD kritisiert die Schweizer Protestanten zu Unrecht*, in: *zeitzeichen* 3 (2009), 12–13.

16 Vgl. Gemeinschaft Evangelischer Kirchen in Europa: *Leben hat seine Zeit, Sterben hat seine Zeit. Eine Orientierungshilfe des Rates der GEKE zu lebensverkürzenden Massnahmen und zur Sorge um Sterbende*, Wien: GEKE 2011.

An diesem Punkt kommt es wesentlich darauf an, dass Kirchen und Gemeinden – unabhängig von jeglicher ethischer Bewertung dieser Frage – niemanden in Kontexten verlassen, wo Beihilfe zur Selbsttötung legalisiert worden ist und regelmässig durchgeführt wird, sondern dass sie fortfahren den Patienten zu begleiten, zu ermutigen und zu unterstützen, auch wenn es die feste Entscheidung des Patienten ist, die unterstützte Selbsttötung zu Ende zu führen. Die dienende Anwesenheit von Gemeindemitarbeitern und Ehrenamtlichen mit Seelsorge, dem Wort Gottes und Gebeten sollte nicht als Mittäterschaft bei der Selbsttötung abgelehnt werden, sondern viel mehr unterstützt werden, als eine Weise, der Berufung von Kirche und Christen gerecht zu werden.[17]

Die – wie sich heute zeigt – wegweisende Haltung des SEK / der EKS gegenüber der Suizidhilfe beruht auf zwei wesentlichen Voraussetzungen. Erstens haben sich die Evangelisch-reformierten Kirchen der Schweiz immer auch als Spiegel der Gesellschaft verstanden. Die gesellschaftspolitischen Kontroversen bestimmen unmittelbar auch die innerkirchliche Diskussionslandschaft. Ausserdem beteiligt sich im politischen System der direkten Demokratie die EKS auf nationaler Ebene an wichtigen öffentlich diskutierten Gesetzgebungsvorhaben. In einem der am stärksten säkularisierten Länder Europas als Kirchen intensiv an Prozessen der politischen Willensbildung und Entscheidungsfindung beteiligt zu sein, beschreibt eine ambivalente und anspruchsvolle Konstellation.

Zweitens kann die schweizerische Diskussion an eine lange und kontinuierliche Tradition anschliessen und steht nicht unter dem Druck, sich – wie etwa die kirchliche Situation in Deutschland – von einer historischen Situation abgrenzen und im Blick darauf sich wandelnde Überzeugungen rechtfertigen zu müssen. Der schweizerische Gesetzgeber gab der Bevölkerung und ihren Institutionen bereits vor 80 Jahren ein Thema auf: Die Gesellschaft und die Kirchen mussten sich der Zumutung stellen, einen aufmerksamen, kontroversen und verantwortungsvollen Umgang mit der Suizidhilfe zu lernen. Dagegen stellt der gesellschaftliche Veränderungsdruck in anderen Ländern die dortigen Kirchen vor eine neue Situation, in der sie nicht auf eine Diskurstradition, erprobte Argumente und Praktiken zurückgreifen können. Diese Neuartigkeit spiegelt sich nicht zuletzt im umstrittenen Urteil des Bundesverfassungsgerichts vom Februar 2020 wider.

In der Schweiz hatte das Positionspapier des Rates SEK eine intensive und auch kontroverse Debatte angeschoben. Letztendlich hat es einen wichtigen Impuls für die theologische Auseinandersetzung der Seelsorgenden in Kirchge-

---

17 A.a.O., 98f.

meinden und Gesundheitseinrichtungen gegeben und somit die Weiterentwicklung der Seelsorgepraxis eingeleitet.

Wie bei anderen Themen zeigt sich auch in der Frage des Umgangs mit dem assistierten Suizid ein Stadt-Land-Gefälle und unterschiedliche Tendenzen in der deutsch- und französischsprachigen Schweiz. Gegenüber der liberalen Haltung der grossen Landeskirchen (Aargau, Bern-Jura-Solothurn, Zürich, Waadt) vertreten etwa Kirchenrat und Dekanat der Evangelischen Landeskirche Thurgau eine differenziert-kritische Position. Im Zentrum der Position steht eine Äusserung Dietrich Bonhoeffers aus seinen Ethikmanuskripten: «Es gibt keinen anderen zwingenden Grund, der den Selbstmord verwerflich macht, als die Tatsache, dass es über dem Menschen einen Gott gibt.»[18] Diese biblisch-theologische Gewissheit beschreibt die Perspektive, aus der aus kirchlicher Sicht Entscheidungen über Leben und Tod wahrgenommen und beurteilt werden müssten:

> Wir wollen mit unseren Überlegungen nicht primär Einfluss nehmen auf die für alle geltende Gesetzgebung, sondern einfach als Christen unsere Glaubensüberzeugung darlegen. Es ist Teil unseres Glaubens, dass wir in Fragen von Leben und Sterben das Selbstbestimmungsrecht nicht über alles andere setzen, sondern im Sinn Bonhoeffers darauf verweisen, «[…] dass es über den Menschen einen Gott gibt».[19]

Eine aktuell in beiden Sprachregionen intensiv diskutierte Frage betrifft die Seelsorge: ob und wie sich die kirchliche Seelsorge bei der Begleitung von suizidwilligen Menschen einbringen kann. Einen wichtigen Meilenstein in dieser Diskussion bildet die Position der Eglise Evangélique Réformée du Canton de Vaud *Assistance au suicide et accompagnement pastoral* von 2016. Das Dokument betont die konkrete seelsorgliche Situation, die nicht als politisches oder ethisches Statement verstanden werden dürfe:

> Il n'est pas question ici de juger si la décision de demander l'assistance au suicide est justifiée ou non, mais d'offrir une écoute attentive pour permettre

---

18 Bonhoeffer, Ethik, 194.
19 Wilfried Bührer: Den Weg zu Ende gehen. Die Haltung von Kirchenrat und Dekanen bzw. Dekanin der Evangelischen Landeskirche Thurgau, in: Evangelische Landeskirche des Kantons Thurgau (Hg.): *Den Weg zu Ende gehen. In der Begegnung mit dem Sterben Lebendigkeit erfahren. Fachbeiträge und Testimonials zu Fragen der Selbstbestimmung am Lebensende*. Frauenfeld: tecum 2019, 12–17.

à chacun de faire un bout de chemin vers la compréhension de ce qui se joue en lui-même.[20]

Im Blick auf die seelsorgliche Präsenz bei der Suizidhandlung fährt das Schreiben fort:

> Il ne faut pas seulement tenir compte de l'opinion du ministre qui croit pouvoir ou non être présent jusqu'au moment du décès, mais aussi du contexte dans lequel l'acte a lieu, ainsi que des attentes et des ressources de chaque partie (demandeur, famille, soignants). Du point du vue pénal, le suicide assisté reste une mort violente et toute personne assistant à l'acte lui-même est tenue de rester dans la chambre du défunt jusqu'à l'arrivée du juge et de la police. […] Dans tous les cas où l'aumônier ne peut pas répondre à la demande de présence lors de l'acte lui-même, il s'adresse au coordinateur cantonal et ils évaluent, en concertation avec la direction de l'établissement concerné, les suites à donner à la demande.[21]

Die Position des Synodalrats der Reformierten Kirchen Bern-Jura-Solothurn *Solidarität bis zum Ende. Position des Synodalrats der Reformierten Kirchen Bern-Jura-Solothurn zu pastoralen Fragen rund um den assistierten Suizid* schliesst an die Stellungnahme der Waadtländer Kirche an. Den Ausgangspunkt bildet die Feststellung: «Der Grundsatz, dass ein assistierter Suizid immer nur Grenzfall, nie der Normalfall des Sterbens sein kann, ergibt sich aus der biblisch-theologischen Perspektive auf Leben und Sterben des Menschen.»[22] Vor diesem Hintergrund und unter der analog zur Waadtländer Kirche für die einzelne Pfarrperson geltend gemachten Gewissensfreiheit vertritt der Synodalrat eine in seiner Klarheit nicht zu überbietende Haltung:

> Für die Seelsorge gilt das Prinzip der bedingungslosen Solidarität. Es geht bei ihr um die orientierende und unterstützende Begleitung von Menschen, selbst dann, wenn man als Pfarrerin oder Pfarrer mit der von ihnen gefällten Entscheidung nicht einverstanden ist. Auch die Tätigkeit einer Sterbehilfeorganisation

---

20 Eglise Evangélique Réformée du Canton de Vaud: *Assistance au suicide et accompagnement pastoral.* Lausanne: EERV 2016.
21 EERV, Assistance.
22 Reformierte Kirchen Bern-Jura-Solothurn: *Solidarität bis zum Ende. Position des Synodalrats der Reformierten Kirchen Bern-Jura-Solothurn zu pastoralen Fragen rund um den assistierten Suizid.* Bern 2018, 2.

wird durch die Begleitung durch Seelsorgerinnen und Seelsorge nicht kirchlich sanktioniert. Der Synodalrat ist aus diesen Gründen der Auffassung, dass kirchliche Seelsorge auch im Falle eines assistierten Suizids bis zum Sterben reicht. Pfarrerinnen und Pfarrer sollen Menschen, die sie begleiten, auch im schwierigsten Moment, dem Akt der Selbsttötung, Beistand leisten, wenn diese es wünschen. Ohne Beistand sollen auch ihre Angehörigen in dieser Situation nicht bleiben.[23]

3. Das Thema «Lebensende» in der kirchlichen Praxis

Die Evangelisch-reformierten Kirchen der Schweiz waren von Anfang an und auf allen Ebenen intensiv an der institutionellen Etablierung von Palliative Care beteiligt. Zunächst als explizite Alternative zur organisierten Suizidhilfe verstanden, entwickelte sich zunehmend ein Verständnis von Palliative Care, das Handlungsalternativen entwickelte – etwa die terminale Sedierung –, ohne die Suizidhilfe als «letzte Option» grundsätzlich auszuschliessen. Diese Zielsetzung lautet im Anschluss an die oben zitierte Passage aus dem Dokument des Rates SEK: keine Verbote, sondern Bedingungen und Strukturen schaffen, die möglichst niemanden mit dem tragischen Konflikt dieser «letzten Option» konfrontieren. Darin kommt die Bedeutung des Respekts vor der Autonomie der Person zum Ausdruck, die die Evangelisch-reformierten Kirchen der Schweiz mit dem freiheitlichen Rechtsstaat und der liberalen Gesellschaft teilen. Aus kirchlicher Sicht geht es darum, Gesellschaft und Politik für die besondere Verantwortung, die aus dieser Freiheit erwächst, und die permanente Aufmerksamkeit für mögliche Freiheitsmissbräuche zu sensibilisieren.

Aus kirchlich-seelsorglicher und kirchlich-diakonischer Sicht geht es vor allem darum, Strukturen und Angebote zu schaffen, die es sterbenden und sterbewilligen Menschen ermöglichen, ihre letzte Lebensphase in Beziehung zu erleben. Die Vereinsamung und Isolation von sterbenden Menschen ist ein bleibend grosses Problem von Gesellschaften, die wesentlich auf Eigeninitiative, Souveränität und Aktivität setzen. Die wachsende Kirchenferne der Bevölkerung verlangt von den Kirchen, neue Zugänge zu den Menschen zu suchen und zu entwickeln. Dazu gehört auch die Bereitschaft, moralische Scheuklappen zu überwinden und jeder Person in ihrer spezifischen Situation vorurteilsfrei zu begegnen. Keine Seelsorgerin und kein Seelsorger einer Strafvollzugsanstalt rechtfertigt mit ihrer/seiner seelsorglichen Präsenz die Taten der Inhaftierten und niemand, der eine suizidwillige Person

---

23 A. a. O., 5.

begleitet, legitimiert damit die organisierte Suizidhilfe. Es geht nicht um die Institution, auch nicht um die Tat, sondern ausschliesslich um die Person, die seelsorgerliche Begleitung wünscht.

In diesem Zusammenhang stehen die Kirchen vor vier Herausforderungen:

1. Die gewachsene medizinische Aufmerksamkeit für die spirituelle Dimension von Gesundheit bestätigt einerseits das kirchlich-theologische Menschenbild, zeigt sich aber andererseits auf der institutionellen Ebene in einer zunehmenden Konkurrenz medizinischer Angebote zur kirchlichen Seelsorge. Damit geraten etablierte kirchliche Seelsorgestrukturen und -gefässe unter einen gesellschaftlichen Rechtfertigungsdruck. Ein wichtiges Alleinstellungsmerkmal der kirchlich verantworteten Seelsorge ist ihre Unabhängigkeit vom Gesundheitssystem. Je mehr die Gesundheitseinrichtungen unter Kostendruck kommen und Entscheidungen über Behandlungsmassnahmen und -abbruch unter Zeit- und Kostendruck getroffen werden müssen, desto wichtiger ist es für Patientinnen, Patienten und deren Angehörige, dass es Gesprächsräume gibt, in denen unabhängig von Therapiemassnahmen Entscheidungen über die wichtigsten Fragen am Lebensende gesucht und getroffen werden können.

2. Alters- und Pflegeheime sowie Langzeitinstitutionen in kirchlicher Trägerschaft oder unter kirchlicher Leitung müssen sich mit der Frage auseinandersetzen, ob und wie sie den Bewohnenden den Zugang zu einer Suizidhilfeorganisation ermöglichen. In vielen Einrichtungen, in denen der assistierte Suizid dem Selbstverständnis und den Leitbildern der Institutionen widerspricht, hat sich die Einsicht durchgesetzt, dass die Bewohnenden nicht auf diese Haltung verpflichtet werden dürfen. Allerdings ist gerade in kirchlich verantworteten Häusern die Präsenz der unabhängigen Seelsorge, die in diesen Häusern oft mit grösseren Personalressourcen ausgestattet ist als in öffentlichen Einrichtungen, ein wichtiger Dienst an der Steigerung der Lebensqualität der Bewohnenden. Dieser Umstand ist nicht unwesentlich für die Entscheidung für oder gegen assistierten Suizid.

3. Die organisierte Suizidhilfe reagiert auf gesellschaftliche Defizite, von denen Menschen in hohem Alter in besonderer Weise betroffen sind. Solange die gesellschaftlichen Verhältnisse zu wenig Räume für sozial integrierte Lebensformen für alte und sterbende Menschen anbieten, kann von keiner betroffenen Person ein Leben bis zum Schluss erwartet werden. Die Gesellschaft ist gefordert, die Zunahme der Nachfrage nach assistiertem Suizid auch als Anlass für kritische Selbstreflexion zu nehmen. Die Kirchen haben zusammen mit anderen Akteuren die Aufgabe, diese kritische Selbstreflexion aufrechtzuhalten.

4. Kirchen bilden soziale Netzwerke, die auch in der säkularen Gesellschaft fest im Leben der Gemeinschaft verankert sind. Sie bieten damit eine wichtige Voraussetzung, um Krankheit und Sterben in den Lebensalltag zurückzuholen und – soweit möglich – zu entmedikalisieren und zu deinstitutionalisieren. Sterben und Tod passen nicht in eine Vitalitätsgesellschaft. Kirchen können hier noch vermehrt zu «Mut-Agenturen» werden, die der Gesellschaft – und nicht nur den Sterbenden – Wege aufzeigen und Praktiken etablieren, die ein Sterben im Alltag und in der Gemeinschaft möglich und lebenswürdig machen.[24] Beispielsweise machen sich die Evangelisch-reformierten und die Römisch-katholischen Kirchen in der ganzen Schweiz stark für die Durchführung der Kurse «Letzte Hilfe», die Menschen miteinander ins Gespräch über die letzten Fragen bringen und versuchen, die Angst davor zu nehmen, Angehörige und nahestehende Menschen im Sterben zu begleiten.[25] Die Nachfrage an den Kursen ist ungebrochen. Solche Initiativen, die den Umgang mit dem Sterben aus den Gesundheitssystemen in die Gemeinschaft zurückholen, gilt es fördern.

---

24 Vgl. dazu Rita Famos, Anne-Marie Müller (Hg.): *Wie wird es sein? Was Seelsorge mit hochbetagten Menschen vermag*. Zürich: TVZ 2015; Rita Famos: Abschied nehmen, in: Georg Bollig, Rita Famos, Matthias Fischer, Eva Niedermann, Heinz Rüegger: *Letzte Hilfe. Schwerkranke und sterbende Menschen begleiten. Schweizer Ausgabe*. Zürich: TVZ 2020, 85–93.
25 Vgl. Bollig et al., Hilfe.

Suizidhilfe – Zur Diskussion in Kirche und Diakonie in Österreich

Ulrich H. J. Körtner

1. Die Rechtslage in Österreich

Nach geltendem Recht sind in Österreich sowohl die Tötung auf Verlangen (§ 76 StGB) als auch die Verleitung und die Beihilfe zum Suizid (§ 78 StGB) ausnahmslos strafbar. Die Strafbestimmung in § 78 StGB lautet: «Wer einen anderen dazu verleitet, sich selbst zu töten, oder ihm dazu Hilfe leistet, ist mit Freiheitsstrafe von sechs Monaten bis zu fünf Jahren zu bestrafen.» Das gleiche Strafmass gilt für die Tötung auf Verlangen.

§ 78 StGB trägt die Überschrift «Mitwirkung am Selbstmord». Schon die Bezeichnung nimmt eine grundsätzliche negative Wertung der Selbsttötung vor, aus der zugleich ein moralisches Unwerturteil spricht. Der Tatbestand der «Mitwirkung am Selbstmord» geht ebenso wie derjenige der Tötung auf Verlangen auf die Strafrechtsreform von 1934 – in der Zeit des österreichischen Ständestaates – zurück. Bis dahin wurde die Mitwirkung am Suizid teilweise unter das Delikt der Lebensgefährdung (§ 335 StG 1852) gerechnet, wobei freilich noch die Strafbarkeit des Suizids und des Suizidversuchs überhaupt vorausgesetzt wurde, was allerdings Kritik hervorrief.[1]

In den zurückliegenden Jahrzehnten hat es immer wieder Initiativen gegeben, die für die Legalisierung der Suizidhilfe wie auch der Tötung auf Verlangen eingetreten sind. Eine Enquete im Nationalrat im Jahr 2000 wies dieses Ansinnen jedoch zurück. Stattdessen wurde die Absicht bekundet, die Palliativmedizin und Palliativversorgung in Österreich auszubauen. 2014 wurde vom Nationalrat eine Enquete-Kommission zum Thema «Würde am Ende des Lebens» eingerichtet, die sich einerseits mit der erneuten Forderung nach grundsätzlicher Straffreiheit für den assistierten Suizid und die Tötung auf Verlangen und andererseits mit der gegenteiligen Forderung, beide Strafbestände in Verfassungsrang zu erheben, auseinandersetzen sollte. Die Kommission schloss ihre Arbeit 2015 ab. Weder die Abschaffung von § 77 und § 78 StGB noch deren Erhebung in Verfassungsrang konnten sich durchsetzen. Die damit verbundenen Rechtsfragen wurden im

---

1 Vgl. Alois Birklbauer: § 78 StGB, in: Frank Höpfel, Eckart Ratz (Hg.): *Wiener Kommentar zum StGB*. Wien: Manz ²2017, 217. Lfg. 2019, Rz 14.

Abschlussbericht auch gar nicht eingehend diskutiert, stattdessen aber Verbesserungen im Patientenverfügungsgesetz und ein Rechtsanspruch auf Palliativmedizin in Aussicht gestellt.[2]

2020 verhandelte der Verfassungsgerichtshof (VfGH) den Antrag von vier Beschwerdeführern, welche die Aufhebung von § 77 und § 78 StGB mit der Begründung ihrer Verfassungswidrigkeit forderten. Am 11. Dezember 2020 verkündete das Gericht seine Entscheidung (österr.: das Erkenntnis), wonach zwar nicht das Verbot der Tötung auf Verlangen, wohl aber die ausnahmslose Strafbarkeit der Suizidhilfe verfassungswidrig sei.[3] Während die Verleitung zur Selbsttötung weiterhin strafbar bleibt, wird die Wortfolge «oder ihm dazu Hilfe leistet» mit Ablauf des 31. Dezember 2021 aufgehoben.

Der VfGH begründet die Verfassungswidrigkeit des ausnahmslosen Verbots der Suizidhilfe mit dem Grundrecht auf freie Selbstbestimmung. Das «Recht auf freie Selbstbestimmung umfasst sowohl das Recht auf die Gestaltung des Lebens als auch das Recht auf menschenwürdiges Sterben» (Rz 65). Dazu gehört «auch die Entscheidung, ob und aus welchen Gründen ein Einzelner sein Leben in Würde beenden will. All dies hängt von den Überzeugungen und Vorstellungen jedes Einzelnen ab und liegt in seiner Autonomie» (Rz 73). Wie das Gericht betont, ist es «schon im Ansatz verfehlt, aus dem in Art. 2 EMRK verankerten Recht auf Schutz des Lebens eine Pflicht zum Leben abzuleiten» (Rz 84). Das Recht auf freie Selbstbestimmung, welches aus der österreichischen Bundesverfassung abgeleitet wird, «erfasst nicht nur die Entscheidung und das Handeln des Suizidwilligen selbst, sondern auch das Recht des Suizidwilligen auf Inanspruchnahme der Hilfe eines (dazu bereiten) Dritten. […] Der Suizidwillige hat dementsprechend das Recht auf selbstbestimmtes Sterben in Würde; dazu muss er die Möglichkeit haben, die Hilfe eines dazu bereiten Dritten in Anspruch zu nehmen.» (Rz 74)

Der VfGH zieht sodann einen Vergleich zwischen Suizidbeihilfe und Patientenverfügung, die in Österreich durch ein eigenes Gesetz (PatVG in der Fassung 2019) geregelt ist. Wenn es Patientinnen und Patienten erlaubt ist, lebensrettende oder -verlängernde medizinische Behandlung abzulehnen, und Ärzten, im Rahmen palliativmedizinischer Indikationen Massnahmen zu setzen, die zwecks Linderung schwerster Schmerzen und Qualen sogar den vorzeitigen Tod des Patienten oder

---

2 Abschlussbericht unter https://www.parlament.gv.at/PAKT/VHG/XXV/I/I_00491/fname_386917.pdf, Zugriff am 21.5.2021.

3 Text unter https://www.vfgh.gv.at/downloads/VfGH-Erkenntnis_G_139_2019_vom_11.12.2020.pdf, Zugriff am 21.5.2021. Die Gründe, weshalb die Beschwerde gegen das Verbot der Tötung auf Verlangen abgewiesen wurde, werden hier nicht diskutiert, weil sie für die Entscheidung zur Suizidhilfe keine unmittelbare Bedeutung haben.

der Patientin in Kauf nehmen (§ 49a ÄrzteG), könne die Suizidbeihilfe nicht ausnahmslos verboten sein. Das Urteil führt aus:

> Aus grundrechtlicher Perspektive macht es nach Auffassung des Verfassungsgerichtshofes im Grundsatz keinen Unterschied, ob der Patient im Rahmen seiner Behandlungshoheit bzw. im Rahmen der Patientenverfügung in Ausübung seines Selbstbestimmungsrechtes lebensverlängernde oder lebenserhaltende medizinische Maßnahmen ablehnt oder ob ein Suizidwilliger unter Inanspruchnahme eines Dritten in Ausübung seines Selbstbestimmungsrechtes sein Leben beenden will, um ein Sterben in der vom Suizidwilligen angestrebten Würde zu ermöglichen. Entscheidend ist vielmehr in jedem Fall, dass die jeweilige Entscheidung auf der Grundlage einer freien Selbstbestimmung getroffen wird. (Rz 92)

Dem Gesetzgeber wird die Möglichkeit eingeräumt, eine Nachfolgeregelung für den derzeitigen § 78 StGB zu schaffen, welche Missbrauch unterbinden, den Schutz besonders gefährdeter Personen sicherstellen und für Verbesserungen auf dem Gebiet der Suizidprävention sorgen soll, zugleich aber Rechtssicherheit für die Suizidhilfe schaffen soll. Gefordert sind also gesetzliche Bestimmungen, die das grundsätzlich anerkannte Recht auf Suizidhilfe nicht derart einschränken, dass seine Inanspruchnahme faktisch verunmöglicht wird. Es wird also in Zukunft nicht darum gehen, wer zum Suizid und zur Inanspruchnahme von Suizidhilfe berechtigt ist – dieses Recht gilt uneingeschränkt für Personen, die freiverantwortlich entscheiden können, d. h. deren Entscheidungsfähigkeit nicht aus medizinischen oder rechtlichen Gründen (z. B. im Fall von Minderjährigen) eingeschränkt ist. Das Urteil zielt vielmehr darauf, Rechtssicherheit für jene zu schaffen, die zur Suizidhilfe bereit sind. Ob dies durch eine neue Bestimmung im Strafrecht oder ausserhalb des Strafrechts, also im Zivilrecht und im Arztrecht, eventuell auch im Berufsrecht der Fachpflege sowie durch entsprechende Änderungen im Suchtmittelgesetz geschehen soll, ist Gegenstand der politischen Beratungen, die zum Zeitpunkt der Abfassung des vorliegenden Beitrags noch im vollen Gange waren.

2. Stellungnahmen der Kirchen und der Diakonie

Die Reaktionen auf das Urteil des VfGH fallen erwartungsgemäss geteilt aus. Während sich die Ärztekammer besorgt und die katholische Kirche geradezu entsetzt zeigt, feiern die Befürworter einer liberalen Gesetzgebung das Urteil als einen ersten wichtigen Schritt auf dem Weg zur weitgehenden Freigabe jeder Art von Sterbehilfe.

Katholische Stimmen gehen mit dem Urteil hart ins Gericht. Vom Kulturbruch ist die Rede. Die Juristin Stefanie Merckens, Leiterin des Instituts für Ehe und Familie der Österreichischen Bischofskonferenz und Mitglied der Österreichischen Bioethikkommission, hat dem Verfassungsgerichtshof vorgeworfen, «eine wesentliche Säule des österreichischen Konsenses» in der Frage der Sterbehilfe zerstört zu haben. Mehr noch: Das dem Urteil zugrunde liegende Rechtsverständnis verkehre «Ursprung und Sinn der Menschenrechte in ihr Gegenteil».[4] Auch im benachbarten Ausland wurde Kritik an der österreichischen Entscheidung laut. Die slowakische Bischofskonferenz hat das Urteil als schweren Irrtum getadelt.

Eine differenzierte Haltung nehmen die evangelische Kirche und die Diakonie ein. Beide haben bereits in der Vergangenheit für rechtliche Regelungen plädiert, die dem Gewissen Spielraum lassen und für dramatische Ausnahmesituationen die Möglichkeit der Straffreiheit vorsehen. Das sei ein Akt der Barmherzigkeit, der keinesfalls vom uneingeschränkten Grundsatz des Lebensschutzes abweiche. Derzeit macht sich ja ein Angehöriger und eine Angehörige schon strafbar, wenn er oder sie einem Patienten bzw. einer Patientin die Reise in die Schweiz ermöglicht, wo Suizidbeihilfe erlaubt ist. Das Urteil, so hiess es in ersten Stellungnahmen, sei zu respektieren. Gleichwohl dürfte nun aber der assistierte Suizid in Österreich nicht zur neuen Normalität werden.

In der Vergangenheit hatten die im Ökumenischen Rat der Kirchen in Österreich (ÖRKÖ) vertretenen Konfessionen noch eine gemeinsame Haltung zur Sterbehilfe eingenommen. Im Zuge der erwähnten Enquete im Nationalrat 2000 veröffentlichte der ÖRKÖ eine Stellungnahme zum menschenwürdigen Sterben, in der sowohl die Tötung auf Verlangen als auch eine Liberalisierung der Strafrechtsbestimmung zur Mitwirkung am Suizid abgelehnt wurde, allerdings Formen passiver Sterbehilfe wie Therapieverzicht und Therapieabbruch befürwortet werden, wenn das Ziel nicht der Tod als solcher, sondern die Unterbindung einer unmenschlichen Sterbeverlängerung sei. Auch die mögliche Lebensverkürzung im Rahmen einer Schmerzbehandlung sei in Kauf zu nehmen. Zugleich wurde der Ausbau der Palliativmedizin gefordert.

Während die katholische Kirche den Suizid und jede Mitwirkung an ihm grundsätzlich als sündiges Tun verwirft,[5] hat die Evangelische Kirche A. u. H. B. – der Zusammenschluss der lutherischen und der reformierten Kirche in Österreich – bereits 1996 in einer Stellungnahme der Generalsynode die Möglichkeit von Grenz-

---

4   Zitiert nach https://www.katholisch.at/aktuelles/132519/expertin-sterbehilfe-urteil-macht-bisherigen-konsens-zunichte, Zugriff am 21.5.2021.
5   Vgl. *Katechismus der Katholischen Kirche*. München: Oldenbourg 1993, Nr. 2280–2282.

fällen gesehen, in denen ein Suizid und gegebenenfalls auch die Mitwirkung einer moralischen Be- bzw. Verurteilung durch Aussenstehende entzogen sei.[6]

Darüber hinaus hat sich die Evangelische Kirche A. u. H. B. die 2011 veröffentlichte Orientierungshilfe «Leben hat seine Zeit, Sterben hat seine Zeit»[7] der Gemeinschaft Evangelischer Kirchen in Europa (GEKE) zu eigen gemacht. Zum assistierten Suizid führt das Dokument aus:

> Beihilfe zur Selbsttötung entspricht nicht der Tötung auf Verlangen. Die Person, die bei der Selbsttötung mithilft, ist am Tod des Patienten auf andere Weise beteiligt, nicht durch die vorsätzliche und direkte Beendigung des Lebens von jemandem, sondern durch die Beschaffung der notwendigen Mittel, damit der Patient sein Leben beenden kann. In der Praxis kann die Linie zwischen beidem allerdings nicht so fest umrissen sein. Wir glauben daher auch, dass mehrere der zuvor besprochenen Einwände gegen die Tötung auf Verlangen ebenso die Beihilfe zur Selbsttötung betreffen. Die Probleme, die mit der Anwendung von Autonomie und autonomer Entscheidungsfindung als vermeintliche Gründe zur Befürwortung von Tötung auf Verlangen verbunden sind, sind bei der Beihilfe zur Selbsttötung dieselben.[8]
>
> [Es komme allerdings] wesentlich darauf an, dass Kirchen und Gemeinden – unabhängig von jeglicher ethischen Bewertung dieser Frage – niemanden in Kontexten verlassen, wo Beihilfe zur Selbsttötung legalisiert worden ist und regelmäßig durchgeführt wird, sondern dass sie fortfahren, den Patienten zu begleiten, zu ermutigen und zu unterstützen, auch wenn es die feste Entscheidung des Patienten ist, die unterstützte Selbsttötung zu Ende zu führen. Die dienende Anwesenheit von Gemeindemitarbeitern und Ehrenamtlichen mit Seelsorge, dem Wort Gottes und Gebeten sollte nicht als Mittäterschaft bei der Selbsttötung abgelehnt werden, sondern vielmehr unterstützt werden, als eine Weise, der Berufung von Kirche und Christen gerecht zu werden.[9]

Nach Auffassung der GEKE sind die «Unterschiede, die es offensichtlich zwischen Beihilfe zur Selbsttötung und Tötung auf Verlangen gibt, nicht derart, dass sie die Einwände gegen die Tötung auf Verlangen in Bezug auf Beihilfe zur Selbsttötung

---

6   Text unter https://evang.at/wp-content/uploads/2015/07/961017_Generalsynode_Sterbehilfe.pdf, Zugriff am 21.5.2021.
7   Gemeinschaft Evangelischer Kirchen in Europa (GEKE): *Leben hat seine Zeit, Sterben hat seine Zeit. Eine Orientierungshilfe des Rates der GEKE zu lebensverkürzenden Maßnahmen und zur Sorge um Sterbende.* Wien: GEKE 2011.
8   GEKE, Leben, 98.
9   Ebd.

zerstreuen. Wir finden im Gegenteil, dass die oben dargestellten Hauptargumente gegen die Tötung auf Verlangen gleichfalls für Beihilfe zur Selbsttötung gelten.»[10]

2015 veröffentlichte das Institut für öffentliche Theologie und Ethik der Diakonie (IöThE) ein Argumentarium zum Thema Sterbehilfe, dessen Position auch die Zustimmung der evangelischen Kirche fand. Darin heisst es unter anderem:

> 1. Evangelische Ethik misst dem Gewissen in Fragen der Sterbehilfe hohe Bedeutung bei und ist zurückhaltend gegenüber dem Trend zur Verrechtlichung der Sterbehilfe.
> 2. Das strafrechtliche Verbot der Tötung auf Verlangen soll beibehalten werden. Eine Erhebung dieses Verbots in Verfassungsrang wird allerdings abgelehnt.
> 3. Beihilfe zum Suizid soll nicht zum gesellschaftlichen Normalfall werden und daher grundsätzlich verboten bleiben. Gesetzliche Regelungen, die ÄrztInnen oder Suizidhilfe-Vereinen Beihilfe zur Selbsttötung unter bestimmten Bedingungen erlauben, werden abgelehnt. Aber es sollte über einen größeren Spielraum für Gewissensentscheidungen in der Frage der Beihilfe zum Suizid nachgedacht werden. Zwar kann Beihilfe zum Suizid nach evangelischer Überzeugung kein Rechtsanspruch sein, der sich an den Staat oder gar an Dritte richtet; jedoch kann es existentielle Konfliktfälle geben, in denen Barmherzigkeit gefragt ist. Deshalb sollte nach juristischen Wegen gesucht werden, wie in einzelnen extremen Fällen der Barmherzigkeit Genüge getan werden kann.[11]

Das Argumentarium ist nun insofern überholt, als der österreichische Verfassungsgerichtshof das ausnahmslose Verbot der Suizidhilfe aufgehoben hat. In einer Stellungnahme, welche die Diakonie Österreich in Abstimmung mit der Kirchenleitung im Rahmen der Beratungen über die künftige gesetzliche Regelung der Suizidhilfe in Österreich abgegeben hat, setzt sie sich entsprechend der zitierten Grundsätze gemeinsam mit der Evangelischen Kirche A. u. H. B. in Österreich für eine gesetzliche Regelung ein, die sicherstellt, dass der assistierte Suizid nicht zum Normalfall wird. Kernaussagen sind:

> Assistierter Suizid kann kein Leistungsangebot der Diakonie sein. Gleichzeitig lässt die Diakonie, getragen von einer care-ethischen Haltung und im Einklang mit der evangelischen Position, dass in dramatischen Ausnahmefällen Barm-

---

10 A. a. O., 99.
11 Maria Katharina Moser: Sterbehilfe. Argumentarium Nr. 1. Wien: Institut für öffentliche Theologie und Ethik der Diakonie 2015, https://diakonie.at/sites/default/files/diakonie_oesterreich/ethik/ioethe_argumentarium_final.pdf, Zugriff am 21.5.2021, 4.

herzigkeit und ein Spielraum für Gewissensentscheidungen gefragt sind, Einzelne, die sich in diesen Ausnahmefällen tragischerweise trotz aller Begleitung nicht für das Leben entscheiden können, nicht alleine.[12]

Haltung der Diakonie: a) Assistierter Suizid kann keine Aufgabe für Gesundheitsberufe und kein Leistungsangebot der Diakonie sein. b) Die Diakonie nimmt Sterbewünsche und die existenzielle Not, die in ihnen zum Ausdruck kommt, radikal ernst, begleitet sie intensiv und schafft dafür kommunikative Schutzräume. Eine rechtliche Regelung muss daher so ausgestaltet sein, dass a) der Gewissensschutz für alle, an die der Wunsch nach assistiertem Suizid herangetragen wird, insbesondere für Pflegepersonal, sichergestellt ist sowie eine Schutzklausel für Einrichtungen (s. u.) eingeführt wird, aber b) MitarbeiterInnen aller Professionen die nötige Rechtssicherheit haben, um Sterbewünsche offen kommunikativ zu begleiten.[13]

Für die Diakonie ist darüber hinaus entscheidend, dass Trägerorganisationen von Gesundheits- und Pflegeleistungen (Krankenhäuser, Alten- und Pflegeheime, mobile Pflege, Hospize, Einrichtungen der Behindertenhilfe, usw.) in keiner Weise zum Leistungsangebot der Durchführung des assistierten Suizids genötigt oder gedrängt werden können und dies durch eine Schutzklausel rechtlich abgesichert wird.[14]

Eine weitere Forderung lautet:

Wenn das ausnahmslose Verbot durch eine rechtliche Regelung des assistierten Suizids ersetzt wird, muss gleichzeitig Rechtsanspruch auf Palliativ- und Hospizversorgung gewährt werden. Dies ist Voraussetzung für Selbstbestimmung und freie Willensbildung am Ende des Lebens.[15]

Fragen der seelsorglichen Begleitung Suizidwilliger und die Möglichkeit einer Suizidbegleitung im Sinne einer erweiterten Kasualpraxis, von der beispielsweise Reiner Anselm, Isolde Karle und Ulrich Lilie in ihrem FAZ-Artikel vom 11. Januar 2021 gesprochen haben,[16] werden in der zitierten Stellungnahme nicht thematisiert. Sie war allerdings eines der Themen auf einem Studientag der Generalsynode im Juni

---

12 *Stellungnahme Diakonie zur rechtlichen Regelung des assistierten Suizids nach dem VfGH-Urteil*, Wien 2021, 1.
13 A. a. O., 5.
14 Ebd.
15 A. a. O., 2.
16 Vgl. Reiner Anselm, Isolde Karle, Ulrich Lilie: Den assistierten professionellen Suizid ermöglichen, in: *Frankfurter Allgemeine Zeitung* (11.1.2021), 6.

2021, der den Synodalen zur Information und Meinungsbildung diente. Unter anderem gab es eine Arbeitsgruppe, die sich mit der Situation und kirchlichen Praxis in der Schweiz befasste.[17]

Was es für diakonische Einrichtungen und die kirchliche Praxis konkret heissen soll, Suizidwillige, die sich «trotz aller Begleitung nicht für das Leben entscheiden können, nicht alleine» zu lassen, wie es in der zitierten Stellungnahme 2021 heisst, und was dies näherhin für die Seelsorge bedeutet, steht zur Diskussion. Zu prüfen sind auch verfassungskonforme Wege der Duldung von Suizidhilfe Dritter in kirchlich-diakonischen Einrichtungen, die sich nicht als Billigung missverstehen lassen. Hierfür kann es hilfreich sein, wie es die Stellungnahme der Diakonie tut, zu unterscheiden zwischen (1.) Beratung, also offenen Gesprächen über Sterbewünsche, (2.) Begleitung und tätiger Hilfe zur «Beratung mit dem Ziel, die Entscheidungsfindung der Person mit Sterbewunsch zu unterstützen und im Sinne der Suizidprävention Alternativen aufzuzeigen», (3.) «Begutachtung der Selbstbestimmungsfähigkeit und freien Willensbildung», (4.) «Durchführung des assistierten Suizids»[18], und (5.) Begleitung. Die Diskussion darüber, wie mit dieser Möglichkeit diakonisch und seelsorglich verantwortungsvoll umgegangen werden kann, ist aber noch längst nicht zum Abschluss gelangt.

3. Seelsorge beim assistierten Suizid

Zur Diskussion darüber, wie auf angemessene Weise Seelsorge an Suizidwilligen geleistet werden kann und muss, sollen abschliessend einige ethische Gesichtspunkte beigesteuert werden. Die nachfolgenden Überlegungen geben lediglich die persönliche Sichtweise des Autors wieder, der nicht beansprucht, für die Evangelischen Kirche A. u. H. B. in Österreich oder die Diakonie Österreich zu sprechen.

Ich vertrete die These, dass christliche Seelsorge zurückhaltend in Fragen moralischer Urteile zu agieren hat, jedoch niemals ethisch neutral sein kann. Zwar ist vom Evangelium der bedingungslosen Annahme des sündigen Menschen Zurückhaltung gegenüber normativen Urteilen über die moralischen Überzeugungen anderer und ihren ethisch begründeten Entscheidungen zu üben. Die grundsätzlich zutreffende Bemerkung des evangelischen Ethikers Trutz Rendtorff, Ethik sei kein Bescheidwissen, sondern Begleitwissen,[19] wie das berechtigte Anliegen,

---

17 Referent in dieser Arbeitsgruppe war Frank Mathwig.
18 Stellungnahme Diakonie, S. 5.
19 Vgl. Trutz Rendtorff: Ethik für die Wissenschaft – Begleitwissen oder Bescheidwissen?, in: Anna M. Wobus, Ulrich Wobus, Benno Parthier (Hg.): *Freiheit und Programm in Natur*

Ethik im Sinne einer deskriptiv-hermeneutischen Theorie der Moral prozesshaft und als Form der Personen zugewandten Beratung zu verstehen, kann doch nicht darüber hinwegtäuschen, dass in seelsorglicher Kommunikation auch Fragen normativer Ethik aufbrechen können.[20]

Aus Sicht des österreichischen VfGH macht es, wie berichtet, rechtlich keinen Unterschied, ob jemand durch eine Patientenverfügung lebenserhaltende Massnahmen verweigert, ein Palliativmediziner im Rahmen der Schmerztherapie Lebensverkürzung in Kauf nimmt oder ob jemand mithilfe eines anderen freiwillig aus dem Leben scheidet. Aus ethischer Sicht macht es jedoch sehr wohl einen Unterschied, ob jemand selbstbestimmt verfügt, dass man ihn sterben lässt, oder ob er sich mithilfe eines anderen das Leben nehmen will, sofern man der Unterscheidung zwischen Tun und Lassen eine moralische Relevanz beimisst. Auch im Umgang mit Sterbewünschen gilt es zu unterscheiden. Psychologisch, aber auch moralisch, macht es auch einen Unterschied, ob ein Mensch sagt: «Ich will *so* nicht mehr leben», oder: «Ich will nicht mehr leben». Es ist nicht dasselbe, ob ein Mensch den Wunsch äussert: «Ich will nicht mehr leben, ich will sterben», oder ob der den Vorsatz fasst: «Ich will meinem Leben ein Ende setzen, ich will mich töten». Und schliesslich macht es moralisch einen erheblichen Unterschied, ob jemand zu einem anderem, beispielsweise seinem behandelnden Arzt sagt: «Lass mich sterben», oder ob er ihn bittet: «Hilf mir, mein Leben selbst zu beenden». Hilfe beim oder im Sterben ist eben nicht das gleiche wie Hilfe zum Sterben, und dieser Unterschied sollte auch in der Seelsorge nicht verwischt werden.

Das Prinzip bedingungsloser Solidarität in der Seelsorge, das nach Ansicht des 2018 vom Synodalrat der Reformierten Kirchen Bern-Jura-Solothurn veröffentlichten Positionspapiers zu pastoralen Fragen rund um den assistierten Suizid gelten soll,[21] ist meines Erachtens zumindest missverständlich, wenn nicht problematisch. Zwar betonen die beteiligten Kirchen, der assistierte Suizid könne immer nur ein Grenzfall sein. Menschen beim Suizid seelsorglich zu begleiten, bedeute nicht, deren Absichten ethisch zu beurteilen. Der Synodalrat sieht seine Pfarrerinnen und Pfarrer jedoch in der Verantwortung, suizidalen Menschen und

---

und Gesellschaft. Gatersleber Begegnung 2001. Halle: Deutsche Akademie der Naturforscher Leopoldina, 177–189.

20 Vgl. Ulrich H. J. Körtner: *Ethik im Krankenhaus. Diakonie – Seelsorge – Medizin.* Göttingen: Vandenhoeck & Ruprecht 2007, 99–144.

21 Reformierte Kirchen Bern-Jura-Solothurn: *Solidarität bis zum Ende. Position des Synodalrats der Reformierten Kirchen Bern-Jura-Solothurn zu pastoralen Fragen rund um den assistierten Suizid,* Bern 2018, http://www.refbejuso.ch/fileadmin/user_upload/Downloads/Publikationen/Broschueren/SR_PUB_Assistierter-Suizid_180917.pdf, Zugriff am 19.5.2021.

ihren Angehörigen seelsorglich und liturgisch-homiletisch beizustehen, ohne dadurch die Tätigkeit von Sterbehilfeorganisationen, wie es sie in der Schweiz gibt, kirchlich zu nobilitieren.[22]

Nach meinem Verständnis hat Seelsorge als christliche Hilfe zur Lebensgestaltung[23] einen zweifachen Auftrag: Sie ist Handeln im Auftrag der Kirche und sie hat den Auftrag, das Evangelium zu bezeugen, dem sie verpflichtet ist. Sie hat sich demjenigen, der Seelsorge wünscht, vorbehaltlos zuzuwenden, bleibt aber sein Gegenüber. Zuwendung und Solidarität bedeuten nicht, sich immer und vorbehaltlos den Standpunkt des anderen zu eigen machen.

Nun gehört es sehr wohl zu den Aufgaben von Diakonie und Seelsorge, Medizin und Pflege, Sterbewünsche von Patientinnen, Patienten, Bewohnerinnen und Bewohnern wahrzunehmen und darüber mit den Betroffenen in ein vertrauensvolles Gespräch zu kommen, statt sie mit ihren Wünschen und Gedanken alleinzulassen oder diese unterschiedslos zu pathologisieren. Dazu braucht es in den Einrichtungen Instrumente der strukturierten, prozessorientierten Ethikberatung.

In diesem Zusammenhang möchte ich ein Wort Dietrich Bonhoeffers in Erinnerung rufen: «Wer nicht mehr leben kann, dem hilft auch der Befehl, dass er leben soll, nicht weiter, sondern allein ein neuer Geist.»[24] Aus christlicher Sicht ist niemand zum Leben oder Weiterleben zu zwingen, wohl aber zum Leben zu ermutigen.

Es gilt, geäusserte Sterbewünsche und Suizidabsichten ernst zu nehmen. Sie dürfen aber auch nicht unbedacht als Ausdruck eines autonomen Willens und einer wohlüberlegten freien Entscheidung genommen werden, sondern können auch zu einem Krankheitsbild gehören, ein Hilferuf oder ein Symptom für tieferliegende Probleme sein, auf die eine andere Antwort als die Umsetzung des Suizidwunsches in die Tat gegeben werden muss. Menschen mit suizidaler Absicht können krankheitsbedingt phasenweise in ihrer Willens- und Entscheidungsfähigkeit eingeschränkt sein. Deshalb sind vorbeugende Schutzkonzepte unerlässlich.

Die in der christlich-theologischen Tradition lange Zeit vorherrschende, in starkem Masse durch Augustin geprägte Auffassung, der Suizid sei in jedem Fall eine in sich schlechte Handlung und als schwere Sünde zu verwerfen, kann aus dem biblischen Gesamtzeugnis nicht hinreichend begründet werden.[25] Gleichwohl schliesst Seelsorge die am biblischen Zeugnis ausgerichtete kritische Stellungnahme zu dem

---

22 Reformierte Kirchen, Solidarität, 4f.
23 Vgl. Christoph Schneider-Harpprecht: *Seelsorge – christliche Hilfe zur Lebensgestaltung. Aufsätze zur interdisziplinären Grundlegung praktischer Theologie*. Münster: LIT 2012.
24 Dietrich Bonhoeffer: Ethik (DBW 6), Gütersloh: Gütersloher Verlagshaus ²1998, 196.
25 Vgl. Ulrich H. J. Körtner: Beihilfe zur Selbsttötung – eine Herausforderung für eine christliche Ethik, in: *Zeitschrift für eine Evangelische Ethik* 59 (2015), 89–103, 96.

ein, was Menschen sagen oder zu tun und zu lassen gedenken. Seelsorgliche Zuwendung bedeutet nicht völlige Identifikation. Andernfalls bliebe man es dem Gegenüber schuldig, Alternativen aufzuzeigen und neue Wege zu öffnen. Das Gespräch kann auch an einen Punkt kommen, an dem der Seelsorger bzw. die Seelsorgerin zu der Auffassung gelangt, sich aus Gewissensgründen der Bitte nach Begleitung beim Suizid nicht entziehen zu können. Es kann auch die Situation eintreten, dass die Seelsorgerin oder der Seelsorger aus Gewissensgründen meint, das an ihn bzw. sie gerichtete Ansinnen verweigern zu müssen, wobei sicher nochmals zu unterscheiden ist zwischen einer Begleitung vor dem eigentlichen Suizid und verschiedenen Szenarien des Involviertseins in den eigentlichen Suizid bis hin zur Anwesenheit beim Akt der Selbsttötung. Deshalb erscheint mir der Begriff der kritischen Solidarität, den Isolde Karle in die aktuelle Diskussion zum assistierten Suizid eingeführt hat,[26] besser geeignet als derjenige der bedingungslosen Solidarität.

Wohl entspricht es nach meinem Verständnis grundlegend einer evangelischen Sichtweise von Sünde, Glaube und Rechtfertigung, von Freiheit, Liebe und Verantwortung vor Gott und den Menschen sowie den Grenzen der Ethik und des Ethischen, wenn eine Handlungsweise wie der Suizid oder die Hilfe dazu im konkreten Einzelfall dem göttlichen Urteil überlassen bleibt. Keinesfalls darf aber daraus gefolgert werden, dass der Einsatz für das Leben und die Entscheidung für den Tod aus christlicher Sicht gleichrangige Optionen sind.

Für den seelsorglichen Umgang mit Sterbewünschen kann die Erinnerung hilfreich sein, dass solche auch in der Bibel offen ausgesprochen und vor Gott gebracht werden, von den Propheten Elia (1Kön 19,4) und Jeremia, der den Tag seiner Geburt verflucht (Jer 20,14–18) über Hiob bis zu Paulus, der sich den Tod wünscht, um bei Christus zu sein (Phil 1,23). Der menschlich verständliche Wunsch zu sterben wird nicht verurteilt, aber auch nicht suizidal in die Tat umgesetzt. Vielmehr erzählt die biblische Tradition, wie den am Leben Verzweifelnden neue Kräfte geschenkt werden, auch durch Hilfe von aussen.

Organisierte Suizidhilfe, einschliesslich einer professionalisierten seelsorglichen Begleitung, macht aus möglichen Grenzfällen ein regelhaftes, institutionalisiertes Handeln. Das widerspricht jener ethischen Position, die im vorliegenden Beitrag eingenommen wird. Es besteht zudem die Gefahr, dass die Legalisierung – und das heisst auch Reglementierung – organisierter Suizidhilfe Auswirkungen auf

---

26 Zitiert nach https://www.domradio.de/themen/sch%C3%B6pfung/2021-02-09/nicht-zum-tabuthema-machen-theologin-sieht-grossen-konsens-zu-suizidbeihilfe-bei-protestanten, Zugriff am 21.5.2021. Der Begriff stammt aus der Militär- und Polizeiseelsorge. Vgl. Isolde Karle: *Praktische Theologie* (LETh 7), Leipzig: Evangelische Verlagsanstalt ²2021, 451.

die gesellschaftliche Einstellung zu Sterben und Tod hat, die wiederum Rückwirkungen auf den Einzelfall haben, in denen ein schwer kranker Patient und seine Angehörigen vor der drängenden Frage stehen, wie sie die Situation ertragen können und welche Hilfe es für sie gibt.

Der Heidelberger Altersforscher Andreas Kruse macht auf den Zusammenhang zwischen möglichem Suizidwunsch und Einsamkeit aufmerksam:

> Die Entscheidung, aus dem Leben zu gehen, bildet nicht selten auch das Ergebnis von länger bestehender, unfreiwilliger Isolation und daraus hervorgehender Einsamkeit. Die Studienlage ist hier eindeutig: Im Falle lange bestehender Einsamkeit und Isolation nimmt die Lebensbindung des Menschen immer weiter ab, die Intensität der Suizidgedanken immer weiter zu.[27]

Kruse sieht hier eine gesamtgesellschaftliche Problematik, weil sich Isolation und Vereinsamung nicht auf Probleme der individuellen Pathologie reduzieren lassen. Vereinzelung, soziale Ungleichheit, materielle Existenzrisiken nach Arbeitsverlust haben auch soziale Ursachen. Einsamkeit und Isolation können aber auch im Erleben von Schwerkranken an Gewicht gewinnen, zumal, wenn das Krankheitsbild in hohem Masse angstbesetzt ist, wie etwa bei einer progredienten Demenz.

Umso mehr ist auf den weiteren Ausbau der Palliativmedizin und -pflege zu dringen. Auch der VfGH hat betont, dass der Zugang zu Palliativversorgung für alle gewährleistet werden muss. Gefordert ist eine Kultur der Solidarität mit den Sterbenden. Sie schliesst praktische Massnahmen zur Beseitigung von personellen, räumlichen und strukturellen Engpässen in der Pflege sowie eine gesellschaftliche, aber auch finanzielle Aufwertung des Pflegeberufs ein. Gefordert ist eine Gestaltung der gesellschaftlichen Verhältnisse, aber auch der Medizin und der Pflege in Kliniken und Pflegeheimen, welche die Würde des Menschen im Leben wie im Sterben achtet.

---

27 Andreas Kruse: Einfühlsame Störfragen, in: *Frankfurter Allgemeine Zeitung* (14.3.2021), 6.

Begründet zwischen den Stühlen
Perspektiven der Diakonie in Deutschland[1] anhand der Debatte um den Assistierten Suizid

Ulrich Lilie

1. Diakonie in Deutschland

Bequem ist es nie, die Perspektive der Diakonie einzunehmen: Man befindet sich stets «zwischen den Stühlen». Das liegt daran, dass der diakonische Blick immer dem einzelnen Menschen in seiner, ihrer konkreten Situation gerecht zu werden versucht. Sei es in der Kinderstation oder im Hospiz, in der Jugendhilfe, Altenpflege, Schuldner- oder Suchtberatung, in Flüchtlings- oder Obdachlosenarbeit, bei der Bahnhofsmission oder der Telefonseelsorge – in jedem der vielen und so unterschiedlichen Arbeitsbereiche der Diakonie gilt: Wo es diakonisch zugeht, wird – wenn es denn gut geht – immer ein Mensch mit ganz eigenen Erfahrungen, Begabungen und Bedürfnissen im Mittelpunkt stehen. Es kann in der Diakonie nie allein um Strukturen oder Zahlen gehen. Auch nicht um die Einhaltung von abstrakten Normen oder Wahrheiten, sondern immer um eine bestimmte Persönlichkeit, die nach Begleitung fragt, die zugewandte, professionelle Unterstützung braucht, um «ein eigener Mensch zu sein» (Wolfgang Huber).

Dieses «Dazwischen-Sein» steckt bereits in der Wurzel des griechischen Verbs «diakoneo» (Apg 6), das auf seiner Reise durch die Jahrtausende im Wort «Diakonie» angekommen ist. Das gerät leicht in Vergessenheit, wenn wir die Bedeutung des Dienens in den Vordergrund stellen. Aber «diakoneo» steht nicht nur für dienende Fürsorge. Im Diakonie-Spirit pulsiert auch eine manchmal resolute Energie des Dazwischen-Gehens, des Brückenbauens und Miteinander-Verbindens.[2]

Die orientierende Urszene, die für mich alle diakonischen Szenarien und Handlungsfelder als Grundhaltung prägen sollte, findet sich im 10. Kapitel des Markusevangeliums: «Was willst du, dass ich für dich tun soll?», fragt Jesus den blinden

---

[1] Teile des Textes basieren auf Reiner Anselm, Isolde Karle, Ulrich Lilie: Suizid: Vorbeugen und Helfen, in: *Frankfurter Allgemeine Zeitung* (25.05.2021). https://www.diakonie.de/fileadmin/user_upload/Diakonie/PDFs/Journal_PDF/F2105251.007.pdf.

[2] Vgl. auch Henk de Roest: Ko-Initiieren, Ko-Wahrnehmen und strukturell «dazwischen» sein, in: Johannes Eurich, Florian Barth, Klaus Baumann, Gerhard Wegner (Hg.): *Kirchen aktiv gegen Armut und Ausgrenzung. Theologische Grundlagen und praktische Ansätze für Diakonie und Gemeinde*. Stuttgart: Kohlhammer 2011, 232 ff.

Bartimäus, der am Strassenrand sitzt und nach ihm schreit. Die wohl schönste Frage, die man einem Menschen stellen kann.

Die Diakonie, die sich diesem menschendienlichen und zugleich dazwischen gehenden Geist verdankt, der den Einzelmenschen meint, gewinnt heute vielfältige Gestalt in der Organisationsform Gemeinnützigkeit: Grosse Krankenhaus- und Bildungsträger agieren neben kleinsten Sozialstationen und Beratungsstellen. Und ob gemeindliche oder unternehmerische Diakonie – immer ist sie verwoben mit der Gesellschaft, in der sie wirkt. All das gilt es zu bedenken, wenn diakonisch Position bezogen werden soll.

In Deutschland bildet der «soziale Dienst der evangelischen Kirche» einen der grössten Freien Wohlfahrtsverbände und trägt täglich dazu bei, die Versprechen des Sozialstaats einzulösen. Kein Konzern mit hierarchischer Struktur, sondern eher ein leistungsfähiges Netzwerk aus freien, selbstständig operierenden Verbänden, Trägern und Einrichtungen: Knapp 600 000 Hauptamtliche, 700 000 freiwillig Engagierte erreichen jährlich rund zehn Millionen Menschen mit ihrer Arbeit. Unabhängig von deren Konfession, Religion oder Weltanschauung, politischer Gesinnung, sozialer Herkunft oder Geschlecht.

Das und immer noch mehr ist «die» Diakonie in all ihrer Vielfalt. Und in dieses komplexe Netzwerk hinein wirken die Folgen und die mit guten Gründen öffentlich geführte Debatte über das Urteil des Bundesverfassungsgerichts (BVerfG) zum assistierten Suizid vom Februar 2020 und seine möglichen ethischen und rechtlichen Implikationen und Folgewirkungen.

Wie immer man zu diesem Urteil stehen mag: Es schafft einen bindenden Rechtsrahmen, der die Gesellschaft verändert und mit dem wir als Diakonie mit unserem öffentlichen Versorgungsauftrag auch in unseren Einrichtungen einen angemessenen Umgang zu finden haben. Dieser Sammelband versammelt Antworten auf die Frage: Was heisst das für die Seelsorge? Ich möchte hier skizzieren, was meiner Ansicht ethisch geboten und notwendig wird, wenn Menschen, unter dem Dach einer diakonischen Einrichtung oder in ihrem häuslichen Umfeld, den Wunsch nach assistiertem Suizid äussern.

Wir müssen zuerst, auch um diese Frage ernsthaft beantworten zu können, empathische Nähe und zugleich professionelle Distanz zu einem Menschen und seiner seelischen und körperlichen Not wagen: zu dem Menschen mit Sterbewunsch in einer bestimmten Lebenssituation und zu allen anderen, die von diesem Wunsch betroffen sind – zu den Mitarbeitenden und den Angehörigen. Weniger komplex geht es nicht.

Dazu kommt: Als Wohlfahrtsverband in Deutschland tragen wir auch politische Verantwortung. Wir können und müssen diakonische Fragen und Anfragen und unsere Antwortvorschläge öffentlich, argumentativ nachvollziehbar und vernehmlich in die laufende Debatte einbringen. Bei ethischen Grundfragen solcher Tragweite geht es immer zuerst darum, Gesprächs- und Reflexionsräume zu öffnen, historische, soziale und kulturelle Kontexte in den Blick zu nehmen und nach orientierenden evangelisch-sozialethischen Kriterien für eine vertretbare Haltung zu fragen.

Es geht also um die weiterführenden Fragen und Implikationen dieses komplexen Themas, weniger um schnelle Antworten. Es geht, mit Odo Marquard, auch um den Mut zum «Abschied vom Prinzipiellen»[3]. Darum braucht es Zeit und Raum für die Meinungsbildungsprozesse im Gesamtverband *und* zugleich die Meinungsbildung zum Gesetzgebungsprozess in der kommenden Legislatur. Sie gilt es zeitgleich kritisch und konstruktiv zu begleiten. Perspektiven der Politik und Seelsorge rücken hier sehr nah aneinander. Privatsphäre und öffentlicher Raum berühren sich – und wieder steht die Diakonie im Dazwischen. Genau da, wo sie meines Erachtens im glücklichen Fall hingehört. Wie sind diese Debatten nun «diakonisch korrekt» zu führen?

2. Perspektiven und Prozesse: Diakonie im Plural und das Urteil des Bundesverfassungsgerichts

Eine Grundlage der innerdiakonischen Meinungsbildung ist das Diskussionspapier der Diakonie Deutschland «Selbstbestimmung und Lebensschutz. Ambivalenzen im Umgang mit dem assistierten Suizid»[4] vom Herbst 2020. Hier heisst es:

> Das Urteil des BVerfG erklärt den am 10. Dezember 2015 in Kraft getretene § 217 StGB zur «Geschäftsmäßigen Förderung der Selbsttötung» für verfassungswidrig und damit als nichtig. Anlass waren Verfassungsbeschwerden von schwerkranken Personen, die ihr Leben mit geschäftsmäßig angebotener Unterstützung Dritter selbst beenden wollten. Das Urteil handelt von Menschen mit Sterbewunsch, die sich «selbstbestimmt, ohne äußeren Zwang und wohlüberlegt zur Selbsttötung entschlossen haben». Gleichzeitig verweist das Gericht selbst auf unterschiedliche Daten, die deutlich machen, dass der wohlbedachte und selbstbestimmte Suizid in der Realität die Ausnahme ist.
> Dennoch leitet die Entscheidung des BVerfG aus dem allgemeinen Persönlichkeitsrecht (Art. 2 Abs. 1 i. V.m. Art. 1 Abs. 1 GG) als Ausdruck persönlicher

---

3   Odo Marquard: *Abschied vom Prinzipiellen*. Stuttgart: Reclam 1981.
4   Vgl.: https://www.diakonie.de/fileadmin/user_upload/Diakonie/PDFs/Diakonie-Texte_PDF/Selbstbestimmung_und_Lebensschutz_Ambivalenzen_im_Umgang_mit_assistiertem_Suizid_Diskussionspapier_Diakonie_2020.pdf, Zugriff am 18.6.2021.

Autonomie ein Recht auf ein selbstbestimmtes Sterben ab. Die Entscheidung der/des Einzelnen, ihrem/seinem Leben entsprechend ihrem/seinem Verständnis von Lebensqualität und Sinnhaftigkeit der eigenen Existenz ein Ende zu setzen, sei im Ausgangspunkt als Akt autonomer Selbstbestimmung von Staat und Gesellschaft zu respektieren. Die Freiheit, sich das Leben zu nehmen, umfasse auch die Freiheit, hierfür bei Dritten Hilfe zu suchen und Hilfe, soweit sie angeboten wird, in Anspruch zu nehmen. Mit dem Urteil ebnet das BVerfG den Zugang zur Beihilfe zum Suizid – durch natürliche und juristische Personen und für jeden Menschen, der sich für einen assistierten Suizid entscheidet, unabhängig von dem Vorliegen sogenannter materieller Kriterien (z. B. dem Vorliegen einer unheilbaren Erkrankung). Der Gesetzgeber steht vor der Aufgabe, neue gesetzliche Regelungen für Menschen mit Sterbewunsch, die für die Durchführung des Suizids die Hilfe anderer in Anspruch nehmen wollen, zu schaffen. Er kann dabei unterschiedliche Anforderungen an den Nachweis der Ernsthaftigkeit und Dauerhaftigkeit eines Suizidwunsches stellen, Aufklärungs- und Wartepflichten einführen und Erlaubnisvorbehalte vorsehen. Und er sollte ein gesetzliches Beratungs-, Unterstützungs- und Begleitkonzept entwickeln. […] Ein besonderes Augenmerk ist auf die vom BVerfG ausdrücklich hervorgehobene Pflicht des Staates zur umfassenden Suizidprävention zu richten.

So fasst das Diskussionspapier der Diakonie Deutschland die Ausgangslage zusammen. Dieses umfängliche und lesenswerte Papier ist bereits seit Herbst 2020 eine Grundlage des fortlaufenden Meinungsbildungsprozesses im Verband, der die Einrichtungen dabei unterstützen soll, zu ihrem Profil passende Leitlinien für eine wertgebundene und rechtskonforme Haltung zu finden, die dem komplizierten und komplexen ethischen Thema und der jeweiligen Organisationskultur gerecht wird, sowie den Menschen, die es betrifft.[5]

Die hohe Sensibilität, die unter Mitarbeitenden der Diakonie quer durch alle Arbeitsbereiche und Hierarchieebenen oft und zu Recht zu einer kritischen Distanzierung von der Tendenz des höchstrichterlichen Urteils führt, ist gut nachzuvollziehen. In ihr zeigt sich die entschiedene Parteilichkeit mit den verschieden vulnerablen und oft verzweifelten Menschen, die sich in konkreten Notlagen und schwierigen Lebenssituationen an die Diakonie wenden.

---

5   Ein Prozess übrigens, der nach vorne offen ist. Es kann in diesem Themenfeld keine allgemeinverbindliche Handlungsanleitung geben, sondern allerhöchstens Leitlinien, die in jedem Einzelfall neu bedacht und besprochen werden müssen. Es geht darum, in der Einrichtung ein Klima zu schaffen, das solche Einzelfall-Prozesse ermöglicht.

Und weil das BVerfG das Recht auf Suizidassistenz nicht auf schwerstkranke Menschen in der finalen Lebensphase beschränkt, sondern grundsätzlich jedem Menschen einräumt, der in der Lage ist, freiverantwortlich und selbstbestimmt zu entscheiden, steht die Diakonie vor erheblichen Herausforderungen.

Die allermeisten Menschen, die ihr Leben beenden wollen, das ist statistisch und wissenschaftlich abgesichertes Erfahrungswissen, brauchen keine Assistenz beim Sterben: Sie brauchen eine Assistenz zum Leben. Und es wäre fatal, wenn die Äusserung eines Sterbewunsches gleich eine Art Automatismus auslösen würde und als «eine Option» unter anderen unhinterfragt bedient würde. Menschen, die zu sterben wünschen, verdienen zuerst, dass man ihnen sehr sorgfältig zuhört. An amerikanischen Landstrassen stand früher ein eindrückliches Warnschild: «Drive slowly. Death is so permanent.»

Dazu kommt: Wir diskutieren diese Fragen in einer ökonomisierten Welt, auf der ein hoher wirtschaftlicher Druck lastet und Menschen oft einer furchtbaren Logik der Nützlichkeit ausgesetzt sind.

Wie freiverantwortlich und selbstbestimmt ist es, wenn ein alter kranker Mensch in einem Akt vorwegnehmender Selbstentwertung eines solchen gesellschaftlichen Klimas zu dem Ergebnis kommt, zu nichts mehr nütze zu sein, und um Hilfe bittet, sein «unnützes Leben» zu beenden? Sich einem solchen Klima und seinen lebensfeindlichen Folgen entgegenzusetzen und mit den Menschen nach Wegen zum Leben zu suchen, wird immer Wesensauftrag der Diakonie bleiben. Sie will zuerst eine Anwältin des guten Lebens sein.

Und dennoch gilt: Auch, wenn das Urteil des BVerfG die Gefahr birgt, Selbstbestimmung zu einem Fetisch zu machen, stellt die rechtliche Realität, die es geschaffen hat, auch die Diakonie und die Seelsorgenden in ihren Einrichtungen vor die Frage: Dürfen wir einem sterbenskranken oder sehr alten Menschen, der entschlossen bleibt, sein Leben mithilfe Dritter beenden zu wollen, die ethische Kompetenz für diese Entscheidung wirklich absprechen? Ist es angemessen, ja, barmherzig, diese Selbstkompetenz nicht als letzten Massstab zu respektieren?

Das diskutieren betroffene Kolleginnen und Kollegen seit Monaten in verschiedenen Formen und Formaten auf vielen Ebenen und in vielen Arbeitsbereichen des Verbandes im Rahmen eines breiten Beteiligungsprozesses. Es ist viel in Bewegung im Netzwerk Diakonie, aber es gibt keinen irgendwie «von oben» gesteuerten Prozess. Wir diskutieren werteorientiert und leidenschaftlich kontrovers, aber ergebnisoffen. Es wird keine Abstimmung, keine allgemeinverbindlichen Handlungsanweisungen für unsere Einrichtungen geben, wohl aber Empfehlungen, die als Leitplanken bei der Orientierung helfen werden.

Breiter Konsens in der Debatte ist: Wenn ein Recht auf assistierten Suizid besteht, muss von Gesetzgeberseite alles getan werden, um das Netz professioneller Suizidprävention gesetzlich und finanziell abzusichern und engmaschiger zu knüpfen. Dasselbe gilt weiterhin für die auszubauende palliative Versorgung. Jedes Recht auf Suizidassistenz braucht eine verlässliche Palliativversorgung in der Fläche und ein in der Bevölkerung fest verankertes Wissen darüber.

Es geht stets darum, immer erst über die medizinischen, psychosozialen und pflegerischen Möglichkeiten palliativer Medizin aufzuklären, Szenarien für ein «gutes», also den Wünschen und Bedürfnissen der betreffenden Person entsprechendes Sterben durchzuspielen und damit Menschen, soweit möglich, die Angst vor dem Sterben zu nehmen. Dazu gehört auch, Krankenhäusern, Alten- und Pflegeheimen – regulär und verlässlich refinanziert – dazu zu verpflichten, entsprechende Prozesse und Strukturen einzurichten und ihr Personal angemessen zu schulen.

Und gleichwohl werden wir auch in diakonischen Einrichtungen, in denen es eine hohe Sensibilität für solche Strukturen und Prozesse gibt, sterbenskranken Menschen begegnen, die sagen: «Ich kann mein Leben so nicht mehr aushalten, und ich suche jemanden, der mir dabei hilft, es zu beenden.» Es werden erfahrungsgemäss nur wenige sein. Aber auch sie brauchen eine seelsorgerliche Begleitung. Worauf ist dann sorgfältig zu achten?

3. Rote Linien erkennen – das Recht auf Suizidassistenz in der Seelsorge

Das Nachdenken über Suizidassistenz und Seelsorge in der Diakonie steht einerseits im Spannungsfeld von Suizidprävention, Lebensschutz und Selbstbestimmung. Andererseits findet es sich im historischen Kontext einer doppelten Schuldgeschichte vor: pauschaler moralischer Verurteilung ausnahmslos jedes Suizids und einer «Theologie nach Hadamar». Die hessische Kleinstadt Hadamar steht dabei für die gleichsam industrielle Tötung beeinträchtigter Menschen zwischen 1933 und 1945. Gerade angesichts dieser doppelten Schuldgeschichte sind diese drei Anliegen in eine ausgewogene und menschengerechte Balance zu bringen.

Sterbewünsche und Suizidabsichten alter und schwer kranker Menschen sind in der Seelsorge ernst zu nehmen und weder zu moralisieren noch generell zu pathologisieren. Zugleich dürfen sie nicht ohne weiteres als Ausdruck freiheitlicher Selbstbestimmung verstanden werden. In jedem Einzelfall gilt es genau zu verstehen und zu differenzieren, was genau die Gründe für den konkreten Sterbewunsch sind.

Oft verbergen sich hinter einem Sterbewunsch ganz andere Fragen und Wünsche. In einem offenen Dialog werden oft andere Probleme ansprechbar und zu deren Lösung kann gemeinsam eine in ganz anderer Richtung verortete Antwort gefunden werden. Das Bundesverfassungsgerichtsurteil selbst hat in diesem Zusammenhang auf den Pflegenotstand in einer älter werdenden Gesellschaft einerseits und die Tendenz zur Übertherapie andererseits hingewiesen – beides Missstände, die zu beheben gesellschaftspolitisch dringend geboten ist.

Trotzdem muss es in oder, besser noch, unabhängig von und neben einem seelsorgerlichen Gespräch darum gehen, fachlich den geistigen und psychischen Zustand zu prüfen, wenn eine Person einen konkreten Sterbewunsch persistent äussert. Kann bei dieser Person von Selbstbestimmung und Freiverantwortlichkeit ausgegangen werden oder ist diese eingeschränkt? Ebenfalls muss sicher ausgeschlossen werden, dass Menschen eine Suizidassistenz in Anspruch nehmen wollen, weil sie sich von ihrem familialen Umfeld unter Druck gesetzt fühlen oder meinen, Nützlichkeitserwägungen anstellen zu müssen und «anderen nicht zur Last zu fallen». Fühlt sich dieser Mensch «einfach nur» verlassen und einsam – und könnte ihm verlässlicher Beistand, soziale Teilhabe und psychosoziale Unterstützung viel besser helfen als eine Unterstützung bei der Selbsttötung?

Es ist auch – und das gehört zu einer aufmerksamen kontextsensiblen Seelsorge – sorgsam darauf zu achten, dass Familie, Freundinnen und Freunde die Selbstbestimmung eines in mehrfacher Weise angewiesenen Menschen nicht über Gebühr einschränken oder verdeckt Macht ausüben. So wichtig menschliche Beziehungen sind, so sehr sind sie gerade im Nahbereich nicht davor gefeit, selbst zum Problem zu werden, möglicherweise sogar wider Willen. Hierfür sensibel zu sein und andere dafür zu sensibilisieren, bleibt eine wichtige seelsorgliche Aufgabe. Denn, dass eine unter dem Mantel einer «Ist doch gut gemeint»-Haltung gekleidete paternalistische Fremdbestimmung die Alternative zur Selbstbestimmung wäre, daran kann niemandem gelegen sein.

Seelsorge oder psychologische Betreuung, ein offenes Ohr für die existenziellen Ängste und Nöte von Suizidwilligen zu haben und sie und ihr familiales Umfeld empathisch zu begleiten, ist in diesen Situationen unverzichtbar. Das ist eine die Begleitenden auch persönlich herausfordernde und sehr anstrengende professionelle Aufgabe, in der es – wie bei anderen ethisch strittigen Themen auch – darum geht, neutral zu bleiben, um einen Raum zu öffnen, in dem sich das Gegenüber wiederum öffnen kann.

Seelsorgliche Gespräche, umfassende medizinische Beratung und vertrauensvolle Kontakte ermöglichen, dass verborgene oder offen geäusserte Suizidwünsche nicht länger kleingeredet oder verschwiegen werden. Sie können ausgesprochen und dadurch bearbeitet werden. Ein offener und derart professioneller Umgang im Gespräch dient der Suizidprophylaxe besser als eine zu häufig vorzufindende Tabuisierung von Suizidwünschen.

Menschen, die wissen, dass ihnen der assistierte Suizid als ein letzter Ausweg bleibt, fällt es oft leichter, sich dann doch auf eine Leidenssituation am Lebensende einzulassen. Viele, die es könnten, nehmen den assistierten Suizid am Ende tatsächlich nicht in Anspruch. Ihnen ist durch diese letzte Option die Angst vor einer unerträglichen Leidenssituation genommen. So finden sie das Vertrauen, sich einer guten palliativen und hospizlichen Versorgung zu überlassen und den Weg des Sterbens zusammen mit Freunden und Verwandten, die sie begleiten, zu gehen.

4. Begleiten bis zuletzt: Perspektiven auf eine Seelsorge im «Safe Space» Diakonie

Dass auch Seelsorge für und mit Menschen mit gefestigtem Sterbewunsch in einem professionellen Beziehungsnetz geschieht, halte ich für entscheidend. Seelsorge gehört in Einrichtungen der Diakonie als eine Kompetenz unbedingt in ein multiprofessionelles Team integriert, das gemeinsam an einem Netz der Sorge knüpft, in dem jeder und jede Sterbende sich getragen wissen kann: Palliativmedizinische, pflegerische, therapeutische und seelsorgerliche Kompetenzen wirken zusammen, um den Menschen bis zu seinem Ende dabei zu unterstützen, «ein eigener Mensch» zu sein.

Dafür strukturelle und personelle Möglichkeiten zu schaffen und im Einrichtungsalltag eine Kultur des Hinsehens einzuüben, geht einer verantwortungsvollen Seelsorge an selbstbestimmt Sterbenden im «Safe Space» Diakonie voraus. Niemand stirbt in einer diakonischen Einrichtung für sich allein.

Dazu gehört auch ein Blick dafür, dass andere Gäste, Patientinnen, Patienten, Mitarbeitende, Verwandte oder befreundete Angehörigen mehr oder weniger betroffene Zeuginnen und Zeugen des selbstbestimmten Todes sind. Auch hier ist Seelsorge wichtig.

In ihrem Zentrum steht das vertrauensvolle und vertrauliche Gespräch, die Begleitung des leidenden und sterbenden Menschen. Also: das reflektierte Zuhören und Nachfragen, das Segnen, Beten, Abendmahl feiern – wenn gewünscht –, das Mitgehen und Dableiben bis zum Ende.

Seelsorge hat in einer solchen Situation immer auch eine vermittelnde Funktion. Auch sie steht im «Dazwischen» – ganz nah und solidarisch bei dem Menschen mit seinem Sterbewunsch *und* in wahrnehmendem Kontakt mit dem Umfeld. Das ist anspruchsvoll.

Aus meiner Perspektive macht genau dieses anspruchsvolle Konzept eine Einrichtung der Diakonie zu einem sicheren Ort: Menschen dürfen Menschen sein, mit allen ihren Stärken, Schwächen und Ambivalenzen. Sich selbst, ihre Nächsten und Gott liebend – oder eben nicht. Sie dürfen sich immer darauf verlassen, dass sie nicht wertend, sondern wertschätzend begleitet werden. Vor dem Hintergrund der Euthanasiemorde während der nationalsozialistischen Diktatur ist das Versprechen, dass unter dem Dach der Diakonie jeder seines Lebens sicher ist, selbstverständlich.

Mit diesem Selbstverständnis halte ich es in der Begleitung der wenigen todkranken Menschen, die trotz bester Versorgung und Begleitung zu dem Entschluss finden, ihr Leben beenden zu wollen, für angemessen und mit dem Dreifachgebot der Liebe zu sich selbst, dem Nächsten und zu Gott vereinbar, ja, geboten, einen verantworteten Abschied vom Prinzipiellen einzuüben.

Auch in dieser sensiblen Phase eines menschlichen Lebens muss es – wie in allen diakonischen Handlungsfeldern – Ziel sein, Einzelfallgerechtigkeit zu üben und den konkreten Menschen in seiner Lebenssituation in den Mittelpunkt zu stellen.

In meiner beruflichen und seelsorglichen Tätigkeit im Hospiz habe ich mich sehr dafür eingesetzt, dass ein Mensch, der bei uns einzieht, sich in jeder Version und Situation seiner selbst sicher sein kann und so, wie er ist, aber eben auch, wie immer sie sein wird, auf bestmögliche Art unterstützend und lebenszugewandt begleitet wird. Niemand kann voraussehen, wie er oder sie angesichts von Schmerzen und Todesangst reagieren wird. Zu sterben, auf den eigenen Tod unausweichlich zuzugehen, ist immer ein hoch individuelles Geschehen, oft voller Ambivalenzen. Das Recht auf Selbstbestimmung, auf Einzigartigkeit erlischt nicht im Sterbeprozess. Und wer unter dem Dach der Diakonie zu einem Menschen wird, der wirklich nur noch im Frieden mit sich und seinem Schöpfer sein Leben beenden möchte und dabei Hilfe in Anspruch nehmen möchte, sollte sein dürfen, wie er, wie sie ist. Sich auch darauf verlassen zu können, macht eine diakonische Einrichtung durchaus auch zu einem «sicheren Ort». Und eine dabei empathisch, wertegebunden und professionell mitgehende Seelsorge zu einer wertvollen Begleitung.

5. Vom «Entweder-oder» zum «Sowohl-als auch»

Der Meinungsbildungsprozess zum Umgang mit dem assistierten Suizid in den Verbänden der Diakonie in Deutschland ist zu dem Zeitpunkt der Fertigstellung dieses Beitrags noch nicht abgeschlossen. Und, wie ich eingangs formuliert habe: Er bleibt wohl auch in Zukunft offen. Und das muss auch so sein. Gerade, wenn wir uns auf den schmalen Pfad der Einzelfallgerechtigkeit verständigen und eine Einbahnstrasse eines prinzipiellen und einhelligen «Nein» nicht vorschreiben wollen und können, muss das Gespräch in unseren Häusern und Einrichtungen im Fluss bleiben, muss jeder Wunsch und jede einzigartige Konstellation gewürdigt werden. Wir brauchen in unseren Teams bei diesem Thema eine eingeübte evangelische Gesprächskultur und zugleich Sicherheit, dass niemand je dazu gezwungen werden kann, sich an der Durchführung eines assistierten Suizids zu beteiligen.

Wir haben in der Diakonie auch in anderen ethisch hochstrittigen Themenfeldern – etwa im Umgang mit Spätaborten oder der pränatalen Diagnostik – die Erfahrung gemacht, dass der Verband ein gewisses Mass an Vielstimmigkeit nicht nur aushält, sondern auch trägt. Das hat grundlegend mit unserem Verständnis von Kirche und Diakonie zu tun. Eine Bewegung weg von einer sehr prinzipiellen Haltung des «Entweder-oder» hin zu einer Haltung eines gut begründeten und in eine Sorgekultur eingebetteten «Sowohl-als auch» in der Frage des assistierten Suizids halte ich für einen Fortschritt.

Wichtig für den diakonischen Zusammenhalt bleibt, dass wir einander bereitwillig unterstellen, dass keine Position verantwortungs- oder gewissenlos argumentiert, sondern die Ambivalenzen wahrzunehmen bemüht ist und einer lebens- und menschenzugewandten Grundhaltung auch bei unterschiedlichen Entscheidungen verpflichtet bleibt.

Ich komme zum Schluss: *Die* Diakonie-Position für den Umgang mit dem assistierten Suizid kann und wird es nicht geben. Es gibt aber durchaus eine zentrale und verbindende Perspektive: Wir bleiben immer ganz nah bei dem konkreten Menschen, der uns um Hilfe bittet. Darum bleibt der gut begründete Platz der Diakonie – nah bei den Menschen und «zwischen den Stühlen».

Diakonie positioniert sich im Dazwischen. Das ist nie so leicht zu vermitteln wie ein ethisches Prinzip. Ein solcher Abschied vom Prinzipiellen kann, denke ich, auch für die Perspektive auf den Umgang mit dem assistierten Suizid hilfreich sein. Die Diakonie bleibt eine Anwältin für das Leben, das als menschliches Leben immer ambivalentes Leben ist. Ein assistierter Suizid sollte die seltene Ausnahme bleiben.

Seelsorge in der Diakonie wird immer für einen Weg des professionellen Respekts und der Empathie an der Seite der sterbenden Menschen und der sie begleitenden Angehörigen und Mitarbeitenden plädieren. Das ist Diakonie in der Nachfolge Jesu Christi, der dem Blinden vor Jericho die vielleicht schönste aller Frage stellt: «Was willst du, dass ich für dich tun soll?»

Jede Seelsorgerin, jeder Seelsorger muss und kann in Einzelfällen entscheiden, ob sie, ob er diesen konkreten Menschen begleiten kann oder nicht. Diese Freiheit besteht immer. Denn auch für die Seelsorgenden gilt: Der Mensch zählt, nicht das Prinzip. Dass auch Seelsorgende Begleitung und Unterstützung benötigen, sollte sich von selbst verstehen.

Am Leben orientiert
Kirchenpolitische Herausforderungen und Öffentliche Theologie angesichts des Bundesverfassungsgerichtsurteils vom Februar 2020 zum assistierten Suizid – Perspektiven aus der Evangelischen Kirche in Deutschland

Heinrich Bedford-Strohm

1. Die Herausforderungen des Urteils des Bundesverfassungsgerichts

Am 26. Februar 2020 stellte das Bundesverfassungsgericht in Deutschland in seinem Urteil die Verfassungswidrigkeit von § 217 StGB fest. Es kippte damit das darin formulierte Verbot von geschäftsmässiger Förderung der Selbsttötung. Für die einen wirkte das Urteil wie ein Befreiungsschlag. Für die anderen, auch für viele kirchliche Vertreterinnen und Vertreter, war es ein Donnerschlag: «Dieses Urteil stellt einen Einschnitt in unsere auf Bejahung und Förderung des Lebens ausgerichtete Kultur dar», hiess es in einer Erklärung, die ich als Ratsvorsitzender der Evangelischen Kirche in Deutschland (EKD) zusammen mit dem Vorsitzenden der Deutschen Bischofskonferenz Georg Bätzing als Reaktion veröffentlicht habe. Was überall zu spüren war – bei befürwortenden wie kritischen Stimmen –, war ein unerwartetes Erstaunen: Mit solch einer Klarheit, Eindeutigkeit, Vehemenz und v. a. mit der Reichweite des Urteils hatte kaum jemand gerechnet. Was hat das Bundesverfassungsgericht genau verlautbaren lassen? Und worin liegt die Brisanz des Urteils?

Das Bundesverfassungsgericht hielt das Verbot der geschäftsmässigen Förderung von Selbsttötung, also die wiederholte Ausübung von Suizidhilfe, wie es in § 217 StGB formuliert war, für verfassungswidrig, weil der Paragraf die Inanspruchnahme von Suizidhilfe faktisch unmöglich gemacht habe.[1] Jeder Mensch hat ein «Recht auf selbstbestimmtes Sterben», so das Gericht, das auch das Annehmen der Mithilfe von Dritten bei einem Suizid umfasse, sofern diese freiwillig angeboten wird. Als «Ausdruck persönlicher Autonomie» sei das Recht auf selbstbestimmtes Sterben im allgemeinen Persönlichkeitsrecht (Art. 2 Abs. 1 in

---
1 Vgl. BVerfG-Urteil vom 26.02.2020, Rn. 216 u. ö.

Verbindung mit Art. 1 Abs. 1 GG) verankert.[2] Weiter heisst es: «Die selbstbestimmte Verfügung über das eigene Leben ist [...] unmittelbarer Ausdruck der der Menschenwürde innewohnenden Idee autonomer Persönlichkeitsentfaltung; sie ist, wenngleich letzter, Ausdruck von Würde».[3] Dieses Recht bestehe «in jeder Phase menschlicher Existenz».[4]

Das Gericht sieht trotz allem den Gesetzgeber gefragt, besonders vor dem Hintergrund seiner Aufgabe, Missbrauch zu verhindern und vulnerable Personen – auch gegen Selbstgefährdung – zu schützen, Schutzkonzepte zu entwickeln und Suizidhilfe gegebenenfalls auch gesetzlich neu zu regeln. Das schliesse auch die Möglichkeit ein, ein prozedurales Sicherungskonzept zu entwickeln und gesetzlich zu implementieren, das neben der Sicherstellung der Freiverantwortlichkeit auch den Nachweis der Ernsthaftigkeit und der Dauerhaftigkeit des Selbsttötungswillens enthalten könne.[5] Jedoch dürfe die Zulässigkeit von Suizidhilfe nicht an materielle Kriterien, z.B. das Vorliegen einer unheilbaren oder tödlich verlaufenden Krankheit, gebunden sein;[6] das Recht auf selbstbestimmtes Sterben sei ein grundlegendes Recht, und niemand als die Person selbst könne und dürfe darüber befinden, ob ihr Leben für sie noch lebenswert und sinnhaft sei.[7] Zudem müsse sichergestellt werden, dass dem Recht des Einzelnen, «aufgrund freier Entscheidung mit Unterstützung Dritter aus dem Leben zu scheiden, auch faktisch hinreichend Raum zur Entfaltung und Umsetzung» belassen wird.[8]

Die Reichweite der Konsequenzen und die damit verbundenen theologischen, rechtlichen, politischen, gesellschaftlichen und praktischen Herausforderungen sind massiv. Aus theologischer Sicht wird im Urteil eine problematische Verhältnisbestimmung von Autonomie und Menschenwürde vorgenommen; denn Autonomie wird hier nahezu gleichbedeutend mit Menschenwürde verstanden. Auch die Vorordnung der Selbstbestimmung gegenüber dem Schutz des Lebens ist aus christlicher Sicht zu kritisieren. Hier galt und gilt es, das christliche Verständnis von Menschenwürde, die in der Gottebenbildlichkeit begründet ist und bedingungslos, d.h. unabhängig von jeglichen Eigenschaften oder Fähigkeiten, jedem Menschen zugesprochen ist, in die gesellschaftliche Debatte einzutragen. Gleichzeitig ist die

---

2   Vgl. Bundesverfassungsgericht: Verbot der geschäftsmäßigen Förderung der Selbsttötung verfassungswidrig. Pressemitteilung Nr. 12/20 vom 26.2.2020, hier: Abschnitt I.1.; vgl. auch BVerfG-Urteil vom 26.2.2020, Rn. 208–210.
3   Bundesverfassungsgericht, Verbot, Abschnitt I.1.a) cc).
4   BVerfG-Urteil vom 26.2.2020, Rn. 210.
5   Vgl. BVerfG-Urteil vom 26.2.2020, Rn. 340.
6   Vgl. BVerfG-Urteil vom 26.2.2020, Rn. 305; 338 ff. u.a.
7   Vgl. z.B. die Ausführungen in BVerfG-Urteil vom 26.2.2020, Rn. 208–210.
8   Vgl. BVerfG-Urteil vom 26.2.2020, Rn. 341, Zitat ebd.

evangelische Theologie selbst noch einmal herausgefordert, die Begriffe «Selbstbestimmung» und «Lebensschutz» differenziert theologisch-ethisch zu reflektieren, ihr Verhältnis zueinander angemessen zu bestimmen und zu prüfen, was diese theologisch-ethischen Überlegungen für den praktischen Umgang mit dem Thema des assistierten Suizids in der Seelsorge, in der Hospiz- und Palliativarbeit, in diversen kirchlich-diakonischen Einrichtungen – seien es Pflegeeinrichtungen, Kliniken, Wohnstätten usw. – bedeuten. Denn klar ist: Auch wenn laut Urteil niemand zur Suizidbeihilfe gezwungen werden kann, ist doch ausdrücklich ein Freiheitsrecht formuliert, den eigenen Sterbewunsch mithilfe Dritter umsetzen zu können. Daraus ergeben sich zwangsläufig konkrete Fragen: Was folgt praktisch daraus für Menschen und christliche Einrichtungen, die sich dem Lebensschutz verpflichtet wissen und die sich gleichzeitig die Begleitung von Menschen in *allen* Lebenslagen bis zu ihrem Tod zur Aufgabe gesetzt haben, selbstverständlich die Autonomie des Gegenübers respektierend? Was heisst seelsorgliche «Begleitung» im Kontext eines assistierten Suizids genau? Könnten christliche Einrichtungen auch nach diesem Urteil des BVerfG noch entscheiden, Orte zu sein, an denen ein assistierter Suizid keine Option ist? Für diese und weitere Fragen interne und öffentliche Diskursräume zu schaffen und zu fördern, die auch – gut protestantisch – das Ringen um die dahinterstehenden theologischen Fragen und Deutungsangebote kenntlich machen, ist eine wichtige kirchenleitende Aufgabe in dieser Situation. Dabei gilt es, sich als Kirchenleitung stets der eigenen *seelsorgerlichen* Verantwortung im öffentlichen Raum bewusst zu sein, die grundsätzlich gegenüber allen Menschen in der Gesellschaft, insbesondere aber gegenüber vulnerablen Personengruppen und auch gegenüber kirchlich-diakonischen Mitarbeitenden quer durch alle Einrichtungen, Arbeitsfelder und Berufsgruppen besteht.

Übergeordnet stellt sich zudem im Sinne einer öffentlichen Theologie die Frage, wie sich Kirche auch mit Blick auf die länger andauernde gesellschaftliche Debatte und den zu erwartenden, anstehenden Gesetzgebungsprozess zur Suizidhilfe äussern kann und soll. Hier hat sie sicher nicht nur eine klassische *beratende* oder *prophetisch-kritische*, d. h. mahnende oder vermittelnde Rolle, sondern insbesondere auch den Auftrag – den ökumenischen Dialog im Blick behaltend – biblisch-theologische Einsichten zu kontextualisieren und in den interdisziplinären Diskurs einzubringen.[9] Ulrich Körtner hat diese Aufgabe in einem Zeitzeichen-Artikel so auf den Punkt gebracht:

---

9 Vgl. Heinrich Bedford-Strohm: Wo ist Gott in der Pandemie? Theologische Überlegungen aus Praxis und Reflexion kirchenleitenden Handelns, in: *Evangelische Theologie* 81 (2021), 87–100, 88.

> Die Kirchen, Diakonie und Caritas sind herausgefordert, einerseits das Selbstbestimmungsrecht von Patienten zur respektieren, andererseits aber auch für ihre Sicht des Lebens und des Sterbens in einer pluralistischen Gesellschaft zu werben.[10]

2. Eine evangelische Perspektive auf das Leben und das Sterben in einer pluralistischen Gesellschaft

Wie lässt sich diese kirchliche, hier: evangelische, «Sicht des Lebens und des Sterbens» beschreiben? Im Juni 2020 veröffentlichte der Rat der EKD als Antwort auf eine Anfrage aus dem Bundesgesundheitsministerium eine Stellungnahme mit zentralen Eckpunkten für ein legislatives Schutzkonzept aus protestantischer Sicht. Darin wird betont:

> Für die Evangelische Kirche in Deutschland ergibt sich das Selbstbestimmungsrecht aus dem Glauben, dass Gott jeden Menschen einzigartig geschaffen und mit einer unverlierbaren Würde ausgestattet hat. Das evangelische Verständnis zeichnet die Selbstbestimmung aber in die Beziehungen ein, in denen der Mensch steht: zu Gott, der ihn ins Leben gerufen hat, und zu den Mitmenschen, in deren Gemeinschaft er sein Leben führt. Beide Beziehungen ermöglichen und begrenzen die Freiheit des eigenen Lebens.[11]

Selbstbestimmung und Lebensschutz müssen also stets in der notwendigen Balance gehalten werden.

Gleichwohl ist auch klar – und auch das wird in der Stellungnahme des Rates vom Juni 2020 deutlich –, dass es Grenzsituationen gibt, in denen Menschen nach sorgfältigen Überlegungen keinen anderen Ausweg als die Selbsttötung sehen. Dazu schreibt der Rat:

> Die Gewissensentscheidung des Einzelnen angesichts äußerster Not ist menschlicher Beurteilung entzogen und verdient Mitgefühl und Respekt. Auch der

---

10 Vgl. Ulrich H. J. Körtner: Dem Leben dienen – bis zuletzt. Die Debatte zur Suizidbeihilfe und der Auftrag der Diakonie; abrufbar unter: https://zeitzeichen.net/node/8835, letzter Zugriff: 13.7.2021.

11 Rat der EKD: *Evangelische Perspektiven für ein legislatives Schutzkonzept bei der Regulierung der Suizidassistenz im Anschluss an das Urteil des Bundesverfassungsgerichts zu § 217 StGB*, Juni 2020, abrufbar unter: https://www.ekd.de/evangelische-perspektiven-fuer-ein-legislatives-schutzkonzept-56633.htm, letzter Zugriff: 6.7.2021.

Mensch, der so entscheidet, steht nach christlicher Überzeugung unter der Verheißung der Erlösung durch den gekreuzigten und auferstandenen Herrn. Die Gewissensentscheidung des Einzelnen bleibt gleichwohl ein Grenzfall. Die Not und das Leid anderer, die zu solch einer Entscheidung führen, können Christinnen und Christen nicht kalt lassen. Sie müssen sich immer fragen lassen, ob sie sich genügend dafür eingesetzt haben, durch konkrete Unterstützung ihren Mitmenschen die Hoffnung vermittelt zu haben, die der Glaube verheißt.[12]

Selbstbestimmte Entscheidungen, Werthaltungen usw. sind allerdings immer vom kulturellen, gesellschaftlichen und familiären Umfeld geprägt. Deswegen ist es ein zentrales kirchliches Anliegen, einem veränderten gesellschaftlichen Klima entschieden entgegenzuwirken, in dem der Wert des Lebens und die Würde nicht mehr unabhängig von Leistung und Fähigkeiten verstanden werden, und vor allem, im Rahmen dessen der assistierte Suizid zu einer gleichermassen gültigen, wählbaren «Normaloption» des Sterbens neben anderen wird. Diese Sorge unterstreicht auch der in den Niederlanden lebende und lehrende Philosoph Jean-Pierre Wils. Obwohl sich Wils jahrelang für eine Liberalisierung der Sterbehilfe eingesetzt hat und die «Befreiung [der Sterbehilfe] aus den herkömmlichen Limitierungen» auch nach wie vor für richtig hält, weist er auf die Wichtigkeit einer Regulierung mit *begrenzenden* Bedingungen in diesem Zusammenhang hin.[13] Dazu schreibt er:

Es wäre [neben der «forschen Aufweichung der Kriterien», Anm. HBS] jedoch ebenso ein Fehler, die Debatte auf den jeweiligen Einzelfall und auf das diesbezüglich relevante Autonomieprinzip zu reduzieren. Kaum in Betracht gezogen werden in den Debatten die sozial-ethischen Implikationen, die gesellschaftlichen und institutionellen Folgen, die Mentalitätsveränderungen kultureller Signatur. Die Novellierung von Gesetzen, deren Gegenstand das Sterben ist, findet nicht nur statt als Antwort auf gesellschaftliche Bedürfnisse. Gesetze *kanalisieren* nicht nur die Not Einzelner in die Richtung eines für deren Sterben erträglichen Regelwerks. Sie *transformieren* auch die Haltungen und Wertungen einer in Sterbeangelegenheiten reformwilligen Gesellschaft und *stimulieren* sie in Richtung des eingeschlagenen Weges.[14]

---

12 Ebd.; vgl. dazu auch Evangelische Kirche in Deutschland: *Wenn Menschen sterben wollen. Eine Orientierungshilfe zum Problem der ärztlichen Beihilfe zur Selbsttötung.* Hannover: EKD 2008, 24; EKD, Evangelische Perspektiven.
13 Vgl. Jean-Pierre Wils: *Sich den Tod geben. Suizid als letzte Emanzipation?* Stuttgart: Hirzel (2021), 31, Zitat ebd.
14 A. a. O., 31 f., Hervorhebungen im Original.

Diese Beobachtungen machen die Dringlichkeit und Notwendigkeit einer öffentlichen kirchlichen Positionierung im oben genannten Sinne sehr deutlich. Doch die durch das Urteil evozierte neue Standortbestimmung innerhalb von Theologie, Kirche und Diakonie umfasst weit mehr als die zitierte Stellungnahme des Rates der EKD. Die Diakonie Deutschland initiierte Ende 2020 einen mindestens einjährigen innerverbandlichen Dialogprozess mit dem Ziel, zu den vielen aufgeworfenen Fragen Haltungen zu entwickeln, die tragfähig in Bezug auf den gesamten Verband sind. Aufmerksamkeit in der kirchlich-theologischen Debatte erregte darüber hinaus insbesondere ein im Januar 2021 in der Frankfurter Allgemeinen Zeitung erschienener Artikel, in dem bekannte Fachleute aus protestantischer Theologie, Medizin und Rechtswissenschaften, für viele überraschend, öffentlich dafür plädierten, auch in kirchlichen Einrichtungen einen professionell begleiteten assistierten Suizid zu ermöglichen.[15] Sie betonten den hohen Stellenwert von Selbstbestimmung in der protestantischen Ethik und entfalteten vor diesem Hintergrund ein sehr weitreichendes Verständnis von multiprofessioneller Beratung, Unterstützung und Begleitung, darunter auch seelsorglicher Art.

Dieser Artikel löste wiederum im Rat der EKD erneuten Verständigungsbedarf aus. In einer Sondersitzung, bei dem auch einige der Autorinnen und Autoren des Artikels zugegen waren, wurde gemeinsam bekräftigt:

1. Für die EKD und ihre Diakonie steht der Lebensschutz an erster Stelle. Der assistierte Suizid darf nicht zu einer normalen Option unter anderen werden.
2. Kirche und Diakonie werden Menschen gerade in tragischen Grenzsituationen auch künftig weiter beraten und begleiten.
3. Eine Beratung in diakonischen und evangelischen Einrichtungen ist immer eine Beratung zum Leben und damit nicht neutral. Dennoch gibt es Dilemmasituationen, für deren Bewältigung derzeit keine eindeutigen Antworten und Regelungen bestehen.
4. Dass die dafür notwendigen Schlussfolgerungen aus der gemeinsamen, am Lebensschutz orientierten Grundhaltung heraus in unterschiedlichen Perspektiven und unterschiedlichen Lösungswegen bedacht werden, gehört zum Wesen des Protestantismus.

---

15 Vgl. Reiner Anselm, Isolde Karle, Ulrich Lilie: Den professionellen assistierten Suizid ermöglichen, in: *Frankfurter Allgemeine Zeitung* (11.01.2021).

3. Offene Fragen

Gerade was den praktischen Umgang mit Suizidassistenz in kirchlich-diakonischen Einrichtungen, in der Seelsorge sowie in der evangelisch profilierten Beratungsarbeit angeht, sind viele Fragen derzeit noch ungeklärt:

Wie gestaltet sich die Beratung von Menschen in entsprechend tragischen Grenzsituationen mit beständigem, freiverantwortlichem Wunsch nach einem assistierten Suizid konkret? In welchen Kontexten steht welche Art von Beratung? Welche Rolle kommt der psychosozialen Beratung im Rahmen eines möglichen Suizidhilfegesetzes, z. B. als Teil eines prozeduralen Verfahrens, zu? Welche Beratungsangebote stehen dezidiert im Kontext der Suizidprävention?

Welche Rolle, welche Aufgaben und welche Vorgaben werden zukünftig das medizinische und pflegerische Personal in konfessionell gebundenen Einrichtungen haben (können)?

Was ist unter seelsorgerlicher Begleitung im Kontext des assistierten Suizids genau zu verstehen? Geht es um diverse seelsorgerliche Gespräche mit den Sterbewilligen und ihren An- und Zugehörigen inkl. Berücksichtigung des weiteren systemischen Umfeldes (z. B. Auswirkungen auf Pflegende, Mitbewohner, Mitbewohnerinnen usw.)? Geht es um geistliche Begleitung in der Grenzsituation, auch in Form von Gebet, Sakramenten, Aussegnung? Geht es um Beistand im Vorfeld des assistierten Suizids? Bei der Entscheidungsfindung? Um Beschaffung oder Zubereitung des tödlichen Mittels? Um Beisein vor der Einnahme oder während des Sterbevorgangs? Um die Bitte, später die Trauerfeier zu übernehmen?

Daran anschliessend stellen sich weitere praktisch-theologische Fragen: Braucht es neue Gestaltungsformen des Abschieds und/oder der Trauerfeier? Muss das Thema «Assistierter Suizid» eigens in der Ausbildung (Seelsorge, Kasualien) aufgegriffen werden, um für entsprechende Situationen, auch im Umgang mit den Angehörigen, vorbereitet zu sein? Wie sieht es mit einer ethischen Schulung für das pflegerische und medizinische Personal in diesem Zusammenhang aus?

Die Frageliste liesse sich weiter fortsetzen. Auf institutioneller, und d. h. auch kirchenleitender Ebene ist es vor dem Hintergrund individual- und vor allem sozialethischer Perspektiven wichtig zu überlegen, wie in kirchlich-diakonischen Einrichtungen grundsätzlich mit Suizidassistenz umgegangen werden kann und soll. Drei mögliche Grundmodelle werden dafür aktuell diskutiert:

1. Einrichtungen in kirchlicher und diakonischer Trägerschaft sollten nach Möglichkeit sogenannt «Safe Spaces»[16] sein. Nur wenn sichergestellt ist, dass der

---

16 Zum Begriff «Safe Spaces» vgl. Petra Bahr, Michael Heinig: Die Chance des Konkreten, in: *Christ & Welt,* 4.2.2021.

assistierte Suizid in der Einrichtung keine Option ist, sei auch sichergestellt, dass kein Druck bei Menschen entsteht, Suizidhilfe sei eine wünschenswerte Option. Problematisch ist daran, dass Suizidwillige die Einrichtung für die Inanspruchnahme von Suizidhilfe verlassen müssten; eine (seelsorgerliche) Begleitung – je nach Verständnis – wäre somit nur begrenzt möglich.[17]

2. Die Begleitung von Sterbenden auf ihrem letzten Weg wird unabhängig davon zugesichert, wie dieser aussieht. Kirchlich-diakonische Einrichtungen halten sich aber vollständig aus der Organisation und Durchführung der Suizidbeihilfe heraus.[18] Das Problem: Man selbst hat keinen Einfluss auf die Sicherstellung ethischer Qualität und Wahrung von Lebensschutzaspekten. Auch hier wäre eine nähere Bestimmung des Verständnisses, des Umfangs und der Grenzen von (seelsorgerlicher) Begleitung nötig.

3. Vertreterinnen und Vertreter des dritten Denkmodells halten es gerade für sinnvoll bis nötig, auch die Prozesse selbst mitzugestalten. Hierbei ginge es um die Sicherstellung einer lebens- und würdeorientierten Begleitung von Menschen, die auch nach reiflicher Überlegung beständig den Wunsch nach einem assistierten Suizid in sich tragen. Seelsorgliche Kompetenzen könnten in der Begleitung von Sterbenden bzw. Sterbewilligen und ihren Angehörigen in dieser Situation eine grosse Bedeutung haben.[19] Das Problem: Wie lässt sich eine – nicht intendierte – Wahrnehmung von assistiertem Suizid als «Normaloption» verhindern? Zudem kann es im Einzelfall zu Konflikten in Bezug auf ein christliches Selbstverständnis und/oder das Berufsethos kommen.

Deutlich ist: Keine dieser Optionen ist frei von Aporien und Folgeproblemen. Die zweite Lösung ist für mich die überzeugendste. Denn sie stellt sicher, dass Menschen bis zum Schluss seelsorglich gut begleitet werden, ohne aber durch die aktive Beteiligung an der Suizidassistenz die Orientierung am Lebensschutz zu dementieren.

---

17 Diese Option wird zurzeit von der katholischen Kirche favorisiert, aber auch evangelische Stimmen – entweder im Sinne eines generellen oder zumindest optionalen Weges – plädieren dafür. Als Beispiel seien hier Peter Dabrock und Wolfgang Huber zu nennen, die diese Position in ihrem Artikel «Selbstbestimmt mit der Gabe des Lebens umgehen» in der Frankfurter Allgemeinen Zeitung vom 25.1.2021 formuliert haben. Ob und wie diese Option rechtlich umzusetzen ist, ist noch nicht geklärt.

18 Als Beispiel für diesen Weg sei das Positionspapier der Evangelischen Heimstiftung «Das Recht auf assistierten Suizid. Wie die Evangelische Heimstiftung mit Todeswünschen von Bewohnern umgeht» vom 27.5.2020 genannt.

19 Als Beispiel für diese Richtung vgl. Anselm et al., Suizid.

Es wird weiter diskutiert werden müssen. Bei komplexen Problemstellungen ergeben sich Lösungen emergent.[20] Das bedeutet, Fachwissen und theoretische Diskurse reichen nicht aus; emergente Lösungen sind nur ergänzend über Erfahrung und Erprobung zu gewinnen.

4. Konsequenzen für aktuelles kirchliches und kirchenpolitisches Engagement im öffentlichen Raum

Was bedeuten diese Überlegungen für das aktuelle kirchliche und kirchenpolitische Engagement im öffentlichen Raum?

Zum einen ist es wichtig, die angestossenen Diskurse und Debatten innerhalb von Kirche und Diakonie, ethisch-theologisch sowie interdisziplinär weiterzuführen und diese gleichzeitig für die gesellschaftliche Debatte fruchtbar zu machen.

Dabei gilt es, das eigene Bewusstsein und das Profil von «öffentlicher Theologie» zu schärfen. Im Sinne einer öffentlichen Theologie hat Kirche die Aufgabe, je nach Situation und konkretem Kontext in unterschiedlicher Betonung, zu beraten, kritisch zu mahnen, zu versachlichen und zugleich Position zu beziehen und damit im gesellschaftlichen Diskurs zu orientieren. Es gilt, die Einsichten theologischer Diskurse für die politischen Debatten fruchtbar zu machen und sich für entsprechende rechtliche und praktische Konsequenzen einzusetzen. Dazu gehört aktuell z. B. die rechtliche Möglichkeit zu prüfen, die Organisation und Durchführung eines assistierten Suizids in kirchlichen Einrichtungen auszuschliessen. Im ökumenischen Dialog muss ausgelotet werden, wo die Gemeinsamkeiten liegen, wo für die öffentliche Wahrnehmung von Kirche ein gemeinsames Auftreten wichtig und sinnvoll ist, wo aber auch Grenzen für einen konfessionellen Schulterschluss liegen.

In einem sind sich die beiden grossen Kirchen in Deutschland ohnehin einig: Die wichtigste gesellschaftliche Aufgabe und zugleich grösste Herausforderung im Zuge der vom Bundesverfassungsgericht geforderten neuen, liberaleren Regelung zum assistierten Suizid ist es, ein lebensfreundliches und füreinander Sorge tragendes, gesellschaftliches Klima zu fördern, in dem die bedingungslose Würde und der Wert jedes einzelnen Menschen betont wird. Dazu ist es wichtig, die Notwendigkeit von Suizidprävention, die Förderung von hospizlicher und palliativer Versorgung, die Verbesserung der Pflege, den Ausbau von Lebensberatungsangeboten

---

20 Vgl. das sog. «Cynefin-Framework» nach David J. Snowden, Mary E. Boone: A Leader's Framework for Decision Making, in: *Harvard Business Review* 85 (2007), abrufbar unter: https://pablopernot.fr/pdf/Cynefin-Mary-Boone.pdf, Zugriff am 13.7.2021, hier bes. 5.

und vieles mehr voranzutreiben. Darin kommt eine *seelsorgliche* Haltung zum Ausdruck, die für das kirchliche und kirchenpolitische Engagement im öffentlichen Raum von zentraler Bedeutung ist.

Innerprotestantisch gilt es, weiterhin gemeinsam um theologisch-ethisch verantwortete Positionen zu ringen und Verständigungsräume – gerade auch für Seelsorgende und andere Mitarbeitende in kirchlich-diakonischen Einrichtungen – zu fördern und dabei immer wieder praktische Erfahrungen – sei es aus Deutschland oder aus anderen Ländern – mit einzubeziehen. Nur so kann die Kirche der Komplexität dieses wichtigen Themas, aber v. a. den betroffenen Menschen in existenziellen Notlagen und ihren An- und Zugehörigen gerecht werden. Denn eines ist, wie Diakoniepräsident Ulrich Lilie schreibt, klar: «[E]s ist unstrittig, dass wir eine Kirche des Lebens sind, die alles daransetzen muss, um Sterbende bis zum Schluss so zu begleiten, dass sie sich in Gottes Hand geborgen fühlen.»[21] Oder anders gesagt: Die Tragfähigkeit öffentlich-kirchlichen Redens und Handelns erweist sich letztlich darin, ob es für die Erfahrung des barmherzigen und liebenden Gottes aufschliesst, der durch Christus spricht: «Siehe, ich bin bei euch alle Tage, bis an der Welt Ende.» (Mt 28,20)

---

21 Ulrich Lilie: Abschied vom Prinzipiellen. Debatte über Suizidbeihilfe könnte Sternstunde werden, in: *zeitzeichen* 22 (2021), 53.

Verzeichnis der Autorinnen und Autoren

Prof. Dr. Reiner Anselm, Professor für Systematische Theologie und Ethik an der Evangelisch-theologischen Fakultät der LMU München

Dr. Dorothee Arnold-Krüger, Theologische Referentin am Zentrum für Gesundheitsethik an der Evangelischen Akademie Loccum, Hannover

Dr. Heinrich Bedford-Strohm, Landesbischof der Evangelisch-Lutherischen Kirche in Bayern (ELKB), von 2014–2021 zugleich Ratsvorsitzender der Evangelischen Kirche in Deutschland (EKD). Seit 2011 Honorarprofessor an der Universität Bamberg und seit 2009 Außerplanmäßiger Professor an der Universität Stellenbosch/Südafrika

Prof. Dr. Michael Coors, Ausserordentlicher Professor für theologische Ethik an der Theologischen Fakultät, Leiter des Instituts für Sozialethik im Ethik-Zentrum der Universität Zürich

Pfr. Florian-Sebastian Ehlert, Leiter der Arbeitsstelle Ethik im Gesundheitswesen beim Kirchenkreisverband Hamburg, Referent für Pastoralpsychologie und Organisationsentwicklung, Institutionsberatung der Nordkirche

Pfrn. Rita Famos, Präsidentin der Evangelisch-reformierten Kirche Schweiz

Sebastian Farr, Assistent am Institut für Sozialethik im Ethik-Zentrum der Universität Zürich

Pfr. Matthias Fischer, reformierter Seelsorger im Gesundheitszentrum für das Alter Bachwiesen, Zürich

Dr. Julia Inthorn, Direktorin des Zentrums für Gesundheitsethik an der Evangelischen Akademie Loccum, Hannover

Prof. Dr. Isolde Karle, Professorin für Praktische Theologie an der Evangelisch-Theologischen Fakultät der Ruhr-Universität, Direktorin des Instituts für Religion und Gesellschaft, Prorektorin für Diversität, Inklusion und Talententwicklung

Prof. Dr. DDr. h.c. Ulrich H. J. Körtner, Ordinarius für Systematische Theologie (reformiert) an der Evangelisch-Theologischen Fakultät der Universität Wien und Leiter des Instituts für Ethik und Recht in der Medizin der Universität Wien

Prof. Dr. Tanja Krones, Titularprofessorin und Leitung Klinische Ethik Universitätsspital/Universität Zürich, Institut für Biomedizinische Ethik und Medizingeschichte

Verzeichnis der Autorinnen und Autoren

Pfr. Ulrich Lilie, Präsident der Diakonie Deutschland (seit 2014), stellv. Vorstandsvorsitzender des Evangelischen Werkes für Diakonie und Entwicklung, Präsident der Bundesarbeitsgemeinschaft der Freien Wohlfahrtspflege (seit 2021), Berlin

Prof. Dr. Frank Mathwig, Beauftragter für Theologie und Ethik der Evangelisch-reformierten Kirche Schweiz EKS und Titularprofessor für Ethik an der Theologischen Fakultät der Universität Bern

Pfrn. Susanna Meyer Kunz, Leiterin der reformierten Spitalseelsorge am Universitätsspital Zürich

Prof. Dr. Settimio Monteverde, Berner Fachhochschule, Departement Gesundheit, Co-Leitung Klinische Ethik Universitätsspital/Universität Zürich, Institut für Biomedizinische Ethik und Medizingeschichte

Prof. Dr. theol. et phil. Christoph Morgenthaler, emeritierter Professor für Seelsorge und Pastoralpsychologie der Theologischen Fakultät der Universität Bern

Prof. Dr. David Plüss, Professor für Homiletik, Liturgik und Kirchentheorie an der Theologischen Fakultät und Co-Leiter des Kompetenzzentrums Liturgik der Universität Bern

Prof. Dr. Traugott Roser, Professor für Praktische Theologie, Westfälische Wilhelms Universität Münster, Deutschland

Pfr. Jürg Spielmann, Pfarrer der Evangelisch-reformierten Landeskirche des Kantons Zürich, MAS Angewandte Ethik

Pfrn. Dr. Esther Straub, Kirchenrätin der Evangelisch-reformierten Landeskirche des Kantons Zürich, Pfarrerin der Kirchgemeinde Zürich, Mitglied des Kantonsrats Zürich

Prof. Dr. Matthias Zeindler, Titularprofessor für Systematische Theologie/Dogmatik an der Theologischen Fakultät Bern, Leiter Bereich Theologie der Reformierten Kirchen Bern-Jura-Solothurn